# COLD WAR CRUCIBLE

# 冷戰到底有多冷？

## 人民眼中的冷戰世界

THE KOREAN CONFLICT AND THE POSTWAR WORLD

Masuda Hajimu
益田肇

葉靜嘉——譯

## 目錄

導讀　冷戰的幻想結構：益田肇的冷戰生態歷史學……009
序章　冷戰究竟是什麼？……016
**第1部　互相影響的世界**……031
第1章　命名無以名狀者……032
反彈的浪潮　038
什麼是美國的？（什麼是非美國的？）　044
延燒到GHQ的紅色恐慌　050
「逆轉政策」的地方政治　057
中國對「逆轉政策」的反應　066

反國民黨和反美情緒的擴散 072
美國的「中國」觀 079
流動的「現實」 083

第2章 在地的轉譯 089
「我們已經處於第三次世界大戰的早期階段」 093
「別再歇斯底里了」 106
反殖民主義的時代 112
戰爭時的國族建立 116

第2部 社會的時代 125

第3章 虛構的現實 126
國內與國外的「真實」戰爭 130
華盛頓的僵局 134

一般大眾的見解 139
一九五〇年的國內政治——共和黨 141
一九五〇年的國內政治——民主黨 149
仁川登陸戰的後果 152
決定北進三八線 159

**第4章 印象政治學……166**

中國共產黨克制的態度 169
仁川登陸戰後擴散的謠言與恐懼 174
未完的「內戰」狀態 180
從國際衝突看國內社會問題 183
美國的形象 186
中國參與韓戰 191
共產黨高層的大論戰及搖擺不定 196
人民志願軍南進三八線 201

**第5章　創造「真相」**……210
「第三次世界大戰已經開始了」　212
人民參與創造「真相」　220
當偏見偽裝成「事實」　227
「中國人是數百萬的囚徒」　234
明顯可見的內部分裂　238

**第6章　在動員與參與之間**……245
反駁、不信和恐懼　251
同意、參與和狂熱　254
戰爭記憶與「真相」的形成　262
支持與參與　265
懷疑與反感　269
看不清的「現實」　271

第3部　同時性的世界……277
第7章　社會戰爭……278
麥卡錫主義是什麼？　281
冷戰如何遏止社會戰爭？　289
冷戰邏輯與性別爭議　296
作為草根社會保守主義的冷戰邏輯　302
第8章　內部的敵人……312
英國國內的「冷戰」　314
無止盡的生活戰爭　318
什麼是赤色清洗？　324
赤色清洗的內部機制　328
學生運動與草根保守主義的反彈　334
第9章　人民的鬥爭……345

重新探討「鎮反運動」 349
社區內的社會清洗 352
為了「秩序」與「和諧」的人們的鬥爭 360

**第10章 作為去殖民化的再殖民化** …… 363
「白色恐怖」發生的社會背景 368
手段與目的的本末倒置 373
不參與的「參與」 378
鎮壓「非菲律賓活動」 381
歷史和社會的背景 382
地方的作用及社會層面 385
對虛構的冷戰的險惡期待 390

**終章 冷戰是一種社會機制** …… 396

**後記 作者釋疑** …… 406
一、「追究起源」相對於「探究過程」 409

二、「現實≠虛構」相對於「現實＝虛構」 411
三、「尋求差異」相對於「尋求相似」 413
四、「縱貫研究」相對於「橫斷研究」 417
五、「研究作為結論」相對於「研究作為對話」 419
六、「客觀的歷史」相對於「解釋的歷史」 422

注釋 a1
參考資料 a59
圖片來源 a62
縮寫對照 a63

導讀

# 冷戰的幻想結構：益田肇的冷戰生態歷史學

陳佩甄*（國立政治大學臺灣文學研究所副教授）

「我哪裡看起來像個破壞分子？我有一個幸福的家庭，還支持工黨。」（三一六頁）

這句抗議之語，出自生活在一九五〇年秋季英國的一名二十四歲男子。他在因應戰後生存危機時，支持了罷工運動，也因此被貼上「共產主義的威脅」的標籤。這名男子並非孤例，而是千千萬萬個主動或被動參與了冷戰邏輯的一般常民，也是這本書透過跨國一手文獻的精彩閱讀，重新被納入冷戰史的重要聲音。「破壞分子」、「幸福家庭」、「工黨」在一名年輕男子身上匯集了冷戰的重要組成，正是本書以「社會戰爭」命名的冷戰核心本質，指向大蕭條和第二次世界大戰的歷史經驗，澈底改變

* 美國康乃爾大學亞洲研究博士，現任國立政治大學臺灣文學研究所副教授。專書作品有《愛的文化政治》（二〇二三年）與《冷戰的感覺結構》（二〇二四年）。目前進行的研究聚焦臺韓女性主義的冷戰系譜與酷兒文化史。

了各地既有的社會關係，隨後在一九五〇年爆發的韓戰期間，透過「第三次世界大戰」恐懼幻想，被「轉譯」為反共的語言，促成本書提出的「冷戰想像現實」，以及依舊縈繞當代社會的巨大幻想。

## ◆冷戰想像現實：虛構與真實之間

日籍冷戰史研究者益田肇（Masuda Hajimu）在本書重新檢視既有的冷戰研究框架，提出包含美國、中國、日本、韓國、英國、臺灣和菲律賓等於戰後加入美國主導的冷戰反共意識形態的國家中，皆可觀察到一般平民主動參與構築「冷戰想像現實」。「冷戰想像現實」的論點，有別於一般以外交、國際關係史切入解讀冷戰的研究方法，以大量民間資料剖析「冷戰」的建構過程，並提出：從各國社會內部角度來看，與其說冷戰是全球東西方間的衝突，更應該是各國社會企圖維護國內和諧秩序和生活，在戰後世界創造和維護一個巨大的、被想像出來的現實。

益田認為，冷戰雙邊邏輯在戰後各地社會抗議運動中普遍可見，一般平民也透過維護自身生活而排除各種他者的反抗運動，具體介入戰後世界地緣政治的形成；且那並非專由美蘇主導，或由上而下（top-down）的政治宣傳，而是透過常民以非政治性的、社會文化層面的方式運作，為的是在國內社會恢復和維持傳統或原有的秩序生活。他認為，從這個層面來看，各社會內部的秩序清理，其實有更廣泛的目標，即：不僅是共產主義者，還有任何可能阻礙「恢復常民生活」的因素。在「被想像出來的」

冷戰時代中，各地出現的反動，即是在草根階層發生的社會性懲罰，為的是使自己的生活正常化，因為「我們的生活與和諧正受到了外來者的威脅」（四十四頁）。

## ◆生活即戰爭：懸宕的種族、性別和勞資問題

那麼草根保守運動指向的「外來者」、「破壞分子」是誰呢？益田在開篇即以冷戰對立的始作俑者「美國」的社會內部為例，呈現在戰後尋求社會變革的常民，正是因應一、二次世界大戰、殖民經驗、社會轉型過程中取得社會位置的女性和非裔美國人、農場工人等。戰爭結束後，由於男性從戰爭中回歸社會，且身為更受資方歡迎的勞工，這使得原本為數眾多的女性勞工與少數群體，瞬間從工廠、商店裡消失，因而上街頭爭取原有的位置。

就如英國二十四歲男子對自己普通常民身分的困惑，夏威夷甘蔗園的女工、奧克蘭百貨公司的售貨員、在上海電影院觀看美國電影的觀眾、早稻田大學的學生、加入游擊隊的菲律賓農村女孩、在臺灣大稻埕賣私菸的婦人，都在二戰後試圖保護、重建自己的生活，以實現「幸福家庭」的渴望。但同時，女性正凸顯了冷戰反共意識形態中的性別爭議，讓「幸福家庭」在一九五〇年代被發明出來的同時，也成為指謫上述個體為「不道德」和「欠缺母性」的規範框架。

益田敏銳指出，這些尋求社會變革的呼喚，動搖了既有的社會規範和秩序，從而引發了各種社會

緊張和對立，這一點在種族間、性別間和勞資關係上尤其明顯，且導致戰後社會發生了各種社會衝突和生活戰爭。而這一美國社會內部的張力，進而助長出美國版的「反共主義」，最終不僅左右了美國的國內政治，甚至催生出形塑了「冷戰」的外交政策。

## ◆消滅「左翼」：另類生活議程的全面下架

於是，被「反共」這個冷戰邏輯所遏制的人，有著比我們一般想像得還要多元的背景。這些「反共」政治的標的，光是書中簡單列舉的例子，就包括非裔美國人、民權活動家、公務員、農民、工會會員、基督徒、同性戀者、職業女性、女性主義者、戰爭難民與移民等，甚至還有如推行公共住宅和國民健康保險制度的社福人員。這些人的共同點，並不是共產主義思想，反而是他們在二戰後的美國與各地社會中，以某些方式動搖了傳統的社會價值觀（三〇三頁）。

在提出上述觀察的同時，益田也並未取消「共產／左翼」的聲音。他特別提及，那些試圖改善自己的社會地位，質疑現存的社會、經濟和政治秩序的人（如少數種族、勞工和女性），經常從左翼思想中找到批判現狀的語言。而這樣的批判思想資源與相應的生活方式與議程，都在一波波的肅清與內部暴力、逐步建立的各種社會秩序規範過程中被排除。即使益田並未在書中直接評論這一政治後果，但我們可以在當代世界各地依舊無處不在、常民亦無役不與的「生活戰爭」中觀察到，冷戰想像資源極端化的結果。

因此益田在書中數次呼籲，關注反共主義的地方性根源，就能理解為什麼反共運動的熱潮，會在社會變革顯著的地區傳播得更快，以及如何與地方政治和地方選舉相互交織，發展出多種不同樣貌（四十七頁）。這放到當今的臺灣與世界各地，依舊是如雷般的提醒。這些殖民的歷史、勞資不對等、性別衝突在各次戰爭，乃至冷戰之前就已經存在，但在各地歷史中一直「懸而未決」。那麼，在社會動盪之時，最重要的因應方法，既不是隨大國起舞，也非抓捕內賊，而是全面悉心檢視既有的社會歷史問題，那才是一直蟄伏在暗處等待亂世崛起，所謂安全的漏洞。

## ◆冷戰生態歷史學：重新發現「歷史演化景觀」

歷史應該要是「公平」的嗎？應該要是全面的嗎？（〈後記〉四二三頁）

本書最早的版本為益田於二〇一五年出版的《冷戰坩堝：朝鮮衝突與戰後世界》（*Cold War Crucible: The Korean Conflict and the Postwar World*），他後來將英文譯成日文版（二〇二一年）時大幅改寫增補，中文版即譯自更加完整、面對亞洲讀者的版本。我在一路重讀到新增的〈後記〉時，更驚豔於益田悉心開啟對話的努力，特別是對他身處的歷史學界的侷限反省，以及英文版在廣受好評之餘各界對他提出的批評與回應。

其中一個回應，就如上面這句引言所示，帶出了益田對於歷史學科、歷史書寫、歷史主體的開放態度：「歷史」並非不證自明、無所不包，也非超然獨立、「公平」對待它的對象。益田將這個思想融入本書的研究問題，提出以類似生物學和生態學的方法論，重新思考歷史的「溯源與演進」，最終為「誰創造了冷戰世界」這個問題提出的答案是：沒有人，也是每個人。

因此他現今持續透過大型跨國計畫「重新概念化冷戰：亞洲實地經驗」(https://rcw-asia.com/) 來觀察這一「冷戰在地演化」景觀，不僅透過口述史、收藏來自亞洲各地的歷史資料，更與數十名亞洲研究學者致力於捕捉那個時代的情感、熱情和恐懼，以探索、見證亞洲各地各種真實和想像的戰爭，以及普通人的經驗和記憶。我在二〇二四年受他邀請，參與在印尼舉辦的亞洲研究會議的系列主題場次中，更進一步認識到他基於本書的研究創見，在「重新概念化冷戰」的計畫中持續實踐四個目標：一、以「社會戰爭」而非大敘事作為分析範疇；二、更專注於普通人的情感、希望、夢想，以及日常的掙扎和各種選擇；三、關注亞洲和全球各種事件的「同時性」，或他運用的橫斷動態來觀察歷史事件；四、以亞洲作為方法、「冷戰亞洲」的框架來重新思考二十世紀的全球歷史，同時克服傳統區域研究模式的陷阱。

這些跨學科的方法與史觀，對於我一個從事文學與文化、性別與臺韓研究的後輩來說，深受啟發。我也已經將益田的洞見應用於自己的專書計畫中，並以臺韓、情感、女性主體經驗，進一步實驗也補充益田在此書擘劃出的研究願景，同時也是試圖為當代社會文化生活，以及當下社會的衝突矛盾與困境提出一種思想指引。據此，作為世界公民與研究生態的一分子，我們將持續演化，與歷史的力量並進。

# 序章
# 冷戰究竟是什麼？

「如果有一件事，最能夠促進西方國家致力於實現和平的目標，那就是停止將其描述為『冷戰』(cold war)。」英國雜誌《經濟學人》(*The Economist*)一九五〇年五月二十七日號的封面文章如此寫道。該雜誌認為，「冷戰」(cold war)這個新造的詞，明明最初是用來譴責蘇聯不惜使用戰爭之外的作法，不知為何，卻開始被用來描述西方國家針對蘇聯採取的反制措施。近來，其含義更成為指代美國與蘇聯的敵對立場。因為如此，世人心中被植入蘇聯是「和平」捍衛者，而西方國家看起來像是侵略者的印象。

「西方國家應該採取的政策，不是與俄羅斯的共產主義者相戰，也不是推翻他們的政治體制，而是避免發生這樣的戰爭，並與蘇聯達成一種共存模式。其目的是和平而非戰爭，是達成協議而非征服。」這篇題為〈和平對和平〉(Peace versus Peace)的文章，試圖牽制美國過度好戰的態度，並在最後說道：「現在正是西方國家應該澈底從他們的政治語言中拋棄這個詞，轉而使用其他真正能夠表達他們堅定、追求和平目標的詞彙之時了。」[1]

然而不到一個月後的六月二十五日，韓戰爆發，自此這一類針對冷戰型思維的批判便很快消聲匿跡，同時，用來描述這種現象的方式也產生了變化。在一九四〇年代後半以前，這種現象以小寫的「a cold war」（冷戰）或「the so-called cold war」（所謂的冷戰）代稱；但到了一九五〇年代中期，卻開始普遍使用大寫的「the Cold War」。這種從小寫到大寫的轉變，意味著美蘇兩個強權的對立，已經不再只是眾多爭議性的觀點之一，而是眾所皆知、毫無辯駁餘地的唯一現實。

然而冷戰世界這種漸進式的確立，也暗示著其本質上，有著與一般戰爭不同的建構性和想像性。不同於其他戰爭在第二次世界大戰後，立即以一種客觀情況存在，冷戰反而是透過人們認知到這件事是現實，才逐漸有實體。冷戰與其他戰爭，如兩次世界大戰或韓戰、越戰等根本上的區別在於，所謂的冷戰並不存在於特定的時間和地點。換句話說，冷戰並不存在於現實當中，而是基於人們認為其存在而存在。若真要說冷戰存在之處，便是人們的腦海中。從這個意義上來說，冷戰是一種想像中的「現實」，是一種認為韓戰的爆發，將是引爆第三次世界大戰起火點的想像，普遍植入戰後多數人的腦海中，而逐漸擁有實體的「現實」。

在之後的近半個世紀裡，冷戰已然成為一個支配世界的「現實」。在此期間提出的問題，幾乎都集中於冷戰的開端、是誰開始了冷戰等所謂冷戰起源論。這種回到過去找尋「起源」的研究方法，特徵在於，這些提問是從承認冷戰早已客觀存在的觀點出發的。在這類研究當中，並沒有特別提出關於冷戰是否存在於現實世界，以及冷戰究竟是什麼等問題，因為這些都是不證自明的。換句話說，質疑冷戰起源為何的這種想法，本身就是從冷戰世界中產生的觀點；其中的論證方式，也是在冷戰世界的邏輯之下，才具有說服力。

時至今日，自蘇聯在一九九一年解體，世間認為冷戰結束已過了整整三十年。昔日那些圍繞著冷戰政治的意識形態所帶來的（現在看來相當異常的）興奮感，也成了過去。而我們的研究方法，也應該要與時俱進了。我認為現在需要重新思考的問題是，究竟何以使得全世界數以百千萬計的人，相信這種想像中的「現實」？為什麼人們要接受這種「現實」？這種「現實」是如何在二次大戰結束後的初期，特別是在韓戰時期，逐漸擁有了實體？更進一步來說，即使在二〇二〇年代的現在，認為朝鮮半島局勢、中臺關係或沖繩當前的局勢，是延續自冷戰體制的想法，其實並不少見。然而，我們現在應該要重新提出問題：這些本來就是冷戰的一部分嗎？應該把美蘇對立當作問題的主軸嗎？透過提出這些問題，我想要挑戰那些過去一直被視為理所當然的前提。說到底，冷戰究竟是什麼？

本書試圖透過綜合社會史和外交史、地方史和全球史，來重寫冷戰世界的形成過程。[2] 主要的焦點在於一九五〇年韓戰爆發的關鍵時刻，並詳細探討以下幾點：[3] 世界各地的人們——從政治領導者、政府官員到普通百姓，是如何解釋韓戰的意義？他們是如何參與各自地區中牽涉知識生產的政治過程？這些行動最終又是如何協助冷戰世界的形成和維持？

本書所關注的，並非所謂冷戰起源或道德問題，如「冷戰從何時開始」、「誰該負責」，或更直接的「到底是誰的錯」等。本書旨在探究冷戰此一「現實」，究竟是如何被想像出來，並且擁有了實體，以及為什麼會有這麼多人參與其中。因此本書不僅分析此一時期的政策制定過程，也探討普通百姓的想像和參與，在塑造「現實」並使之常規化的過程中，所扮演的不可或缺的角色。我的目的是敘述這種想像中的「現實」，為何在戰後的世界最終被視為一種不可推翻的「事實」，以及人們的情緒（不信任、恐懼、敵意、偏見，乃至二戰記憶、對社會動盪和失序的焦慮），又是如何參與冷戰世界的形成過程。簡而言之，這不是一部以冷戰真實存在為前提而寫的「冷戰史」，而是著重於冷戰本質中的想像和社會建構性，以及對這種想像中現實的社會需求的一部冷戰「幻想」史。

在思考冷戰世界的成立過程時，我想先區分「權力階級的冷戰論述」和「人民之中的冷戰世界」兩者。前者主要由政治人物、政府官員、知識分子或記者等發表一系列言論，在當時被認為震撼人心、獨具洞見。具代表性的例子如美國總統哈瑞·S·杜魯門（Harry S. Truman）宣布支援希臘和土耳其所謂的「杜魯門主義」（Truman Doctrine）（一九四七年）、前一年英國前首相溫斯頓·邱吉爾（Winston Churchill）發表的「鐵幕演說」（一九四六年），以及後來聲名大噪的美國外交官喬治·凱南（George F. Kennan）從莫斯科發出的「長電報」（Long Telegram）（一九四六年），以及凱南後來匿名發表的「X論文」（The X Article）（一九四七年）等。

知名記者沃爾特·李普曼（Walter Lippmann）在《華盛頓郵報》（*The Washington Post*）發表的系列文章，使得「冷戰」一詞在一九四七年廣為人知。英國小說家喬治·歐威爾（George Orwell）因震驚於廣島與長崎的原子彈爆炸，於一九四五年十月，描述即將到來的核子時代為「冷戰」時代（歐威爾可能是第一個公開使用「冷戰」一詞的人）。此外，美蘇（俄）國際對立的冷戰論述雛形，還可見於第二次世界大戰期間美國總統胡佛所發出的警告，甚至還可追溯到威爾遜總統在俄國革命（一九一七年）後做出的預測。[4]

事實上，這種論述的雛形還可進一步追溯到十九世紀法國知識分子亞歷克西·德·托克維爾（Alexis de Tocqueville）的觀察。一八三一年，經過九個月的美國考察之旅，托克維爾一語成讖——美國和俄羅斯之間，未來必將產生對立（他的依據是兩國皆國土遼闊且人口正快速增長）。[5]總之，這種冷戰論述或是其原型——預言美國和蘇聯（俄羅斯）的反目對立終將發生——自十九世紀初以來便已存在。此外，從十九世紀末到二十世紀初，兩國實際上已為了遠東利益產生衝突。儘管如此，人們一般不會認為托克維爾和威爾遜等人的時代也全是冷戰的一部分。畢竟這些觀點是他們自己的觀點，只是一種論述，尚未被認為是世界的現實。

「人民之中的冷戰世界」與這種權力階級的論述有些不同。主要差別在於大部分的人認為後者是一個不容置疑的現實，一個可以和其他時代明確區分的一個不同時代。其中有一個不可或缺的要素，也就是社會的認可，也可說是人民的參與。當然，無論是「權力階級的論述」還是「人民之中的冷戰世界」，本質上都是一種論述；而區分這兩者的並非內容，而是有多少人相信。簡單來說，當大多數人口深信某種論述（例如冷戰論述）是世界的現況，並主動將其傳播，如此一來，這種論述便會將人、物品、金錢的流動制度化，從而固定政治和社會制度，也就是我們所謂的現實。只要這種論述在人們的認知上是政治人物、政府高官或是知識分子的觀點，那麼它就不會被視作為世界的現實。

這兩種「冷戰」往往被視為一種連續的發展過程，這導致了幾個問題。首先，由於政治家、政府官員和知識分子的冷戰論述，一直被當作冷戰「現實」的起源來討論，因此，對於為什麼有如此多的普通百姓接受冷戰這種「現實」，以及這種廣泛的社會接納具有什麼意義等問題，幾乎不受到重視。當然，近年確實有愈來愈多的研究探討冷戰如何影響社會、文化以及普通百姓的日常生活，然而這其中多數的研究都傾向將冷戰敘述為一種彷彿無法改變的既定條件（例如颱風等氣象條件），而未能考慮到普通百姓在形成這種「現實」的過程中所扮演的角色。[6]

雖然近期的冷戰學術研究，確實相較於過去只從杜魯門或史達林等人的行為中尋找冷戰起源的方法，已有了長足的進步，然而那些在各自社會中創造出冷戰世界的無數草根階級信徒們的故事，仍尚未被好好地講述。普通百姓的選擇究竟是什麼？人們是如何參與，甚至在某些情況下利用了冷戰世界的？這裡要探討的，不僅是理性的、有邏輯的觀點或原則，也包括在背後支撐這些觀點和原則的情感、偏見和成見。[7]

本書並沒有將大眾情緒、社會普遍觀念，以及在民眾之間擴散的謠言，還有對此產生的焦慮和恐懼等，單純視為冷戰影響下所產生的衍生結果。相反地，本書將這些要素定位為導致冷戰此一「現實」形成的主要原因。透過這種方式，強調市井小民在冷戰邏輯的實踐中並非被動的存在；冷戰「現實」的維持和傳播，靠的不僅是政治領導者和政府官員的行為，還有民眾的自發行為。

我將研究的焦點對準在「人們做了什麼」。這樣的作法比起單純在過去的冷戰圖景中加入有關民眾行為的新知來得更有意義。這是因為重新探討誰才是冷戰世界的主體，必然會引導我們重新著手研究冷戰究竟是什麼，以及為何會產生這樣的現象。過去之所以很少有人正面提出「冷戰究竟是什麼？」這個問題，是因為冷戰的行為主體已經被預設為各國的政治領袖和政府官員了。換言之，正是因為國家（或作為行為者的政治領袖）被視作冷戰這個大敘事的主角，冷戰才會一直被單純視為是國家之間的鬥爭，或意識形態之間的對抗。

然而，如果我們提出一個問題：「誰」（Who）才是冷戰世界的行為主體，且如果這個問題的答案發生了變化，那麼我們就得重新認識冷戰究竟是「什麼」（What），這也將迫使我們重新思考冷戰「為什麼」（Why）會出現。簡而言之，將焦點放在人們的行為，並正式將他們的聲音納入研究對象，像這樣改變方法論的作法，並不僅是為了添加新的資訊到既有的冷戰圖景中，最終更是為了積極要求我們重新認識冷戰的全部面貌。從這個意義上來說，本書是一種從社會角度重新思考冷戰的嘗試——也就是不再從領導者的意圖開始思考，而是透過分析「民眾之間發生了什麼」，來重新探討冷戰的本質。

這一點也連接到了本書的另一個目標，也就是揭示出冷戰的歷史和社會建構性。現代的我們可能往往將一九四〇年代後期到一九五〇年代初期這段期間直接視為冷戰的開端，或是冷戰初期。然而對當時的許多人來說，這段時期是災難性戰爭終於結束的日子，也就是所謂的「戰後」時代。因此本書並沒有將冷戰直接視為一九四五年後，從美蘇兩個超級大國之間的爭鬥中突然爆發的國際局勢；而是將其描述為在更早之前的狀況，尤其是殖民地主義和第二次世界大戰留下的餘波中所發展出的現象。其中本書特別關注人們是如何經歷和記住這些歷史事件，以及他們如何參與了冷戰世界的形成。

如此刻意強調歷史背景，目的是為了與冷戰史觀這個視角形成對比。由於我們已經知道了之後的歷史發展，因此我們在觀察早於冷戰的時代時，往往會溯及既往地套入冷戰模型，也就是說，即使當時冷戰尚未成為公認現實，我們仍會從冷戰邏輯的角度回溯戰後期間發生的所有事件。這造成了各式各樣廣泛的事件和社會現象都被看作是冷戰的一部分，甚至是冷戰的起源，儘管它們的在地問題和歷史背景實際上更為多樣，然而正如本書所探討的，在美國、中國、日本以及其他各地的社會中，許多人深刻記憶著第二次世界大戰。正是這特有的視角，使得人們將當時朝鮮半島上發生的事件，理解為第三次世界大戰的開端，進而在鞏固冷戰世界此一幻想上發揮了極大的影響力。

如果我們注意到冷戰的「現實」並非在全世界都是一種普遍的現象，那麼這一點便將一目了然。如同本書第二章所論及的，歐洲、東亞、美國及蘇聯等，是所謂冷戰「現實」被認為最「真實」的地區，而這些地區也就是第二次世界大戰最激烈（或捲入極深）的戰區。然而如非洲、拉丁美洲和南亞等，並非第二次世界大戰主戰場的地區，至少在此一時期，所謂冷戰「現實」並沒有和前者同等地被視為「真實」，[8]後者等地區在此時期，殖民地統治尚未成為歷史。儘管部分舊殖民地國家在一九四五年後成功獨立，但當地人民多數仍深刻記得殖民地時代的經歷，他們透過這種特有的視角來觀察當時發生的事件，因此在韓戰爆發時，冷戰這個概念並未獲得廣泛支持，也未被視作世界上發生的現實。綜上所述，本書旨在透過比較並探討冷戰「現實」可信或不可信的地區，從而揭示出冷戰世界的想像性和建構性。

在思考以上問題的同時，本書試圖透過去除冷戰現實這種千篇一律、平板單調的想像，並揭示各地區特有的現實，從而挑戰普遍的冷戰圖景——普羅大眾理解的冷戰：將世界一分為二的一種全球衝突。本書試圖揭示冷戰世界背後那些被強行置入的社會脈絡和歷史背景，此目標與歷史學家馬修．康奈利（Matthew Connelly）在分析阿爾及利亞獨立戰爭時提出的「去除冷戰視角」，以及文化人類學家權憲益（Heonik Kwon）提倡的「分解冷戰」等觀點一致。[9]這同時也與美國社會史學家麗莎貝思．科恩（Lizabeth Cohen）的觀點一致。科恩指出，美國戰後歷史中的許多事件皆發生在冷戰框架之外，若僅應用冷戰框架，反而會掩蓋其他重要的發展。[10]此一觀點又與歷史學家伊曼紐爾．華勒斯坦（Immanuel Wallerstein）近年提出的警示有所共鳴，他認為，以冷戰敘事來檢視二十世紀下半葉的亞洲史這種作法相當危險，「幾乎是一種幻想」。[11]

近年來，這種對冷戰框架提出根本性質疑的學術研究有增加的趨勢。且耐人尋味的是，此趨勢特別出現在非專門研究冷戰的學者之間。例如，臺灣著名的文化研究學者陳光興認為，為分析亞洲的去殖民化和去帝國主義化，需要先「去冷戰」。[12]研究亞美文學的學者喬迪．金（Jodi Kim）則認為，必須針對一系列她稱之為「冷戰創作」（Cold War compositions）的文學作品進行批判分析，才能將一直以來暗中推進性別差異固定化和種族歧視的冷戰邏輯問題化。[13]此外，在《去中心化冷戰史》（暫譯。*De-Centering Cold War History*）一書中，合編者雅德維加．皮珀．穆尼（Jadwiga Pieper Mooney，擔綱拉丁美洲史）和法比奧．蘭薩（Fabio Lanza，擔綱中國史）兩位，將焦點放在人們在地方和日常層面上的經驗和行動，並認為這些經驗和行動，對於理解冷戰世界的形成至關重要。[14]儘管這些研究的論述方向不盡相同，但它們都對傳統以華盛頓和莫斯科為中心的冷戰史觀提出了質疑。

本書認真看待這些近期的研究，且力求更進一步。當然，本書的終極目標是以社會的視角探討冷戰究竟是什麼，並藉此重新思考所謂冷戰「現實」的意義。然而本書並沒有採取所謂的冷戰史研究方法，即追溯冷戰是如何開始及其發展的過程，因為這種方法最終只能臨摹出傳統的冷戰圖景——由領導人和政策制定者的行為所引發，最終蔓延至全世界的單一國際衝突。

因此本書採取先繞道而行的方式，我不聚焦在華盛頓、莫斯科和北京等權力中心來探討冷戰的起源和發展，而是從重新深入調查幾個社會以及人民之間究竟發生了什麼事這點開始著手。具體而言，我重新探討了美國、中國和日本（後半則包含臺灣、英國和菲律賓）等社會中，那些往往被認為是「冷戰」（或兩極對立）在國內造成影響的各種現象。接著我將說明，這些現象實際上並不一定是在冷戰框架中發展的，且即便如此，它們仍被視為是冷戰的一部分，並且透過社會和地方的觀點，來重新思考那些往往被以冷戰視角檢視的事件，將逆向照射出這些事件體現出的冷戰世界的想像性和建構性，以及草根階級對這種「現實」的渴望。經過這些曲折，本書最後將回到終極問題——冷戰的本質。

當然，要「證明」這些觀點，需要進行更大範圍的調查研究。可以的話，最好是一個能夠處理全世界各個社會的大型研究計畫，這是最理想的情況，但一本書能做到的很有限。一位作者能掌握的語言是有限的，能投入調查研究的時間也是有限的（順帶一提，作者為了這本書，在九個國家和地區的六十一個圖書館和檔案館收集了資料）。此外，出版社能接受的頁數也是有限的。身為作者，我希望本書能激發人們對本書未能涵蓋的地區，如前蘇聯、德國和法國、希臘和土耳其、肯亞和南非、印尼和泰國，或墨西哥和阿根廷等地，產生新的興趣和問題。

此外，本書並無意對南北韓做更進一步的探討。當然，朝鮮半島局勢是本書的重點之一，必要時也會討論南韓社會的內部情形。然而本書並不是一部韓戰史，也非一本詳盡的南北韓戰後史著作。相反地，本書的目的在於描述韓戰如何被解釋為第三次世界大戰的開端，而此一解釋又是如何成為引發戰後世界這個坩堝中的化學反應的催化劑，以及最終它如何促使冷戰世界成為現實。

另外要說明的是，本書主要聚焦於討論冷戰「現實」迅速固定的韓戰時期，特別是一九五〇到一九五一年之間的九個月，而無意持續探討此後持續幾十年的冷戰世界的歷史。雖然本書所提出的，從社會角度重新審視冷戰的方法，可能對之後的時代，例如從「一九六八年」到「一九八九年」的歷時性分析有所幫助，但本書反而只探討現實尚且流動的戰後初期，以及這樣的現實逐漸朝向固定化的韓戰時期。透過這樣的方式，我希望揭示出想像變成現實的那一刻，並思考這種「現實」的作用和意義。

本書共由十章組成，基本上按照時間順序排列，並依大致主題共分為三部。

第一部「互相影響的世界」包含了第一、二章，處理的時間是一九四五至一九五〇年。這兩章的主題，是探討地理上相距甚遠的地區發生的事件，是如何與其他地區的事件相互影響，以及在此過程中，又發生了什麼樣的「轉譯」。例如，第一章關注了戰後初期的美國、日本和中國的社會和政治局勢，各自之間如何相互影響及發展，並描述了各個社會內部的摩擦如何加劇，使得國內社會在某種意義上變成了「戰場」。透過描述戰後的這種社會動盪和分裂，從而揭示出我們通常認為反映出了這時期的冷戰的各種現象（也就是國際冷戰在國內的衍生），實際上內含了更多元的地方性社會衝突。透過這樣的作法，本書指出冷戰的概念在當時還只是一項尚有爭議的言論。

第二章聚焦於一九五〇年六至七月，全球各地如何看待韓戰爆發的消息，以及這個消息如何引發了對第三次世界大戰的恐懼、如何使冷戰相關的言論變得更加現實。透過調查東亞、東南亞、南亞到中東，以及歐洲到北美等地區對韓戰的反應，本章探討的是，即便如此多的人同時目睹了韓戰，為何這些人對韓戰有著不同的理解，以及各地區對第二次世界大戰記憶的差異，如何在在地解讀的過程中，為這些不同的理解奠定了基礎。

第二部「社會的時代」包含了第三章至第六章等四章，關注的則是一九五〇年夏季至一九五一年初，約六個月的這段時期。在這些章節中，我詳細探討了美國和中國，最終導致決定參與韓戰的國內政治局勢和外交決策過程，以及社會與國家之間的關係、普通人的日常生活與政治家或政府官員的決策過程，是如何交織在一起等問題。透過這些研究，這幾章揭示市井小民如何參與政治和歷史的形成。第三章和第四章分別深入探討華盛頓和北京有關參與韓戰的決策過程，但重點在於，無論華盛頓或北京，促使其參戰的決定因素，並非軍事戰略或冷戰思維，而更多是著重於大眾情緒和國內政治動向的「印象政治學」。

第五章和第六章則探討了在美國和中國的社會中，特定類型的「真實」是如何形成的。這兩章不僅分析了各自政府主導的政治宣傳政策和動員計畫，更深入探討民眾如何接受這些政策和計畫，又是如何將其當作自己的想法。透過這樣的研究，我們會發現那些根植於各社會中的成見或歷史記憶，是如何強烈地影響了「真實」的樣貌。我們將在這幾章中詳細了解到，制定出這樣的「真相」，並沒有達到創造社會共識的初衷，反而使得社會內部潛在的分界線，即劃分「我們」和「他們」的界線，變得更加明顯。

第三部「同時性的世界」包含了第七章至第十章等四章，主要處理的時間是一九五〇年秋季至一九五二年前後。這些章節透過揭示世界各地同時發生的社會清洗風暴，從而分析韓戰期間暴露的社會分歧和摩擦是如何被「解決」的。其中特別探討的內容，包括美國的麥卡錫主義（第七章）、英國的對勞工運動的打壓和日本的赤色清洗（第八章）、中國的「鎮壓反革命運動」（第九章）以及臺灣的「白色恐怖」和菲律賓對「非菲律賓活動」的鎮壓（第十章）。這些事件過去或多或少都被以冷戰的視角觀察，但本書試圖從社會的角度來重新解釋這些清洗運動。

這些章節所討論的問題包括以下：這些清洗運動是否真的應該被視為國際冷戰在各國國內造成的

後果？如果去除冷戰這個視角，會有什麼樣的對立和分裂浮現出來？再來，當時的許多民眾（以現代的說法可稱為「草根保守派」），他們運用了冷戰邏輯後，究竟達到了什麼目的？在第十章的結尾，我將回到這些問題上，以探討這些清洗運動的共通點。在這裡，我們將看到冷戰邏輯推動了草根保守派為遏止社會中的摩擦和分裂而進行的「社會淨化」運動（本書稱之為「社會戰爭」），並由此產生了往後維持許久的「秩序」與「和諧」。

透過這樣的觀察，本書指出這些發生在各地的清洗風暴，並非僅是全球冷戰造成的地方性後果，這反而是依賴並維持冷戰「現實」的地方性因素。也就是說，社會對這些清洗行動的需求正是冷戰世界持續運作的動力，其背後則是普通百姓的參與。他們為了自己社會的安定，而拚命進行一場場的「社會戰爭」，正是這些人幫助了冷戰這一規模壯大的想像成為現實。

總的來說，本書旨在重遊一九四五年後的世界，從社會的角度，重新探討冷戰世界這個看似前後連貫的框架。為此，本書深入探討了若干戰後社會和後殖民社會的地方史，並擷取普通百姓私下的話語、傳言和情緒，因此本書可說是一部具有全球史視野的社會史研究。本書除了特別深入探討戰後美國和中國社會中人民的情緒和日常生活外，還嘗試將這些從社會史和地方史中獲得的見解，與華盛頓和北京的韓戰政策的分析作結合。在這些意義上，本書可說是採取了一種詳細探討國內政治與外交政策、社會與國家，以及普通民眾與政治領袖之間的互動關係的新的外交史研究方法。透過這種探索社會史和外交史的交叉點的作法，本書也涵蓋了政治史的面向——追溯草根保守運動的起因。儘管「草根保守主義」一詞的普遍使用發生在一九七〇年代以降，但本書發現，這種草根階級的社會保守主義傾向在戰後初期便已萌發。正如書中所探討的，這種社會保守主義風氣擴散的現象，在混亂的戰後世界各地多處都可見得，且無關其政治體制或意識形態的差異，而這種現象的主要目的，是為了恢復並維護社會或文化的「秩序」和「穩定」。換句話說，本書研究的是，戰爭期間和戰後的各種社會和文化變革，為何會被草根階級視為問題，且又是如何受全球冷戰名義之下的社會性鎮壓。這即是草根保守主義崛起的歷史。本書想說明的是，在這些「社會戰爭」當中，「權力」發揮效用的方式不僅有自上而下的，也有自下而上的。

本書融合了社會史、外交史和政治史，再從地方史和全球史兩邊的角度出發，首要的目的，是質疑並動搖看似理所當然的冷戰「現實」及其歷史形象——一場由國家領導人的行為所引發的美蘇對立。本書透過採用這種新的取徑方式，並追溯冷戰世界此一「現實」的社會建構過程，提出以下問題：冷戰世界中真正的對立和真正的分界線，是否其實是存在於各個社會內部，而非東西方陣營之間？並且，全球冷戰這個想像中的「現實」，是否其實是為了跨越這些對立與分裂，也就是維護社會內部的秩序與和諧所必要的？[15]

透過如此重新探討冷戰，本書希望開啓以下問題的討論：為什麼這樣一個想像中的「現實」，會在韓戰時期化為實體？為什麼全世界數以百千萬計的人民會參與創造這個「現實」？說到底，冷戰究竟是什麼？

# 第 1 部

# 互相影響的世界

# 第1章
# 命名無以名狀者

這個故事要從一九四六年九月二日，從夏威夷的勞動節早晨開始說起。在甘蔗園工作的雪利．席洛瑪（Shirley Shiroma）坐上了開往檀香山的火車，這是他有生以來第一次。他名字的由來是知名童星雪莉．譚寶（Shirley Temple），他們有一頭相似的捲髮。對雪利來說，離開甘蔗園到城市，是他平常想都不敢想的事情。[1]和大多數農場工人一樣，他的日常生活被鞭子和哨子嚴格管制，每天早上五點前起床；六點下田；七點四十五分吃早餐；十一點在田裡吃午飯；下午三點三十分結束工作；八點三十分就寢。[2]這些農場工人未經許可，不得離開農場，就算是拜訪朋友，還是前往檀香山，都需要得到許可。[3]

然而，這一天不一樣。載著雪利的火車一早從歐胡島（Oahu Island）北端的卡胡庫（Kahuku）出發，一路南下開往檀香山，經懷厄盧阿（Waialua）、懷厄奈（Waianae）和伊娃（Ewa）。途中陸續有數百名甘蔗園工人上車。火車本身並不特別，也不豪華，座位也是硬梆梆的樸素木椅。由於列車速度極慢，過了好幾個小時才抵達檀香山，但雪利仍和陌生的農場工人們聊得很開心。檀香山還有更多令人興奮的事物在等著他，這也是他生平第一次參加一場有三千多人的示威遊行。[4]與此同時，夏威夷各大島也有數千人參與類似的遊行，他們舉著寫有「勞工應獲得人道的工資」、「我們要平等和正義」、「我們也有幫忙打敗納粹」等標語的橫幅或牌子。[5]

這是爆發於夏威夷全境的大規模罷工的第二天，來自三十三個甘蔗園、超過兩萬五千名農場工人，參與了這場歷時兩個月以上的大型抗議活動。這是一個歷史性事件，它挑戰並改變了上個時代的殖民主義式的主僕關係。工人們稱這種關係為「奴隸制」，連一名管理階層人士，也承認這種關係是「仁慈的專制統治」。[6]這場罷工雖然表面上是勞資糾紛，但許多勞工及其家人參與其中，並不僅是為了改善工資和工作條件而已。如同這場罷工的其中一個口號「這不是錢的問題」，如果我們深入探究，會發現爭議的核心，其實是在於改變傳統的社會秩序和主僕關係。[7]

夏威夷過去確實也曾發生過多起罷工，但戰前的罷工，大多是依照種族分別進行的，也就是日本人參與日本人的罷工，菲律賓人參與菲律賓人的罷工。然而，經歷了第二次世界大戰這場「總力戰」後，各種族間的隔閡被打破了。一九四六年的這場甘蔗園的罷工，便是不同種族在戰後首次團結所發起的鬥爭。[8]這樣的變化，彷彿持續了一個多世紀的實質「殖民統治」體制，將有告終的可能。

這一年，許多非裔美國人也感受到了變革的可能性。在二戰前，他們的處境慘不忍睹。無論是生活在只有棉花田的小鎮或是在大城市；也無論在南方或北方，黑人長期以來都被視為是從屬於白人的次等公民。在南方更是嚴重，黑人不能像白人一樣光顧餐廳和戲院，也不能使用公車上的白人專用座位，[9]就連可口可樂的自動販賣機取貨口，都分成「白人」用和「有色人種」用。[10]自然不可能有黑人警察、消防員、公務員或上班族。無論教育程度如何，黑人都只能從事「黑人的工作」，也就是那些白人不願從事高溫、骯髒的體力活，如清潔工、磨坊工人等。[11]

種族隔離制度已經滲透到日常生活的各個層面，並有意識或無意識地制約了人們的行為。無論是黑人或白人，也無論是大人或小孩。例如，當白人和黑人在狹窄的人行道上擦肩而過時，黑人會很自然地讓路。在美國南部的喬治亞州梅肯市（Macon），一位黑人社區領袖回憶道，黑人的父母親會教導他們的孩子，「如果你走在人行道上，有白人也要走人行道，你要先讓給他們走。」[12]這是傳統，也是維持社區秩序與和諧的唯一方法。民權運動家奧布瑞．威廉斯（Aubrey Williams）也說，「有色人種遭受迫害並不是每天一次，而是每天好幾次。無論是搭火車、搭公車，或是在商店裡，只要活著或是想要工作，都會被迫害。」[13]

在第二次世界大戰期間，非裔美國人對種族平等的期望前所未有地強烈。在一九四六年，人們甚至感覺到，這樣的巨大變革有可能實現，或至少是充滿希望的。同年二月和三月，從戰場歸來的黑人退伍軍人帶頭發起了一場推動黑人選民登記的運動。在亞特蘭大（Atlanta），也有人組織發起一場示威遊行，要求警察局雇用黑人。[14]到了七月，數千名非裔美國人耐心排隊，參加民主黨初選，並投下他們人生中的第一票。他們不顧那些阻止他們投票的威脅，還因投票所空間太小，只好站在室外好幾個小時，堅持到底。[15] 到了九月初，來自南方的黑人領袖和北方的白人改革派團體聯手發起了一場全國性的反私刑運動，儘管他們需要面對保守派的強烈反彈。[16] 此時此刻，局勢將如何發展尚不明朗。但所有人都清楚，一場變革之風已經刮起，而且似乎是非裔美國人的順風。

同一時刻，戰後的美國社會還有另一場重大的戰役，也以前所未有的氣勢展開，也就是爭取男女平權的女性勞工運動。一九四六年十月，加州奧克蘭當地知名的卡恩與哈斯丁百貨公司（Kahns and Hastings），約有四百名（幾乎全是女性）員工發起了一起罷工，抗議該公司解僱了一名女性員工。

這些參與示威的女性們拿著這樣的標語：「抵制消費」、「這家店不公不義」。[17] 儘管她們被男同事揶揄為「此生見過最激進的一群人」，但這場罷工仍持續了兩個多月，最終引發美國史上規模最大也最徹底的總罷工。奧克蘭有十多萬名勞工響應了這些女性勞工，於是相繼舉行罷工，這導致一九四六年十二月，奧克蘭整個城市幾乎完全停擺。從造船廠、大型工廠，工廠設施、建築工地，到運輸業和交通業，都停擺了整整三天。[18]

以歷史的角度來看，在美國社會，女性在社會和家庭中的角色和位置，是被規定好的，且某些工作也被清楚

圖1-1　女性群眾在奧克蘭的卡恩與哈斯丁百貨公司前示威抗議。1946年11月

劃分為「男人的」和「女人的」。也就是說，女性和非裔美國人、農場工人一樣，都被教育應該如何安分守己。的確，在一九四〇年代之前，已有不少女性離開家庭工作。一般來說，女性能從事的工作僅限於家事服務、女服務生、電話接線生、祕書、銷售員等，且薪資也遠低於男性。[19]然而，隨著二戰時男性前往戰場後，情況有了很大的變化。女性開始從事鉚工、焊工和起重機駕駛等，過去被認為是「男人的」工作，而這在過去是不可能發生的。

二戰時期，女性進入造船廠、汽車工廠和製造廠工作，同時，有數量創新高的女性開始從事醫師、律師、記者和大學教授等專業工作。[20]此期間，女性勞工從原本的一千一百萬人增加到近一倍的二千萬人。無論是當女工，或是從事專業工作，她們都獲得了高工資以及社會的尊重，還有最重要的——能夠獨立自主的自信。這都是她們過去不曾擁有的。[21]「女性和參戰的男性一樣，都經歷了巨大的變化，」墨西哥裔的美國人卡門．查維斯（Carmen Chaves）在二戰時的是一名女性勞工，她回憶道，「我們品嚐到了戰前未曾有過的獨立滋味。我們培養出了自信心和自我價值。」[22]

然而戰爭結束後，情況再度逆轉。由於男性從戰爭中回歸，且身為更受資方歡迎的勞工，這使得原本為數眾多的女性勞工，瞬間從工廠裡消失。例如，位於密西根州海蘭帕克（Highland Park）的福特汽車公司（Ford Motor Company）工廠，這裡的女性員工數量，在一九四四年到一九四五年十一月之間，從五千八百人驟減到三百人，從原本占全部員工比例的百分之四十三，減少到百分之二。[23]的確有不少女性樂意回歸家庭，但這也埋下後來導致社會緊張的因素。因為許多女性希望能夠繼續從事原本得來不易的工作，或至少離開家庭，繼續工作。

一九四五年的秋天，福特工廠解僱了大量女性員工。那些留下的女性勞工們則站出來，舉著寫有「為什麼女性不能工作」和「停止性別歧視」等標語牌走上街頭示威抗議。[24]最終，她們之中的許多人不得不離開汽車工廠等「男人的工作場所」，但仍有不少人回到了傳統的「女性工作崗位」，如百貨公司銷售員或電話接線生等。這些女性，有些是在卡恩與哈斯丁百貨公司上班的「此生見過最激進的一群人」，有些則是在一九四七年發動全國性電話接線生罷工的人。這場由電話接線生發起的罷工是美國史上規模最大的，且參與的三十五萬名勞工中，有百分之六十以上，也就是二十三萬人是女性。[25]對這些女性來說，現實的狀況已經不同於以往了。傳統由性別產生的優先順序，是可以且必須被改變的。

農場工人、非裔美國人、女性勞工……這些只是從大蕭條到二戰後，美國社會出現的巨大社會變遷中的冰山一角而已。而有關這些變化的研究，通常被劃分到不同領域並個別處理，例如夏威夷史、非裔美國人史、女性史等，它們從未經過綜合性的分析，當然也不曾作為冷戰史的一部分去探討。

實際上人們在這些社會變革中所發出的呢喃、抱怨和吶喊，與冷戰世界的形成密切相關。這是因為這些尋求社會變革的呼喚，動搖了既有的社會規範和秩序，從而引發各種社會緊張和對立，進而助長出美國版的「反共主義」。而這種「反共主義」最終不僅左右了美國的國內政治，甚至催生出形塑了「冷戰」的外交政策。更耐人尋味的是，當時美國社會所發生的事情，也同樣發生在世界各地，且往往使得當地內部的緊張局勢升級。這些影響是非預期且深遠的。

正如以下將詳細討論的，這些同時發生在全球各地的緊張局勢後升級的情況，與後來冷戰世界蔓延至全球，並非無關。本書的目的即是探討這些地方性事件，究竟與全球性現象有何關聯。並且各個社會內部的局部性事件，究竟是如何產生關聯，最終導致了全球規模的現象？

以下，我們首先探討的是美國社會。有關上述那些對社會變革的訴求，究竟引起了什麼樣的反應？這些反應是如何促進美國版「反共主義」的發展？這個發展又是如何引發一連串跨國連鎖反應？

## ◆反彈的浪潮

第二次世界大戰期間發生急劇的社會變革，為那些過去被蔑視，或是在戰時和戰後的動盪中找到新機會的人帶來了希望。然而，在大多數人眼裡，這些人的「希望」卻是對既有的社會秩序和社會規範的挑戰。試想，在戰爭結束後不久的這個時期，許多人渴望的並不是一個革命性的變化，或建立一個本質上完全不同的社會，而是重拾戰前那個美好的（或至少是人們認為存在的）美國和美國夢。

當時廣受歡迎的攝影週刊《生活》（*Life*），在一九四六年十一月號刊登了一篇特輯〈一九四六年的夢想〉，具體地呈現了所謂一般人的「夢想」。在這篇文章中，有一張引人注目的跨頁照片，上面是一個典型的美國人家庭正搬進郊區新家的場景。一對看起來幸福洋溢的年輕夫婦和孩子們站在新家門口，偌大的前院堆滿了準備要搬進去的家具用品。雜誌還在上面詳列了每件物品的價格。根據這篇文章，美國夢的「新生活」必備品，包括電熨斗（十美元）、電烤麵包機（十九美元）、攜帶式收音機（六十美元）、奇異牌電視機（一百九十九美元）、雙門冰箱（一百九十九美元）、全自動洗衣機（二百六十六美元）、洗碗機（二百九十九美元），以及一輛酷炫的汽車，最好是水星敞篷車（兩千兩百零九美元），[26]這些都是新家裡頭應有的物品。而且這個新家，會是一個新家庭展開新生活的新地方，裡面當然會有一個新生兒。畢竟那時的美國人經歷了大蕭條和隨之而來的二戰，度過了十多年的艱苦生活，夢想一下普通的幸福生活也無可厚非。對許多人來說，戰後的生活應該要是充滿希望且美好的。借用《生活》雜誌這篇文章的說法，戰後的美國社會應該要是「充滿著由空調設備帶來的和平，以及由電子技術帶來的富足」。[27]

然而現實中的戰後美國的生活，距離「富足」和「和平」還十分遙遠。當時全職勞工的平均年收入僅兩千四百七十三美元。即使是收入最高的鐵路工人，也只有三千零五十五美元。公立學校教師也只有兩千零二十五美元。農場工人更少，只有一千三百九十四美元。[28]這表示，對一般的公立學校教師來說，光是買一臺攜帶式收音機，就需要月薪的三分之一以上。[29]嚴重的通貨膨脹對民眾來說更是雪上加霜。生活成本快速飆漲，光是在一九四六年下半年，消費品價格就上漲了百分之十五；同期的食品價格則上漲了百分之二十八。[30]根據一家雜誌報導，童鞋的價格漲到了六至七美元，幾乎是戰前的一倍；童裝的價格更是漲到二倍，甚至更多，這讓多子女的家庭苦不堪言。[31]可以說一九四六年的經濟狀況，距離穩定的「富足」相差甚遠。

此外，戰後的美國社會也離「和平」相當遙遠。最明顯的應屬急遽增加的勞資糾紛。的確，戰爭期間曾訂下「不罷工」承諾，但當時仍經常發生野貓罷工（Wildcat Strike Action）（未經工會批准的非正式罷工）。然而，其規模與戰後美國社會湧現的罷工浪潮無法相提並論。從戰爭結束到一九四六年底，發生了四千九百八十五起罷工，總計有四百六十萬名勞工參與，無論規模上或是人數上，這在當時（甚至以後）的美國歷史上都是史無前例的。[32]且必須注意的是，這些罷工大多代表的不單純只是「勞資」糾紛，因為這裡面其實還包含了許多不同的社會訴求，例如對種族、性別歧視的憤怒，以及對過時的社會一般觀念的不滿。換句話說，這些罷工其實是對既有的社會秩序提出了根本上的質疑。也因此他們一方面得到了熱烈的支持，另一方面也引起了憤怒甚至敵意，最終導致了草根保守派的大規模反彈浪潮。

讓我們先來看看對罷工浪潮的反彈。這些譴責的聲音並不令人意外，因為無論戰前或戰後，都存在對勞工運動或罷工的抨擊。然而，一九四六年當時的反彈之強烈，卻超出了人們的想像。一位芝加哥男性投書給《生活》雜誌，表達他對奧克蘭總罷工的不滿：「看到這些罷工者的愚蠢和野蠻，令我作嘔。應該強制他們學習我國的歷史，這樣他們才會懂得尊重自己的魯莽行為所危害到的體制，其背後的原則和理想。」[33]奧克蘭市長的態度也同樣強硬，他斷然否決罷工的合法性。他認為，總罷工不過是一群暴民試圖推翻以民主方式建立的政府，並取而代之。[34]一位商業雜誌記者同樣選擇這種強硬路線，以煽動的語氣稱一九四六年的罷工頻發，「簡直就是毀滅性的內戰」。[35]

在南方各州，保守派對勞工運動的抵制更為暴力和劇烈。首先，試圖成立工會的勞工，大多都是在紡織廠、棉花農場和菸草農場工作的黑人。因此，他們遭受整個社區的抵制和阻撓，包括對工會運動家和支持者的監視、恐嚇和人身暴力攻擊。這些抵制和阻撓猶如家常便飯，且十分有效。[36]黑人勞工也得不到白人勞工的幫助，例如，在田納西州孟菲斯（Memphis）的一家製造工廠，一名白人焊工警告公司管理層，如果雇用黑人焊工，他們就會罷工。[37]在美國深南部，白人工會成員對黑人的冷眼更是司空見慣。例如，在喬治亞州哥倫布（Columbus）的一家工廠，一位白人工會成員對一名來自北方的勞工運動家這樣說：「我對黑鬼沒什麼意見。只要他們和我在同一家商店，用同樣的價格購買同樣的東西就好。但我就是不想和他們攪和在一起。」[38]

勞工運動內部的分裂，也同樣嚴重阻礙了女性勞工。與進展較大的勞工運動和黑人公民權運動相比，女性的聲音仍十分渺小。即便如此，一旦她們對性別歧視提出挑戰，馬上就會遭受來自各方的抨擊。[39]工會本應是她們的盟友，卻往往扯後腿。男性工會領導人不想受理女性會員的投訴，就算好不容易有一封寫滿女性抗議的投訴信送達，這封信也會深藏在一名男性工會會員的儲物櫃裡，最終「不翼而飛」。[40]

舊金山灣區的女性勞工運動家貝蒂・德・羅沙塔（Betty de Losada）回憶道，「男人認為自己是家庭經濟的支柱，必須養活小孩，而妻子和女性的收入只是輔助。男人無法想像女人可以賺和他們一樣多的錢。因為若是如此，會影響家庭中的夫妻關係。」[41]女性勞工所面對的反彈，不僅來自於公司，也來自於男性工會成員，甚至還包括自己的配偶。而女性勞工越是反抗現有的階級制度，這些社會保守派的反彈就越是強烈。

如果對勞工運動的反彈都如此了，那麼保守派對非裔美國人民權運動的反彈更加殘酷無情，似乎也在意料之中。眾所周知，在第二次世界大戰期間，民權運動者提出了「雙重勝利」（Double V，意即在國外打敗法西斯主義，在國內打敗種族主義）這個口號。然而，正如南方史學家傑森・M・沃德（Jason M. Ward）所指出，南方各州的種族隔離主義者也倡導他們自己的「雙重勝利」——「在國外捍衛民主，在國內捍衛南方傳統的吉姆・克勞（種族隔離）習俗」。[42]有鑑於此，民權活動家在南方各州推動黑人選民登記運動，會遭受到白人保守勢力的強烈反對，也是意料之中。南卡羅來納州的民主黨議員約翰・D・隆恩（John D. Long）毫不避諱地說：「我們將與黑人鬥爭，不僅在選區會議，在郡議會，在州議會選舉的選民登記，更在投票所。我以上帝之名發誓，即使倒下，我們也會與他們鬥爭，就像我們的祖先那樣！」[43]

密西西比州（State of Mississippi）的民主黨參議員西奧多・G・比爾伯（Theodore G. Bilbo）更是囂張。在一九四六年六月二十三日的一次電臺廣播中，他對聽眾說：「用任何手段阻止黑鬼去投票。」他的理由是，假使今年只有少數黑人投票，那麼明年就會有兩倍的人前往投票所。之後呢？這些人數一定會持續增加。比爾伯確信這點，繼續說道：「我們絕不能讓任何一個黑鬼投票。你我都知道阻止黑鬼投票的最好辦法，在選舉前一夜就把他們給做掉。我不需要說太多，熱血男兒都會懂。」[44]雖然無法確定聽眾是否真的在選舉前一夜「做了」什麼，但在一九四〇年代末，在美國最南部的幾個州確實發生了一些阻止選民投票的行為。例如，在喬治亞州（State of Georgia），人口不到二千人的小村莊賴茨維爾（Wrightsville），有三百名頭戴白色頭套、身穿白色長袍的男子在投票前一晚聚集在市政廳前焚燒十字架。該地區的非裔美國居民，也就因此感到害怕而沒去投票。順帶一提，比爾伯本人也是奉行白人至上主義（white supremacy）的極右派的祕密組織——三K黨（Ku Klux Klan）的成員。[45]

南方各州保守派的反彈眾所周知，但白人保守勢力的頑強抵抗，實際上不只出現在南方。近期的研究反而關注民權運動在北方的傳播，且顯示北部城市曾出現過大規模的白人保守勢力反彈。例如，根據一項調查，戰爭時期快速發展的密西根州底特律（Detroit），有超過三分之一的受訪者表示強烈反對來自南方各州的黑人移民湧入。[46]這種強烈敵意不僅止存在於成年人身上，甚至也蔓延到了兒童和青少年。例如，在伊利諾州的東聖路易斯（East St. Louis），有一百多名白人中學生、高中生走出教室，集體抗議學校招收了十三名黑人學生。據說他們把這十三名學生留在空蕩蕩的學校裡，留下了「黑鬼滾蛋」、「黑鬼來了我們走」等塗鴉。[47]這些激烈的仇恨情緒源於白人保守派感受到自己長年培養出的社會秩序和習慣被糟蹋而產生的不滿。他們認為，為了維持白人和黑人之間，以及社區內部的秩序與和諧，應該保留傳統的種族隔離政策。[48]

這些保守派對於勞工運動、女性運動和非裔美國人民權運動的反抗浪潮，有一個共同的邏輯是，他們認為「我們的生活與和諧正受到了外來者的威脅」。而所謂「外來者」的定義，則會隨情境不同而改變。它可能是大量湧入北方工業城市的黑人勞工，也可能是來到南方各州的北方勞工運動家，也可能是在那些被認為是「男人的工作」的職場工作的女性。這種邏輯也被巧妙應用在本章開頭所介紹的夏威夷甘蔗園罷工當中。一位商業雜誌記者稱，這場罷工是「來自美洲大陸的人」所煽動的，而非「當地人」自行發起的。另外，當地一位牧師認為，工會這種「外來」的觀念，與當地人所珍視的「阿羅哈精神」背道而馳。[49]

這種社會保守派的論點，可從一九四六年十月中旬（當時正是甘蔗罷工的高峰期），《檀香山廣告報》（*Honolulu Advertiser*）的頭版社論中見得。該報寫到：「我們的家園、學校、教堂、醫院、政府以及我們夏威夷人的生活，正岌岌可危。」[50]這看似是一個簡單且直接的訴求，但事實上並非如此。畢竟，「我們的生活」指的是誰的生活？在戰後的美國社會，哪些人是「我們」，哪些人又不是？問題的核心在於，這裡的「我們」本身的定義就是搖擺不定的。

## ◆什麼是美國的？（什麼是非美國的？）

耐人尋味的是，在社會出現各種衝突、保守派開始頑強抵抗的此一時期，也正是「美國方式」（American Way）這個專有名詞開始在大眾間流行的時期。一九四六、一九四七年尤其是一個歷史時刻，當時全美幾乎都籠罩著愛國主義氛圍。[51]然而，民眾在這段時期對於「美國」的狂熱，並非代表一個充滿共識且和諧的新時代的到來。事實上完全相反。正如美國史學家溫迪．L．沃爾（Wendy L. Wall）所指出的，這一時期愛國主義語言的流行，反而暴露出一九三〇年代至一九四〇年代累積下來的焦慮感。[52]

隨著過去的和諧與平衡崩解，許多人需要重新定義什麼是「美國的」。而這也同時是重新定義什麼是「非美國的」的一個過程。這些有關什麼是「美國」的爭論，源自於美國的大蕭條時期，並蔓延至二戰後的美國社會。在這段期間裡，社會與人們的現實變得更加不確定，也更加多元；繁榮與發展的承諾變得模糊不清、基於社會、種族和性別的等級制度，也開始受到挑戰。簡而言之，過去「理所當然」的習俗和社會秩序，隨著社會的變化，受到了來自各方面的挑戰。[53]

在這種混亂的情況下，那些過去潛藏的衝突和訴求開始浮出水面。而這其中，又有許多不符合既有知識和分類的事物，因此難以為其命名。假使創造出全新的詞彙，對大多數人來說又難以理解。因此，在表達新的主張，或描述新的衝突時，我們基本上仍習慣使用既有的語言。畢竟，人們不可能一下子就跳脫自己的語言，以及有關這個語言的價值體系。然而仍需注意的是，當既有的語言被試圖用來描述一種全新的境況時，其意義往往會被偷換、加油添醋，甚至變得截然不同。

戰時和戰後的時代正是這種情況。那些試圖改善自己的社會地位，於是質疑現存的社會、經濟和政治秩序的人，如非裔美國人和女性，習慣從左翼思想中找到批判現狀的語言；即便這些左翼思想未必能完美表達他們的想法，依然能夠有效批判現存的體制。另一方面，那些擔心現有的秩序與和諧被打亂的人，也需要命名他們的「敵人」和他們自己。然而，當時尚未出現「保守主義」一詞形容草根階級的大眾情緒，或是使用「保守運動」來統稱社會運動（「草根保守主義」這個名稱要到一九七〇年代才開始使用）。

另外，「美國主義」這個名稱，雖然對保守派確實具有吸引力，但也存在一些問題。因為改革勢力，也可以聲稱他們的主張和訴求更「美國」。例如，甘蔗農場工人提出他們也要過「平等的美式生活」；而非裔美國人和女性則用《獨立宣言》的「人皆生而平等」這一大原則，來訴諸反歧視。是故，擁護或希望恢復現有秩序與和諧的那一方，也需要一個語言，以便更清楚表達他們的「敵人」和他們自己。在這樣的社會需求之下，一個已存在許久的語言，以新的用法被應用在更廣的範圍上——「共產主義」和「反共主義」，它們在二十世紀中葉至後半葉風靡一時。

「共產主義」這個標籤可以貼到任何被認為是「非美國」的事物上。那些不符合一般主流的「美式」的人，很快就被貼上「共產主義者」的標籤。例如，我們前面所看到的那些，受一九三〇年代到二戰期間的社會劇變影響而開始提出新訴求的人。同樣地，「反共」也是一個可以方便統稱內部多元的群體的語言。「反共」的定義並不明確，硬要說的話，主要的共同點是排斥「與我們不同的人」。然而需要強調的是，這類的「反共」主義，源自於國內社會或地方社會中的問題和衝突。美國史學家科琳・杜迪（Colleen Doody）在其著作《底特律的冷戰》（*Detroit's Cold War*）中指出，美國社會內部之所以形成反共主義，並非由於美蘇衝突等國際層面問題，而是基於美國內部社會的緊張衝突。[54]

從社會角度來看，美國反共政治的發展主要基於其自身的國內因素，而非外在因素所影響。從根本上來說，戰後美國社會的「反共」運動，實際上是一種打擊「非美國」的人和行為的社會淨化運動。用現代的語言來說，它是草根保守派的抬頭，也就是為了壓制「滋事分子」和「麻煩製造者」，以恢復秩序與和諧的社會。

正如本書第七章將詳述的，這種「反共」運動在一九五〇年代初達到了巔峰。而這個時期，也是那些體現了戰時和戰後，美國的社會和文化的巨大變革的人，如非裔美國人、民權運動家、女權主義者、移民、同性戀者、新政政策支持者等人遭受攻擊的時期。關注反共主義的地方性根源，就能理解為什麼反共運動的狂熱，會在社會變革顯著的地區傳播得更快，以及它是如何與地方政治和地方選舉相互交織，發展出多種不同形式。[55]也就是說，在社會變革越明顯的地區，以「反共」名義發動的社會壓制運動就越激烈；而勞工運動的政治色彩越是濃烈，民權、女權運動和新政的支持在地方政治中越是顯著，這種地方上的「反共」邏輯，在地方政治中的力量就會越強。

一九四六年的中期選舉正是在這種情況下進行的。那些候選人很清楚，選民對物資短缺、物價高漲，以及罷工浪潮很是不滿。選民投下的選票明顯反映了他們的惱怒、憤恨、焦慮和失望，恰如共和黨當時那句響亮的競選口號：「受夠了嗎？那就投票給共和黨。」[56]這句話夠有效刺耳，因此打動了人心。是故，在整個競選期間，爭點始終圍繞在國內問題上。《國家》(*The Nation*)和《美國新聞與世界報導》（*U.S. News and World Report*）等雜誌甚至寫道，沒有一位候選人願意討論外交政策或美蘇對立問題。[57]

「反共」問題確實在這次中期選舉成為了幾個州的熱門話題，例如加利福尼亞、威斯康辛、俄亥俄、密西根和愛達荷。然而，這些州也是所謂「新政支持者」（New Dealers）和勞工運動家最為活躍的地區。也就是說，「反共」議題的真正課題，其實是如何應對快速增長的勞工運動。一九四六年的罷工運動爆炸性成長，讓這種趨勢更為明顯。[58]也就是說，這類的「反共」議題，之所以會成為一個快速發展的熱門議題，是因為共和黨候選人的競選策略。他們利用了這種反共邏輯譴責勞工運動家和新政支持者。而這種策略在一九四六年十一月，帶來了驚人的結果。

共和黨在這次中期選舉中大勝。該黨在眾議院獲得五十五個席位，參議院則獲得十三個席位；四十八個州定席位中的二十五席，包括俄亥俄、賓夕法尼亞、加州和紐約州。共和黨拿下眾議院是意料之內，但拿回參議院則是意料之外。這是共和黨自一九三二年以來，首次同時拿下眾參兩院。[59]共和黨的壓倒性勝利，使得原本只應用在地方選舉中的「反共」運動，開始延伸到全國。而實際上，這種「反共」運動並非是從白宮或現任參議員之間開始推行的，而是由新當選的眾議院議員所點燃的。[60]

在一九四七年一月開議的美國眾議院上，來自伊利諾伊州的佛瑞德・巴斯比（Fred Busbey）和密西根州的保羅・雪佛（Paul Shafer）和巴特爾・瓊克曼（Bartel Jonkman）等共和黨新生，都一躍成為「反共」人士。他們強烈主張應該對國務院、司法部和商會進行調查，因為這些組織在大蕭條後的新政和二戰期間快速發展，據傳已被大量「共產主義者」滲透。[61]這些議員的強硬立場，某種意義上其來有自。因為在密西根州和伊利諾州這兩個工業州的勞資爭議特別激烈，是故，他們的「反共」言論受到仇視勞工運動的草根保守派的支持。[62]

然而此時，「冷戰」這個概念尚未像「大蕭條」或「第二次世界大戰」那樣被認知為歷史現實，也不是一個首字大寫的專有名詞。在這個階段，前景仍不明朗，各種未來似乎都有可能發生，因此當杜魯門總統於一九四七年三月，發布聲明立即向希臘和土耳其提供軍事和經濟援助，也就是有名的反共主義政策濫觴——杜魯門主義時，公眾輿論一分為二。當時的民調顯示，雖然大多數人贊成向希臘提供經濟援助，但有超過半數人反對派遣訓練希臘軍隊軍事顧問；且許多人也公開批評總統的這項聲明。[63]可以說，「冷戰」世界在此階段只是眾多觀點中的其中之一，而且是可以被反駁的一個。畢竟它在當時，本來就不是一個為人所知或被廣泛認同的概念。是故，冷戰在此時此刻，尚未是一個存在於世界上的「現實」。

總而言之，一九四六年確實是「反共主義」這個古老卻新穎的趨勢，在大眾之間復活的歷史時刻。然而，這個概念並不是在美蘇對立為背景下所展開的，而是與美國國內，如什麼是美國的、什麼不是美國等文化和社會矛盾同步展開的。更耐人尋味的是，美國內部社會中的這些激烈爭論和多變的政治局勢，也意想不到地對遙遠的地區造成了深遠的影響。當時被美國占領的日本，當然也不例外。

## ◆延燒到GHQ的紅色恐慌

一九四五年八月十五日，昭和天皇以玉音放送宣告日本戰敗；九月二日，簽署《降伏文書》；十月二日，美國正式開始進行對日本的占領統治。由道格拉斯・麥克阿瑟（Douglas MacArthur）將軍擔任駐日盟軍總司令（SCAP）的駐日盟軍總司令部（GHQ）的占領統治，在剛開始的半年似乎一帆風順。[64]然而，隨著戰後日本社會開始流行馬克思主義，以及工會運動的爆發，局面逐漸發生變化。工會會員的人數，到一九四五年末，已超過了戰前最多的四十萬人；到一九四六年末則達到近五百萬人。[65]左翼思想在日本如此擴張，連遙遠的美國都視其為問題。此現象到了一九四六年的中期選舉後更為明顯。隨著對新政勢力和左翼陣營的批評不斷增加，不少評論家開始擔心，美國占領下的日本會「左傾」。在他們看來，無論是馬克思主義的流行，還是工會運動的快速發展，無非是莫斯科在東亞的影響力擴大的證明。[66]

然而，左翼思想在戰後日本大流行的根本的因素在於戰爭經歷，特別是戰敗的經歷。如果二戰的勝利讓許多美國人再次認知到戰爭期間的價值觀和道德觀的正當性，同時使愛國主義高漲，並產生對政府的信任。反之，戰敗則讓許多日本人對這一切產生了排斥感和不信任感。戰敗後，許多日本人的反應，先是否定戰爭期間被高高舉起的價值觀和道德觀，也重新評價那些戰爭期間被否定的事物。因此，有一個組織開始受到世人的矚目——日本共產黨（the Japanese Communist Party）。日本共產黨是唯一在戰爭期間內持續反戰的組織，而這一事實使其在戰敗後的日本社會中站上道德制高點。許多共產主義者在戰爭期間遭受嚴厲的鎮壓、監禁和拷問，但仍堅持反戰，這使他們在戰後開始被視為烈士或先知。[67]這種現象對當時的知識分子來說尤其明顯，因為他們對於自己在戰爭期間改變立場並協助戰爭深感懊悔。對當時的人來說，共產主義者不妥協的姿態，似乎象徵著真正獨立的思考，在當時的流行語中，是「主體性」的證明。主體性一詞，之所以能夠擄獲人心，是因為許多人都深切地感受到，他們在戰爭期間並不擁有主體性。[68]

與美國一樣，戰後的日本也正經歷著劇烈的社會變革。在這些變革當中，爆發了新一波難以名狀的情緒和社會現象。畢竟，在一個十多年來，或更準確地說，自甲午戰爭和日俄戰爭以來的半個多世紀裡不斷發生一場又一場戰爭的社會中，任何直接批判戰爭、軍國主義和天皇制的詞彙或知識體系，幾乎是不存在的。因此，當戰後的日本湧現出這些新情緒時，許多人必須使用馬克思主義和日本悠久的勞工運動傳統來進行思考。

人們透過這種現有的語言體系，表達出對戰爭的悔恨和憤怒，並彌補自己在戰爭期間未能擁有的「主體性」。換言之，許多日本人在戰敗後，以自身的戰爭經歷為基礎，或有時是以不同於原意的方式為基礎，創造出一種獨特的左翼思想。正如歷史社會學家小熊英二所指出的，戰後日本的所有一切，幾乎都源自於戰爭經歷，以及由此而生的慚愧。[69]如此看來，很明顯地，馬克思主義和勞工運動之所以得到廣泛的支持，原因並非冷戰擴展到了東亞，也不是莫斯科影響力的擴張。

然而，這些日本民眾的呼聲和情緒，是基於當時歷史背景的特殊社會需求，卻未能傳遞到太平洋彼岸的美國。例如，一九四六年五月，日本全國各地舉辦了睽違十一年的五一勞動節。這在美國的報紙和廣播，被解讀為「共產主義勢力正在日本擴張」。[70] 一位時事評論家甚至寫道，美國占領軍「培育日本勞工運動」的同時，是否也「培養了一個科學怪人般（意指將危害到美國自身）的怪物」。[71] 同時，美國媒體開始散布一些煞有其事的傳聞，如東京GHQ的內部，潛伏著大量的共產主義者和左翼分子。[72] 然而，這些毫無根據的謠言經過反覆的散播，便不再只是妄想和閒話，反而成為一種「常識」，促使人們去尋找證據。最終導致GHQ內部出現了紅色恐慌的風氣。

GHQ參謀第二部（軍事情報部，簡稱G2）部長查爾斯．威洛比（Charles Willoughby），是這起紅色恐慌風暴的核心人物。他在一九四七年二月寫給下屬的信中提及，「最近的報紙上都是美國為反共而進行的調查和整肅的新聞，尤其是國會。這是我們重新開始運作的好時機。」[73] 威洛比出生於德國海德堡（Heidelberg），十六歲時移民美國，後來成為陸軍軍官，官至陸軍少將。他自稱自己是美國價值觀的狂熱擁護者，喜歡說自己「絕對信任」美國的正義和真理，並將批評美國的進步主義者、自由主義者和共產主義支持者視為敵人。他強調自己「在這一點上，寸步不讓」。[74] 這樣的他，自然認為占領初期的改革政策，一定是埋伏在GHQ內部的共產主義者操作所致。因此在中期選舉結束後的一九四七年初，美國國內的「反共」情緒高漲之際，威洛比找到了機會，來打擊GHQ內部具左派傾向的人。

威洛比之所以不惜一切代價，都要利用這股紅色恐慌風潮，原因在於，之前他其實已經想要煽動反共問題，只是未能奏效。舉例來說，一九四六年九月，他負責的G2編寫了一份機密文件，標題是「屬於左派類型的平民文職人員」。這是第一份針對GHQ內部的公共安全調查報告，但當時並未引起注意。然而，隨著十一月的中期選舉中新政勢力的敗退，風向轉變，紅色恐慌運動開始嶄露頭角，於是他們立刻修訂了這份文件，標題也改為引人注目的「左派分子在總司令部內的影響」；一九四七年二月，這份文件修訂了第三版，標題變成更聳動的「左派分子在總司令部內的滲透」，頁數也從原先的二十八頁，增加至一百一十頁。[75]

威洛比在這段時期寫的信件，反映出他對此超乎尋常、幾乎可說是偏執的狂熱。編寫修訂版時，他甚至不惜指示部下捏造「事實」。例如，原始的文件列出了九位「嫌疑人士」，但他在給下屬的信中寫道，「我對案件數量如此之少感到失望。我以為有二十一個。不妨將其他『嫌疑人』也列為正在調查的對象。」[76]

除此之外，麥克阿瑟的政治野心和投機主義心態，也助長了GHQ內部的抹紅氣氛。在占領初期的幾個月裡，他接受左翼思想的盛行，他甚至歡迎戰後日本工會運動的興起，因為他認為這是「民主化趨勢」的表現，但不到一年他的態度就完全改變了。[77]要理解麥克阿瑟這種反覆無常的態度，關鍵在於他的自我意識過剩。他對自己在美國國內的形象相當敏感。他身邊的政治顧問察覺到，麥克阿瑟總是很在意別人對他的看法，尤其對所有批評都極為敏感。[78]從這個角度，就不難理解為何原本極端保守的麥克阿瑟，在占領初期會支持帶有強烈新政色彩的進步政策了。因為他認為這種政策依然很受美國大眾歡迎。也因此，隨著一九四六年中期選舉中，新政勢力的敗退和對勞工運動的支持減少時，麥克阿瑟便沒有理由再堅持這種以改革為導向的路線了。

這種轉變在一九四六年十一月至一九四七年二月之間尤其顯著。共和黨在中期選舉中取得了歷史性的勝利，這讓許多人確信下一任總統將出自共和黨候選人，且也有不少人認為麥克阿瑟是有力的候選人。事實上，從一九四六年十一月起，麥克阿瑟就開始收到大量的信件和電報。寄信人從前總統赫伯特．胡佛（Herbert Hoover）到普通民眾都有。其中許多人曾在一九四四年，麥克阿瑟參加總統初選失敗時支持過他。[79]這些支持者異口同聲地請求麥克阿瑟，希望他在大選前至少回美國一次、或能發表幾場演說，希望能鼓舞國內的士氣。一位急躁的芝加哥男性特地寫信給麥帥，說自己已經開始進行「徵召麥克阿瑟參選運動」。奧勒岡州的一位女性向麥帥透露，她得到了神的啟示，當自己在祈禱時，上帝以耶穌基督的姿態現身，並站在麥克阿瑟身邊，對她說：「他是天選之人，我永遠與他同在。」[80]

麥克阿瑟本人的自信心絲毫不亞於這位女士。他堅信自己可以成為下一任美國總統，這也就是為什麼他對本國的政治風向如此敏感。一九四六年十一月中期選舉的結果，讓風向更加清楚，使得他對占領政策的判斷更加反覆無常。[81]例如，一九四七年一月底，麥克阿瑟下令中止原計畫在日本全國各地舉行的總罷工，然而白宮或國務院對此並無任何指示。事實上，當時尚未存在所謂的冷戰政策，而能夠解釋占領政策中的所謂「政策轉向」究竟從何而來的，只有中期選舉後，美國國內政治輿論明顯的變化，以及麥克阿瑟對此的高度關心了。假設默許日本舉行總罷工將會如何？鑑於去年十一月中期選舉的結果，以及對十二月奧克蘭總罷工的強烈砲火，無庸置疑，麥克阿瑟本人將成為本國國內強烈批評的對象。因此，對麥克阿瑟來說，他不需要詢問華府對取消日本總罷工的意向，也不需要考慮美蘇之間的國際對立。

新政力量在中期選舉落敗、美國媒體不信任占領政策、GHQ內部蔓延獵共氣氛，還有麥克阿瑟本人的投機主義心態。面對這些逆風，自然使得過去在GHQ內部主導改革路線的年輕職員，尤其是那些被批評為「典型新政主義者」的人逐漸失去了信心。曾在一九四六年至一九五〇年擔任民政局勞工處處長的西奥多・科恩（Theodore Cohen），在回憶起一九四六年選舉的意義時表示，「勞工的力量被擊敗，而商業界掌握了控制權」。在受邀加入民政局之前，科恩曾在哥倫比亞大學的研究所研究日本勞工史，是新政政策的熱心支持者。他回憶起在民政局的時光，說道：「改革路線及改革推動者失去了聲望，甚至失去了尊嚴。而總部的許多高級官員則開始親近那些與大企業有關係的文職人員。」[82]在這種情況下，GHQ內部開始出現一些謠言，美國國內也盛傳GHQ的職員過於「新政化」，甚至是「共產主義的」。這導致他們回國後難以謀生。[83]事實上，一名GHQ工作人員在一九四八年春天應徵華盛頓的政府機構時，他在GHQ的工作經歷反而招致了「不小的敵意」。[84]

安德魯・葛來傑丹澤夫（Andrew Grajdanzev）的經歷更是艱苦。他出生於西伯利亞，直到一九三

○年代末移居美國前，他大部分的人生都在哈爾濱和天津度過。因此，當他後來成為GHQ民政局的工作人員來到日本後，他同時也成為威洛比獵共活動的首要目標。一九四六年秋，他開始被嚴密監控，包括跟蹤、暗中搜查住家，檢閱私人信件，然而卻沒有發現任何不當行為的證據。這長達三週的反間諜調查發現，葛來傑丹澤夫經常一個人吃飯、經常待在家裡、經常去同一個地方。最後一點引起了調查人員的注意，但後來發現，他只是固定以教授英語的方式交換日語學習。[85]

儘管如此，當葛來傑丹澤夫回到美國，沒有任何政府機關歡迎他。儘管他擁有GHQ的工作經歷、經濟學博士學位和精通俄、華、日、英語的語言能力，但由於先前的謠言和誹謗，他在華盛頓完全找不到工作。最後，他不得不從頭開始學習圖書館學，才終於找到一個小型地方圖書館的工作。[86]

聽了這些前同事的辛酸經歷，GHQ內的改革推動主義者很快就灰心喪志。[87]許多人決定在一九四七年離開GHQ。一位前民政局職員在數十年後接受採訪，談到當時的氛圍造成了什麼影響時，他回答：「我覺得我失去了繼續在這裡工作的熱情……(那種氛圍)澆滅了我的熱情。我發現，你不能隨口說出任何想說的話，如果還想繼續這份工作，你就不能那樣做。」[88]當時GHQ裡的工作人員大多都還只是二、三十歲的年輕人，他們才華橫溢且懷抱雄心壯志。對他們來說，東京的工作只是為了之後回本國的職涯發展做準備，[89]因此他們沒有什麼選擇，最優先的便是盡快離開GHQ（實際上這是大多數人的選擇）。如果選擇留下，那就代表只能向現狀妥協，也就代表要順應較為保守的政治潮流，並弱化自由改革派的立場。

許多前GHQ工作人員後來撰寫了回憶錄，其中一些表示，一九四六年至一九七年間發生的日常辦公原則的變化，是來自這些職員缺乏安全感、選擇明哲保身。他們之所以順應保守派潮流，並非是由於華盛頓的冷戰政策，而是他們本身有意識或無意識下的日常行為所產生的集體趨勢。雖然這一點看似是微不足道的細節，但對理解後來被稱為「逆轉政策」（Reverse Course）的美國占領政策變化至關重要。

## ◆「逆轉政策」的地方政治

「逆轉政策」一般是指美國占領日本初期，所採用的以澈底改革社會為導向的理想主義路線，後來轉變為以復甦日本經濟和穩定社會為重的現實主義路線。這種政策方向的轉變通常被解釋為冷戰升級所導致。[90]這種一般性解釋認為，由於冷戰的開始，也就是美蘇兩大國在歐洲的對立，美國決定在世界各地採取更強硬的立場，因此摒棄了日本各種改革導向政策，轉而推行以復甦經濟和穩定社會為目標的政策，目的是希望將日本作為東亞抵抗共產勢力擴張的堡壘。而這種觀點又認為，掌權者是國務院內的高層戰略家——喬治・F・凱南和華頓・W・巴特沃斯，他們於一九四七年的夏季分別出任政策規劃辦公室主任和遠東處處長，並開始談論將日本發展為東亞的緩衝國。[91]

這樣的說法並非完全錯誤。事實上，凱南在一九四八年十月撰寫了一份祕密政策文件NSC-15

（國家安全會議第十五號報告），正式改變美國轉換對日占領政策。這份重要文件通常被稱為日本的逆轉政策的起源。凱南後來在出版的回憶錄，將這項建議稱為他「最具建設性的貢獻」，並以自豪的口吻說：「（若撇開馬歇爾計畫不談）我從未提出過如此大規模且重要的建議，也從未提出過所涉如此廣泛且幾乎被完全接納的建議。」[92]強調政府高官的意志影響了國家決策的簡單公式，並展示出一張看似清晰且連貫的世界局勢圖，這種將逆轉政策的起源歸因於華府冷戰戰略的一般性解釋，長久以來一直是美日兩國的主流敘事。[93]

然而，若試著更詳細檢驗這種被稱為「逆轉政策」的現象，就會發現，這種看似簡單明瞭、有憑有據的一般性解釋，並不足以解釋實際的情況。事實上，時任GHQ勞工處處長的科恩回憶道，GHQ從未因冷戰升級而改變占領政策。他甚至還說，這種說法只是歷史學家過於簡單的臆測。[94]他的說法相當值得留意。首先，占領政策的基調轉變，早在華府於一九四八年秋政策明顯轉變之前，就已經出現徵兆了。事實上，政策的變化早在一九四六年秋季，就已經以一種更零散、自下而上的方式（而非由上層下達的自上而下的一致性主張），出現在基層的員工之間。

如前所述，這些變化是許多GHQ工作人員適應美國本土出現的新政治潮流的結果。而一九四六年的中期選舉，無疑有重大的影響。此外，促進占領政策轉變的，比起國務院高層的考量，更根本的推力是美國政治家對於「削減預算」和「保護美國納稅人」的實際訴求。[95]這是為了配合當時流行的反新政情緒，且強調「保護納稅人」這一招，對於即將到來的一九四八年總統選舉非常重要。

簡而言之，美國占領政策的轉變，與其說是出於對國際事務的戰略考量，不如說是由各種國內政治的考量所驅使的。

雖然國務院高層確實推動了占領政策的方向轉換，但這只是造成「逆轉政策」現象的眾多因素之一。美國國內政治潮流、中期選舉的結果、GHQ的內部鬥爭、麥克阿瑟的政治野心，以及GHQ工作人員缺乏安全感和明哲保身，所有複雜交織的因素，在冷戰框架這個看似簡單明瞭的解釋下，都變得模糊不清。一瞥美國方面的情況，會發現導致占領政策轉變的原因與其說是源自於戰略性、系統性的冷戰思維，毋寧說是基於個人的、分散的、國內政治性的因素。然而，逆轉政策的故事尚未結束，還有另一個更根本、更重要的因素，也就是日本國內社會。

如果要思考日本方面的因素在產生「逆轉政策」的機制中所發揮的作用為何，那麼，與此現象有關的故事就會更加複雜。首先，從根本所謂「逆轉政策」這個變化可以被視為戰後日本社會兩種截然不同的「現實」之間的鬥爭。有兩張照片恰好體現了這個鬥爭。第一種「現實」是多數的日本人，尤其是年輕人和城市的居民，他們熱情擁抱二戰結束後展開的改革以及隨之而來的解放。正如日本史學家約翰．W．道爾（John W. Dower）用「擁抱」一詞所形容的，許多日本人開始質疑過去的社會秩序和價值觀，並歡迎本質上的變化和改革。一九五二年五一勞動節拍攝的一張照片，恰好捕捉到當時這種改革與解放、反抗現有秩序的氛圍。[96]

然而，這事實上並不完全反映了當時日本社會的「現實」。對許多上一代和生活在非城市地區的人，也就是占當時大多數人口的人，戰後早期的改革是不正常的。反而「逆轉政策」這個變化，對他們來說代表著回歸熟悉的「正常狀態」。這種「現實」的根深蒂固，可從一張於一九四六年十一月拍攝的照片中窺見。數以萬計的民眾高喊三聲萬歲，熱情迎接昭和天皇的巡幸。這兩種「現實」，在戰後的日本都擁有大批追隨者，也因此它們之間發生了激烈的衝突，且兩邊的勢力，都各自以自己的方式利用了國外——盟軍占領統治的影響力。

圖 1-2　聚集在皇居外苑的勞動節遊行參加者。1952 年 5 月

從這個角度來看，「逆轉政策」並非是美國單方面的政策轉向的結果，更多是日本社會內部抗爭的體現——擁抱未來不同願景的人們，試圖努力實現各自的「現實」。換句話說，「逆轉政策」現象並非代表全球冷戰出現在日本國內，而是保守派面對敗戰後的動盪而反彈的過程。這個反彈行動所涉及的，如以下及第八章會詳細探討，不僅包括精英階層，還蔓延到了草根階層。以下將簡要概述早期的改革導向政策究竟是如何改變及逆轉，並從中揭示「逆轉政策」現象的國內和社會層面。

「逆轉政策」現象究竟為何代表回到熟悉的「正常」狀態，最明顯例子之一，可以從占領時期的勞工政策的重大轉變中見得。勞工運動從占領初期被積極鼓勵，到後來變成受到限制甚至管制。在這一點上，日本保守派政治家有著不可忽視的影響力。舉例來說，眾所皆知，一九四八年七月的公務員總罷工是「麥克阿瑟下令」禁止的。然而，正如憲法史學家古關彰一所指出的，這項政策實際上是為了回應首相蘆田均希望穩定社會的訴求而產生的。[97]

類似的例子，還有日本保守派勢力為了限制共產主義運動，於是極其利用GHQ的權威。這種保守派勢力對共產主義者的打壓，在冷戰前就已出現。自四分之一世紀前，人們對共產主義者的負面印象早已根深蒂固，人們將共產主義者視為非法分子，更常將他們視作邪教徒或流氓，甚至是傳染病帶原者。儘管一九四五年秋季，那些被長期監禁的共產主義者獲釋，且得到可自由參與政黨活動的權利，但由於美國和日本保守派的強烈反對，於是又開始對其施加各種限制。綜上所見，勞工政策以及針對共產主義的政策，確實如同字面上成了「逆轉政策」，但從日本國內社會的角度來看，這只是回到了他們熟悉的「常態」罷了。

當勞工運動和左派思想趨於守勢之際，那些昔日的強者也捲土重來。在戰爭結束後沒多久的

圖 1-3　揮手回應群眾歡聲的昭和天皇。1946 年 11 月

一九四六年，就實施了所謂的「公職追放」（英語為 White Purge，與後來的 Red Purge（赤色清洗）相對）政策，清洗那些應該對戰爭時期的總動員體制負責的軍人、軍國主義者、國家主義者，以及其他政商界有力人士。然而，由於美日兩國的保守派不斷抗議，這項追放令逐漸開始失去原本的精神。很快地在一九四八年，保守派努力有成，部分甲級戰犯嫌犯被釋放，包括後來當上首相的岸信介。[98]

如上所述，公職追放令在國家層面上很快就名存實亡。但其實在地方層面，這項政策從一開始就收效甚微，因為許多被清洗的人會以被開除「為榮」。一位曾在GHQ工作的日文通譯後來提到，當一個人收到開除公職的指令時，他周遭的人會認為，這是GHQ認定他是「一等日本公民」的證據。反之，如果某人沒有被清洗，人們就會竊竊私語：「那個人竟然沒有被懲罰？原來只是個小角色。」[99]這種地方上對社會的認知，其實很大程度上幫忙維護了前統治階級在地方上的權威。在這種情況下，不難理解當這些前統治階級隨著「逆轉政策」的潮流成功捲土重來時，他們為何會受到尊敬了。

即使是備受關注的政策也逃不過類似的命運。從頭到尾都困難重重的財閥解體，就是一個典型的例子。第一個絆腳石是GHQ各部門之間的派系權力鬥爭。一邊是新政派主導，希望積極推動解散財閥的民政局；另一邊則是經濟科學局的反托拉斯處，其工作人員大多來自民間企業和商業界，因此不喜歡過多的國家干涉。這兩個派系從本質上的想法就已經南轅北轍，因此一開始就有明顯的內鬥。[100]第二塊絆腳石是得不到日美雙方商業界的支持這點。日美兩國的商業界都批評財閥解體政策過於「新政化」，導致一直試圖推動財閥解體的民政局，在不到一年時間就失去了主導權。[101]最終結果只有少數幾家大型財閥被解散，而其他當初被列入名單的企業，則幾乎保留了戰前的形態。另外要補充的是即便是當時被解散的大型財閥，如三井、住友、三菱等，也迅速組成不同形態的企業集團（日語又稱為「系列」），最終幾乎都恢復為戰前的形態了。

同樣被推翻的，還有由GHQ發起的警察體系改革計畫，這項改革或多或少反映出了美國重視地方自治的思維。最初，GHQ指示各地方的基礎行政區（市町村），以自己的預算，組織擁有各自權限的警察部隊。然而，日本自一八八〇年代起，已經官民一心建立起了中央集權制度。在這樣深厚的歷史背景下，許多日本民眾不願意為了在基礎地方行政區上組建警察部隊而繳稅，因為覺得這種作法沒有效率且財政負擔大。地方政治家也擔心，這種地區性的警察機構，無法充分監督全國範圍的左翼團體活動和跨域犯罪。在日本國內這樣的一系列批評下，這種傑佛遜主義式、將原本中央集權化的警察組織改為地區分散化的理想，並沒有持續太久，主要是因為從頭就缺乏了政治家、官僚和多數民眾的支持。

日本戰後賠償問題也出現類似的情況。日本對亞洲各國的巨額賠款，在占領初期就已作為美國占領政策一部分獲批准通過，但這些政策後來被敷衍了事，最終撤銷。許多日本人將第二次世界大戰記憶為一場日本與美國之間的戰爭（或更準確地說，是「想要這樣記憶」）。以這種方式記憶戰爭（也就是以空襲、防空洞、原子彈攻擊等，與美國戰鬥有關的元素來記憶二戰），某種意義上可說是一種利己的作法。這是因為如此一來便可將自己視為單純的戰爭「受害者」，而不是亞洲的侵略者。這種框架，淡化了原本日本戰爭責任中屬於核心議題的戰後賠償金的意義。事實上，除了少數文學家外，大多數的社會科學學者和知識分子，都傾向在經濟復甦的框架內討論賠償問題，而不是道德或責任問題。在缺乏對戰爭責任深入討論的情況下，戰後賠償便被單純視為是日本經濟復甦的絆腳石。是故，戰爭賠償問題被默默掩蓋，最後消失，對那些以復甦經濟為第一優先的日本保守派和企業界來說，是再好不過。[102]

最後，還有一個不可忽視的跡象，顯示出所謂「逆轉政策」現象，其實是代表了回歸「常態」。也就是那些認為初期占領政策過度左傾的保守派政治家和官僚們的回歸。當這些保守派開始習慣美國的占領統治方式時，他們很快就學會如何利用GHQ內部的派系和權力爭鬥。舉例來說，當時的首相吉田茂寫給麥克阿瑟一百多封信，信中他一有機會就談到，日本政府的政治和經濟仍有多不穩定、共產主義勢力如何威脅日本等。一旦他們發現這種論述確實能有效拖延或撤銷初期占領政策的實施時，吉田和保守派政治家就開始大量利用這種反共理論，來達到自己的國內政治盤算和目的。[103]

過去「逆轉政策」的研究中，多數研究者的關心都集中在政治和經濟層面，尤其是初期美國占領政策是在何時起、如何改變的層面上。然而，「逆轉政策」開始面世並廣為流傳之時，也就是一九五一年《讀賣新聞》開始刊登一系列專題文章〈逆轉政策〉時，這個用語所指的現象，其實是更廣泛且更多元的。事實上，縱觀《讀賣新聞》刊登的這二十五篇系列文章，其中所涉主題除了典型「逆轉政策」的例子，如財閥復活、土地改革失敗等之外，還包括過去種種現象的復活，如軍歌和玩具槍又開始大受歡迎、神道教復權、道德教育復興，甚至是警察傲慢的態度也回來了等等。104

也就是說，「逆轉政策」最初所指的現象其實相當廣泛。而之所以該詞一般都只會連接到政治和經濟層面，只能說是因為後來的學者縮小並改寫了該詞的含義。這或許可為「逆轉政策」提供一個新的視角。雖然一般性解釋將此一現象，描述為一個看似連貫且易懂的大敘事的一部分（也就是美國冷戰戰略的一個環節），但「逆轉政策」是否其實是一個根植於地方歷史脈絡，且屬於國內社會和文化現象的一部分呢？也就是說，「逆轉政策」本質上，與其說是華盛頓的冷戰政策所造成的，不如說是日本國內社會中不同社會勢力之間鬥爭的體現，更是屬於保守派勢力為了恢復熟悉的秩序——即「正常狀態」而反彈的現象之一。

然而，若是認為接下來保守派的復權之路是必然且一路無阻的，也是過度簡化了。保守派的反彈確實在各領域都非常明顯，但這同時也引發進一步的反抗。對於那些曾認真參與戰後改革推動、期待變革和解放的時代來臨的人來說尤其如此，如勞工、青年、城市居民和知識分子等。許多勞工開始將更多的熱情投入工會運動、學生也開始參加戰後不久展開的早期學生運動遊行、許多知識分子更是積極發表自己對社會未來的看法，並參與討論，炒熱了言論界。由此可見，如果一九五〇年的夏季並沒有發生任何不尋常的事，那麼，戰後日本所出現的這些人與人之間圍繞在「現實」上的衝突，以及伴隨之的激烈辯論，或許會持續得更久。如果是這樣，或許還會左右那些決定了日本這個國家的存在之道的事件，例如獨自與西方陣營談和《舊金山條約》，或是以《美日安保條約》（*Treaty of Mutual Coop-*

*eration and Security between the United States and Japan*）為核心的日美軍事同盟，而之後日本的重整軍備之路，也可能會有所不同。

有關一九五〇年夏季發生的事件及其意義，將在第二章詳細討論。在這之前還需要留意的是，日本國內的這種保守反彈潮流也傳到了其他國家，尤其是亞太國家如菲律賓、澳洲和紐西蘭，這些國家都對此產生了一定程度的警戒。這些地區都曾經直接或間接與日本經歷過戰爭，因此在與日本交戰最激烈、時間最長的中國，會有數以萬計的民眾感到焦慮、憤怒和不安，也是自然。

## ◆中國對「逆轉政策」的反應

「美帝扶日是鐵的事實、百分之百的事實，不用辯論。美國扶日對中國是極大的威脅，凡是中國人都應該反對。政府每次都在愛國運動的敵對方面，真使人奇怪。」[105]這是一九四八年五月二十六日，在上海眾多集會的其中一場中，一位演說者對聽眾的喊話。一九四六年至一九四八年間，占領下的日本的「逆轉政策」，也引起了大海彼岸的中國的關注，並激起了後來廣為人知的「反美扶日」運動。[106]

和日本一樣，許多中國民眾認為，「逆轉政策」是美國轉換全球戰略所造成的結果。這種觀點認為，此舉同時代表了美國一連串安排好的戰略——振興日本經濟、重振保守派、將日本作為要塞以侵略中國。「反美扶日」運動最早在上海興起，一九四八年五月四日，約有一萬五千名大學生和高中生集結起來聯合抗議美國的日本占領政策，這樣的示威遊行接著引起了全國性的共鳴，北京、天津、昆明、廣州、廈門、長春等城市也相繼展開類似的抗議活動。這些運動將當地已經累積許久的反國民政府情緒，匯集到了「反美扶日」運動的旗幟下，形成一股發揮長期重要影響力的反美聲勢。

圖 1-4　參加「反美扶日」運動的上海學生。1948 年 6 月

圖 1-5　參加在上海舉行的抗議集會的學生。1948 年 6 月

由於這些運動發展極為迅速且蓬勃，以至於當時許多人，尤其是國民黨黨員及其支持者，還有美國的評論家，都認為這背後一定是中國共產黨在操縱。例如，時任中華民國總統的蔣介石在他的日記中憤怒地寫道，這場蔓延至全中國的學生運動，一定是共產黨支持的「職業學生」在煽動其他學生。[107]基於這樣的認知，上海等城市的警方奉命列出煽動學生運動的「職業學生」名單。[108]當時的美國駐

華大使司徒雷登（J. Leighton Stuart）也同意蔣介石的觀點，他相信中國學生和知識分子之間的反美聲勢不斷攀升，背後一定是共產黨在宣傳和操縱。[109]

然而，將「反美扶日」運動和反美聲勢的高漲簡單歸結為共產黨宣傳的產物，未免太過草率。當然，共產黨從這些運動所形成的政治氛圍中獲益匪淺，且實際上他們也充分利用了這種氛圍。然而，一九四六年夏季至一九四八年間，率先批評美國占領政策變化的，其實是上海的獨立報紙和親國民黨的報紙。[110]「……戰後九個月已有很大的變化，但其軍國主義的體制仍然存在，借民主的保護色而潛滋暗長。這是我們對日本不能樂觀的最大理由。」這是獨立大報《大公報》刊出的文章。早在一九四六年七月，該報就指出，「在美國的穩健政策管制下，日本的舊勢力披著民主的外衣出現；軍閥財閥固然是部分被清除了，可是民主勢力並未真正抬頭，以皇室重臣為中心的一切改革都是不澈底的，根深蒂固的軍國主義在人民頭腦中完全廓清尤其不是容易的事。（中略）我們對於日雖然不必報復，但是如何根絕日本的軍國主義，如何引導日本走上民主的大路，應該是戰後中國外交最重要的課題。」[111]

一九四八年五月，在「反美扶日」運動最激烈時，《大公報》更進一步提出批評，發表一篇題為〈日本開始再武裝〉的社論，指出「對中國威脅尤大，日本再武裝，中國當然是侵略對象之一，我們不能不澈底反對，必須包括反對復興經濟」。[112]當時，由郭永熙等人在上海出版的另一份獨立的大眾報紙《飛報》也持類似觀點，指出「麥克阿瑟過於寬大」，並批評日本人都在利用麥帥。該報還主張，昭和天皇應為戰爭負責、日本應對中國進行戰後賠償。[113]很明顯地，《大公報》和《飛報》，以及在天津出版的羅馬天主教會系統的獨立日報《益世報》，都反對美國大使司徒雷登的陰謀論，即「反美扶日」運動是共產黨扶植的。[114]

事實上，國民黨的支持者也不同意司徒雷登的觀點。蔣介石有名的對日政策「以德報怨」，在日本投降當時雖然表面上受到了讚揚，但隨著美國重建日本政策的消息傳開，反對意見隨即浮出水面，連國民黨黨報《中央日報》都在一九四八年四月公開表達不滿。[115]即便如此，蔣介石在同年五月再次公開支持美國的占領政策，這進一步激起了黨員和支持者的不滿，甚至連一些與共產黨無緣的中國企業家，也開始加入「反美扶日」運動。例如，上海的一位商人在集會上發表這樣的演說：「我們知道反日並不就是反美，因為美國扶日政策上是錯誤的，對中國民族生存有危害，所以我們要反對。」他更大聲地補充道，「反對扶日是不是愛國，我說反的是愛國，不反的倒真的賣國了。」[116]

中國共產黨確實很歡迎這些反對國民政府的示威遊行和反美聲勢，且積極支持學生運動。根據上海警察局的機密文件，中共早在一九四六年七月就已確定站在反美立場，並在隔年七月宣布反對美國重建日本的政策。[117]然而，站在這種立場上的並非只有共產黨。如前所述，《大公報》和《飛報》等獨立報紙早已發表類似觀點且獲得許多支持。[118]從這點來看，共產黨所做的，與其說是營造了這場反美風潮，不如說是迅速而巧妙地順應了當時的大眾情緒。那麼，「反美扶日」運動或反美情緒，如果不是起於中國共產黨的主導，那究竟是什麼所引起的？

關鍵在於數百萬中國人對殖民主義的反彈。更具體地說，是他們對第二次世界大戰的經歷和記憶。這就解釋了為什麼亞太地區各國也同時出現了類似的擔憂，而這些擔憂在中國特別強烈。[119]對中國人民來說，二戰代表的即是有數百萬人喪生的抗日戰爭。日本帝國主義的暴行，以及各地發生的中國人屠殺事件，對他們來說仍歷歷在目。「反美扶日」運動之所以能夠迅速得到廣泛的支持，便是因為中國人民以日本帝國主義和抗日戰爭記憶這個角度，來看待美國占領政策的轉變。中國共產黨並不需要費力傳播這種記憶，畢竟，侵略中國的是日本軍隊，是日軍在數千個小城鎮和村莊裡實施後來中國稱為「三光政策」（殺光、搶光、燒光）的大屠殺和破壞。[120]

這些抗日戰爭記憶無處不在。無論是作家和記者在報紙上批評美國對日占領政策時，還是講者和學生在集會，示威遊行上討論同一政策時，他們都一定會提到抗日戰爭的經歷和記憶。在一九四八年六月三日舉行的一場「反美扶日」集會上，開場時先為戰爭犧牲者默哀一分鐘。接下來的開幕致詞，是由集會主持人吳振東，向現場三千五百名聽眾，包括上海市長吳國楨以及學者、企業家和國民黨幹部等知名人士，發表以下談話。

> 我們每個人在八年抗戰中都深深的深驗到日本法西斯的殘酷，我們親眼看到我們的父老兄地死在日本法西

圖 1-6　「反美扶日」運動上出現的抗日戰爭記憶。上海交通大學。1948 年 6 月

斯的利刃下，我們親眼看到我們的姊妹們被日本法西斯所姦污，我們的家毀了，但究竟我們是勝利了。這個勝利是千千萬萬中國人民血的代價。在血跡未乾的今天，日本法西斯又在美國帝國主義的扶植下復活了。[121]

這次集會中共有八人致詞，他們無一例外地提到了自己的戰爭經歷。這個現象也出現在其他集會上。在同年五月二十六日的一場集會上，共有十七位與會者發表演說，包括魯迅的遺孀、經濟學家、化學家、歷史學家、商界人士、記者、律師、編輯和大學教授在內，他們都根據自己的戰爭經驗，批判對美國的占領政策。[122]

需要注意的是，當時的「反美」情緒是針對美國政府推動日本重建的對日政策，而不是一種針對美國或美國人的普遍性反感。當時的貫穿這些論述的主題，主要是源自於戰爭慘痛記憶所產生的對日本的懷疑和不信任。有些講者甚至在開始演說前，就先聲明他們的「反美」立場僅限於美國的占領日本政策，而非反對所有美國人。[123]

許多的地方報紙也是如此。當時，許多報章雜誌對國民黨政府的「軟弱外交」和美國的重建日本

圖 1-7　貼在上海交通大學的反美海報。1948 年 6 月

政策進行猛烈抨擊，但這些批評的關鍵在於對日本的不信任，而非對美國的不信任。換句話說，他們批評美國是因為他們認為，美國在「保護日本帝國，扶植日本的保守派勢力」。而國民黨政府被譴責的原因，則是因為它沒有獨自發表任何反對意見，且一味跟從美國的政策。[124]總之，與世界各地其他戰後社會一樣，在中國，第二次世界大戰的經歷和記憶，也構成了一個思想上的基礎，決定了人們應該如何看待國內政治和外交政策。像這樣的戰爭所造成的影響，在政治和社會領域尤其明顯。這對理解國共內戰期間，反政府和反美情緒迅速高漲是極為重要的關鍵。

## ◆反國民黨和反美情緒的擴散

在一九四六年夏季重啟的國共內戰，毫無疑問，是在戰場上進行的。單純從軍事實力來看，國民黨軍隊無論在規模上（兵力近人民解放軍的四倍），或在裝備上，都壓倒性優於人民解放軍。[125]因此，國民黨在戰爭初期占據優勢，該黨軍隊在一九四七年就攻下了共產黨的大本營延安；一九四八年初，蔣介石還公開宣稱，將在年底前殲滅共黨勢力。[126]然而到了該年秋季，國民政府軍節節敗退，最終在一九四九年撤退至臺灣。[127]為何最終戰局的走向變成共軍占上風？又是什麼原因導致如此？[128]

關鍵在於這場內戰的本質。首先，戰鬥並不只發生在戰場上，中國社會內部也為了哪一邊才具有法統和威信等社會「常識」而鬥爭。而這種「鬥爭」的重要性，絲毫不亞於在戰場上的戰鬥。畢竟中國許多主要城市在未經歷激烈戰鬥下，就對人民解放軍大開城門了。[129]也就是說，在戰爭中重要的是如何爭取大多數民眾信任的政治盤算。在這樣的鬥爭當中，「民心」，也就是大眾情緒，具有決定性的作用。而在爭取民心的鬥爭中，爭點並非意識形態，也非全球性的東西方衝突。當時民眾對國民黨政府的不滿雖然是日常的瑣事，但經過不斷累積，最終對政府的信任崩盤，摧毀了國民黨政府的法統。[130]

這些不滿其實都是日常瑣事。以上海為例，有人在牆上寫下「請政府大員不必坐汽車往舞廳視察，請往街道垃圾堆視察」，這被視為「反動」。[131]這些單純的抱怨都會被嚴厲取締。兩名上海的高中生，只因張貼了七張「反動」牆報，而被判處兩年徒刑，緩刑三年。[132]另有一名劇作家，因創作了一份強調駐華美軍蠻橫且批評國民黨政府媚美的劇本，而受到警察監視。[133]此外，此期間上海以維持秩序為名，查禁了數百份報章雜誌、地圖及書籍，包括〈理想婚姻〉(Ideal Marriage)、〈美國世論〉(American Public Opinions)、〈中國社會史諸問題〉(Several Problems in the History of Chinese Society)等。[134]同一時期，上海市某間學校開始嚴格管制演唱「煽動混亂，意圖破壞國家社會」的流行歌曲。[135]

圖 1-8　國民黨取締「共匪」。上海，1949 年 5 月 16 日

然而這些舉措不僅完全沒有效果，甚至是火上加油、激怒人民。總之想要管控民眾的情緒，本來就是不可能的。無論再怎麼取締，那些抱怨國民黨政府和市政府的海報仍然貼得到處都是，[136]而逮捕「反動」的大學生、高中生，只會引起更大規模的學生運動。這些取締同時還會傷害政府的道德正義，[137]查禁書籍，使得學生之間開始流行「我們要讀書的自由」等口號。[138]順帶一提，前面提到的監控「反動」劇作家，同樣也對國民黨政府毫無幫助。警方調查發現該名作家經常在晚間舉辦宴會，而來賓大多是國民黨軍隊的海軍軍官。[139]

面對只要在公開場合表達抱怨或懷疑政府就可能被捕的情況，以前那些不相信或猶豫是否要支持中國共產黨的知識分子，最終也放棄了國民黨政府。「我始終不能理解，在明明是人民世紀的時代裡，還竟然有人常常以『公然反對政府』的罪名去加在別人的頭上……政府而不能公然反對，試問我們還要政府幹什麼？」北京大學法學家樓邦彥如此說道。他最後做出了以下不祥的預言：「『公然』的反面是『陰謀』，一個政府要是不允許人民公然地反對它的話，則唯有期待人民陰謀對它的造反逐漸地演變成全面的革命。」[140]

當時的人們之所以對國民黨政府的嚴厲鎮壓感到震驚，是因為二戰結束後不久的這段時期，是中國近代史上最民主、最自由的時期。例如在上海，日本戰敗後就有創刊了數百份的新報章雜誌，成為了一個可以自由地公開討論不同意見的場域。[141]這些刊物大多表達嚮往民主主義、自由和平等，因此其立場也多是反對國民黨政府。[142]其中最活躍也突出的，是記者儲安平於一九四六年九月創辦的《觀察》雙週刊。該雜誌從創刊時就呼籲建立一個自由民主的政府，因此反對國民黨政府的鎮壓舉措，並支持學生的「反美扶日」運動。[143]

須留意的是，儲安平及其共鳴者不一定同意或支持共產主義思想。就儲安平本人而言，他不相信中國共產黨能使中國民主化，也不相信人民在共產黨的統治下能享有基本的自由。[144]若是對共產黨有如此深切的憂慮，又為何要堅決反對國民黨，最終還接受了共產黨？這是當時許多知識分子所面臨的困境。答案其實很簡單，這是因為他們對國民黨的不信任遠超過了對共產黨的疑慮。儲安平當時寫道，無論他對共產黨再怎麼批判和懷疑，他也已明白國民黨沒有能力改革社會。鑑於一九四〇年代後半的中國局勢，他們認為，中國共產黨似乎更有可能實施當務之急的社會改革。

這裡又是一個相同的例子。一個賦予某事物的名稱，並不一定符合其本質。從儲安平的例子中可以發現，接受中國共產黨並不意味著支持共產主義思想，更不意味著支持莫斯科的政策。相反地，這其實意味著反對國民黨政權和反對支持國民黨的美國政府，更進一步地說，是反對這兩個似乎在推動日本重整軍備的政府。換句話說，支持中國共產黨的背後，其實是對日本帝國主義和抗日戰爭的記憶。這種「名」與「實」之間的微妙差異，鑑於二戰後中國的混亂局勢，似乎也不足為奇；因為中國和其他國家的社會一樣，那些過去沒有被命名的情感和現象，突然如潰堤般湧出。與戰後的日本一樣，在中國，「共產主義」思想是根據在地的歷史背景翻譯，接著被採納的，而非冷戰的全球性擴張所導致。

事實上，此時冷戰典範——兩極對立並未確立。儘管許多自由派知識分子，如儲安平，並不信任共產主義思想，但仍與共產黨立場共鳴，並抨擊國民黨政府。同時，一些親國民黨的反共報紙，也經常支持抗議國民黨的學生運動。例如，吉林市的地方小報《老百姓》，雖然整體態度是反共、親國民黨，仍發表了類似稱讚「反美扶日」學生運動為「愛國運動」的文章，甚至呼籲政府進一步改革。[145]同樣的還有普遍親國民黨的上海《飛報》，也經常批評國民黨政府的政治改革腳步緩慢。該報刊出一幅政治諷刺漫畫，上面畫著一名警察，被許多「×長」擋住，無法指揮交通。[146]

可以說衝突的軸線，並不是透過冷戰框架出現的，毋寧說是兩個對立的黨的法統之爭，也就是兩黨為了爭奪民心所造成的。這一點從當時親國民黨的《飛報》的社論和專欄中可見得。該報哀嘆道，內戰曠日引久、經濟崩盤、貪腐橫行，許多人民已失去對國民黨政府的信任，國民黨已威信掃地。[147]「得民者昌，失民者亡！」該報從戰後初期就如此警告，並且在一九四八年秋又再度提出同樣的論述：「得民者昌。民心是最不容易任意支配強制的東西，把握得越早，越是有利。」[148]

然而國民黨高層幾乎沒人在意這些警告，即使這些警告來自親國民黨的報紙等。相較之下，共產黨高層對這些輿論的走向相當敏銳。例如，相較於共產黨最高領導人之一的周恩來一再強調掌握民心的重要性，蔣介石只是在日記中感嘆「四億之阿斗無知無恥」。[149]在國民黨高層眼中，大眾情緒不過是中共的政治宣傳和輿論引導下的產物。即使這些反政府運動實際上純粹是在地民眾的不滿和憤怒，而非受意識形態所控制。由於國民黨高層以這樣的角度看待大眾情緒，並鎮壓所有反對意見，國民黨政府迅速失去民心也是理所當然。更糟的是，國民黨政府的鎮壓政策，與過去日本憲兵警察的態度太過相似，當他們的行為越是像日本軍，其權威就只能一路衰退了。

這時期的反美情緒的發展也是沿著類似的路線。二戰結束後，由於幾個原因，美國以往的良好形象開始迅速惡化。首先是如先前所見的，中國人民認為，美國主導了日本的重建且支持日本重整軍備。且美國國會在一九四八年通過了《援華法案》（*China Aid Act of 1948*），如此支持高壓統治的國民黨政府，也是導致中國對美國的好感惡化的原因。然而，最重要的因素，是戰後駐華美軍士兵，與當地居民之間頻繁發生的數千起地方衝突。

一九四六年十二月，北京大學女學生沈崇被一名美國海軍陸戰隊員強暴（沈崇案）。該海軍陸戰隊員曾一度被定罪，後因證據不足被釋放，這導致全中國發起抗議活動。[150] 然而，歷史學者張閎（Hong Zhang，音譯）認為，雖然當時流行的反美運動是以抗議沈崇案的名義下展開的，但這些運動關注的並不只有這起特定事件。事實上，當時的反美集會曾出現這樣的口號：「保衛中國獨立自由」、「中國不是殖民地美軍何以駐華」等。[151]

可以說，這起事件之所以被大肆報導，並不是因為少見，而是因為它們是更大的歷史事件的一部分，尤其是殖民主義鬥爭的一環。在這當中，抗日戰爭的經歷和記憶也具有重大影響力。簡而言之，美國士兵與當地居民之間的衝突，之所以引起許多人的關心和憤怒，是因為這些衝突，讓他們想起了抗日戰爭期間同樣頻繁發生的日本士兵與當地居民之間的類似衝突。例如沈崇案，使人們想起了戰爭期間經常發生的暴行，如日本士兵對女性施暴等。[152]

美國占領日本和朝鮮半島南部的事實，加上認為這代表著美國推動日本重建和重整軍備的觀點，在這兩者的相輔相成下，導致許多人擔心中國有可能會再次被侵略。也就是說，中國之所以反美情緒迅速增長，是因為在中國人民看來，美國的所作所為與日本帝國主義的形象重疊了。[153]簡而言之，二戰後中國的反國民黨和反美情緒，基本上是基於當地人來自抗日戰爭經歷記憶而生的焦慮和戒備，而並非中共的政宣，也非莫斯科散布的國際陰謀所導致的。可以說，這些大眾情緒的反應，並不只是全球冷戰的一部分而已。

對戰後中國而言，有關日本的問題就像是一種催化劑。它一方面喚起了慘痛的戰爭經歷和反帝國主義情緒，另一方面，也助長了後來長期反國民黨政府情緒和反美情緒。因此，在國共內戰最激烈的時期，如何因應美國對日占領政策的轉變，是檢驗國共雙方誰在中國更具法統的試金石。總之，由於抗日戰爭留下的傷痕，這個問題造成國民黨內部產生裂痕，從內部侵蝕對國民黨政府的信心。而中共則大大受益於「反美扶日」運動所引發的反國民黨和反美國情緒。

然而，若斷定一九五〇年代的中國會建立共產主義體制是不可避免的，則是定論得太簡單倉促了。事實上，中華人民共和國在一九四九年成立時，還不是一個完全的共產主義或社會主義國家。[154]新政府也沒有從一開始就掌控了對整個中國社會、政治和經濟的控制。儘管中國共產黨扮演著關鍵的核心角色，但該黨也十分重視集結黨外的各種政治力量。

實際問題是，從農村地區發展，並主要統治農村地區的中國共產黨缺乏管理城市的經驗。因此，不借助包括前國民黨政府的公務員、工作人員，以及前國民黨支持者等非共產黨勢力的力量，要治理包括城市地區在內的整個中國是不可能的。[155]換句話說，為了管理國家機關，共產黨必須軟化自己的基本政策方向。當時的共產黨高層認為，要實現真正的共產主義國家，需要「相當長的時間」。當時甚至有人估計，要達成所有產業的國有化和農業社會主義改造，需要十五年的時間。[156]也就是說，一九四九年新政權剛立足時，會在短短數年後的一九五一至一九五三年間快速左傾，這樣的變化根本還未被預料到，當然也不是注定發生的。

如果一九五〇年夏季沒有發生什麼非比尋常的事件，那麼中國共產黨在城市和農村地區的溫和政策，可能會按原計畫持續更長的時間；北京高層也可能至少在一段時間內，不會選擇後來見到的激進政策。[157]簡而言之，國共內戰結束之際，距離某些事物發生根本性的變化還有一段時間。無論這段時間多麼轉瞬即逝，在那個階段，世界的「現實」仍然是流動的，未來仍有各種的可能性。

## ◆美國的「中國」觀

在地球另一端的美國，把「反美扶日」運動和國共內戰中的複雜面向——如中國的國內政治、社會和歷史背景，以及抗日戰爭的記憶等大幅簡化，傳遞出一個單純的故事，即「共產主義勢力在東亞的擴張」。的確，仍有一些報導的內容試圖提醒人們關注中國共產革命的社會歷史背景，但大多數報章雜誌並不這麼認為。[158]許多媒體將國民黨政府的垮臺，歸咎於中國共產黨甚至於俄羅斯的宣傳和群眾操縱，就像他們將日本左翼思想的流行，歸咎於共產主義的擴張和「社會主義式」的GHQ占領政策一樣。[159]

這種現象在一九四七年後期到一九四八年中期之間更為明顯。中國問題成為了跨黨派的共同議題，共和黨和民主黨的黨員及支持者開始使用同樣的語言。例如，路思義（Henry Luce）旗下的親共和黨週刊《時代》（*Time*）、《生活》和《財富》（*Fortune*），是一直秉持強硬鷹派路線的主流媒體。[160]父親是長老會傳教士的路思義在山東省出生長大，他對「拯救」中國抱有強烈的熱情，一生都是堅定的反共主義者。他在一九四一年二月於《生活》發表的著名文章〈美國的世紀〉（The American Century）中，強調美國的外交政策在全球扮演舉足輕重的角色。[161]路思義的雜誌頗具影響力，它不斷批評民主黨的杜魯門政府動作太過緩慢且過度妥協，聲稱「當美國大談改革時，共產黨已經贏了」。[162]當然，這並不代表民主黨及其支持者就贊同杜魯門政府的對華政策。例如，親民主黨的《新聞週刊》（*Newsweek*）堅稱，美國不能允許中國落入共產黨手中。[163]

一九四八年秋季，人民解放軍的決定性勝利進一步煽動了這種強硬論調。例如，主打反共愛國的天主教會雜誌《美國》（*America*），公開表達對戰局的憤怒，強烈要求華盛頓支援國民黨政權以拯救中國，使其免於淪為「遠東的克里姆林宮傀儡」。該雜誌稱，「現在美國對中國只能有一項政策：立即給予國民黨有效的援助，以不惜一切代價阻止共產主義」。[164]在此背景下，一九四九年初，五十一名國會議員組成了一個超黨派小組，警告中共的勝利將對美國國家安全構成「重大威脅」。[165]其中，麻州的民主黨眾議員約翰．麥克馬克（John McCormack）態度強硬，稱「我們不能眼睜睜地看著中國落入共產黨政府的掌控」。[166]這種已牢牢扎根的觀點，在國民黨失敗後愈加強硬。隨著「誰丟失了中國？」等批判和「對共產主義過於軟弱」的指責愈來愈多，「失去」中國問題，成為了直到越戰終結的數十年間，持續困擾民主黨政府的心理創傷。[167]

這段時期，到處都是聳動的中國相關報導，而且其中的內容，實際上更多是在談美國自己，而非中國。[168]第一點也是最明顯的一點，是戰後美國社會中普遍出現的全能感。當時經常談到的「失去」中國，這一說法的前提本身就是基於了傲慢和錯誤認知。畢竟，美國從未統治或擁有過中國，又何來「失去」之說？[169]由於當時許多報章雜誌都強硬主張美國「不能允許中國共產主義化」，因此當時沒人敢提出質疑——美國究竟為何有權「允許」或「禁止」中國內部事務？然而，二戰剛結束的美國社會似乎不認為這是問題。畢竟，美國在歐洲和亞太戰場雙雙獲勝，拯救了全世界（至少許多美國人是這麼認為的），那麼，為什麼不也拯救中國呢？就連當代最傑出的知識分子之一的沃爾特．李普曼（Walter Lippmann）也毫不猶豫地說：「為什麼在美國國力全勝之際，美國在中國的影響力卻如此軟弱？」[170]這種不滿的背後，是一種在戰爭期間和戰後不斷增強的全能自大感。

此外，這種全能的幻想還需要另一種幻覺來支撐，即想像中的「無能他者」。當時的著名記者伊羅生（Harold Isaacs）指出，大多數美國人將中國視為「我們一直在幫助的國家」，中國人則是「一群需要拯救的人」。[171]如同第五章將會詳述的，若中國沒有按照美國的期望行事，他們就會立刻斷定中國是「克里姆林宮的傀儡」。[172]此外，這種全能感還得到了一種對世界局勢的演繹式想像的支持，即一種可稱之為在戰時和戰後逐漸鞏固的「地緣政治學世界觀」。這種觀點假定了一概而論的普遍「世界」真理，認為在某處發生的事件也會在其他地方發生。因此便淡化了地區上的特殊情況和歷史背景的差異，認為其無關緊要。[173]對於一個唯一在歐洲和亞太戰場上都打贏了世界大戰的國家來說，這種「全球性」觀點似乎很自然，儘管這種觀點實際上只是一種對世界的地方性想像。[174]

有鑑於此，這解釋了為什麼中國的學生運動在美國幾乎被完全忽視。首先，地緣政治學的意識形態自然假設了國與國之間的衝突，這使得人們難以看見國家內部的衝突和內部解體。因此，便會一味認為國內的反對派是內鬼、敵國的爪牙。是故，中國的學生運動，在美國同樣被認為單純是共產黨的政宣煽動的結果。此外，美國對自己是正義的信念，又使得他們難以聽取來自外界的批評。在美國看來，中國學生在街頭提出的問題和抗議，並非應該被考慮的合理意見，只是來自於反對者的煽動。最後，與上述的全能感相對的「他者」，被假定為一個無能者，而非擁有自己的想法和聲音、會主動提出倡議的行動者。是故，他們認為這些學生，只是被他人煽動和操縱的而已。

儘管如此，當時仍存在許多不同的觀點，人們也能公開表達不同意見。雖然數年後情況將完全不同，但至少在這個階段，政治人物、學者、記者甚至一般人，都能公開反駁這種普遍的世界觀。例如，著名的自由派雜誌《國家》在一九四八年十二月《對外援助法案》（*Foreign Assistance Act*，其中包括《援華法案》）通過後，仍主張美國不應被「援助」或「拯救」中國的訴求所誤導，也反對提供軍事援助給「中國人民鄙視」的國民黨政府。[175]哈佛大學中國史學家費正清（John King Fairbank）也指出，美國應該更深入了解中國的真實狀況，並對讀者呼籲：「美國必須區分中國共產主義運動和中國社會革命。這意味著美國的對中國政策必須更積極、更主動地與我們真正相信的中國社會變革保持一致，即使這會導致我們發現自己正在與中國共產主義並行前進。」[176]某位評論家更直接地指出，美國應更認真思考如何與共產主義世界共存。[177]

當時，主張與共產化的中國合作的，並不限於自由派或進步派的報章雜誌。親共和黨和金融界的《美國新聞與世界報導》（*U.S. News and World Report*）雜誌，在一九四九年二月表示，美國承認共產主義中國「最終是可以預見的」。[178]同樣的還有當時被視為最強硬的「冷戰鬥士」美國國務卿迪安．艾奇遜（Dean Acheson），在一九四九年初其實也考慮建議美國最終承認毛澤東的政權。[179]這與他後來的形象——全球冷戰世界的主要創建者之一——完全不同。艾奇遜在一九五〇年初甚至呼籲美國人，不要將亞洲事務與歐洲事務視為相同問題，這樣的建議對後來的艾奇遜來說幾乎無法想像。這也暗示，美國在一九四五年至一九五〇年這段戰爭結束不久後的時期，也曾像日本和中國一樣，經歷過一個充滿多樣性和彈性的時代。[180]

政治家亨利·華萊士（Henry A. Wallace）就是一個這樣的例子。華萊士曾在小羅斯福任內擔任副總統，戰後擔任商務部長，並在一九四八年總統大選時，代表新成立的進步黨參選。他在愛荷華州（Iowa）的農業小鎮成長，是「平民主義」（透過改善農民生活來造福全體人民）的主要倡導者之一，並將自己定位為「民眾」的追隨者。相對於前面提到的路思義構思的「美國的世紀」，華萊士的想法就如同他於一九四三年出版的一本書《平民世紀》（*The Century of the Common Man*）標題所示。[181]他提出與冷戰時期主流觀點相對立的理想，主張對「普通人」所設想的關懷，是「平民」或「農民」之間的合作。關於中國問題，華萊士認為，「中國的大混亂說明了美國外交政策的徹底崩潰。除非蔣政權被一個人民的政府所取代……否則絕大多數中國人民將世世代代憎恨『美利堅』、『合眾國』。」[182]華萊士公開反對冷戰概念、呼籲與居住在中國和蘇聯的「平民」合作。像他這樣政治家的存在，證明了一九四〇年代末美國政治的多樣性且彈性，可包容不同事物。[183]

儘管幾乎沒有人相信華萊士能夠贏得一九四八年的總統大選，但他絕對不只是一個陪襯的候選人，他的行動受到各大報和主要廣播電臺的關注，相關報導也不在少數，這在四年後的一九五二年總統大選上是難以想像的。[184]即使華萊士在選舉中慘敗，但他的支持者並沒有就此消失。相反地，一九四九年的這群支持者還試圖以進步黨的旗幟，重新動員進步派和自由派的力量，為一九五〇年的中期選舉做準備。[185]

因此，單純地認為一九四五年到一九五〇年這段時期是冷戰和麥卡錫主義時代的過渡期，這樣的看法並不正確。因為我們已經知道後來發生了什麼事，所以往往會把「看起來很像」的事件連結在一起，從而輕易對事件的「起源」和「發展」下定論。然而，冷戰這一「現實」的確立過程絕非如此線性，也非疊加上去。由於我們已經熟知一九五〇年代是冷戰緊張局勢的高峰期，因此我們傾向於將一九四九年視為美蘇兩個超級大國之間的緊張情勢升高的時刻，而下一刻便將進入冷戰。

然而，當時的人的並非這樣看待他們所處的時代。事實上，在白宮的總統助理伊本．艾爾斯(Eben Ayers)並不認為一九四九年是冷戰緊張局勢升高的一年，反而是「休息」的一年。美國有史以來最大的罷工浪潮終於消退（一九四六年）、民主黨的杜魯門總統出乎大多數人的意料在總統大選中贏得連任（一九四八年）、蘇聯對柏林的封鎖，也就是造成東西方陣營緊張局勢升高的柏林危機也剛解除（一九四八至一九四九年）。終於可以喘口氣的艾爾斯，在九月下旬到十月上旬休了三個禮拜的假，似乎對中華人民共和國在這段時間裡正式宣告建國不感意外。以現在的角度來看，一九四九年似乎是直接進入冷戰對立時代的最後時刻，但在當時未必如此。

同樣地，一九五〇年後明顯爆發的反共氣勢，在當時看來，既不是注定，也不是必然發生的；這種反共氛圍並非是線性發展。密西根州是最早開始認真發展反共政治的地方之一。然而在這裡，那些冷戰用語有時會適得其反。根據美國史學家柯琳．杜迪（Colleen Doody）之說，一九四八年，該州州長基姆．西格勒（Kim Sigler）在競選連任時，因過度誇大共產主義的威脅，導致削弱自身的公信力，並輸掉選舉。[186]夏威夷也有類似的情況。一九四六年的甘蔗農場罷工以降，夏威夷成為美國最早經歷「紅色恐慌」政治的州。參加過罷工的甘蔗園工人說：「我不在乎他們說我們的領導人是共產主義者。那又如何？」[187]與之後幾年的麥卡錫主義高峰期時代不同，在一九四〇年代末的美國社會，公開質疑或反對反共和冷戰言論，是非常正常的。與一九五〇年代初，麥卡錫主義達到高峰時的極端情況相比，一九四〇年代末的反共政治，反而顯得淡定甚至隨意。

事實上，後來流行的抹紅戰術（red-baiting），在一九四〇年代末，也不像一九五〇年代初那麼管用。戰後美國的第一波「反共」政治浪潮，是在先前看到的新政派於一九四六年中期選舉失敗後不久出現的。在這場歷史性選舉中新當選的共和黨參議員，如伊利諾州的弗雷德．巴斯比（Fred Busby）、密西根州的保羅．謝弗（Paul Shafer）、巴特爾．瓊克曼（Bartel Jonkman），都是這股反共浪潮的推波助瀾者。然而，儘管他們的反共主張和言語，以及對國務院的厭惡，與後來那位有名的威斯康辛州議員幾乎如出一轍，但他們的反共政治並沒有開創一個新時代，例如「巴斯比主義」（Busbeyism）、「謝弗主義」（Shaferism）或「瓊克曼主義」（Jonkmanism）。他們並未標誌著一個時代，反而因為散布毫無根據的假消息而受到批評。事實上，《華盛頓星報》（*Washington Star*）批評謝弗議員，「完全沒有任何確鑿證據卻含沙射影。」[188]

事實上，威斯康辛州共和黨參議員約瑟夫．麥卡錫（Joseph McCarthy）在一九五〇年初春面對的就是這種批評。同年二月，麥卡錫宣稱國務院已被二百零五名共產黨員滲透。這件事相當有名，然而鮮為人知的是，麥卡錫在這之後遭受到了嚴厲的譴責。[189]就連親共和黨的《生活》和《時代》雜誌，也貶責了麥卡錫。《生活》雜誌先是無視了麥卡錫的演說近兩個月，才在四月發表一篇社論表示，打擊共產主義的方式，有正確和錯誤之分，而麥卡錫的方式是錯誤的。該雜誌指出：「你能為美國和美國信念做出的最大貢獻，就是不要加入麥卡錫私刑行列。」[190]同樣，在這個時期，前面提到的總統助理艾爾斯，也認為麥卡錫不再可信，因為他沒有拿出任何證據來支撐自己提出的指控。[191]並且，為了調查麥卡錫提出的指控而成立的參議院委員會「泰丁斯委員會」（Tydings Committee），也在同年六月公開調查結果，表示沒有一位被指控者是「不忠於國家者或共產主義者」。[192]

如果一九五〇年的夏季沒有發生任何不尋常的事，麥卡錫主義的黑暗時代或許就不會到來，或至少會被推遲一段時間。麥卡錫這個名字也可能會被世人遺忘，就像他的同事謝弗和巴斯比等人。孩子們也不需在學校裡練習空襲演習，並唱著〈回顧起來〉很滑稽的歌〈臥倒並掩護〉（Duck and Cover）。[193]也許紐約州的兒童，也不必義務配戴身分識別標籤，以防在核彈攻擊下喪生。[194]廣受歡迎的硬派犯罪小說主角麥克．漢默（Mike Hammer），也不必把他的目標從街頭幫派，轉變成「共產主義者」。[195]還有，好萊塢可能也會覺得沒有必要拍這麼多反映「紅色恐慌」的電影，並在一九五一年至一九五三年間拍攝了約兩百部反共電影。

被康乃爾大學的美國外交史學家沃爾特・拉費伯（Walter LaFeber）稱為「美國進行冷戰的藍圖」的一份建議美國採取比以往更具侵略性、更軍國主義立場的美國國家安全會議NSC-68號文件，也會像它在一九五〇年四月剛被起草時那樣繼續被束之高閣吧。如果是這樣，那麼評論家和記者們在描述美蘇關係時，可能會繼續使用小寫的「a cold war」（冷戰）或帶著但書的「the so-called war」（所謂的冷戰）等傳統用詞。說不定，連我們今天以大寫專有名詞「the Cold War」（冷戰）來稱呼的那些二十世紀下半葉所發生的事件，都有可能變成一種更溫和，可稱為「冷和平」的現象。[196]說到底，如果沒有世界大多數人口的壓倒性支持，冷戰世界觀這種單一言論，就不會成為無可辯駁的世界現實。換句話說，如果一九五〇年夏季什麼事都沒發生，隨後的歷史應該會截然不同吧。

然而，一件發生在距離美國數千里之外的事件，卻改變了一切。當時這起事件可能並沒有許多人所想像得重要。這起事件之所以變得重要，是因為全世界數百萬人對其抱有想像，它喚起了人們對第二次世界大戰鮮明的記憶，還散播了對第三次世界大戰核武攻擊的恐懼。最重要的是，它為世界各地的人們提供了冷戰世界邏輯。在冷戰這個想像中的「現實」的名義下，各種社會衝突和文化戰爭被遏制，從而在戰後混亂不斷的社會當中，帶來了某種「秩序」與「和諧」。這起事件，引發冷戰世界的「現實」在世界各地具體化的歷史事件，當然，就是一九五〇年六月二十五日全面爆發的韓戰。

# 第2章
# 在地的轉譯

一九五〇年六月二十五日正午時分，當時三十七歲的首爾大學文理學院助理教授金聖七，正在首爾郊區的村莊下田工作。星期日的他在大學裡無事可做，因此他如往常在田裡度過假日。

然而，從市中心匆匆趕回來的鄰居老闆傳來的消息，打破了他本該平凡的一天。聽說清晨之時，軍隊已經從北方入侵了。老闆說，北緯三十八度線一帶有激烈戰鬥發生，住在城裡的軍事人員已經被緊急召集，整個城市都是壓迫感。金聖七在當天的日記裡寫道：「我無從得知他告訴我的究竟是危險的三十八度線經常上演的衝突，還是大規模的入侵。」「但從（老闆）目睹城裡狀況後驚慌失措的神情來看，情況似乎相當緊急。」[1]

隔日的二十六日星期一早上，金聖七決定像往常一樣去上班。然而，他怎麼等都沒有公車，只好用走的去大學。他想，可能是公車都被徵用了吧。當他到了學校，他的兩個學生已經像往常一樣到了研究室（他開放研究室給自己的學生使用）。由於學生力勸，金聖七勉強決定參加週一的朝會。其實他以前就未曾參加過這種會議，但基於時局，他打算出席看看。但最後他還是對大學校長沉悶無比的演講感到失望。他覺得這演講一點也沒有學者該有的深度，且在這種危機情況下，也讓人感受不到任何愛國情操。當晚，他走在回家的路上，望著喧鬧的街道，不禁感到「戰爭將會蔓延開來」。街上比校園裡更吵雜。看著高速奔馳的軍用車，他不禁感到世界一片黑暗，頭暈目眩。「讓我們畏懼五年的同族間殺戮終於來臨了！」[2]

再隔一天的六月二十七日，金聖七到附近的商店買東西，許多人聚集在路邊窸窸窣窣地說些什麼。看來有些人已經離開村子，也有幾個家庭躲到村子的後山裡。他在雜貨店買了雞蛋、烏龍麵、酒、香菸和一些零嘴。他打算留在家裡打一場持久戰。「就算去避難，在三八線以南，像我的手掌心一樣小的土地上，哪裡有安全的地方？」[3]最終他還是和家人移動到首爾北郊的姊夫家中避難。當天半夜，感覺夜愈深砲聲就愈近，一整夜都沒有停止。從深夜到天亮，爭鬥似乎愈演愈烈，槍砲聲也愈來愈近。[4]

於六月二十八日星期三早上，砲聲到了天亮才停止。金聖七悄悄探頭往鎮上望去，似乎已經有人在街上走動了，還有一群身穿陌生軍服的士兵在街上行進。槍戰結束，人們看起像是鬆了一口氣，才一個晚上過去，世界就天翻地覆了。到了中午，他帶著三個孩子離開姊夫家，決定步行回家。城裡已經到處都是揮舞著紅旗的人，他們高喊著：「萬歲！萬歲！」他看見了以前只有耳聞過的朝鮮民主主義人民共和國（北朝鮮）的國旗，在小學的操場上飄揚著。金聖七一家人在回家的路上看見了坦克、軍車、馬車和一群在街角聊天的步兵隊。他在當天的日記中寫下了這樣的想法：[5]

儘管操著生硬的西北口音，但他們是和我們有著相同的語言、習俗和血統的同胞。乍看之下我一點都不覺得他們是敵軍，反而覺得他們更像是離家已久的兄弟，久久才回到了家鄉。看到他們談笑風生的模樣，任誰都不會產生敵意。這應該不是因為我對大韓民國的不夠忠誠吧。他們和我昨天看到的國軍有什麼不同？唯一的差別只有他們的穿著有點特別而已。然而為何一邊是盟友，另一邊是敵人？從什麼時候開始，我們彼此必須如此憎恨對方，拿起刺槍拚個你死我活不可呢？我們明明應該要擁抱對方，互稱兄弟才對，現在卻是為誰、為何而戰？我真想坐在路中央，敲打地面嚎啕大哭一場。[6]

當他回到家時，他的狗比爾興奮地圍著他跑來跑去，一切都一如往常。當金聖七一家回到家時，同樣去避難的鄰居也陸續回到了各自的家，大家都很高興還能再見到彼此，但卻沒有一個人敢談論和戰爭或政治有關的話題。當天傍晚，已經有一些戴著共產黨的紅色臂章的年輕人在街上走動，這些人當中甚至還有幾天前才戴著大韓民國（南韓）右翼團體臂章的年輕人。[7]

這就是金聖七的戰時生活的開端，也是身為東洋史專家的他詳細記載了戰時樣貌的日記的開頭。不幸的是，由於金聖七在前往出生地永川★的途中被不明人士殺害，這本日記的紀錄在一九五一年十月便中斷了。但這本日記流傳到後世，並提到一些耐人尋味的內容。首先，金聖七認為，六月二十五

★ 譯注：現南韓慶尚北道南部的永川市。

日的入侵是前五年內戰的延伸。其次，他並不將北韓士兵視為「敵人」，即應該憎恨的他者。最有趣的是，相當多的人如金聖七、他的家人和他的許多鄰居，並沒有在慌亂中爭先逃往朝鮮半島南部避難，而是選擇留在首爾，即使他們別無選擇。

然而，這種近乎「平靜」的態度，還有在砲火和占領下依舊持續的日常生活在當時並不罕見。舉例來說，在軍事入侵的消息一傳出、廣播開始呼籲軍事人員返回軍營的那一刻，首爾棒球場*上的棒球比賽甚至照樣繼續進行。[8] 首爾南部農村地區的許多農民聽說了北韓軍隊南進，也照常下田耕作。據說是因為他們認為：反正北韓的士兵不會傷害我們，「因為我們是同胞」。[9] 這種反應在現今看來或許相當怪異，明明戰爭都已經開始了，怎麼能如此悠哉呢？但這對當時的當地居民來說是很正常的態度。

然而，這一類的韓戰經歷卻在「現實」被轉譯和想像的過程中，被打入了歷史的冷宮。首先，國外對韓戰及其意義的「理解」的差異相當大。這是由於所在地以及觀察方式的不同。正如本章所示，全球各地多處都將韓戰視為第三次世界大戰的前兆，弄得人心惶惶；有一些地區的人卻視韓戰為全球反帝國主義的鬥爭（或是反西方主義）的範例，且為此狂熱。這些差異大部分是由於歷史背景的不同，尤其是在二次大戰經驗的不同之上。但無論是哪一種背景的人，都很難想像為何在戰爭最初期還能夠展現這種「平靜」的態度。

其次，世界各地的這些解釋，也就是地方「轉譯」的過程，以及隨之而生的某種定型歷史觀的流布，並不只發生在朝鮮半島以外。即使在韓國社會內部，金聖七所描述的這些戰爭和占領下的日常經驗，之後也被以冷戰史觀為基礎的國族歷史敘事所取代。正如本章將要探討的，這種觀點將韓戰稱為「六二五戰爭」，強調韓戰的突發性，從而淡化這起事件之前的歷史背景。[10]也因此戰爭發生時的人民反應也很難被記住。這表示韓戰意義的「轉譯」機制，在韓國當地也發揮作用。

為什麼會這樣？同時代的東亞、東南亞、南亞、中東、歐洲、北美和朝鮮半島的人如何觀察和理解這場發生在朝鮮半島上的戰爭？明明全世界有這麼多人在相同時間目睹了同一場戰爭，為何不同地方的人對這場戰爭有不同的解釋？這在冷戰世界的形成上，又有著什麼樣的意義？

## ◆「我們已經處於第三次世界大戰的早期階段」

北韓入侵的那一刻在當時，幾乎是同時傳送到了地球的另一端。然而從美國的角度來看，局勢似乎更為險峻且黑暗，因為他們認為北韓的進攻是來自莫斯科的直接挑釁，因此美國必須堅定抵抗。當時許多美國人對朝鮮半島幾乎一無所知，但這些地理知識或對當地文化細部的了解本來就不重要。[11]更重要的是「敵人」打過來了。在這個時期，有許多美國人抱持著這個觀點，提筆寫信寄給總統。實

★ 編按：一九八五年更名為東大門棒球場。

際上，在北韓入侵後的短短四天內，白宮就收到了約九百封電報和二百七十六封的信件。在往後的幾個月裡，這些信件如洪水般每天湧入白宮。

這些信大部分都呼籲總統應該採取絕不妥協的強硬立場。有些人自滿得意，有些人則驚慌失措。[12]來自印第安納波利斯（Indianapolis）的一名男子在七月二十五日寫了這樣的信給總統：

> 共產主義是邪惡的，我們必須採取強硬的手段去對抗它，因為那是他們唯一能理解或尊重的。我深信，在俄羅斯這個「魔窟」被清理乾淨之前，我們永遠得不到和平。讓我們主動出擊，到目前為止，我們只會袖手旁觀。如果繼續等待和觀望，我們終將崩潰。俄羅斯人在這場遊戲裡明顯占上風，我們等待的時間越長，他們就會變得更強，而我們則會變得更弱。[13]

一位來自俄克拉荷馬州的男性提出了一個更直接的建議：「親愛的杜魯門先生，我對戰爭的了解不多，但我想知道您對以下所提有何看法。為何不用幾架裝載原子彈的B-29轟炸機，飛到俄羅斯上空並投下去呢？這很可怕。但如果我們不先下手為強，俄羅斯就會先這麼做。」[14]一位來自紐澤西州普萊恩菲爾德（Plainfield）的母親也堅定地告訴總統：「我的丈夫在二戰期間曾於海外服役。如果滿洲、衣索比亞和捷克斯洛伐克的錯誤再度重演，我的兒子也可以在第三次世界大戰中以1A＋服役。」[15★]

當你閱讀了好幾百封這樣的信件，會立刻發現一個問題：他們絕大多數根本沒有提到「朝鮮」或「朝鮮人」，反而只談論「史達林」和「克里姆林宮」（Moscow Kremlin）。這表示當時許多人認為北韓只是莫斯科的一顆棋子，北韓的進攻一定是約瑟夫．史達林（Joseph Stalin）煽動的。也就是說他們認為，韓戰是一九五〇年六月二十五日在蘇聯軍的主導下突然爆發的。[16]當然，也有不少人不同意這樣的觀點，但對大多數人來說，韓戰是克里姆林宮縝密計畫中的一部分。或者說，他們看見的是美蘇戰爭的序幕。[17]正因如此，《芝加哥每日新聞》（*Chicago Daily News*）的特派記者凱斯．比奇（Keyes Beech）於一九五〇年七月一日在首爾發表的觀察，對美國社會來說並不奇怪或荒謬。比奇說：「我有種感覺，我剛剛目睹了第三次世界大戰的開端。」[18]

根據一九五〇年八月蓋洛普公司的民意調查，三分之二的受訪者認為美國已經參與了「第三次世界大戰」，而且俄羅斯人有可能對美國的城市投下原子彈。[19]這類擔憂也反映在當時的流行雜誌的文章上，尤其是預測紐約等核心城市區受到核爆攻擊後會發生什麼損害的文章。其中最廣為人知的是流行雜誌《科利爾》（*Collier's*）在一九五〇年八月號上刊登的彩色頭版專題文章〈美國廣島〉（Hiroshima, U.S.A.）。美國畫家切斯利．博恩斯泰爾（Chesley Bonestell）為這篇文章繪製的封面插畫，引起了軒然大波。這幅畫描繪了曼哈頓上空聳立著令人畏懼的蘑菇雲。在這之後，該作品引起了政府官員和公眾的廣泛反響。[20]

---

★　譯注：這裡提到的１Ａ十指的是美國徵兵制度。這名母親的意思是，若戰爭發生，他的兒子勢必會被徵召。

當然，當時的人對第二次大戰依然記憶猶新。許多家庭主婦很擔心新的世界大戰爆發會導致物資匱乏。她們做了什麼？沒錯，她們出門搶著採購生活必需品。[21]根據《新聞週刊》報導，一位紐約的家庭主婦兩次訂購了大量的砂糖。她說：「我只是在別人買光之前先買一點而已。」[22]《時代》雜誌報導，另一位馬里蘭州貝塞斯達（Bethesda）的家庭主婦抱怨電器行不賣給她兩臺冰箱，而她剛剛才買了四臺。[23]這些囤貨的極端案例，並非基於實際上的物資短缺，而只是基於對物資缺乏的不安全感。

圖 2-1　1950 年 8 月號的《科利爾》雜誌封面，美國畫家切斯利．博恩斯泰爾的作品〈美國廣島〉

事實上物價確實有上漲，但美國國內的任何地方都沒有發生物資短缺的現象。[24]這些近乎病態的歇斯底里反應已經失控了。以下再舉一些例子：約瑟夫．比德納（Joseph Bildner）是紐澤西州的國王超市（Kings supermarket）的老闆。他在普萊恩菲爾德的店內堆放了二千四百袋的二點五公斤砂糖，試圖證明他有足夠的庫存。而更驚人的是，這些六噸的砂糖只花了四個小時就全部賣完了！[25]一九五〇年夏季，在美國出現的這種爆買囤貨現象，說明了對戰爭的焦慮和恐懼有多廣泛地擴散在當時的民眾之間。

韓戰爆發當時，美國的戰略便是在這樣的社會環境下形成的。[26]朝鮮半島上開始發生攻擊時（美國時間六月二十四日星期六晚間），美國總統杜魯門正在他的家鄉密蘇里州的獨立市（Independence）度假。他並沒有在一開始就將朝鮮局勢視為迫在眉睫的危機。因此他告訴官邸的幕僚，除非出了什麼大事，否則他不會提早離開獨立市。他認為如果他突然改變計畫反而會引起人民的恐慌。[27]但第二天，也就是周日上午，杜魯門改變了主意。與華府高級官員和政治家的電報往來促使他做出改變，特別是他與國務卿迪安・艾奇遜（Dean Acheson）的電話會談。艾奇遜相當擔憂國內的政治局勢以及韓戰對社會的連鎖反應。而最具關鍵性的，是當時的國務院特別顧問、共和黨政治家約翰・福斯特・杜勒斯（John Dulles）所發來的電報。

杜勒斯當時正巧因公訪問東京和首爾。他直截了當地建議杜魯門：美國有必要對朝鮮半島進行軍事干預。[28]杜魯門接到了這些意見和建議後立即改變了態度。在從獨立市飛往華盛頓特區的飛機上，他在日記中寫道：「如果此時我們採取足夠強硬的態度，他們就不會採取下一步行動。但是，如果我們只是在此袖手旁觀，他們接下來就會開始把手伸向其他地方。」[29]也就是說，杜魯門政府將北韓的侵略行為解讀為莫斯科的操控，也就是認定韓戰是共產主義的攻勢在東亞展開的徵兆。基於這種地緣政治上的解釋，華府決定部署美軍在朝鮮半島和臺灣海峽上。[30]

另一方面，在朝鮮半島的鄰國中華人民共和國上，北韓軍的侵略並沒有變成一個大新聞。但是，美國決定對朝鮮半島和臺灣海峽進行軍事干預這件事卻引起了嚴重且複雜的影響。中國東北的瀋陽立刻開始流傳各種謠言，如「美國已經參戰了，第三次世界大戰已經開始了」、「聽說蔣介石已經在南韓登陸九個兵團了」、「美軍、日軍也都已經參戰了，大戰勢不可避」、「平壤已經被空中轟炸了，北韓已經完了」等等。[31]同樣地，此時在天津流傳著一個謠言，說世界大戰將在九月發生。在中國西南部的雲南省昆明市也謠言四起，好幾個「新聞」在民眾間流傳著，例如越南共產黨領導人胡志明已經從越南撤退到了雲南，或是美軍將從越南向中國發動攻擊。甚至有人說蔣介石已經飛往西藏，正在西藏指揮反革命軍。[32]

還有一個有點不尋常的例子。一九五〇年七月中旬，在四川省重慶，一位房東突然停止出租他所有的房子。這是因為他認為全面性的戰爭爆發後，居住在上海或南京等長江下游地區的人將不得不撤離到重慶，如此一來房租便會上漲（事實上，重慶是第二次世界大戰期間中華民國的臨時首都，因為國民黨政府從當時的首都南京撤離了）。[33]於此同時，上海市華陵地區的民眾們議論著共產黨的未來。他們認為一旦世界大戰爆發，共產黨就會垮臺。他們私下竊語：共產黨大規模推行的反美帝國主義連署活動到底有什麼用處。[34]

在以上所示的這些對第三次世界大戰的恐懼，導致了中國各地城市的物價迅速上漲。同時，北京、上海和天津的股市股價也急遽下跌。[35]以天津為例，在美國決定開始軍事干預的一週內，平均股價暴跌近一半，而同時的黃金價格卻漲了一點三三倍。[36]在中國東北的熱河省（現為河北、遼寧省和內蒙古自治區的一部分），金價也暴漲了一點三倍、銀價則暴漲一點三二倍。目睹這些情況的一位當地共產黨幹部，在報告書中記錄了這混亂的社會面貌：

匪特謠言流行：「國民黨在廣東、大連登陸了！」「人民解放軍（指四野）回東北準備戰爭了。」「形勢緊張了，街上都戒嚴啦（係指錦市為整理交通在各馬路上設的指揮哨）！」因此人心惶惶。一般人又不願存貨幣，都爭買金銀，連只存數十萬元的小販也買幾塊大洋存起來。因而黃金每兩由一千三百多萬元漲到一千七百多萬元；銀元每塊由九萬八千元漲到十三萬元。

市民們不相信我們報導朝鮮人民軍的勝利消息，說「美國把平壤都炸平了」。很多人怕原子彈，覺得大戰起來一顆原子彈就完了，所以有些市民大吃二喝起來，認為還是「今日有酒今日醉」為妙。[37]

正如我將在第六章詳細介紹的，中國各地的反應實際上比這個報告所描述的更為複雜且多樣。但可以肯定的是，許多人的內心都籠罩著對第三次世界大戰的焦慮和恐懼，而這便是中國各地不少人對美國軍事干預的新聞感到高興和興奮的理由。美國在朝鮮半島和臺灣海峽的軍事干預，在那些懷疑或敵視共產黨政權的人看來是千載難逢的反擊機會。

雖然許多人可能認為美國的軍事干預是好機會，但最高興的莫過於才剛遷至臺灣的國民黨黨員及其支持者。畢竟，他們之中的許多人一年半前才從中國撤離到臺灣。眾所周知，國民黨主席蔣介石每天都會寫日記（這些日記現已可以在史丹佛大學胡佛研究所閱覽）。[*]他在一九五〇年七月一日寫道：

---

* 譯註：《蔣介石日記》現已由國史館收藏，並由民國歷史文化學社出版，共七冊。

「美國已經點燃了世界大戰。我們必須研究如何支持南韓，以發動我們自己的反攻大陸。」[38] 兩天後，蔣介石在國民黨政府的臨時偏安首都臺北發表了演說，表示他的新決心。他說，韓戰不但是美臺合作的絕佳機會，也是在東亞域內形成抵禦蘇共威脅的安全保障聯盟架構的絕佳機會。[39]

依循國民黨政府的這種宣傳上的思維，韓戰被定位為「俄國人」和「亞洲人民」之間一個更大規模戰爭的一部分。舉例來說，六月二十六日國民黨黨報《中央日報》的一篇社論認為，韓戰是「俄羅斯帝國主義的進一步侵略行為」。換言之，朝鮮半島上的戰爭是「亞洲人民」與「俄羅斯帝國主義」之間長年抗戰的其中一部分，而國民黨為反攻大陸所做的努力也是這個大型鬥爭的一部分。換句話說，國民黨視韓戰為轉機，將自身的戰爭從只是臺灣對中國大陸的戰爭（也就是國共內戰），定義為「中華民族」甚至是「亞洲人民」對抗「俄羅斯帝國主義」的戰爭的一部分。[40] 由此看來，韓戰的爆發確實為國民黨政府提供了一個絕佳的機會。畢竟，如此一來便能以反共的名義將美國拉回自己的陣營了。事實上，蔣介石在臺北市發表上述的演說後，馬上就熱情地向東京的盟軍總司令道格拉斯·麥克阿瑟表達他的決心：臺灣可以在五天內向韓國派遣地面部隊。[41]

這種熱切的希望，也可見於當時在臺北發表的一首愛國詩歌〈七月的信號〉：

密雲季
憤怒的雷

響徹流火七月的低空
暴風雨來了
是信號
不是預言
躍動的日子呵
躍動的心
一切沉壓著的生命
都為這躍動而震驚
我們激情地
歌唱轟響的七月
我們將拾取
暴雷雨震落的果實[42]

當然，這並不是一九五〇年臺灣居民唯一一種態度。如同第十章將討論的，這種歡欣鼓舞的心情只會出現在當時從中國遷移到臺灣所謂「外省人」之中。然而，自前一年國民黨戰敗，這些國民黨軍人、殘兵敗將、難民及其家屬成群結隊地逃往臺灣，外省人的人口也不斷增加。他們之中的許多人認為，韓戰不只是朝鮮半島的區域內戰，而是他們自己的戰爭的延伸——「全球」反共戰爭的一部分。正因如此，前述的愛國詩歌才會這麼認為：這場戰爭的爆發並非不可靠的「預言」，而絕對是象徵著反攻大陸的「信號」。

由於有些人認為，此時是反攻大陸的絕佳機會，因此他們開始對美國的態度感到不耐煩。例如，自從蔣介石提出可以立即向朝鮮半島派遣臺灣作戰部隊的建議遭到斷然拒絕後，他就變得愈來愈沮喪且多疑。在七月二十七日的日記中，他曾怒不可遏地抨擊道：「……三年前美國放棄中國、扶植日本政策一貫之方針，此於中國與東亞關係尚在其次，而對於美國之後果，必將自食其惡報矣。美國之幼稚浮淺如此，其何能領導世界耶。」[43]

像這樣的希望和失望，同樣出現在與臺灣遙遙隔海的東歐國家上。例如，一名駐保加利亞首都索菲亞的英國外交官注意到，當美國開始對朝鮮半島進行軍事干預後，當地民眾顯得「頗為興奮」。[44]他說，人們燃起了報復心且亢奮。根據這個報告可得知，雖然保加利亞人一直強烈反對共產主義政權，但如果沒有發生全面性戰爭等級的大型動亂，也不大有可能推翻共產體制。因此許多當地人認為，韓戰的開始便是這種全球性的大型動亂。然而，就和臺灣一樣，保加利亞人最終也失望透底。因為美國政府的國際廣播電臺美國之音的態度一直是極為低調的，而非精神抖擻、能讓世界驚呼的。[45]

儘管如此，到了七月中旬，鄰國羅馬尼亞還是流傳著一些謠言。其中之一是在多瑙河畔羅馬尼亞東部的加拉茨鎮（加拉茨鎮東部與蘇聯接壤），人們經常看到大砲和槍枝之類的東西「（從東）運往西邊」。另一個謠言是蘇聯要求羅馬尼亞政府入侵南斯拉夫。甚至有謠言聲稱羅馬尼亞和蘇聯的軍隊正在首都布加勒斯特（Bucharest）附近的街道和鐵路網上活動，這是確鑿的「證據」。[46]在這種令人焦慮的環境下，挪威駐倫敦大使焦急而試探性問英國外交大臣：「是否有任何情報顯示俄國人正在做準備……？在其他地方上。」[47]

隨著這種對於第三次世界大戰隨時可能爆發的焦慮日漸加劇，在西歐的其他地區，人們看見一些日常小事，如槍支、車輛、士兵的例行移動，都會覺得大事不妙。這是因為某種「常識性」的觀點已經散布在民眾心中了。也就是「北韓的軍事入侵一定是根據史達林的指示發動的」、「克里姆林宮肯定只是選擇朝鮮半島作為試驗地點」。也就是說在不久的將來，歐洲可能會發生更嚴重的侵略攻擊。不，一定會發生。[48]可以說，西歐的許多民眾害怕韓戰，是因為他們普遍認為韓戰只是聲東擊西，真正的目的是對最重要的歐洲發動攻擊。他們認為韓戰是第三次世界大戰的導火線，會引起東西方陣營的全面戰爭。

由於這種對世界大戰的恐懼已變得普遍，希臘駐倫敦大使和前述的挪威大使一樣，特別向英國外交部詢問他們是否已掌握克里姆林宮對希臘的動向。[49]也正因這種恐懼，在瑞典首都斯德哥爾摩附近的斯卡普內克（Skarpnek）舉行的一場和平集會上，來自瑞典國內外的年輕人呼籲史達林（不是對金日成或北韓人民，而是對蘇聯領導人）立刻停止韓戰。[50]正因如此，許多西歐國家人民認為韓戰是對歐洲各國跛腳的國防戰略的警告。也正是這種心態，開啟之後的西德軍備重整。[51]舉例來說，荷蘭的一家日報《Het Binnenhof》在七月中旬發表的一篇社論，便是這種觀點的典型。

結論是：即使西側的戰爭尚未進入白熱化階段，西方陣營也必須傾注全力於加強國防。西方國家的人民在和平的幻想中太過於活在過去，結果導致波昂（西德）和東京至今仍沒有自己的軍隊，明明在危急時刻他們也需要協助保衛西方國家的民主主義才行。[52]

七月二十九日，日本《朝日新聞》日報的一名巴黎特派記者觀察了有關前述的歐洲國防戰略的辯論發展。根據該名記者的報導，朝鮮半島戰爭相關的新聞已經占據了法國報紙的頭版一個多月之久。這顯示當地的媒體似乎過於狂熱。文章最後提到，歐洲人以前幾乎沒有像現在這樣持續關注亞洲發生的事情。「發生在遠東的一個半島的這起事件，可以說是讓歐洲和全世界一起打開了戰後歷史的新篇章。」[53]與戰火燃燒的朝鮮半島僅一海之隔的日本，也隨著韓戰的爆發展開了戰後歷史的新篇章。北韓的入侵才剛開始，就有一批前日本軍人站出來表示願意支援南韓。另一邊的激進左翼分子則興高采烈地散布謠言，稱人民軍將持續南下，幾年內便將征服日本。[54]著名的知識分子竹內好後來這樣描述當時的氣氛，「在一九五〇年，戰爭和革命不是預言，而是現實。前一年的秋季，中華人民共和國建國，而那年夏天就爆發了韓戰。很多人相信日本也勢必會發生革命。應該沒有人能預料到十年後的天下太平吧。」[55]

韓戰期間裡的這種的動盪不安氣氛也和歐洲相同，使在此之前很少被討論的日本重整軍備問題在往後的幾年內成為核心爭議。[56]舉例來說，就在北韓入侵後的幾週，著名國際法學者橫田喜三郎投了一篇專欄文章到《讀賣新聞》，標題為〈第三次世界大戰的危機與日本的安全保障〉（The Crisis of World War III and National Security of Japan）。在這篇文章中，橫田認為：不應將這起戰爭視為北韓的單獨行動、第三次世界大戰是可能發生的。並且他建議，日本應該要從更「現實」的角度建立國防觀念。[57]橫田的觀點很受《讀賣新聞》社長馬場恒吾等保守派評論家的歡迎。馬場本人也寫了一篇社論，他主張：「當我們目睹了北韓軍隊突然攻打南韓的事實，且南韓大部分地區在遭受戰爭的蹂躪之後，誰也不能保證日本不會在未來的某一天因為某國而遭受同樣的命運。如果我們不瞻前顧後、不為明天做打算，我們的民族便注定走向衰亡。朝鮮半島上的槍砲聲喚醒了日本五年的和平美夢……如果我們把自己放在韓國的位置，我們就不應該過著日本現在這種頹廢且享樂的和平生活。」[58]

在左派和右派兩極分化以至於日本國內政治觀點激進化的背景下，最感到失望的是站在這兩者之間的保守派評論家和左翼主義者所成立的派系。他們主張日本的非軍事化中立。當然，有些人在之後繼續堅持非軍事化中立的主張，甚至變得更激進。但大多數人在韓戰爆發後就脫離了這條路線，因為對許多人來說，他們聲稱可以透過對話來避免的美蘇間的世界大戰，早已在距離日本咫尺之遙的地方開始了。清水幾太郎★是當時持非武裝中立想法的評論家之一。在北韓入侵的消息傳開的那天，清水非常失望，以致於在日記中如此寫道：「太荒謬了。」[59]對清水來說，日本先前為非軍事化中立和締結

★ 譯註：清水幾太郎（一九〇七－一九八八年），日本的社會學者、評論家，曾擔任學習院大學教授，在戰後參加過安保鬥爭。

全面和平條約所做的一切努力都已付諸流水。他之所以會這麼想，是因為他認為「美蘇共存」這個基本前提已經被韓戰的爆發給打破了。[60]

橫田和清水的見解在當時看來並不奇怪，甚至從全球的角度來看還是一個非常具「常識性」的見解，因為當時無論在東京、上海、臺北、紐約、索菲亞、巴黎、海牙以及世界上其他各地的數百萬人都會同意他們的觀點。他們認為自己正在目睹美蘇間全面戰爭爆發的開始，認為第三次世界大戰已經開始了。「全世界已經處於一場新的全球性衝突的最初階段」，諾貝爾文學獎得主英國哲學家伯特蘭・羅素(Bertrand Russell)以嚴肅的口吻發出這樣的宣言。「如果這場世界大戰成為現實，那麼它一定會同時發生在亞洲和歐洲。」他還加上了這樣的預言：「俄羅斯將參戰，這場第三次世界大戰將持續十年。」[61]

正是這種對第三次世界大戰論調的確信，讓無數人不得不去相信這種對時代的理解。此時此刻這個時代正是末日來臨前的寬限期、是第三次世界大戰來臨前的倒數，也就是「冷戰」的時代。正是這種對時代的特定理解，使得不同的聲音和不同的觀點被壓抑，使得原本單單只是一種論調的冷戰概念(在這之前只是眾多觀點中的一種)演變成了無可辯駁的「現實」。

## ◆「別再歇斯底里了」

然而，第三次世界大戰並非現實，而是源自恐懼的虛構論調。而同樣基於這個論調的冷戰世界的

「現實」，也是想像的產物。當時許多人認為，韓戰不過是莫斯科大規模計畫中的一次實驗，但實際上史達林本人並沒有下令進攻朝鮮，儘管他確實要對接受金日成的頑強請求負責。[62]近年的研究表明，北韓發動攻擊背後的各種因素中，最重要的其實是數年來一直堅持主張「南進」的金日成本人，而史達林發揮的作用是有限的。[63]

事實上，撇開一些虛張聲勢的口號不談，史達林實際的行動和決策，無論對歐洲還是亞洲，始終都採取謹慎的態度，以避免與西方列強開戰——尤其是與美國直接對決。[64]且杜魯門總統從未考慮過將朝鮮半島的戰爭擴大到中國大陸，更沒有計畫發起另一場世界大戰（儘管中國等其他地方普遍害怕這場大戰發生或是希望它發生）。[65]也就是說，兩個「陣營」的領導人都表現得相當謹慎，以免挑起新的世界大戰。但是，正如本文所探討那樣，隨著韓戰的爆發，第三次世界大戰的論調蔓延至世界各地的同時，冷戰這個被想像出來的「現實」也變得更加具有可信度。

話雖如此，這種乍看之下是「全球性」的觀點，卻有一個不易發現的缺陷。我們很容易忽略這點：儘管第三次世界大戰的言論已經傳播到世界各地，但事實上它並未成為一種普遍的觀點。換句話說，這種言論的傳播並不是無所不在的。那麼，這些有關第三次世界大戰的論調，在哪些地區是廣為人知的，在哪些地區則不是呢？又應該如何解釋這種地區差異？正如前述，在韓戰期間，第三次世界大戰言論的爆發主要集中在東亞、歐洲和美國等地區。首先，這些地區很明顯是最早肯定並接納冷戰思想的地區。但是，這些地區還有一個共同點，就是他們對第二次世界大戰的經歷與記憶。

這些遭受二戰最直接嚴重創傷的社會，使得對第三次世界大戰的恐懼對他們來說具有強大的影響力。在非洲、拉丁美洲和南亞等相對遠離二戰主要戰場的地方則影響力較小。這十分耐人尋味。另一個共同點是冷戰的「現實」在前者的地區較具真實性，而在後者的地區（至少在現階段）並沒有那麼逼真。這樣看來，第二次世界大戰的經歷與冷戰的「真實性」之間顯然存在著某種關聯。說得更直白一點，正因為經歷過了悲慘的二次世界大戰，許多人才會將韓戰視為第三次世界大戰的前哨戰；也正是因為這種觀點普遍化，冷戰的「真實性」才會變得更具現實感。

韓戰的爆發常被拿來和德國對捷克斯洛伐克的侵略對照，史達林也經常被比喻為阿道夫．希特勒（Adolf Hitler）。一位英國人在描述一九五〇年的局勢時，就使用了這個比喻：「史達林是希特勒再世」。他們的作法完全相同，唯一不同的是，希特勒不在乎對手是誰，而俄國人則試圖讓自己永遠都是贏家。」[66]從這個意義上來說，所謂冷戰「世界」，是建基在對第三次世界大戰的恐懼上，而這種恐懼本身幾乎又是建立在第二次世界大戰的陰影上。

也就是說，冷戰世界的「現實」無論在全世界有多普遍，本質上都是各個地區透過該地區的視角所作出的對世界情勢的解釋，是基於該社會和歷史背景下所建構的產物，而非戰後世界的客觀局勢。事實上，對第三次世界大戰的恐懼在那些沒有直接經歷第二次世界大戰破壞的地區並不普遍，且這些地區也並沒有對冷戰世界深信不疑。例如，在外交事務上長期保持中立傳統的瑞士，韓戰的爆發並沒有引起多大的振奮。瑞士公共廣播公司甚至在一九五〇年七月表示，瑞士的輿論比起其他國家更不易受到影響。[67]

類似的例子還有加拿大。加拿大確實也參與了第二次世界大戰，但並未經歷過自己的領土上砲火連天，或是見證了大屠殺。在這樣的社會中，人們對韓戰爆發的反應相當淡薄。當時加拿大社會輿論在是否參戰的問題上分成兩派，但仍沒有出現像鄰居美國那樣的恐慌。這種淡泊的反應從當時加拿大發行量最大的《多倫多星報》（*Toronto Star*）上刊登的一幅漫畫中可見。這幅政治漫畫中有兩個人，其中一人驚慌失措，大聲喊道：「我們在做什麼！我們到底在做什麼！我們現在該怎麼辦？」另一名身上寫著「加拿大」的男子則坐在辦公桌前專心工作，他手上拿著「準備、計畫」、「朝鮮局勢」等文件，並對另一名男子的大聲咆哮冷冷地回應：「別再歇斯底里了。」[68]

作者的靈感或許來自美國社會的極端反應。事實上，《多倫多星報》還特地刊出社論，對鄰國混亂的反應進行了報導。該報自豪地指出：「令人欣慰的是，在加拿大幾乎沒有發生像過去兩週美國發生的恐慌性搶購。」[69]的確，在美國境內出現的爆買囤積現象並沒有在加拿大發生。但是，這種反應並不意味著加拿大的人民冷靜沉

圖 2-2　《多倫多星報》刊登的政治漫畫〈別再歇斯底里了〉。1950 年 7 月 20 日

著，而美國人民則脾氣暴躁且歇斯底里。相反地，這應該視為兩國在戰爭經歷和國民記憶上的決定性差異，大大地影響了當地解釋戰爭的方式。畢竟，韓戰的爆發被視為是和五年前剛結束的上一次戰爭「相似」的事件。

另一個受韓戰影響較小的地方是印度。在印度，人民感受到第二次世界大戰的影響，並非實際的戰鬥或空襲、占領，而是二戰所導致的後果，也就是大英帝國的衰落和英國殖民主義在印度的終結（一九四七年）。舉例來說，印度閱讀量最大的英文報紙《印度時報》（*Times of India*）在北韓入侵的第二天發表了相關的社論。該報主張這場戰爭應該被視為「內戰，也就是朝鮮人民必須自己解決的國內問題」。[70]

大多數讀者普遍支持這種論調。例如，住在印度西部阿默達巴德（Ahmedabad）的一名讀者投書該報：「貴報提到，應將朝鮮半島情勢純粹視為該國的國內事務，這個觀點完全正確。」[71]另一位位於孟買郊外的坎迪瓦利（Kandivli）的讀者，也建議亞洲各國應該直接告訴大國不要干涉他們，讓他們根據自己的喜好選擇政治體制。[72]當然這其中也有不同或是反對意見，但主要的基調，還是來自於去殖民化運動的共鳴，還有對舊殖民地宗主國抱持的不信任感度。一位加爾各答人很好地總結了這種情感：「無論國家如何被分割，朝鮮人民都擁有他們固有的權利——為兩邊的重新統一而努力，即使需要使用武力；這甚至可能需要規模近於美國獨立戰爭那樣的大戰。」[73]

印度的政治爭論即是在這樣的氛圍下發展開來的。一九五〇年八月，印度議會開議，同月三日和四日，當時的總理賈瓦哈拉爾．尼赫魯（Jawaharlal Nehru）在議會討論朝鮮局勢時，遭到了執政黨和反對黨議員的猛烈抨擊。這是因為在尼赫魯的領導下，印度選擇支持聯合國安全理事會譴責北韓為侵略者的決議。前軍需部長希亞姆．普拉薩德．慕克吉是此類批評的急先鋒，他嚴厲批評了尼赫魯的選擇，稱印度支持聯合國安理會的決議「在一場明明是他國內戰的戰爭中（讓印度）成為了具有派系色彩的國家」，並敦促尼赫魯採取「不干涉朝鮮」的政策。[74]

面對這些批評，尼赫魯被迫將印度對韓戰的立場轉變成較穩健派。他不像歐美各國的領袖，稱韓戰為第三次世界大戰的徵兆，而只是改稱其為「某種相對規模較小的衝突」。他還說，雖然大多數印度人會同情朝鮮人民，但他們不會把這場戰爭視為籠罩在印度頭上的「巨大陰影」。[75] 顯然，韓戰並沒有在印度引起第三次世界大戰言論的流行（也就是被傳染國家會被拖入一場面對全球性全面戰爭的恐懼裡）。因此，冷戰言論在當時沒有在當地瘋狂擴散，也就不足為奇了。相反地，韓戰喚醒了印度的反殖民情緒，更確切地說，是流動在反殖民情緒底下的反西方情緒。

這一點尤其符合曾經遭受（或當時仍在遭受）數十年、或因地而異長達好幾世紀殖民統治的眾多亞洲社會裡的情況。如果說，在所謂「戰後世界」（也就是仍然感覺得到二次大戰的餘韻的世界）裡，幾乎所有戰後發生的現象都是受到戰爭經歷和記憶的影響所發展出來的，那也可以這麼說：在後殖民世界中，所有的現象都是受到殖民主義（以及反殖民主義）的經歷和記憶所發展出來的。

## ◆反殖民主義的時代

「舊形式的帝國已死，但帝國並沒有從亞洲和非洲上完全消失，也沒有停止運作」。一九五〇年八月三日，尼赫魯總理在印度國會發表演講時指出「帝國至今仍發揮著作用」。[76]這種對殖民主義的敏銳覺察和疑心，成為了正處於去殖民化過程中的亞洲國家理解韓戰爆發以及美國干預之意義的基調。正因如此，尼赫魯支持聯合國安理會決議的立場，被視為「加入英美陣營」而遭到激烈的批判。[77]同樣，於一九四九年剛從荷蘭贏得獨立的印尼對美國干預韓戰的態度，則只能用充滿疑心來形容。印尼政府並沒有採取反共立場，僅表明並不打算扮演任何角色。當地媒體也對此表示贊同，並呼籲遠離朝鮮衝突以及東西陣營的對立。[78]一位駐新加坡的英國外交官如此分析：「印尼的這種中立態度，是一個新獨立的國家需要向世界和本國人民證明自己的主體性的表現。」[79]

換句話說，韓戰（以及隨之成真的冷戰「現實」）為新興獨立國家提供了一個表現其獨立性的絕佳機會。宣布在冷戰中不與任何外國勢力同調，是每個新興國家對外表達其獨立性、同時對國內強調其政權合法性的一個極為有效的作法。之所以會出現這種狀況，其背景來自於當地對舊西方列強的反殖民主義情緒。畢竟，印尼剛贏得獨立，許多印尼人對舊殖民主義國家的任何直接或間接重建統治的意圖都極為敏感。英國《觀察家報》的一名記者敏銳地發覺了這一點，他的報導裡這麼寫著：「這裡的人想的是『反帝國主義』而不是『反共產主義』。」[80]

中東國家也出現了類似的情況。看看埃及以及附近國家的反應後，你或許會覺得印尼政府的中立態度很溫和。舉例來說，在華府宣布向朝鮮半島部署美軍後不久的六月三十日，埃及總理穆斯塔法·納哈斯召開了記者會，公開宣布埃及政府不支持聯合國安理會對於北韓問題的決議。納哈斯總理迂迴地批評了美國和聯合國，他說：

過去，曾發生一些重大事件，聯合國成員國的人民被侵略，他們的主權或是領土的統一性遭到侵害。當時這些侵略和侵害案件都被提交給了聯合國，但這次朝鮮半島的事件卻相反，聯合國並沒有採取任何行動來阻止他們。[81]

第二天，開羅廣播電臺的一篇報導更直接且更嚴厲地譴責了美國和英國的雙重標準。「朝鮮半島的不公不義和埃及與巴勒斯坦的不公不義有什麼差別？東亞的自由和西亞的自由又有什麼不同？這不是武器或軍事實力的問題，而是關乎是非對錯的問題。」[82]很明顯地，埃及以一九四八年的以阿戰爭（埃及稱之為大災難，以色列則稱獨立戰爭）的角度去看待朝鮮半島的局勢。而且埃及在這場戰爭中慘敗了。開羅廣播電臺進一步提出了以下這個尖銳的問題：

我想請問美國的紳士們，當你們支持以色列對抗阿拉伯國家時，當你們把不公正強加給巴勒斯坦，使得無數的人民失去家園的時候，你們有沒有想過，巴勒斯坦的侵略比今天朝鮮半島的侵略還要嚴重？在朝鮮半島，侵略者是朝鮮人，而在巴勒斯坦，侵略者是入侵者，是來自美國和歐洲的外國人和移民。[83]

這種對於不公不義的憤怒，來自埃及對前殖民母國的極度不信任。開羅廣播電臺繼續說道：

我想問我們的朋友——英國人。在剝奪了埃及和蘇丹的權利，以及我們在兩次世界大戰中為你們作出了那麼多犧牲之後，你們真的相信埃及會再次支持你們嗎？你們真的認為埃及人民願意為你們火中取栗，不惜第三度讓自己的手指燙傷嗎？[84]

當然，這並不是埃及社會唯一一種反應。舉例來說，包括《莫卡塔姆報》(*Al Mokattam*)在內的一些報紙，都要求埃及政府支持反對共產主義侵略的美國。然而，其他大多數報紙則主張完全中立，以尖銳的語氣中表達反殖民主義和反西方情緒。[85]這種態度在其他阿拉伯國家也相當普遍。例如，在鄰近的伊拉克首都巴格達(**Baghdad**)，幾乎所有報紙都支持埃及的不結盟立場。同樣，在敘利亞首都大馬士革，大多數的報紙都懷疑美國的目的是否清廉，或是直接表示不信任美國。這其中許多都指責美國人只追求自己的利益，忽略了其他地方人民的權利。[86]

阿拉伯國家和印度的反應很相似。因為他們看待韓戰時，都如同以上所述——內心想著自己地區的歷史背景和衝突。舉例來說，一名居住在印度東部賈姆謝德布爾(**Jamshedpur**)的讀者投書給加爾各答的日報《甘露市場報》（*Amrita Bazar Patrika*），說他對聯合國安理會和美國政府突如其來表現的「過度熱情」感到非常不可思議。之所以這麼說是因為，「無論是和平受到威脅、基本權利受到侵犯，或是聯合國的權威受到侮辱，都已經不是第一次了。」這位投書者繼續指出，「當巴基斯坦軍隊入侵喀什米爾時，安理會從未（像這次一樣）要求巴基斯坦軍隊『撤回國境的另一邊』，也沒有考慮對入侵者實施『嚴厲制裁』。」最後，他以諷刺的口吻針對安理會的這些要求和考量，補充一句：「這是自由和民主捍衛者所做的莫名其妙的注釋！」[87]

從這些案例中可以看出，在剛擺脫殖民主義枷鎖的新獨立國家，他們地區各自擁有的地方視角（local lenses）——也就是反殖民主義情緒和地區衝突的歷史脈絡，在解釋韓戰的意義時發揮了重要的作用。這就和歐美國家或是日本、中國等國，透過了二戰的視角看待韓戰，從而將其理解為第三次世界大戰的開端是一樣的。這種地方上的轉譯過程，不用多說，在朝鮮半島以外最為明顯。而首先，這種配合在地的狀況去解釋國際事件的「轉譯」概念本身的前提，在於歷史背景的不同以及當地獨有的社會和政治需求。然而南韓國內社會也發生過與這本質相同的轉譯過程，也就是他們以冷戰的角度，重新定義了那場來自北方的攻擊的含義。正如我接下來將介紹的，這背後存在的是建立新國族時，在政治和社會層面上的需求。

從本章開頭介紹的金聖七日記中可以看出，在當時的朝鮮，認為這場全面性戰爭的爆發是在之前的內戰所導致的結果，是非常正常的。因此，大多數居民選擇留在自己居住的城鎮或村莊裡，而不是跟隨李承晚政權往南方撤退，這也十分正常。這是因為當時金日成主張「南進」，而李承晚主張「北進統一」（北伐）是眾所周知的。也就是說，從二戰後美蘇分裂朝鮮半島政權以來——特別是自一九四八年大韓民國和朝鮮民主主義人民共和國建國後互不承認以來，朝鮮半島一直處於內戰狀態，這是眾所周知的事實。甚至在韓戰爆發之前，朝鮮半島早就經歷了各種遊擊戰、叛亂，以及加諸於此的屠殺行為。這些事件包括濟州四三事件（一九四八到一九四九年）、麗水－順天事件（一九四八年），以及韓國各地的社會動亂，還有沿著三八線發生的無數小規模衝突。[88]

在這樣的內戰情況下，北韓領導人很可能意識到他們在這個階段對南韓是占上風的。因為那些大日本帝國殖民統治時期的遺產，也就是二戰結束後朝鮮半島上大部分的經濟及工業基礎設施都位於三八線以北。根據一份英國外交官撰寫的調查報告書，截至一九五〇年一月，朝鮮半島百分之九十以上的水力發電都在北方運作，南方幾乎完全無法利用。其他像是朝鮮半島百分之九十五的鋼鐵生產設施、八家水泥廠中的七家，以及幾乎所有的化學工業設施（尤其是化肥廠），甚至半島上唯一的煉油廠都位於北緯三十八度線以北。同樣的，朝鮮半島百分之七十五的煤炭、百分之六十五的木材也都在三八線以北，南韓已經無法使用這些資源了。[89]這份報告以委婉的口氣下了這樣的結論：「看起來，比較現在南北韓雙方的國力，是北韓稍占優勢。」[90]

有鑑於此，北韓領導人急於在南韓發展起來前先發制人，因此不斷向克里姆林宮呼籲「南進」，也就不足為奇了。正是這些原因，使得南韓領導人擔心受怕，向華府懇求更多的軍事武器和物資，包括長程大砲、戰鬥機和巡邏艦，並強調南韓將搶先在北方的敵人之前完成半島統一。[91]事實上，就在戰爭爆發前幾天，李承晚告訴一位來自美國的訪客，南韓將在一年內發動攻勢奪回北方。他甚至向他保證，這場作戰幾天內就會打贏，因為北方的人民會起來反抗金日成政權。席間，李承晚誇下海口說，無論有沒有美國的支持，韓國都將發動這場攻擊。甚至補充道：統一朝鮮這個意圖並非「侵略」行為。[92]這表示，李承晚視統一朝鮮的軍事行動為內戰的一部分。

假若這樣的李承晚政權是擁有人民的極大信任和支持的話，那麼大部分民眾可能會選擇離開自己的城鎮或村莊，跟隨總統一路前往朝鮮半島南端的釜山避難。這樣的事確實有發生，但規模並沒有一般人所想像的那麼大。實際上，不僅勞工或農民，包括許多企業家、製造商以及知識分子，都選擇留在了自己的居住地，至少在戰爭初期是如此。[93]而在這樣的背景下，之後李承晚政權由於壓制、腐敗、非民主統治和權力的濫用，在廣大民眾中極度不受歡迎。

舉例來說，即使是一般人的日常生活，也受到警察十分嚴厲地控制。在一九四八年，南韓頒布了目的為維持治安和國家安全的《國家保安法》，而依據這個法案實施後的拘捕多到難以估算。事實上，在一九五〇年，南韓的六萬名囚犯中，有百分之八十是因違反《國家保安法》而被送進監獄的。[94]更過分的是，當時以嚴刑逼供這些因政治因素或是其他罪名的被逮捕者已成為了常態，且在警方的記錄中出現「酷刑致死」也變成了例行公事。[95]

面對這種情況，即使是當時一直支持李承晚政權的美國官員，也對濫用《國家保安法》去對付批評政府者感到愈來愈擔憂。[96]同樣地，英國官員對南韓的局勢也逐漸擔憂：

> 濫用權力的情況屢見不鮮，以及警察的壓制和腐敗已成為韓國社會生活的明顯特質。政府了解自己正處於窘境，如果不採取嚴厲的鎮壓手段就無法抵禦共產主義，然而這種作法卻導致更多人轉而投向共產主義的懷抱。[97]

正因如此，李承晚政權在韓戰爆發前的時期逐漸不得民心，也幾乎無法在廣大民眾中確立其政權的正當性。由此看來，當時許多企業家、製造商、知識分子以及勞工和農民一開始會選擇留在首爾也就不足為奇了。那些曾經參與過學生運動、農民運動或是勞工運動等左派社會運動，因而受到李承晚政權嚴厲鎮壓的人，對於李承晚撤出首爾反而拍手叫好，「獨裁者李承晚終於被趕出了首爾。利用人民的無知和弱小來維持獨裁統治的李承晚，是我們民眾的敵人。」一位住在首爾的學生在北韓入侵不久後如此寫道：「李承晚的國度是酷刑的國度。我們必須記錄在他的政權下所實施的酷刑，以便讓後世知道。」[98]

當然，當時並不是每個人都像這位學生一樣奮亢或堅定。不過也有不少人對李氏政權的延續抱持相當大的懷疑。其實在這個階段，「我們」和「他們」的差別，也就是「北」和「南」的區別對很多人來說並不是非常清楚的。舉例來說，梨花大學教授金泰吉回憶，當他聽到南韓軍隊在美軍的支援下抵達的消息時，他感到很焦慮。「因為還不清楚哪一方是我軍，哪一方是敵軍，所以我無法立刻判斷出聯合國軍隊和國軍抵達的消息到底是好消息，還是壞消息。」[99]換句話說，民眾對李承晚政權的支持度非常薄弱，很難說李氏政權在廣大民眾心目中是正統政權。簡單地說，李承晚政權在韓戰爆發前面臨的最大挑戰，是當時的民眾缺乏「國族」情感，也就是幾乎完全沒有對「南韓」的國族主義、對這個國族國家的沸騰熱血。

這在某種程度上，至少可以說是日本從二十世紀初開始統治朝鮮長達近四十年的日本殖民地主義的遺產。由於這段歷史背景，許多朝鮮人在韓戰前，幾乎不會對所謂的「國家」抱有強烈的愛國情操。即使有這種情感，也是基於民族的區別，比如相對於「日本人」或「中國人」，認同自己是「朝鮮人」，而非基於「南韓」或「北韓」、以國家為單位的「國族」情感。[100]因此，李承晚總統將戰爭爆發後的局勢稱之為「一舉解決朝鮮問題的最好時機」也就不足為奇了。[101]正如社會學家查爾斯・蒂利（Charles Tilly）在之後所指出的，「戰爭造就國家」。韓戰（在南韓被稱為「六二五戰爭」或簡稱六二五）也在南韓做出了非常劃時代的貢獻——創造並鞏固了「國家」和「國族主義」。

正如我們在第一章所了解到的，「命名」這個行為本身就帶有政治性，它不僅促使使用這個名稱的人以某種特定方式思考，同時也妨礙人們深入思考或探討被命名的事物的本質。換句話說，正如歷史社會學家金東椿所指出的，讓人民習慣將韓戰稱為「六二五戰爭」，如此一來，便可最大化強調這一天所發生的事，並輕易分割「韓戰」和「韓戰發生之前的事」。這就好像在那一天之前，並沒有發生過任何衝突，而就在那一天的黎明，突然有人破壞了和平；又好像從那一天起，戰爭的所有責任都在作為蘇聯爪牙並發動攻擊的北韓身上。[102]

換句話說，將這場戰爭命名為「六二五」這個行為具有一個功能：將這場戰爭的意義從「內戰激化至最高點所導致的現象」，轉變為「東西方陣營之間國際衝突的部分現象」。這個以轉譯行為所進行的命名提供了一個契機：它讓「我們」和「他們」的區別有機會變得清晰可見，並有助於塑造國族意識；同時，壓制國內各種敵對勢力和歧見，從而作為南韓真正建構國族國家的原動力。

從這個角度看來，採用冷戰的邏輯重新解釋當地的情勢，顯然對韓國社會是「有益」的。而且這個過程與其他社會中所見到的並無任何本質上的差異。換句話說，這個過程並不是透過觀察現實進而創造理解的過程。應該說，這是一個現實根據理解的框架被想像和建構出來的過程。用一句話來說，現實是想像出來的，而這個想像成為了現實。

到目前為止，第一章和第二章的焦點放在一九四五到一九五〇年初夏的這段期間，我們也看到了許多二戰後的社會正處於社會和文化的急遽變動當中。在這些混亂的動盪裡，出現了各種新的情緒、需求，以及新的思考及生活方式。正因這是從未出現過的，所以往往會引發社會和文化衝突。而這些事物本質上也難以被命名。這時候，「共產主義」或「反共產主義」這些耳熟能詳的用語有了起死回生的餘地。這些用語開始在世界各地被以新的方式使用，並開始代表了新一類的衝突。它開始在全世界興起，彷彿像是不同的社會都有著相同的問題；但實際上，每個地區都抱有他們各自的意義和情感，也各自懷抱著不同的希望或挫折。

隨著舊詞新用，「冷戰」這個新詞彙也被發明出來。而它所指涉的事件也從最初的歐洲局勢（尤其是德國問題），轉變為更廣泛的全球局勢，甚至包括國家內部的社會衝突。可以說，第二次世界大戰結束後的這段時期，是那些難以命名的事件逐漸獲得新的名稱和意義的歷史時刻。這也是一個各種可能性消失和未來選擇範圍縮小的時刻。之所以這麼說是因為，命名在本質上意味著：它停止、或是阻止人們進一步探究被命名事物的真實情況。

加速這個過程的便是韓戰的爆發。全世界同時目睹了這場戰爭，卻以截然不同的方式被解讀。正如前述，戰爭的爆發及美國的軍事干預為世界各地有關第三次世界大戰的言論增添了真實性。在人們對第二次世界大戰記憶猶新之際，朝鮮半島上的戰爭看起來並不單單只像是一場地區性的衝突。許多人看到了這場戰爭背後有著超級大國的影子。在這種言論下，這一刻被概念化為第三次世界大戰前夕的緩解期，也就是導向全面戰爭之前的過渡期，並且被劃定和認知為一個新的時代。簡而言之，他們認為「現在」就是冷戰的時代。這種對當下的特殊認知方式，使得原本只是一種言論的冷戰，變成了一種世界上的「現實」。

然而，冷戰的「現實」更多是當地的想像所投射出來的世界，是基於二戰這個激烈經歷和記憶所產生的恐懼。事實上，對第三次世界大戰和冷戰幻想的恐懼擴散的地區，主要都是那些或多或少曾經參與過上一場世界大戰的地區；或是那些戰爭經歷被形塑成國家記憶的地區，如東亞、歐洲和美國。換句話說，儘管冷戰這個概念在全球上的認知有多麼普及，其本質都只是以當地的立場做出的對世界局勢的理解。事實上，除了上述地區之外，在世界其他地區，韓戰並未被視為第三次世界大戰的開端，且在這個時間點上，被稱為冷戰的「現實」也未能深植人心。在這些地區裡，他們各自擁有的地區特殊視角（lens）（例如被殖民的經驗、反西方情緒或是建立國族國家的政治性、社會性需求）發揮了幾乎相同的功能，根據既有的知識體系框架，將韓戰的意義進行轉譯。

這個過程是由我所比喻為「轉譯」的本質，與問題所引發。只要試想單純的兩種語言之間的互譯，便會很清楚。舉例來說，任何的翻譯工作，外語詞彙的意義都必須按照翻譯者的母語的語境下去理解。因此充滿想像的理解，或是充滿創意的理解，對於這項工作可說是至關重要。甚至說得更極端一點：所有的翻譯都是誤譯。

但事實上，這個問題並不侷限於不同語言之間的翻譯。可以說，這是一個攸關一切「理解」的問題，甚至可以說所有的理解都是誤解，也不誇張。這些問題如果再加上空間的隔閡與技術上的限制，就更是如此了。例如，在觀察國外發生的事件時，觀察者會基於觀察者自身在地的歷史經驗、社會脈絡或是政治需求去觀察，儘管它們可能具有不同的社會脈絡和歷史背景。

這或許無法避免，因為任何的脈絡或歷史背景必然是牽涉到「當地」，基於當地的經歷和記憶。這些脈絡和背景在某些地區，大多數的人都認為是理所當然的，沒有人會對此提出質疑。然而，物理上的距離使得這些地方性知識和情感很難在不同地區之間共享，這甚至使得各個地區的人具有一種強大的能力，可以根據自己的經驗、記憶和需求，來解釋發生在遠方的事件，將其變成一己之見，從而建構了複數且不同的「現實」。

這種「現實」不能被忽視，因為正是這種現實構成了人們和政策制定者看待其社會並選擇特定政策的基礎，形塑出他們對社會和世界的看法，並且在決定外交政策問題時限制他們的選擇條件。本書的第三章和第四章將探討一九五〇年夏季至秋季，這些「現實」是如何在華盛頓和北京決定政策的過程中發揮作用。

## 第2部
# 社會的時代

# 第3章
# 虛構的現實

羅琳．亨德森（Lorraine Henderson）是康乃狄克州（Connecticut）的一名高中生。她可能從未想過，自己也著手幫助了冷戰世界的形成。她或許認為，冷戰這樣的全球衝突是由俄羅斯的邪惡統治者史達林所引起的，就和當時的多數人一樣。

那麼，羅琳是否與冷戰世界的建構完全無關？其實並非如此。因為她自己就是那位接受了這樣的特定世界觀，將其變成自己的信念，再傳播給周遭，從而不斷再生產冷戰世界的人。也就是說，羅琳她想像了冷戰這個「現實」，並透過這個想像的行為，在一定程度上協助了冷戰世界的建構和維持。

她在一九五〇年七月寫了一封信給美國總統杜魯門，內容如下：「我只是一名高中生，你可能根本不會讀這封信，但希望你願意試著理解，為何一個十五歲女孩會想要有活下去的機會。我們美國能否對俄羅斯發動突襲攻擊？在他們有機會對我們這麼做之前。」她繼續解釋道，為何她會得出這種看似極端的結論：

有一天晚上，我躺在床上無法入睡。我聽到有架飛機從頭頂飛過，一陣恐懼感瞬間襲來——我們會不會隨時都被殺死？我們為什麼不冒險發動一場突襲呢？這樣的話，即使我們輸了這場戰爭（但如果我們現在採取行動就不會），至少可以說我們努力過了。我們是一個很棒的國家，讓我們繼續保持！[1]

被這種恐懼所困擾的（並且透過相信這種恐懼而參與形成這樣的世界的），絕不只有羅琳一人。喬爾·布林克利（Joel Brinkley）是一名學校教師。他在回顧童年的一九五〇年代時，曾說道：「現在想來，真是太不現實了。那時的每年夏天，當我聽到雷聲在城鎮中轟鳴，天空中閃電亮起，我就明白一切都結束了。我的整個童年都建立在蘇聯才是一個真正威脅的觀念上。」[2]

羅琳和喬爾抱持的恐懼並不特別，他們的信念也不是源自他們自己。他們很可能只是單純地重複別人說過的話。然而，在冷戰世界的形成和維持過程中，真正重要的並不是誰開始了冷戰，而是有多少人相信了它。換句話說，有數百萬的普通老百姓，與羅琳和喬爾一樣，打從心底相信著這種世界觀，並在他們自己的生活裡不斷再生產這種觀念，這一點才是關鍵。正是這些無數的日常實踐，賦予權威給一個原本只是冷戰的「現實」觀點，進一步鞏固了冷戰世界。

人們心中這樣的「現實」，並非只是短暫的海市蜃樓。相反地，一旦這種現實在大多數人之中得到廣泛認同並被維持住，它就可以主導建構當時的社會和政治脈絡。然而這樣的社會背景，又如何影響了形塑冷戰世界的政治，至今尚未被認真探討。當然，美國外交史對於韓戰時期，政策制定者的功能和權力政治的發展等方面，已有相當豐富且詳盡的研究積累。[3]然而，那些基於社會背景和地區情勢的特定世界觀，又是如何在政治中發揮功用的，我們幾乎不了解這方面的實際狀況。另一方面，近年來的冷戰史研究中出現了一種新的潮流，開始聚焦在社會、文化或一般百姓的日常生活上。然而，這些研究幾乎都把冷戰描述成一個既定的條件——就像大雨或颱風等氣象條件，而非社會所建構出來的現實。因此，這些研究往往會陷入冷戰是如何影響社會、文化和人們日常生活的問題框架中。[4]也就是說，這些研究沒有想到的問題是，社會、文化和人們的生活究竟如何左右了政治的走向。

在上述的冷戰研究中的兩大主流面前，我們往往會產生這樣的印象：是政治家或政府高層的計算（或誤算）引發了冷戰，進而對社會、文化和人民的日常生活產生了巨大影響；而且必須是這樣的順序。可以說，這種主流觀點之所以一直存在，是因為政治史、外交史學家和文化史、社會史學家的分工所導致的。前者聚焦於政策制定者，致力於探究冷戰的「起源」；後者則聚焦於探究冷戰的「影響」。這兩個領域看似是個別的存在，互不侵犯；然而，還有更多的內容應該拿出來討論。因為，政治家和普通民眾之間，以及政治和社會之間的關係，並非如此單向，而是更為雙向且複雜的。換句話說，我們應該更深入探討的，並不只是政治核心的分析，而是無數的普通百姓所共同織就的「現實」和社會脈絡，是如何使某些政治判斷顯得合理可信，而某些則顯得毫無可能。

有一個例子非常適合用來思考這種複雜的相互作用，也就是一九五〇年夏至秋季期間，華府的政策決策過程。問題核心在於，當仁川登陸戰成功後，美軍和聯合國軍到達三八線時，應該如何行動？是在此停止進軍，還是繼續北上？考慮到韓戰最初是由北韓軍隊的「南進」，也就是北韓軍侵略朝鮮半島南部所引發的，似乎的確能夠規劃，以恢復戰前的狀態來結束戰爭。事實上，一九五〇年七月，韓戰剛開始時，美國政府的官方立場正是如此。他們明確聲明：「美國除了恢復戰前原狀以外，無意採取更多行動，亦無意進攻朝鮮半島北部。」[5]

因此對於杜魯門政府來說，一九五〇年十月初，當美軍和聯合國軍到達三八線時，他們本應停止進軍並立刻宣布勝利。這樣一來，可能就不會引發中國的全面參戰，也能避免韓戰長期化。實際上，美國政府內部曾對於是否越過三八線，展開過激烈的爭論，而杜魯門政府也並不認為越過三八線這個政策是有吸引力的。然而，正如資深外交官埃夫里爾．哈里曼（Averell Harriman）的回憶所言，杜魯門政府的成員最後都遵守了一種默契：「不能停止進攻」。[6]

北進三八線的決策一出，美國便錯失了在早期階段結束戰爭的機會，導致韓戰一直持續到一九五三年七月簽訂停戰協定為止。諷刺的是，停戰協定最終確立的邊界大約是在三八線附近；邊界位置幾乎沒有改變，而留在朝鮮半島上的，是超過數百萬的死傷軍民以及戰爭的創傷。甚至以二十世紀史的觀點來說，冷戰這個「現實」透過了美國的北進政策、中國參戰，以及韓戰的長期化，從而成為一個不容置疑的全球事態，並制約了往後的歷史。

究竟，為何華府不願止步於恢復戰前狀況？為何最初開戰時，只打算停留在三八線以南的計畫會被推翻？當初認為三八線在軍事和經濟上並不重要的杜魯門政府，為何會堅持認為必須北進？[7]透過這些提問，本章將探討一個更根本的問題：政治與社會之間究竟有著什麼樣的關係？無名的老百姓們，又是如何參與塑造現實和歷史？

## ◆國內與國外的「真實」戰爭

以現今二十一世紀的角度來俯瞰一九五〇年的美國社會，可能會覺得當時的人們或乃至於整個社會，都有一些奇怪的「常識」。以下簡單回顧這些常識。其中流傳最廣的是對第三次世界大戰的恐懼。更確切地說，是對核武攻擊的恐懼。先不論這有幾分可信，恐懼卻是真實的。因為許多家庭主婦正囤積著生活必需品，以為爆發全面戰爭做準備。孩童也必須在就讀的小學參加核武防空演習，包括練唱〈趴倒並掩護〉這首歌（一首教導在核攻擊發生時，要用手摀住頭，躲在課桌下的歌）。紐約州甚至要求兒童必須在脖子上佩戴金屬名牌，因為他們可能在核武攻擊下喪生。

當時還非常流行以共產間諜為題材的故事，包括小說、新聞報導或流言蜚語，無所不在。或許是受到了這種流行文化的影響，美國認為世界各地的共產組織，包括中國和北韓都是關係緊密的，且完全受史達林所控制。因此，連美國的各種左派和社會主義組織，還有部分勞工運動，經常都被認為是那些共產組織的爪牙。更知名的例子，如後來因麥卡錫主義而惡名昭彰的威斯康辛州參議員約瑟夫・

麥卡錫，他在一九五〇年（更準確地說是在韓戰爆發的六月二十五日以後）迅速聲名大噪。麥卡錫被當作先知般的存在，而不是蠱惑民心的政客。這並不是因為麥卡錫有什麼才華，而是因為韓戰被普遍認為是第三次世界大戰的前兆。可以說，韓戰讓麥卡錫的話變得煞有其事，也讓這位參議員成為了風靡一世的英雄。[8]

面對朝鮮半島上的戰爭，美國人民並不選擇袖手旁觀。許多人開始在自己的能力範圍積極推動反共鬥爭。舉例來說，紐約和波士頓港口的碼頭工人曾經集體拒絕卸載來自俄羅斯的「紅色」螃蟹。[9]此外，在洛杉磯近郊的格倫代爾（Glendale），有一對父母發現小孩們玩的紙牌的圖片上，竟然暗藏了「共產主義宣傳」，進而引起一陣軒然大波。這個紙牌的其中一張卡片上，畫著一名面帶微笑的蘇聯士兵，他和孩子們一起站在克里姆林宮前，手持著共產主義的象徵——紅色的鐮刀和錘子（雖然第二次世界大戰期間，蘇聯屬於同盟國，因此正面形容蘇聯的例子其實並不少見）。最終，該學區的家長強迫小學校長禁止學生攜帶這種紙牌到學校。[10]另外，舊金山也有類似的例子。當地一些民間團體，針對該市中心的中央郵局大廳的一系列壁畫，是屬於藝術作品還是共產主義宣傳品，展開了激烈的爭論。這是因為其中一些壁畫，以英雄主義形式描繪了一九三〇年代港口罷工的情景。[11]

這些例子從現在看來，可能相當離奇，甚至滑稽可笑。然而在當時，所有這些事件都會被嚴肅報導並認真看待。這些可稱之為「鄰里戰爭」的瑣碎、地方上的「反共」鬥爭，之所以顯得合理，歸根究底，是因為它們被視為「真正的」戰爭的一部分。換句話說，一九五〇年的美國，不僅要在朝鮮半島打一場實際的戰爭，還要打一場它自己想像並創造出來的假想戰爭，也就是冷戰這個虛構的現實。[12]

當然，對於許多人來說，這不是虛構的，而是一場真實存在的戰爭。而想像並創造這種現實狀況的，非僅止於政治家或政府高官。相反地，正是數百萬普通人的參與和實踐，創造了這種對真實情況的想像。然而，相較於外交史研究（例如華府在什麼時候做出了什麼決定）的積累，有關這些普通人的參與所發揮的作用，過去並未有充分的討論。[13]

這種當地百姓的積極參與，在他們的日常生活層面上表現得最為明顯。例如，正如先前所提到的，韓戰爆發後，囤積行為成為了美國常見的現象之一。然而，人們對那些囤積者的反應之嚴厲，則相當耐人尋味。一九五〇年八月，一名亞特蘭大的在地報記者故意假裝囤貨，在當地超市購買了二十五盒香菸。這位記者或許只是以輕鬆的心態進行了這項實驗，但結果卻非常有趣。該報導仔細地描述道，「憤怒的女店員怒目而視（該名記者）」，然後「慢慢地把香菸盒堆起來，點交數量時的音量，大到店裡的每個角落都聽得見」。另外，其他顧客也對這位記者的過度囤積行為感到不悅。[14]

這個故事中值得留意的是，這種囤積行為不僅被認為是自私的，還被認為是不愛國的。當時的流行報刊雜誌上的諷刺漫畫，經常將譴責囤積行為，與支持韓戰介入兩者緊密連結。[15]之所以會出現譴責的目光，代表許多人已經明白，在戰爭時期自己應該做出什麼行動。也就是說，許多人自發性地自我動員，以保護國家利益。

在這種對戰爭壓倒性的熱情支持中，出現了一個有趣的現象。一般來說，大多數民眾通常不會對增稅感到高興，也會反對物價控制或社會動員計畫。然而，在一九五〇年夏季，許多美國人卻表現出截然不同的態度。許多人提筆寫信給當地的報社和政治家，表示自己願意承擔這些責任。有不少人強調，只要是為了戰爭的進行，他們不介意增稅或是組織性的社會動員。一名明尼蘇達州的商人寫信給美國國會表示：「如果（規定物價）上限是為了國家的最佳利益，我們願意支持這樣的物價管制。」科羅拉多州的洗衣店老闆也懇求道：「我請求政府徵收所有產業的利潤。」伊利諾州的一位女性在七月十七日寫信給杜魯門總統表示：「我們應立刻進行全面動員，以盡快在朝鮮半島取勝，並阻止俄羅斯在其他地方發動攻擊。」[16]

另一位來自密西根州的男性，他在表示自己堅決支持美軍介入韓戰的同時，也對美國緩慢的步調表達不滿。他在八月十六日給總統的信中如此寫道：

> 從我在街頭和別人的對話中可以得知，一般美國民眾想的，遠比在華盛頓的你們還遠。我們已經做好準備，並迫切希望採取物價管制、配給、優先權等任何措施，來幫助我們在朝鮮的可憐士兵們。讓我們捨棄日常的生活，告訴俄羅斯人，共產主義不是解方，美國人民心甘情願為了守護自由而奮鬥及犧牲。[17]

圖 3-1　《星期六晚郵報》刊登的政治漫畫〈搜查你是否守秩序〉。1950 年 8 月 19 日

據民調公司蓋洛普的創辦人喬治・蓋洛普（George Gallup）所稱，調查顯示有百分之七十的受訪者支持增加陸軍和海軍兵力；而對於伴隨之國防預算的增加如何支應，百分之六十的受訪者表示支持增稅，百分之十九則建議舉債。[18]在這種熱情高漲之下，紐約共和黨議員雅各布・賈維茨（Jacob Javits）如此評論道：「在為了打敗我們在韓國所看到的這個共產主義威脅上，我認為美國人民的奉獻程度，遠遠超過了他們的領導人。」賈維茨的這項觀察，被認為大致正確。[19]

## ◆華盛頓的僵局

華府非常清楚這種緊張的社會氛圍。假設，對第三次世界大戰的恐懼的蔓延沒有這麼普遍，其對國內政治的影響是微乎其微的，那麼杜魯門政府可能根本不會認為派遣美軍到朝鮮半島是必要的。事實上，許多政府高官和軍事將領，如國務院政策規劃辦公室（PPS）主任保羅・尼采（Paul Nitze）、陸軍部長弗蘭克・佩斯（Frank Pace）和陸軍准將邦納・費勒斯（Bonner Fellers），在戰爭爆發當時，並不認為美國介入韓戰是必要的措施。[20]這是因為美國參謀長聯席會議（JCS）幾年前才制定的美國「國防政策基本領域」中，並未包括朝鮮半島。事實上，在東京總司令部的麥克阿瑟將軍，也曾在一九四九年明確指出，美國的防線是從阿留申群島，經日本、沖繩、再連接到臺灣、菲律賓和新加坡。因此，對這些軍事或戰略專家來說，韓戰只是遙遠的朝鮮半島上發生的軍事事件，與美國的國家安全利益並無直接關係，不屬於美國必須即時介入的事件。[21]

也就是說很可能從一開始，杜魯門政府選擇介入韓戰並不是出於純粹的軍事戰略需求，而是政治決定。事實上，國務卿迪安．艾奇遜在七月二十九日和三十日，與加拿大外交部長萊斯特．皮爾遜(Lester Pearson)的會談中，曾多次強調這一點。艾奇遜指出，朝鮮半島本身在軍事上並不重要，美國介入韓戰「純粹是政治性的」。[22]陸軍部長佩斯也明確表示，部署美軍並非五角大廈的意願，而是基於政府的「政治決策」。[23]當然，這適用於任何與軍事行動相關的決策，但這種傾向，在一九五〇年的杜魯門政府身上特別明顯。

向三八線以北推進的決定也不出此例。需留意的是，杜魯門政府最初的態度相當謹慎，完全沒有後來的激進和輕率。在一九五〇年六月二十九日的美國國家安全會議（NSC）上，杜魯門總統在會議開始時就明確表示：「我們希望採取任何可以使北韓退回到三八線以北的必要措施，但我不希望我們發生其他任何可能導致(與俄羅斯)開戰的事……我們必須非常小心。」[24]

同樣出席這場會議的總統行政助理喬治．埃爾西（George Elsey），以鉛筆手寫作會議紀錄。他特意在總統這段發言中的「非常」（damn）一詞用力畫上底線。杜魯門是美國中西部的密蘇里州人，以直率敢言著稱。有可能他在這裡提高了嗓門，以強調謹慎行事的必要性。在同一場會議上，陸軍部長佩斯詢問，美國的行動是否應該限制在三八線以南；對此，國務卿艾奇遜立即表示肯定，且並未提出任何暗示越線行動的建議。[25]幾天後，艾奇遜重申了同樣的立場，申明美國在朝鮮半島的行動「僅是為了將南韓恢復到北韓入侵前的狀態」。[26]

正如這些言論所示，政治家和政府高官最初在閉門會議上採取了相當謹慎的態度。杜魯門政府從一開始就不認為越過三八線是可取的方案，因此也沒有計劃推行強硬政策（hard-line policy）。[27]當時一位駐韓陸軍發言人甚至說過以下的話，這段話反映了韓戰初期，美國政府的態度。他說，美軍介入戰爭「只是為了把北韓軍隊推回三八線，且會在停在那裡。若有必要，將不惜動用武力阻止南韓軍隊越過三八線」。[28]

然而在整個一九五〇年夏季，這種謹慎路線遭到了各界的質疑，最終在九月底被完全放棄。最早提出反對意見的是杜魯門政府關係者和高官，例如杜魯門總統的私人顧問克拉克・克利福德（Clark Clifford）、國務院東北亞局局長約翰・埃里森（John Allison）及負責遠東事務的助理國務卿迪安・魯斯克（Dean Rusk）。[29]艾奇遜的特別顧問，也是共和黨政治家的約翰・福斯特・杜勒斯（John Foster Dulles），或許是最強烈反對早期謹慎路線的，因為他認為在分裂的朝鮮半島上建立統一政府是不可能的，也不會因此實現和平，因此回到以三八線為界的分裂狀態這個想法是「愚蠢的」。[30]國防部對朝鮮半島局勢的分析中，也有類似的觀點：

> 當前的朝鮮半島局勢，提供了美國和自由世界首次將東方陣營的一部分置換為西方陣營的機會。建立一個自由且統一的朝鮮政府，並消除北韓的共產主義政權。這將為扭轉遠東在過去十二

個月中出現的危險戰略性趨勢，邁出第一步。[31]

正如這份備忘錄所述，強硬派認為，越過三八線北上並以武力統一朝鮮半島，是洗刷美國在冷戰中失利這一污名的絕佳機會。這即是強硬路線的萌芽，也是後來為人所知的一九五〇年代中期，美國的「推回」政策（Rollback）。

然而，這些強硬派觀點在政府內部並不具有主導性。杜魯門總統認為，克利福德的想法「有些為時過早」，甚至在國務院內部，也沒有就在三八線以北進行軍事行動上達成共識，更不用說其他政府部門了。而堅持謹慎路線的最有力意見，來自當時剛卸任國務院政策規劃辦公室主任的喬治・F・凱南和他的部下。他們一貫主張，美軍應止步於三八線，並警告，如果美軍將軍事行動擴展到三八線以北，將「大大增加與中國共產黨或蘇聯軍隊發生衝突的風險」。[32]

中央情報局（CIA）也反對美軍越過三八線北進。他們認為，雖然攻擊北韓若是成功了，多少會提高美國的威望，但同時也會帶來與中國和蘇聯「全面開戰的重大風險」。[33]美國參謀長聯席會議主席（JCS）主席奧馬爾・布雷德利（Omar Bradley）同樣也不同意越過三八線，但他的觀點不同。他認為，三八線以北的地面軍事行動「應由南韓軍隊進行，因為這些行動可能會是游擊戰性質的」。[34]

此外，西歐同盟各國也對三八線發出警示。法國外交部警告，在聯合國安全理事會就此議題通過新的決議之前，美國和聯合國軍不應越過三八線，因為北進可能會造成全新的局面，並提高蘇聯和中國參戰的可能性。[35]英國外交部也對越過三八線，在現行的聯合國決議下是否合法表示懷疑。因為這些決議的初衷，本是為了擊退北韓軍隊對南韓的侵略。同時，英國也擔心將戰爭擴展到三八線以北，會增加蘇聯參戰的風險。

也就是說這些西歐盟國也曾試圖限制美國的行動。[36]雖然英國和法國外交部不認為蘇聯希望發動全面戰爭，但他們仍擔憂莫斯科可能會全面支援軍事物資，或派遣志願軍一類，而這可能導致隨時發生不可預測的狀況。一位憂心戰爭會蔓延到中國和其他地區的駐美英國外交官，在一九五〇年夏季寫給倫敦總部的報告中提到，「美國目前對遠東局勢問題的反應非常情緒化，使得他們幾乎無法接受理性的討論。在這種情況下，（英國政府的）主要目標應該是嘗試說服美國，使他們將注意力完全轉向到解決朝鮮問題方面上（而不是其他國際衝突）。」[37]

在政府內外意見如此相左的情況下，杜魯門總統下決定猶豫再三，且向周遭透露他「相當憂慮」。[38]因此七月十七日，杜魯門總統要求國家安全會議就美軍在到達三八線時應採取的行動制定方針。然而，國家安全會議依舊依然無法解決意見相左的問題，結果導致杜魯門政府在整個一九五〇年夏季，都無法形成明確、一致的意見。這種罕見的局面一直持續到九月初。作為國務院政策規劃辦公室總部知名的謹慎派之一的菲利普·傑賽普（Philip Jessup），他在尚未解決這種情況的八月二十四日感嘆道：「這真是令人難以理解。在總統提出具體要求的情況下，我們竟只能回覆總統，我們現階段沒有任何可提出的政策建議。」[39]

一九五〇年九月一日，國家安全會議終於提出了政府官方的見解，但卻尚稱不上是一個明確且一致的觀點。這份祕密政策文件ＮＳＣ-81首先建議，美軍可以越過三八線向北進攻北韓領土，以迫使北韓軍隊停留在三八線以北。但是，該文件同時也指出「（美軍若北進）有極大可能性，蘇聯會以某種方式作出反應」，並建議，如果只有南韓部隊北進並採取軍事行動，那麼全面戰爭的風險就會大大降低。[40]總之，儘管這份文件是官方首次認可美軍跨越三八線，但它同時又建議了兩種政策；這種模稜兩可的表述，意味著當時在三八線問題上仍存在強烈反對意見。

就像這樣，國務院內部的討論也陷入了僵局，國防部和中央情報局之間仍無法達成共識。國家安全會議和西歐盟國也發出了深刻的擔憂和警告。而最終，為了回應總統諮詢意見而制定的ＮＳＣ-81文件，也沒有給出明確的建議。總之，美國對於三八線問題的討論完全陷入了僵局。那麼，杜魯門總統又為何會決定越過三八線？

## ◆一般大眾的見解

在社會大眾當中，有關美軍是否應該越過三八線的討論，相較之下其實並不複雜。如同稍後我們將會看到的，反對意見確實是存在的，但有趣的是，一九五〇年夏季的美國社會，並沒有為此展開激烈爭論。最常見的觀點，反而是要求政府採取更強硬的外交政策。實際上到了七月底，著名評論家們關注的已經不是應不應該越過三八線，而是越過後應該做什麼。[41]例如，當代極具影響力的《華盛頓郵報》著名記者沃爾特·李普曼（Walter Lippmann）就曾斷言，回到戰爭爆發前的原狀是不可能的。[42]甚至連左傾的《紐約指南針報》（*New York Compass*）也支持向北推進，實現朝鮮半島的統一，而不是讓美軍停留在三八線上。[43]

德州的《達拉斯新聞》（*Dallas News*）也主張：「有一件事是明確的。在這場戰爭結束之前，我們必須將北韓軍隊以及裡面的蘇聯軍官，驅逐到三八線以北，讓他們澈底從北韓消失。」（當時普遍堅信，北韓軍隊及後來的人民志願軍，一定是蘇聯軍官所指揮的）。[44]紐約州北部小鎮伊薩卡當地的報紙《伊薩卡日報》（*Ithaca Journal*），也採取強硬派立場。該報指出，聯合國從未承認朝鮮半島的分裂，因此目標首先應該是建立一個統一的朝鮮政府。「為何不現在就堅定地宣布，這次的軍事行動的目標，是建立一個自由且統一的朝鮮？」[45]

到了七月底八月初，愈來愈多的觀察家認為美軍應該越過三八線並向北韓境內進攻。杜魯門家鄉密蘇里州的主要報紙《堪薩斯城星報》（*Kansas City Star*）宣稱：「一旦戰況明顯對侵略者（北韓）不利，就不應該停止作戰。否則他們會躲在三八線後等待機會。」[46]當時其他許多報紙也提出同樣的強硬派主張。根據一九五〇年八月國務院輿論調查局（OPOS）的調查顯示，各地的代表性報紙，如《普羅維登斯日報》（*Providence Journal*）、《沃特敦時報》（*Watertown Times*）、《底特律新聞》（*Detroit News*）、《基督科學箴言報》（*Christian Science Monitor*）和《華盛頓郵報》，都支持將戰線推進到三八線以北，以在美軍和聯合國軍的領導下實現朝鮮的統一。[47]

可以說，對於美國在韓戰中應該採取什麼行動這一點，大眾的態度已經有相當明確的主流意見；這與政府官員、機關的意見持續分歧形成對比。事實上，國務院輿論調查局在八月提出的報告書中，曾簡單扼要地指出：

> 有廣泛的共識認為，除非朝鮮半島統一為一個由南北韓人民自由選舉下產生的政府，否則朝鮮問題無法解決。支持這種看法的人認為，為了達成目的，美軍、聯合國軍隊應在必要時越過三八線發起攻勢，並拒絕任何回到（戰爭爆發前的）原狀的想法。[48]

這裡所提到的「廣泛的共識」，可能還需要進一步說明。這是因為正如我們將在後面詳細看到的，這種「共識」實際上並不存在；存在的是為數不少的反對意見和懷疑。即便如此，這種強硬，甚至可以說是狂熱的社會氛圍，仍與美國的政治方向和決策過程有緊密關係。在一九五〇年尤其如此，因為這一年是中期選舉年，而自一九三三年以來一直在野的共和黨對重拾政權虎視眈眈。

## ◆一九五〇年的國內政治——共和黨

當華盛頓的高官們仍舊無法形成堅定的一致見解時，共和黨議員和其支持者們已經密切關注社會動態並伺機而動。一九四八年總統大選的慘敗對他們仍記憶猶新，而現在正是轉守為攻的絕佳時機。他們手中有太多適合攻擊民主黨的口號了，例如「對共產主義太軟弱！」「是誰搞丟了中國？」「自由主義對抗社會主義」等等。一般來說，過去大多認為國會在冷戰時代的影響力並不大，然而一九五〇年中期選舉中的各種競選活動，卻大大影響了總統府，迫使其採取更強硬的外交政策。事實上，韓戰是這次中期選舉最主要的關鍵議題。《紐約時報》在同年八月觀察到，「這次選舉的結果，幾乎完全取決於國民對韓戰、及韓戰對美國的影響的反應」。[49]

來自俄亥俄州的共和黨資深參議員羅伯特・A・塔夫脫（Robert A. Taft），他正準備角逐一九五二年總統大選共和黨的候選人提名，而他批判杜魯門政府的朝鮮政策的力道是最強烈的。[50]塔夫脫雖然大致同意杜魯門政府派遣美軍至朝鮮半島的決定，但戰爭爆發後不久，他在六月二十八日的一場國會演說中，尖銳地批評了民主黨政府的外交政策是「糟糕且不一致」的。[51]塔夫脫也強烈評判政府在三八線問題上無法提出明確立場的這一點。早在七月六日，塔夫脫就已經建議美軍不應再停留在三八線上。[52]在一次電臺訪問中，塔夫脫被問及三八線問題時表示：「我無法理解政府在這件事情上的應對。就我個人而言，我認為美軍必須繼續前進（越過三八線），至少應該要占領北韓南部，以便建立一個統一的朝鮮。」[53]

塔夫脫對外交政策問題的強硬立場，其脈絡應是來自於他為了爭取一九五〇年中期選舉的連任，而非他一貫的政治哲學——孤立主義（isolationism）傾向。第二次世界大戰後，這位俄亥俄州參議員拋棄了日益過時的孤立主義，轉而成為一名國際主義者（internationalist）。這種轉變在一九四九年秋季至一九五〇年秋季這段期間尤其明顯。從中華人民共和國建國到韓戰爆發，再到美軍北上三八線，塔夫脫重新將自己定位為一名強硬的反共國際主義者，至少在公開場合上是如此。這項轉變背後的原因之一，是因為塔夫脫已經被視為一九五二年總統選舉共和黨的潛在提名人選。塔夫脫也將一九五〇年中期選舉視為此未來計畫的試金石。[54]因此，他無論如何都必須先拿下連任，而且要高票當選。

在這種情況下，韓戰爆發給了塔夫脫一個絕佳的機會。他在同年八月寫給共和黨明尼蘇達州黨部主席的私人信件中簡要地指出，韓戰會是「共和黨的資源」；並指出，在這場選戰中應毫不猶豫攻擊民主黨政府的軟弱外交政策。[55]然而，俄亥俄州雖是塔夫脫家族的根據地（他的父親威廉．霍華德．塔夫脫〔William Howard Taft〕曾在二十世紀初擔任菲律賓總督、美國戰爭部長和總統），但他的連任選戰並不好打。因為事實上，在一九四八年的總統選舉中，共和黨在俄亥俄州，以些微差距敗給了民主黨。因此塔夫脫必須無所不用其極，他也確實如此做了。

塔夫脫如此快速地不斷改變立場，以致於他在外交問題上保持無法前後一致。例如，當支持者寄信要求他應該對共產主義威脅採取更強硬立場時，塔夫脫強調自己是積極的國際主義者，而非孤立主義者。但在收到一封要求美國不應介入他國事務的信件時，塔夫脫又表示，他本人對局勢保持著極高的警覺，並且不支持杜魯門政府過於國際主義的立場，彷彿是在使對方放心。同樣地，有關是否應正式承認中華人民共和國，塔夫脫的立場也因對象不同而異。在一些私人信件中，他強調自己的靈活性，表示對承認中國持開放態度。但在其他場合，塔夫脫則堅持強硬的反共立場，拒絕承認中國。[56]

先不論他實際上的想法，塔夫脫將自己的形象塑造成一名「冷戰鬥士」，這說明了政治家經常會因大眾情緒和當時的政治文化改變立場，而不是堅持自己的政治理念或信念。就一九五〇年夏季的朝鮮問題上，塔夫脫選擇採用更激進的強硬路線，並倡導後來被稱為「推回」政策的外交立場。

塔夫脫從孤立主義到國際主義的這種轉變，從他如何修改自己的演講稿這點可以更詳細看到。例如，他在一九四九年的一份草稿中寫道：「當今最重要的國內問題是，我們是否應該繼續當一名可以完全掌控我們政府的自由人民，還是應該將社會、農業、工業、勞動和公民生活的控制權，交給一個擁有巨大權力的政府。」[57]

這裡呈現出的是典型的塔夫脫形象：一位主要關注國內問題的孤立主義者、反對導向大政府的新政、極度厭惡國家主義和中央集權，也就是所謂典型的共和黨政治家。然而，在一九五〇年的中期選舉，也就是韓戰期間舉行的競選活動中，這份草稿經過了多次的改寫和加寫，最終變成了以下這份帶有不同涵意的演說：

> 當今最重要的問題是，我們是否應該繼續當一名可以完全掌控我們政府的自由人民，還是應該將社會、農業、工業、勞動和公民生活的控制權，交給一個擁有巨大權力的政府。這是社會主義與自由主義之間的鬥爭，且這場鬥爭發生的範圍不僅止於我國內部，而是在整個世界。在世界

舞臺上，這場戰爭是自由主義陣營和共產主義陣營之間的對抗。共產主義是社會主義最極端的形式，它極其有效地否定了人類心中的個人自由和責任。這場鬥爭正是「冷戰」的基礎。在這個國家，這場鬥爭同樣不容忽視，這也正是這場一九五〇年選舉中最重要的爭點。[58]

如上所示，塔夫脫刪除了第一句的「國內」一詞，並添加了新的五個句子。雖然在這兩篇文章中，其反對國家主義的立場不變，但其中的脈絡，卻從對抗新政政策的國內問題，轉變為對抗共產主義的國際問題上。值得注意的是，塔夫脫並未改變他的觀點，只是將其延伸至國際問題的層面上而已。換句話說，塔夫脫對國際問題的看法，並非基於他對國際政治或當地情勢的理解，而只是單純將他對國內問題的看法延伸到全球層面上而已。也就是說塔夫脫對朝鮮問題的強硬立場，既非戰略或軍事上的、也非基於當地局勢的考量。毋寧說，這只是延續他的競選策略罷了。

當然，這樣的傾向並非只出現在塔夫脫身上。有關這一點，過去已有許多歷史學家針對冷戰對國內政治的影響進行了許多研究，但反之的影響，即國內政治和社會如何影響外交政策制定過程和形成冷戰世界，則尚需進一步探討。[59]事實上，在一九五〇年夏季，外交政策議題具有強烈政治性是無庸置疑的。從《紐約時報》的社論和《星期六晚郵報》(*Saturday Evening Post*) 的政治漫畫即可得知，韓戰及其相關問題，被視為一九五〇年中期選舉中最重要的議題。[60]

許多共和黨候選人觀察到了這一點，並充分利用之。例如，當時還是加州參議員候選人新秀的理查德·尼克森（Richard Nixon），他在競選活動中充分利用了與韓戰有關的外交政策問題。尼克森知道，很難用國內問題來攻擊民主黨，因為自上次選舉以來，工資上升、就業率上升，農業和中小企業也發展良好。因此，他的支持者和他自己都明白，外交問題是批評杜魯門政府的最佳材料。[61]

圖 3-2 《星期六晚郵報》刊登的政治漫畫〈第三人〉。1950 年 9 月 23 日

與此類似的選舉策略在全美都看得到。其他州的共和黨候選人也很有默契地認為，這次選舉的最重要議題是「杜魯門政府過去五年來奉行的災難性外交政策，最終導致了韓戰」。[62]這是因為共和黨在全美採用了類似的策略。事實上，在夏季結束之際，該黨的選舉策略委員會製作了一本厚達五十九頁，題為《朝鮮問題的背景》（*Background to Korea*）的小冊子，並分發給全國各地的候選人。這本小冊子概述了韓戰發生前的歷史背景，並強調杜魯門政府在東亞外交政策上的「失敗」。[63]

相同的選舉策略也出現在共和黨製作的一分鐘廣播廣告。該廣告呼籲：「一九五〇年，自由世界因國際共產主義極權勢力的影響，而在朝鮮問題上遭逢挑戰。在這種情況下，每一位已登記的美國選民都有責任去投票。十一月七日，全世界的每一位自由人士和渴望自由的人，都會將目光投向我們。」這則廣告透過重新解釋中期選舉的意義，巧妙地喚起了選民的愛國情懷。它將選舉定位為不僅是國內政治和政黨鬥爭的問題，而是關乎到美國的存亡及其在世界上的地位。該則廣告最後總結道：「這與你屬於哪個政黨無關。所有美國公民都將在十一月七日迎來一個千載難逢的機會，向世界證明，國際共產主義勢力主張民主已經腐敗，是錯的。」[64]

在正值韓戰的一九五〇年夏季，隨著人們想像出愈來愈多的「現實」情況，一位曾飽受批評、逐漸淡出的政治家，突然重返了舞臺中心。沒錯，正是以「麥卡錫主義」聞名的參議員約瑟夫．麥卡錫。如果一九五〇年夏季沒有發生任何大事，他的名字可能永遠不會載入史冊。正是韓戰的爆發，使他攀升為國民巨星。[65]在戰爭爆發半個月後的七月十二日，出身海軍陸戰隊的共和黨議員麥卡錫，在一場國會演說中發動了他的攻勢：「今天，美國的士兵們也躺在朝鮮山谷中的泥濘中死去了。有些人手被綁在背後，被共產主義者的機關槍射穿頭部而死。」麥卡錫先以這種聳動的方式描述了韓戰，譴責政府對戰爭的處理方式，接著轉向追問國務院內部可能存在所謂「共產主義者」的問題：

> 今天，朝鮮已成為一個危機地帶。如果還是同樣的人扮演您的顧問，形塑您的思想，那麼總統先生，明天危機將在哪裡出現？有人說，我們不應該花時間追究誰應該為過去幾年的失敗負責。然而常識告訴我們，為了在未來幾週、幾個月和幾年內守住美國，我們必須看清楚哪些身居要職的人是叛徒，並將他們趕出政府。如果任其發展，他們無疑將撥動這個國家的災難與勝利的天平。[66]

麥卡錫對國務院的攻擊始於同年二月。他在這之前曾受到不少批評，但在韓戰爆發後，人們對第三次世界大戰的恐懼以及反共情緒高漲，使得麥卡錫迅速轉守為攻。由馬里蘭州民主黨參議員米拉德．泰丁斯（Millard Tydings）主持的參議院委員會提交了一份報告，指出麥卡錫對國務院的指控「毫無根據」。麥卡錫也進行了反擊，稱：「（這份報告）就像是在告訴政府中的共產主義者，他們的職位很安全，不用擔心。」[67]

這下陷入困境的變成了泰丁斯。根據韓戰爆發後進行的蓋洛普民調顯示，百分之四十一的受訪者相信麥卡錫的指控，而只有百分之二十的人不相信，認為其毫無根據。[68]《華盛頓時代先驅報》在七月初發表了全版的社論，表示沒有任何人相信泰丁斯的報告，並斷言其「大多是想粉飾太平」。[69]而麥卡錫的這些指控，之所以顯得愈來愈真實，並不是因為其實際的內容，而是因為韓戰以及當時美國社會的整體氛圍。

然而，這些所謂的「紅色恐慌」並不是麥卡錫製造出來的，也並非韓戰所引發的。細究起來，毋寧說是美國社會根深蒂固的「反共」有色鏡片，導致許多美國人將韓戰視為莫斯科的共產主義攻勢之一。也正因為韓戰被認為是由史達林主導的，麥卡錫的指控才會顯得真實可信（有關這裡提到的「反共」，將於第七章進一步詳細討論）。一九五〇年夏季，在這種緊張的氣氛中，一向較為沉穩的塔夫脫參議員也提高批評政府的聲調，甚至搭上了麥卡錫的浪潮。他指責民主黨政府在外交和軍事上都沒有做好抵抗共產主義勢力的準備，並主張應立即清除國務院內部的共產主義者及其支持者。[70]到了一九五〇年初秋，塔夫脫一再堅持美軍必須北進三八線，稱這不僅是為了實現朝鮮半島的統一，也是為了「懲罰侵略者」。[71]

一九五〇年九月是一個決定性的時刻。共和黨勢如破竹，他們一同呼籲，必須在朝鮮半島發動激進的對策。

## ◆一九五〇年的國內政治——民主黨

杜魯門政府的內閣成員以及民主黨人，都非常明白共和黨的這些批評的威力。六月二十七日，韓戰爆發後才過兩天，懷俄明州民主黨參議員，同時也隸屬民主黨參議員競選運動委員會（DSCC）的約瑟夫．奧馬霍尼（Joseph O' Mahoney）就警示杜魯門總統：「那些有關朝鮮的外交問題，絕對會將被用來指責我們對共產主義過於軟弱。」[72]

一如奧馬霍尼所指，民主黨議員們立即進行盤算。他們認為，如果未來外交上屢屢失利，民眾對政府的印象就會更加負面，而這最終將對民主黨造成傷害。然而，他們之中也有許多人看到了相反的面向。一位民主黨支持者說，「如果我們成功在朝鮮反攻，且俄羅斯也沒有派遣空軍到朝鮮，這肯定對民主黨是好的，如此一來便可以用這些好消息來競選。」[73]總之，民主黨議員和其支持者，對韓戰是既害怕又期待。他們認為，如果能從有利的角度描述韓戰，將有助於在十一月的選舉中取得優勢；

儘管這可能會引發對政府的批評。[74]

民主黨參議員競選運動委員會意識到了外交問題是一把雙刃劍，因此積極製作有關外交政策的宣傳手冊，並為新秀候選人舉辦培訓課程。其中一本手冊內容中，有像這樣的預設問答：「杜魯門政府對共產主義軟弱的說法，是否屬實？」標準答案是：「不，杜魯門政府非但沒有對共產主義軟弱，反而積極反抗共產主義，並主導自由世界在全球的擴張。」後面的內容則列舉了杜魯門政府的「成就」，例如對希臘和土耳其的經濟、軍事援助，也就是著名的杜魯門主義；以及為歐洲經濟復甦而實施的馬歇爾計畫，還有成立北大西洋公約組織（NATO）等，以此強調二戰後民主黨政權下的美國在全世界的地位。[75]

像這樣在國內選舉中，利用外交政策問題的作法值得注意。因為這些國內政治，會反過來要求「外交」政策應採取某種路線。關於這點，只要回顧杜魯門政府如何發展其「反共」政策的，便可得知。最一開始的「反共」政策，出現於一九四七年三月，當時杜魯門要求應該提供希臘和土耳其經濟和軍事援助（即所謂的「杜魯門主義」），並啟動了聯邦政府公務員忠誠度審查制度。然而這些政策的出現，與其說是為了應對實際的威脅，不如說是因為民主黨在一九四六年十一月的中期選舉中慘敗，政府才為此試圖力挽狂瀾。隨後，杜魯門政府在一九四八年中期和一九五〇上半年加強了「反共」的力道，但前者明顯是為了杜魯門自己的總統大選採取的競選策略，而後者則是一九五〇年四月，杜魯門總統發起了一項名為「創造真相運動」的政治宣傳計畫。[76]在這個運動中，杜魯門用史無前例的強烈語氣譴責蘇聯，並表示美國人必須藉由這項運動，讓全世界聽見自己的聲音。但這項計畫的出現，其實也是為了針對同年二月，麥卡錫在西維吉尼亞州惠靈市（Wheeling）發表的一場反共演說。[77]

由此可見，杜魯門總統的「冷戰」論述（以及實際的冷戰政策），是基於國內政治的需要，並順應不同時期的社會狀況而逐漸強化的，而非基於外交和軍事考量。美國在韓戰爆發後依然採用這種模式。美軍在朝鮮半島的戰鬥，以及國內的麥卡錫主義反共運動，讓人誤以為國際問題與國內問題是有直接關係的。而且人們絲毫不認為，將國際情勢和國內問題擺在一起討論是不妥的，反而認為這是一種一致性的表現。例如，在民主黨競選期間發放的一本小冊子宣稱，美國的對外政策和對內政策是「一體兩面的。外交政策是內政計畫必要且合乎邏輯的一種延伸」。[78]

職業外交官或軍事將領當然會反對，認為外交和軍事問題是特別的，應由專家來進行分析。但在現實當中，這些問題幾乎都無法與國內政治切割。杜魯門政府在這方面也不例外。曾負責民主黨競選委員會的副總統阿爾本·巴克利（Alben Barkley）在一九五〇年八月的一場國家安全會議上提到，應考慮國會對正在起草的有關朝鮮情勢的祕密政策文件（NSC-81）可能會出現的反應。[79]巴克利的發言十分耐人尋味，因為這正凸顯了有關韓戰的外交政策的性質，特別是三八線問題的本質。也就是說，這不僅是外交和軍事專家需要思考的問題，也是一個重要的國內政治問題。

在整個中期選舉競選期間，年輕的民主黨議員們非常焦慮，因為他們不知道到底該如何明確為美國的外交政策辯護，或駁斥那些對杜魯門政府和國務院的無端指控。某位新秀候選人後來談到最關鍵的問題在於：「國務院沒有提供我們充分的裝備和彈藥來回應這些指控。」[80]在此情況下，一九五〇年九月二日，民主黨參議員競選運動委員會向杜魯門總統提交了一份備忘錄，要求「一份闡述了政府的外交政策成就、清楚且肯定的聲明，並包括在遠東（朝鮮半島）的政策」。[81]在一九五〇年八月底到九月初的這關鍵幾週，隨著中期選舉逼近，國內政治的情勢，要求杜魯門政府提出更明確、更強硬的外交政策，以及具體的成果。

## ◆仁川登陸戰的後果

一九五〇年九月十五日，美軍在仁川登陸戰中大獲全勝，使得內政、外交、政治問題和軍事問題之間的糾葛變得更為複雜。仁川登陸戰從當時到現在，一直被神話化為麥克阿瑟天才般的豐功偉業，或是一場晴天霹靂，但事實上兩者皆非。這項登陸作戰其實只是根據駐韓美軍和南韓軍官事先制定的緊急應變計畫所進行的。[82]此外，毛澤東和人民解放軍的將領們也已預見到美軍會在仁川發動反攻。連金日成本人都有同樣的想法，因此下令八月下旬準備防守仁川。[83]也就是說，正如歷史學家和田春樹所指出的，從軍事角度來看，仁川登陸戰是一個再正常不過的行動了。[84]

但是仁川登陸戰卻帶來了非常有戲劇性的政治效果，許多美國人對美軍統一朝鮮的可能性更加樂觀，這又導致更多人支持強硬路線、聲援美軍介入韓戰。根據國家輿論研究中心（NORC）的調查，戰爭爆發後的七月，有百分之七十五的受訪者支持美國參戰，百分之二十一不支持。但在仁川登陸戰後的十月的調查中，支持率攀升至百分之八十一，不支持率減少至百分之十三。[85]這些數字表明，部分曾經反對杜魯門政府政策的人轉為支持。一位住在巴爾的摩的男性，在十月初寫了一封信給杜魯門，表示儘管他從未投票給民主黨，且依然認為民主黨的一些國內外政策是錯誤的，但他「深切感激」總統支持美國在朝鮮半島採取軍事行動的決策。[86]

由於仁川登陸戰後，這種樂觀情緒不斷高漲，使得要求越過三八線進攻的呼聲也愈來愈大。例如，《丹佛郵報》（*Denver Post*）認為，「美軍和聯合國部隊應該越過三八線，占領整個朝鮮，直到這裡在聯合國的監督下舉行新的全國選舉。」[87]國家廣播公司（ＮＢＣ）的報導評論員也表示：「停在三八線上，不會是令人滿意的解決方案。」[88]《波士頓郵報》（*Boston Post*）甚至表示，美軍和聯合國軍停在三八線以南是「愚蠢的」。《紐約先驅論壇報》（*New York Herald Tribune*）也有類似的強硬發言：

> 幻想可以回到虛構的三八線，並坐在這條隨時可能爆發的分界線上談判朝鮮的自由和統一，簡直荒謬。朝鮮的統一將成為聯合國能否堅持其原則的考驗。[89]

根據國務院輿論調查局的一項調查，《華盛頓明星報》（*Washington Star*）、《匹茲堡郵報》（*Pittsburgh Post-Gazette*）、《巴爾的摩太陽報》（*Baltimore Sun*）、《羅徹斯特民主紀事報》（*Rochester Democrat and Chronicle*）以及《底特律自由報》（*Detroit Free Press*）也同樣支持這種強硬論調。[90]除了這些

日報外，各大新聞雜誌也鼓吹美軍應越過三八線打敗北韓軍隊的強硬論調。甚至連親民主黨的《新聞週刊》也聲稱「繼續前進！」是所有前線的美軍和聯合國軍的信念。[91]

不意外地，許多國會議員也紛紛站出來要求政府採取更積極的行動。[92]帶頭的是加州共和黨參議員威廉·諾蘭（William Noland），他將朝鮮局勢比作第二次世界大戰爆發前，英國對希特勒的「綏靖政策」（appeasement），譴責「不越過三八線就是對蘇聯的『綏靖政策』」。賓州的共和黨眾議員哈迪·斯科特（Hardie Scott）也同樣指責國務院要求美軍停在三八線，稱國務院「破壞我們的軍事勝利」。[93]在這樣的情況下，美國廣播公司在九月底報導，稱國會「絕大多數支持完成這項工作（跨越三八線並統一韓國）」，也絲毫不足為奇了。[94]

但實際上即使美軍在仁川登陸戰大勝，仍存在不少異議，幾家大報仍堅決主張美軍應在三八線上止步。《洛杉磯時報》（*Los Angeles Times*）是一個典型的例子，該報主張美軍和聯合國軍不應越過三八線，並表示「這樣的任務應由南韓軍隊單獨承擔，而且不必現在就做」。[95]《芝加哥論壇報》（*Chicago Tribune*）也以類似的語氣警告「（如果繼續北進）我們將在一條比三八線更易爆的危險界限上，面對俄羅斯和共產中國的大軍」。[96]《亞特蘭大憲法報》（*Atlanta Constitution*）和《紐約郵報》（*New York Post*）也贊同這種謹慎觀點，認為沒有越過三八線的必要。[97]MBS廣播的評論員法蘭克·愛德華（Frank Edward）在仁川登陸戰成功後不久，也表達了相同的觀點：

> 我們的軍隊不應該進攻北韓。如果我們鎮壓入侵南韓的共產黨軍隊，並在三八線止步，這將成為我們的雙重勝利。第一，我們能夠向世界表明，我們不會任人宰割；第二，有關共產黨對於我們是帝國主義者、要吞併全世界的指控，也將不攻自破。[98]

如同這些例子所示，實際上仍存在相當多的意見分歧，輿論也非完全一致支持。仁川登陸戰後進行的蓋洛普民調顯示，百分之六十四的受訪者認為美軍應該越過三八線，直到北韓軍隊投降；百分之二十七則認為應停在三八線上。[99]考慮到當時的緊張氣氛，以及所謂的聚旗效應（rally 'round the flag effect）——在國家危難時期，戰爭支持率會上升的一般趨勢，有接近三分之一的人反對將戰線擴大到北韓領土，這是相當令人驚訝的。

然而，到了一九五〇年秋季，這些反對的聲音已經沒有前述的民調數字般的存在感了。這並不是因為共識已達成，而是在緊張的氣氛下，反對者會選擇避免在公開場合表達意見，甚至保持沉默。結果導致反對派顯得比實際情況更少，而支持強硬路線派則顯得比實際上更多。在這種情況下，出現了社會學家伊莉莎白·諾艾爾諾依曼（Elisabeth Noelle-Neumann）所謂的「沉默螺旋」（spiral of silence）現象，也就是讓人以為達成了國民輿論一致支持美軍越過三八線的「共識」。[100]

國務院的資深外交官完全不看好這樣的事態發展。通常他們更關心國際戰略和現實政治，而不是國內政治和選舉活動。其中之一的喬治·F·凱南，並不認為朝鮮是特別重要的，他甚至認為美國沒有能力讓朝鮮半島永遠不受到蘇聯影響。凱南認為，他可以接受一個「名義上獨立，但實際上受蘇聯影響的朝鮮」，因為美國沒有必要在整個朝鮮建立一個永久的親美反蘇政權。[101]

從後世的角度來看，凱南的戰略性思維可以說是有理有據的。畢竟，越過三八線占領整個北韓，意味著美國將在近一千五百公里長的陸地邊界上直接面對蘇聯和中國，這對在海軍實力上占有極高優勢的美國來說並不理想。因此凱南主張，至少在朝鮮半島的「腰身」（也就是僅二百五十公里的三八線）附近設置防衛線，會比在更長的國境線上面對蘇聯和中國更加合理。[102]同一時期，加拿大外交官艾斯科特．里德（Escott Reid）也有類似的觀點。里德認為在三八線以北採取軍事行動是不必要的，甚至是「荒謬」的。[103]為了阻止美國的行動，他曾經寫信給加拿大外長皮爾森，指出越過三八線後，假使順利，美國也必須在長長的國境線上部署大量軍隊；而若是走到了最糟的情況，則可能會導致在韓戰上引發與蘇聯的直接衝突。[104]這些觀點都是正確的，但是和一九五〇年美國國內緊張的社會情勢格格不入。

在政治上更為精明的國務卿艾奇遜則直接否決了凱南的觀點[105]。他認為，「這些觀點只是抽象的國家利益，實際上仍然必須考慮輿論和具體的政治壓力。這樣的想法只能用來提醒自己，以防被捲入不可掉以輕心的事態。」根據凱南的回憶錄，共和黨政治家，同時也是艾奇遜的政治顧問杜勒斯，也曾以類似的理由拒絕凱南的建議。因為以政治家的角度來看，這種政策會混亂美國社會的大眾輿論，造成對準備加強軍事力量的杜魯門政府的支持度下降。[106]有鑑於一九五〇年夏秋季美國的政治和社會情勢，這種反應相當自然。因為在此時期，外交問題，尤其是朝鮮問題，已成為國內選舉活動中最重要的議題了。[107]

面對這種情況，曾試圖緩和美國失控的那些其他國家的政治家和外交官們，無疑深切感受到了外交工作的極限。在各種外交努力均告失敗後，一九五〇年九月，英國外交大臣歐內斯特·貝文（Ernest Bevin）無奈地感慨道：

> 目前美國國內的氣氛非常緊張。在即將到來的十一月選舉前，杜魯門政府很難採取任何得不到民眾支持的政策。遠東局勢已成為美國的一個政黨政治問題。這十分不幸，但我們不得不接受這樣的事實。[108]

基於對美國國內政治局勢的認可，英國政府後來也轉變了對三八線問題的立場。英國放棄了早前的謹慎和懷疑，採取了更樂觀、甚至幾乎可說是忽視的態度。倫敦開始與華盛頓步調一致，不再批評華盛頓的政策，甚至開始主張朝鮮半島的統一一直是從一九四八年以來的主要目標，三八線這條「假想線」從未被國際社會承認為國境。[109]

從亞洲，尤其近一個世紀以來嘗盡西方殖民主義苦楚的中國和印度等地區的角度來看，華盛頓的強硬路線和英國外交政策的急轉彎，未免太草率且思慮不周。事實上，北京的領導人一直以極度謹慎和懷疑的態度，關注朝鮮半島的局勢和西方列強的反應。例如，仁川登陸戰後，中國立即發出了一系列警告。九月二十五日，中國人民解放軍代總參謀長聶榮臻，透過印度駐中國大使潘尼迦（K. M. Panikka），警告西方列強中國不會「坐以待斃，任由美軍接近邊境」（當時中美並未建交，因此兩國之間沒有直接的外交管道）。[110]

印度總理尼赫魯在收到潘尼迦的報告後，察覺到北京領導人的語氣非同小可，於是立即警告倫敦，表示美軍和聯合國軍絕不可越過三八線。在這封九月底寫給英國外交大臣貝文的電報中，尼赫魯以相當強硬的語氣重申了局勢的危險：「我擔心任何有關允許聯合國部隊越過三八線的決策或建議，都極有可能引發一場世界大災難。」另一份給倫敦的電文中，尼赫魯非常準確地轉達了從潘尼迦那裡得知的北京的態度，並再次強烈反對聯合國部隊北進三八線：「如果北京正考慮採取軍事行動，那麼聯合國部隊越過三八線的決定，無異於火上加油。」[111]尼赫魯在這電報中甚至重複了四次反對，連最後都再次強調：「因此，我強烈建議，聯合國絕對不要採取任何試圖越過三八線的行動。」對尼赫魯來說，已經沒有比這更清楚易懂的說法了。[112]

然而，幾乎沒有人認真看待尼赫魯的警告和中國的訊息。[113]九月二十九日，英國外交部很快得出了中國「不太可能」介入韓戰的結論，理由是中國仍面臨著各種困難的國內問題，且缺乏與美國作戰的基本軍事能力。[114]他們認為，中國現在參戰為時已晚。[115]華盛頓當局也是這樣看待局勢的，因此他們大多數的人都沒有認真看待北京和印度的警告。正如艾奇遜所說，這些只不過是「虛張聲勢」。[116]他們不僅不把印度的再三警告當一回事，甚至還將其當成笑柄。當時美國的官員之間流傳著一個笑話：

「潘尼迦驚慌失措」(Panikkar is panicking)。[117]

## ◆決定北進三八線

整個一九五〇年夏季，各政府部門、閣員之間，在三八線問題上依然無法達成共識。然而記者在這段期間還是一再追問同個問題：「美軍是否將越過三八線？」[118]隨著仁川登陸戰的成功，這個問題變得更加迫切。因為美軍和聯合國軍正日日逼近三八線。一位國務院官員回憶當時的情況，說道：「在華盛頓，特別是在國務院，我們認為將北韓人趕回他們自己的國家是完全合理的，但關於是否占領北韓，則有不少疑問。」[119]

這段期間，國務院各部門以及各政府機關之間，曾就三八線問題進行了大量的討論，並頻繁與外國大使通信，然而卻沒有任何一份文件，能指出關鍵性決定之所在。這是因為這個問題的核心超出了外交政策或軍事戰略的層面，並非一個機關或部門所能處理的，也就是說這其實需要的是政治判斷。事實上，許多文件都不斷重複「關於此事的最終決定，正由政府最高層審議中」這樣的措辭。[120]即使到了一九五〇年九月二十六日，次國務卿詹姆士·韋伯(James Webb)還撰寫了一份指令給駐韓美國官員，要求他們「盡一切努力阻止李承晚或其他南韓軍方發言人，宣告南韓將單方面將權力延伸到三八線以北」，因為這個問題「仍在由更高的政府層級討論中」。[121]

話是這麼說，但即便是政府最高層的部長級閣員，實際上也沒有明確的政策方向，因為連他們都認為越過三八線不是理想的政策，也很擔憂其可能帶來的後果。就連曾否決凱南的建議的艾奇遜來說，他也深知越過三八線可能帶來的巨大風險。在韓戰停戰將近一年後的一九五四年，普林斯頓大學曾舉辦過一場閉門會議，出席者包括艾奇遜、凱南和哈里曼等前政府官員，一起討論杜魯門政府時期的外交政策。在某個議程，前商務部長哈里曼回憶起他們當時面對三八線問題的情況，對艾奇遜說道：

> 迪安，我想起了一件事，如果我記錯了請糾正我。我想那時你是對我一個人說的，應該只有我們兩個人在場。你談到了你對於越過三八線的擔憂，你了解到由於仁川登陸戰的成功，這場行動已是勢在必行。但我記得你十分擔心我們越過三八線後可能帶來的影響。我印象中如果我們沒有越過三八線，你會感到更高興。儘管你完全明白當時的軍事形勢，但在可能打敗北韓軍隊的前提下，停止進軍已是不可能的了。[122]

這裡值得注意的是，哈里曼認為如果美軍沒有越過三八線，艾奇遜會「更高興」。對此，艾奇遜簡短回應：「你說的沒錯，埃夫里爾。」艾奇遜回憶起他當時曾支持北上三八線，補充道：「那真的是一件令人擔憂的事，我非常擔心印度和中國所說的可能會發生的事情。」[123]

哈里曼和艾奇遜的回憶顯示，即便是內閣成員，也不一定支持強硬路線。然而面對戰爭初期的連敗，許多美國民眾對杜魯門政府逐漸失去信任或感到不滿，怒罵政府「對共產主義軟弱無能」。也正因為總統不能容忍這些指責，才會迫切尋求機會來顯示自己的「強硬」。換句話說，一九五〇年夏秋之際，杜魯門政府真正需要的，不是欺騙或過度恐嚇美國人民，來推動加強軍備計畫。[124]因為在這方面，國內輿論已經早就都幫政府做好了。政府真正要做的其實是趕上這些輿論，還有杜勒斯所說的，「在外交領域採取一些行動，以積極證明美國政府有能力應對共產主義威脅」。[125]也正如民主黨競選委員會之前曾再三要求的，政府需要一些看得見的「成果」。

像這樣內政與外交之間，以及政治問題與軍事問題之間的相互糾葛，從一九五〇年九月二十九日的決定中可以很明顯地了解到，雖然過去的研究，並不認為需要特別關注這一天，但這可以說是冷戰史上最重要的分水嶺之一。因為在這一天，杜魯門政府終於批准了三八線北進，並且正式通過了一份後來被稱為「美國冷戰政策藍圖」的文件，從而改變了美國外交政策的基本立場。

九月二十九日上午十點，杜魯門政府在白宮召開內閣會議。會議開始時，國防部長喬治．馬歇爾（George Marshall）簡要地報告歐洲局勢，而之後的大部分時間則都在討論國內問題。首先，農業部長查爾斯．F．布蘭南（Charles F. Brannan）針對物價進行報告，表示豬、牛、羊肉等肉類產品的相關價格已經穩定或略有下降，而羊毛製品的價格則大幅上漲。對此，商務部長查爾斯．W．索耶（Charles W. Sawyer）建議，增加使用尼龍等替代材料，並接著報告，整體就業狀況穩定，前述的家庭主婦囤貨熱潮已平息，反而目前的囤貨問題主要發生在零售業。接著是勞工部長莫里斯．托賓（Maurice J. Tobin)，他報告了亞利桑那州和加州有勞動力嚴重短缺的情況。隨後，負責統籌中期選舉活動的副總統巴克利報告了在西岸各州和國內其他地區正在進行的競選活動，並提出是否應該對共和黨候選人進行人身攻擊的問題。杜魯門總統立即回應了這個問題，表示不應針對個人進行攻擊，應強調民主黨迄今的成果。這時勞工部長托賓也跟著補充，民主黨應更強調杜魯門政府在希臘、伊朗、土耳其和歐洲等地對抗共產主義的成功事例。[126]

這時艾奇遜插話了，他解釋道：「朝鮮將作為一個舞臺，向世界證明西方民主能夠幫助世界上的弱勢國家。」他接著說，「現已在規劃成立一個委員會以協助重建朝鮮」，最後補充道：「可以忽略三八線。」[127]這是杜魯門政府第一次，也是唯一一次正式承認美軍北進三八線。具有象徵意義的是，三八線問題是以國內問題和競選活動為背景的情況下被提出的。同時，艾奇遜將北進三八線的理由，與美國在世界的威信問題連結在一起，這點也同樣值得留意。因為，正是這種邏輯，在此後數十年一直困擾著美國政府，直到越戰。

中午，杜魯門、艾奇遜和馬歇爾三人前往當時總統居住的布萊爾宮共進午餐。用完午膳，桌面被清空後，有人拿了一張巨大的朝鮮半島地圖進來。總統、國務卿和國防部長，三名政府的最高權力者看著這張地圖，討論越過三八線北進的細節，包括目標和行動範圍。最終，他們同意授權麥克阿瑟將軍向北跨越三八線。兩天前，即九月二十七日，其實杜魯門已經聽取了該計畫的簡要報告，他當下大致表示同意，但並未正式承諾。但隨著九月二十九日的最終決定，美軍為了統一南北分裂的朝鮮而入侵北韓的行動，已正式獲得授權。[128]當天下午，馬歇爾發給麥克阿瑟一封電報表示，「我們希望你可以覺得在戰術和戰略上都不受限制地越過三八線，向北推進。」[129]

到了當天下午三點，杜魯門、艾奇遜和馬歇爾回到白宮，出席國家安全會議，正式通過了祕密政策文件NSC-68。NSC-68文件當初在一九五〇年四月提交給杜魯門後，先是被總統本人否決，於是被擱置了整個夏季。自一九七五年，這份文件被發現以來，美國外交史學家一直強調它的作用之重。因為它推動了一九五〇年代冷戰初期的大規模軍事集結，且正當化了對蘇聯採取更強硬對抗姿態的理由。哈佛大學外交史學家歐內斯特．梅（Ernest May）如此評價：「NSC-68奠定了冷戰期間，美國大部分的戰略理論基礎」。康乃爾大學外交史學家沃爾特．拉費伯（Walter LaFeber）甚至描述其為「美國發動冷戰的藍圖」。[130]

然而這份文件，至少在編寫時不是被這樣構思的。NSC-68由接替凱南擔任政策規劃處處長的保羅．尼采主導撰寫，但連尼采都認為，該文件僅是「一份未來四、五年要遵循的（美國外交）政策聲明」。[131]當這份文件在四月被全面否絕、看似已毫無通過可能性之際，尼采也已經放棄了它。換句話說，如果韓戰沒有在六月爆發，以及如果沒有由此引發的國內問題，NSC-68文件就永遠不會面世。是韓戰，或更嚴謹地說，是隨之而來的國內政治情勢和國民情緒的變化，提高了這份機密文件的「重要性」。這份文件最終在星期五下午獲得批准，也就是杜魯門政府正式批准北進三八線的那天。

一九五〇年九月二十九日做出的兩項決定，一項涉及三八線問題，另一項則涉及NSC-68。這兩者不僅意味著韓戰軍事行動的升級，也意味著冷戰世界框架的固化，而這將粉碎東西方陣營之間展開有意義的外交手段的任何可能性。值得注意的是，這些決策的產生，並非皆來自於冷戰思維或地緣政治上的考量，反而是出自政府高層對於國內政治局勢和大眾情緒的判斷。一九五〇年夏秋之際，尤其適逢十一月的大選前夕，杜魯門政府不惜一切代價，都要避免被認為是對「共產主義軟弱」的政府。因此，三八線問題並不是一個有關特定軍事或外交政策上的問題，而是一個關乎杜魯門政府乃至美國政府，可否在數百萬人心目中保持威望的象徵性政治問題。外交官凱南從一九四〇年代末開始倡導的所謂「圍堵政策」路線，從這一刻起，被更具侵略性、軍事性、且是政治性的、社會建構性的「推回政策」路線所取代；冷戰世界也由此進入緊張的高峰期。然而，當下並看不出會有這樣的發展。九月二十九日的這個星期五，杜魯門總統在完成了這個決定性的政治決策後，離開了白宮，並按原定計畫開始了為期一週的假期。他或許認為，這場戰爭已經結束了。

而在東京GHQ總部的麥克阿瑟，也同樣認為這場戰爭已經等同於大獲全勝。麥帥毫不掩飾地大聲宣布：「那些中國共產黨」不會參戰；美軍在取得全面勝利後，可於年底前從朝鮮撤軍。[132]延續這個想法，聯合國軍和美軍分別於十月一日和十月七日越過三八線向北推進。十月十九日，美軍拿下平壤，隔天，麥克阿瑟親自從東京飛往前線視察，在空降部隊的最前線著陸後，降臨在剛占領的平壤機場上。根據同行的合眾國際社記者厄內斯特・霍伯雷希特（Earnest Hoberecht）的紀錄，麥帥整個旅程中都十分愉快，甚至在平壤機場，對迎接他的沃爾頓・華克將軍（Walton H. Walker）開了個玩笑：

「沒有大人物來迎接嗎？」並輕蔑地說：「金日成在哪？」[133]

如此樂觀的不只有麥克阿瑟、華盛頓的政治家或政府官員，就連《紐約時報》也用大篇幅的煽動文章散播這種樂觀論述。例如，十月十五日的《紐約時報》上出現了這樣的標題：「邁向勝利之日」、「聯合國軍在朝鮮的戰鬥進入最後階段」、「麥克阿瑟的部隊準備消滅最後的共產勢力」。[134]許多人都在宣告，戰爭即將結束。

然而，當地的局勢卻是瞬息萬變。與此同時，遼寧省瀋陽市突然開始實施大規模空襲警報，道路上挖起了戰壕，設置了碉堡，還有許多工廠被拆除，裡面原本的機器設備則被運往城外北方。許多居民也開始從市區疏散。一名駐北京的英國外交官收集了一些零散的訊息，包括一名旅人看到部署在上海的人民解放軍正往瀋陽前進、或是一名外國商人聲稱瀋陽正處於「相當混亂的狀態」。這名外交官認為，「這些措施顯示，中國政府即將對朝鮮局勢採取一些新的行動。而現在的準備則是為了防範這些行動可能導致的報復攻擊。」[135]他的分析相當精準。就在麥克阿瑟於平壤機場否定中國參戰的可能性，並嘲笑北韓領導人的同一天，約十二萬名中國士兵開始陸續渡過中朝邊境的鴨綠江。

在接下來的三天內，共有二十六萬大軍進入北韓領土，向南進軍，準備澈底改寫這場戰爭的勢力分布圖。[136]

# 第4章 印象政治學

一九五〇年十一月中旬，有一封信寄到了中國共產黨的北京市委員會總部。在中國人民志願軍參與韓戰的消息的報導傳出之後，他們每天都會收到好幾百封的信。但這一封內容密密麻麻、由一位在北京市清潔局工作的年輕人所寫的信，還是引起了關注。這封信的標題是「意見書」，和其他大多數標題是「志願書」的信件不同。而且當時大多數的來信都表示支持中國參戰，並表達志願參戰的決心。然而，這位年輕人卻在信中直接地傳達了他的意見和擔憂，並在最後聲明他不會參加戰爭。信中如此寫道：

在初次學習朝鮮問題的時候，我認識的還不夠正確，我以為朝鮮問題是與我們沒什麼重要關係，經過了幾天的鬥爭，得出我以往的看法是一種狹隘的民族觀念出發的思想方法。現在意識到這個問題，不能把朝鮮問題看成孤立的，否則必定上了美帝的一個大當。因為今天的美帝走了日帝的舊道路，用朝鮮做跳板來侵略中國，而今天這種預謀已經實際化了。

根據這種認識，我為了保衛祖國、保衛我國人民，更為了我自己的安全、和平、幸福的生活，必須以實際行動來抗美援朝、保家衛國。

但這種行動在起初還只是動員別人，給別人開藥方、出題目，並沒有考慮自身。經過了多次的鬥爭及事態發展的影響，今天自己也建立了行動起來的觀念！

但是怎樣表示呢？這又是一個大問題！

一般同志都參加了志願兵去朝鮮。

我呢？也參加志願兵！

不能！我有亂七八糟的顧慮！

我沒有這樣高的覺悟程度！

我沒有這樣大的犧牲精神！

經過多數次的鬥爭，矛盾始終沒統一起來……我為什麼不能與無產階級在政治上盡平等的義務呢？

我難過！

我痛心！[1]

這位年輕人在信的末尾宣布，他雖然不能上戰場，但他自願減薪百分之五，並增加每日工時，多一小時。

這類信件（或從更廣泛的意義上，屬於中華人民共和國建國初期的民情）直到最近才開始成為研究對象。[2]其實有關分析韓戰期間中國政治和決策過程的現行研究當中，幾乎很少提及一般民眾的聲音和行為。[3]這可能源自於我們對中國共產黨的普遍印象：擁有巨大權力的共產黨勢必會對人民思想進行壓制。在這種觀點下，只要共產黨當局進行大規模的政治宣傳和政治運動，人民就只能配合且別無選擇，因此就算去研究民意也毫無意義。

當然，這種觀點可能有其一定道理，但仍需要更深入的探討和解釋。其實單純閱讀上述的信，也會發現動員和政治宣傳並非那麼單純。從這封信中我們可以得知，不僅是韓戰的報導以及隨之而來的動員活動，使得一個年輕人將國外發生的事件與自己的日常生活聯想起來，並對自己的行為進行反思；它甚至透露出一個人是如何觀察局勢、抱持怎樣的擔憂和焦慮，以及如何決定自己該怎麼做的。

本章透過研究及分析當時的信件，以及共產黨官員所做的民意調查和民情報告，發現民情其實並不容易操縱，也並非大同小異。再者，如果將人民的不同反應（如贊同、合作、狂熱或懷疑、困惑、反對）與當時中國的政治走向同步進行探討的話，會發現民眾的態度與中國共產黨的政治方針或外交決策制定過程並非毫無關連。

這又是為什麼呢？正如本章所示，北京在韓戰時期的對外戰略在本質上，並不單純只是軍事和戰術上的，也不只是冷戰的一部分。對北京當局而言，韓戰戰略是和國內政治直接相關的，甚至可以說，它與新生的共產黨政權的根基，也就是在社會中確立其政權的正統性息息相關。為了詳細研究這些觀點，本章將展示一般民眾的聲音和日常生活以及其社會和歷史脈絡，還有它們與國內外政治的關係，更特別詳細探討北京在韓戰初期做的歷史性決定——中國參戰以及越過三八線南下的策略規劃。

## ◆中國共產黨克制的態度

韓戰爆發後，中國社會有兩個特別明顯的現象。一是四處蔓延著對第三次世界大戰的恐懼，二是湧現出對中國共產黨的懷疑與不信任。畢竟，這是那些反抗共產黨政權者進行反擊的絕佳機會。而且這次美國還站在他們這一邊。但耐人尋味的是，反美情緒（更廣義來說的話是反西方情緒）急遽高漲的現象也同樣明顯。正如以下所述，這種情緒高漲的程度還遠超出了中國共產黨的官方立場。

然而，中國政府在韓戰初期的反應卻是異常謹慎，與民眾情緒的兩極化形成了對比。正如沈志華和牛軍這兩位在韓戰研究中著名的中國史學家所指出的，中共領導高層在韓戰初期，基本上是保持著冷靜克制的態度，並同時密切關注事態的發展。他們所持的立場是：北京原則上支持北韓統一的企圖，且戰爭實際爆發後的七月就開始在國境附近籌備東北邊防軍；同時卻要謹慎地避免直接參與戰爭。[4]

這種立場在中國共產黨官方發行的報紙，以及各民主黨派發行的半官方報紙中都可以見得。以《人民日報》為例，從韓戰爆發到中國參戰的一九五〇年十一月，該報始終保持著相對穩健的立場。該報在同年七月刊登了幾幅政治漫畫，其中一幅描繪的是麥克阿瑟將軍和李承晚總統正慌忙逃跑。他們的左右有兩隻巨手逼近並想捕捉他們。兩隻手分別寫著「朝鮮人民軍」和「朝鮮游擊隊」；另一幅漫畫則描繪一名美國人被北韓人民軍的坦克車輾過，奄奄一息的樣子。[5]這個時期的漫畫共同的主題是：這場戰爭是朝鮮人民抵抗美國帝國主義的戰爭，也就是說，中國士兵和中國人民從頭到尾都不會登場。

同年的七月二十三日，《人民日報》刊登了一首題為〈向英勇的朝鮮人民軍致敬！〉的詩，這首詩中也可以看到類似的態度。另外，有關反對美國干涉的學生示威活動的報導文章，標題也寫道：〈北京的學生運動蔓延〉、〈激勵朝鮮人民〉、〈反對美國干涉〉。[6]這些文章想表達中國人反對美國的干涉。因此，他們對朝鮮人民的鬥爭表示尊重，但中國只是這場戰爭的他者。也就是中國非常小心翼翼地避免讓他們看起來和戰爭直接相關。

圖 4-1　《人民日報》刊登的政治漫畫〈夾擊〉。1950 年 7 月 19 日

實際上，韓戰在這段時期本來就還未被高度重視。例如，七月二十九日的《人民日報》為了下個月的人民解放軍建軍週年慶祝活動刊登了三十五條口號，但「反對美國干涉！」和「朝鮮人民軍萬歲！」等口號，只排在第二十條和第二十一條，位於「準備因應土地改革」和「鎮壓叛亂分子和反動派！」等涉及國內問題的口號的後面。[7]這種趨勢代表在一九五〇年初夏時，北京相當謹慎地避免與

美國產生直接的對立。

中國民主同盟發行的半官方日報《光明日報》也有類似的反應。這個同盟在內戰期間堅持反國民黨和親共的立場，內戰結束後也作為非共產黨的民主黨派之一繼續存在。該報對韓戰的立場雖然基本上和《人民日報》所表達的官方立場一致，但他們對韓戰的狂熱程度卻異於官方。例如，一九五〇年八月六日，《光明日報》發表了一篇題為〈團結全國人民，解放臺灣，解放西藏〉的影像式文章。有趣的是，在同一版的下方有一個小標題寫著〈勇敢的朝鮮人民軍萬歲！〉[8]這裡我們再次看到，朝鮮問題完全和那些被認為應該由中國人民的主導的事件切割開來了，且戰爭的主角一律被認定為「朝鮮人民軍」。因此，雖然《光明日報》整體上並沒有太過跳脫出官方觀點，但也並非完全相同。其中的若干差異在於《光明日報》使用了更激進、更具侵略性的語言。

相較之下，由中共上海市委員會發行的《解放日報》對於朝鮮半島局勢的態度比中央的官方觀點更為低調。例如，在慶祝同年八月，中國人民解放軍建軍週年的一篇文章中，其標題勇猛地寫道〈我們待命進軍臺灣！〉但卻隻字未提朝鮮問題。[9]該報八月三十日刊登的一幅政治漫畫更能說明這個問題：在這幅漫畫中，

圖 4-2　《人民日報》刊登的政治漫畫〈美國強盜的「估計錯誤」〉。1950 年 7 月 19 日

身上寫著「美帝」的麥克阿瑟將軍被三道寫著「抗議」的閃電刺穿。[10]這幅漫畫裡面只有寫著「抗議」的閃電，連刺槍、坦克車甚至刀劍長矛都沒有，也沒有朝鮮人民軍，更別說中國人了。在這裡我們看到，在一九五〇年夏季期間，這些主流報紙始終小心翼翼地將中國描繪成韓戰中的他者（也就是表示贊同但基本上是旁觀者），這表示當時中國政府的態度是克制的。

值得討論的還有各地發行的報紙，以及縣市鄉鎮的小型地方報。這些地方報所刊登的有關韓戰的文章或政治漫畫，其語氣往往比中央發行的主流報紙更激烈且具攻擊性。其中傳達出的反美立場，也往往比《人民日報》等報還要更強烈。[11]此外，各地共產黨地方委員會發行的報紙，很多都會詳細報導當地對韓戰的反應，或是讀者來信、讀者感想等等。當然，這些內容大多反應了更強烈的反美與反西方情緒。

舉例來說，中共湖北省地方委員會在武漢發行的日報《長江日報》，在七月上旬刊登了一封當地三名的初中生寫給該報的信。在信中，這些初中生強烈抨擊美國對戰爭的干涉，並發誓自己面對這些

圖 4-3　《解放日報》刊登的政治漫畫〈電劈殭屍〉。1950 年 8 月 30 日

敵人的攻擊時決不會投降。」[12]再者，七月二十日該報刊登了另一位讀者的來信，信中直接呼籲：「讓我們向共同的敵人發起進攻！」[13]類似的還有吉林省長春市發行的地方報《長春新報》，該報於七月二十八日刊出了讀者們送給朝鮮士兵的留言。當地市民對朝鮮人民軍的奮鬥十分讚揚，熱切地說：「我們一刻也不會忘記你們在前線戰鬥。」[14]

更明顯的還有《長江日報》八月上旬刊登的一幅政治漫畫。這幅漫畫描繪了一隻代表「美國帝國主義」的黑狗，被代表「朝鮮人民」的劍從左側刺穿，右側則被代表「中國人民」、「越南人民」和「菲律賓人民」的劍刺中（有趣的是，代表「中國人民」的劍是其中最大的）[15]。值得注意的是，在這些地方委員會發行的地區性報紙或是規模較小的地方報上發表的政治漫畫中從戰爭一開始就將中國描繪成一個重要的參與者，而非僅僅是旁觀者。而且這種參與的形態，並非像主流報紙上寫的「抗議」那麼抽象、溫和，而是以刺槍或利劍等直接且具攻擊性的物體呈現的。

事實上，這段時期高漲的反美情緒，遠遠超過了黨的立場。這一點從一九五〇年夏季，當地居民與美國居民之間的小衝突激增就可以看出來。在此之前，當地居民碰到這些衝突或許只能默默忍氣吞聲。舉例來說，同年八月五日，江西省的一名美國居民被指控，他造成自己的狗咬傷一名中國學生的大腿。[16]九月，在南京金陵大學工作的一名女性美國人教授，因其上課的內容「扭曲」了中國近代史而被大肆抨擊。[17]此外，在武昌一所中學工作的男性美國教師，因與一名同性學生發生性關係而受到指責。[18]當然，這一類事件自一九四〇年代末期以來肯定是不勝枚舉。但不同的是，這些事件全部都是在這個短時間內同時被曝光的；而且每一件都受到了強烈的抨擊。

更耐人尋味的是，在一九五〇年夏季的這個階段，共產黨當局竟然盡力地平息這些高漲的反美氣勢。例如，有關前述的第一起事件，中國外交部特地敦促已判處該美國人三個月監禁的地方法院減刑。[19]而在最後一起案件中，外交部很快便將這位有關的教師遣返回國，同時指示地方政府迅速結案。[20]當地居民對這一類人的騷擾在韓戰爆發後增加更多。但七月底，北京向各地的中共地方黨委發出這樣的指示：一、不要妨礙傳教士的日常活動；二、不要將中國的反帝國主義鬥爭與宗教政策混為一談。[21]

反美情緒在這段時期是如何發展的，從以上的例子中可見一斑。可以說，在某些情況下，反美情緒是隨著韓戰的進展而自然而然出現及發展開來的；而不是在中央政府的主導下所造成的。本章和第六章將對此進行更詳細的探討。但我們首先要確定的是，在這個期間爆發了兩種相反的情緒。也就是說，人們普遍開始懷疑和不信任中國共產黨；但與此同時，超越黨立場的反美情緒卻日益高漲。這種相反情緒的同時迸發，將成為一個重要的伏筆。之所以這麼說，是因為這將使得中國政府高層在中國是否應該參加韓戰的問題上進退兩難。

## ◆仁川登陸戰後擴散的謠言與恐懼

正如中國史學者陳兼所指出的，美國在一九五〇年九月十五日的仁川登陸戰中取得勝利，是導致中國政府態度丕變的因素之一。[22]在這場登陸戰中，朝鮮人民軍全面崩盤，金日成政權也面臨幾乎就要倒臺的狀態。隱藏在朝鮮半島內的各種反共組織忽然間重獲新生，開始對金日成的支持者或路線相同者進行報復。[23]蔣介石一直在臺灣關注這些瞬息萬變的事態，此時他的內心充滿著喜悅和希望。他在九月下旬的日記中如此寫道：「幸賴上帝護佑。」[24]對蔣介石來說，仁川登陸戰的成功不僅是韓戰的轉機，而是整個東亞的重要轉捩點。因為（至少對蔣來說），朝鮮半島情勢的新展開表示了類似的事情也可能發生在中國。也就是說，一旦臺灣開始反攻大陸，美軍會給予支援，中國人民會揭竿而起，共產黨政權便會垮臺。

仁川登陸戰讓蔣介石如此高興並不奇怪，因為它大大地影響了中國共產黨的外交和國內政策的制定過程。例如，針對中國在韓戰問題上的立場，毛澤東幾乎是當下就改變他的想法。他在給東北行政委員會主席高崗的信中寫道：「不出兵可能是錯的，我們需要開始認真準備。」[25]。然而，共產黨高層並無法形成共識，中國是否參戰的問題也尚未下定論。到了十月中旬，中國政府終於決定參戰，而當時對決策過程有著重大影響力的要素，便是仁川登陸戰對中國社會的國內政治及社會性影響，以及中國政府對這些影響的觀察。相關的現有文獻大多關注在軍事層面和政治領導者的動向。本章將介紹國內政治因素、社會狀況和歷史脈絡等目前較未受到關注的層面。

當時，中國國內沒有一家報紙會刊登正面對中國共產黨表示懷疑或負面描寫的文章。這也是理所當然的，其實就連美軍在仁川登陸戰中大勝的新聞，也只是在幾天後刊登了一小篇幅的報導而已。這篇文章報導的甚至不是美軍的勝利，而是北韓軍隊「激烈的防衛戰」。該報導稱，朝鮮人民軍造成美軍「嚴重損傷」。[26]同樣的還有北韓軍隊從首爾撤退，也被報導為「計畫性撤退」甚至是「勝利」。[27]之後的九月下旬到十月則幾乎沒有有關韓戰的報導。[28]在這種情況下，本書要探討仁川登陸戰在中國社會內造成的國內政治、社會影響，似乎有些奇怪。在資訊如此之少（而且是捏造的）的情況下，究竟要如何才能知道仁川登陸戰的結果到底產生了什麼影響呢？

報紙不再報導戰況的這件事本身，正是在告訴讀者現在正發生著某種異變。從共產黨的內部文件等資料中可以看出，這種疑慮在民間正迅速蔓延著。這些資料一一報告了民間流傳的謠言和批判，其中一份表示，北京一位名叫簫仲山的交通警察用尖酸的口吻說：「我們還在把撤出首爾稱為『勝利』。這一定讓報紙編輯們非常困擾！」[29]另一名交警李國忠更尖銳：「報紙只報導美軍死了多少人，李承晚的士兵死了多少，難不成朝鮮人民軍一個人都沒死？這不都是政宣嗎？」[30]另一份報告差不多，稱民眾已不再相信當局發行的報紙，「報喜不報憂，有事也不敢登。」從首爾撤退被報導為「計畫性撤退」這部分還特別被民眾嫌棄。民眾認為這樣的作法和國民黨的報紙沒有兩樣，因此立刻大失所望。[31]最後，這份報告作出了以下的結論：「自美軍登陸仁川以來，四處蔓延著失望情緒。」[32]

仁川登陸戰結束過後，民眾間的輿論、謠言和假消息皆大幅增加，這與戰況報導的減少形成了強烈對比。有些謠言彷彿煞有其事，也有些是天馬行空的妄想。上海及周邊地區民眾竊竊私語說：「美國不是『紙老虎』，而是『鐵老虎』！」「北韓軍隊已經束手無策了。」[33]關於金日成遭遇的猜測也不絕於耳。北京一個說法說，金日成已經被美軍扣押並俘虜了；另一個說法說，他其實已經逃到北京了，還有的甚至說已經逃到莫斯科了。[34]另外，韓戰戰局的變化跡象，也引起了鄰近地區也就是中國東北地區人民的擔憂。一位在北京市的佑貞中學就讀的初中生馬栗藍說，他的親戚說，瀋陽所有的學校都已經遷到哈爾濱了。另外，有一份報告顯示，一名錄取中國東北某大學的高中生最後決定不去就讀。他的家人擔心韓戰會蔓延到中國東北，因此不讓他前往。[35]

的確，中國東北當然是人們最憂心忡忡的地區。但這種對戰爭的恐懼以及基於恐懼的謠言，並不只出現在東北。北京和上海分別謠傳著：「美軍的轟炸機正在攻擊東北。如果他們飛到北京的話，我們該怎麼辦？」「美國一定會對上海使用原子彈，一定會。」[36]在這種謠言和焦慮之下，中國境內的許多城市的物價和金價，在仁川登陸後的九月下旬再度飆升。例如，在江蘇省無錫市，金價在美軍於仁川勝利後立即上漲了一點二五倍。[37]而民間的這種不平靜狀態，也激起了另一項潛在的憂患——也就是對於國共內戰再起以及國民黨反攻大陸的期待和擔憂。

當時人們經常談論以下的傳聞：「國民黨在廣東、大連登陸！」「國民黨軍隊二百萬向長沙進攻。」「廣州和長沙火車不通。」「美國已占領臺灣，美國兵艦已開進了吳淞口（上海市中心方向）。」還有像這樣的加油添醋：「林彪在八月八日被炸傷死了，現靈柩已到達長沙。」[38]湖南的一則謠言則稱：「第三次世界大戰爆發了，解放軍敗下來，眼前起勁的人，將來要先殺頭。」甚至還有人拿天氣當作中共命運的預言：「日本打來時也曾乾旱過，日本來到這裡不到一年就被擊退；如今八路軍（共產黨軍）來了又是乾旱，所以八路軍也站不久的。」[39]

隨著美軍登陸仁川、北韓軍隊敗退後，國民黨軍隊將發動反攻大陸的傳言進而傳開，人們的行為也產生了微妙的變化。例如，根據《內部參考》，以前充滿熱情的村幹部變得心猿意馬一些曾經表示要加入中國共產黨的人，突然逃避登記入黨，部分共青團員開始計畫退黨。就連以前一直是堅定黨員的佃農，也開始拒絕提供糧食。[40]這種不願意或不情願的態度變得相當普遍。再例如，北京公安局一名叫劉保民的警察幹部，表面上表達對中國政府的立場的「堅定支持」，但據報導，在仁川登陸戰後，他立刻私下購入了一輛人力車，準備在第三次世界大戰爆發時逃離北京。[41]

這種態度對於平民百姓在充滿不確定性、時代動盪的時期來說，是一種自我保護。以當時的情勢來說也算是合情合理。事實上，反共或反政府活動在美國加入韓戰後便有顯著的增加，尤其是仁川登陸戰美軍勝利後的幾週內特別明顯。這部分在第六章將有更詳細的介紹，以下僅舉幾個例子說明，在此期間各種「反革命分子」是如何透過破壞鐵軌、縱火焚燒倉庫、工廠和私人住宅，最終在全國各地組織暴動，以動搖共產黨地方政府的。[42]當時，各種反動的呼聲口號層出不窮，例如，北京的北海公園裡的公廁被寫上了「打倒毛澤東」、「毛澤東是叛亂軍首領」等字句。這些反共字句甚至還被寫在了軍營門口。[43]

其實，在許多偏遠地帶或山區，當地的共產黨政府機關對這些「土匪」十分頭痛，有時甚至束手無策，造成上述這些口號或是質疑共產黨政權合法性的謠言四處流竄。舉例來說，一九五〇年九月底，浙江省農村一名當地的中共地方官員遞交了一份內部報告書給中央，其中寫道：

八月份剿匪戰績不大，對匪特的打擊不重，予匪有機可乘。匪特活動現漸趨猖獗……他們進行造謠、欺騙、威脅、拉攏，大肆向人民派糧派款，並進行搶劫，破壞與打擊我農村基層組織，暗殺我農村中的積極分子，阻擾交通，破壞電線，造成農村秩序的混亂現象。[44]

這種情況不只出現在浙江省的農村，來自湖北省的報告也指出，自一九五〇年夏季以來，地方上的「反政府活動」愈來愈多。這些事件包括一些小事，例如每個月會發生數十起的搶劫、破壞農作物、破壞道路或切斷電線等行為。[45] 此外，湖南省的報告還詳細介紹了如「中華自救軍」等各式各樣的反共、反革命組織的活動內容。[46] 該報告稱有「七萬名土匪」（但湖南省西部地區人口僅三十萬）。此外，全中國最偏僻地區之一，且可能是共產黨中央覺得最棘手的貴州省，據說在一九五〇年，當地有百分之八十的區域被叛亂分子控制著。[47]

共產黨中央密切關注著這些社會動盪在全國各地擴散的程度，同時也意識到美國干預韓戰後促使國內的反革命活動開始活躍。因此在美國干預韓戰並向臺灣海峽派遣第七艦隊（美國海軍特遣艦隊）後，中國政府開始擔心他們才剛成立的新政府是否能夠存活。尤其國內外的反共運動興起，這種擔憂更加嚴重。有鑑於當時內戰狀態仍未停止，這些擔憂也非毫無根據。[48]

## ◆未完的「內戰」狀態

在一九四九年中華人民共和國建國時，其實有近三分之一現在被認為是中國領土的地區，都還未納入中國共產黨的統治。臺灣不用說，海南島和西藏也都還沒被「解放」；廣東、廣西、四川、貴州、雲南等省分，幾乎全域或是有相當大範圍的地區皆尚未被「解放」。山西、湖南、湖北等省也有部分地區尚未「解放」。直到一九五〇年六月底，韓戰爆發時，共產黨才取得這些地區的大部分，但西藏和臺灣仍不在勢力範圍內。

即使是被「解放」的地區，在當時也殘存著頑強的反抗勢力，並持續發生激烈鬥爭。例如，根據中共廣西省委的資料，光是一九五〇年，該省的頑固反動勢力就殺害了超過七千人。[49]不過這些反動分子後來被澈底鎮壓。據說當地的人民解放軍為了報復，在同一年消滅了十四萬三千名「匪徒」。[50]還有更具體的，據說在韓戰最激烈的一九五〇年十二月上旬，解放軍在短短五天內就肅清了廣西省的四千五百多名抗戰的「匪徒」。[51]

廣西的這類大規模肅清在當時並不特殊。根據周恩來總理一九五〇年的演說，自一九四六年起，五年內人民解放軍殲滅了將近八百萬名「匪徒」。特別是一九四九到一九五〇的一年內就討伐了二百萬人的「反動主義者」。[52]中國共產黨宣布的大規模死亡數字也許是誇飾的，以鎮住那些聽到消息的人。但即便如此，顯然當時的情勢——也就是內戰和社會動盪確實正在持續著。換句話說，這些被公布的龐大敵軍死傷數字，不僅顯示出中共統治的強大力量，同時也顯示了對中共統治合法性根深柢固的否定和反抗的存在。

從九月底到十二月的仁川登陸戰後，這種反革命運動的前景開始帶有某種「真實感」。這是因為在臺灣的國民黨政府進一步加強了在華南和華中的反共宣傳運動。例如，九月二十六日十架飛機從臺灣飛到了湖北、湖南、安徽、江西、浙江、福建、廣東等沿海地區和長江流域上空，向各地空投米糧、食物、書籍和反共傳單。其中有一封標題為「致飢餓的同胞」的信中寫道：北韓軍隊已經被打敗了，國民黨正準備反攻大陸。該信最後呼喊：「大陸的同胞們！起來！支持國民黨反攻大陸！」[53]這種政宣活動以及其中出現的言論，在整個一九五〇年秋季持續升溫。

國民黨所做的並不只有空投救援物資和政宣傳單，他們還利用了日本統治時期在臺灣建立的廣播電臺，持續向全中國人民播放政宣廣播：

> 大陸上的戰士和同胞們！今天是你們為家庭團聚，為國家的獨立，為本身的生存，為世界的和平，大家起來反抗俄國侵略，推倒漢奸朱毛的時候了！
> 你們要拒絕參軍，要拒絕獻糧。
> 你們要反對開拔北方，反對出國打仗。
> 反對俄國侵略朝鮮，反對朱毛為俄國打仗。

你們到了朝鮮前線，就應該拒絕作戰，立即反正，在聯合國旗幟之下，與聯合國盟軍並肩作戰。[54]

考慮到當時朝鮮半島和臺灣海峽部署著美國陸海軍部隊，尤其是美軍在仁川登陸戰中的大勝，這些跨越臺灣海峽接連放送的反共宣傳，其實並非完全不可信。事實上，即使中國後來在朝鮮半島上戰勝美軍之後，仍有很多人不相信志願軍勝利的報導。他們認為，反正美軍會像仁川登陸戰那樣，直接在青島或上海附近的海岸登陸。[55]

總之，即使在中國加入韓戰後，或是中國打了勝仗，當時這種普遍蔓延的不安全感以及社會中的動盪，依舊無法輕易地消失。而這種社會的動盪不安在往後仍是各地共產黨官員必須面對的問題。例如，就連日食都是共產黨官員的擔憂之一。這發生在當時的山西省。該省委發行的《山西日報》特地用科學的角度解釋日食發生的原理，以呼籲讀者不要相信日食期間民眾可能會討論的謠言。[56]

從這些例子可以看出，各地當局相當重視那些可能危及共產黨政府聲譽及其合法性的事，而且無論那些事情有多微不足道。可以說一九五〇年秋季，中國共產黨距離掌握權力和樹立威信還有很長一條路要走。並且從這個意義來看，韓戰期間愈演愈烈的反革命活動和內戰，不僅是軍事上的問題，本質上更是高度政治性的問題，因此會對國內政策產生根本上的負面影響。而這些政策，例如土地改革，正是支撐著中共政權合法性的重要課題。

讓我們進一步想想，像韓戰這樣的國外戰爭，為何會影響土地改革等國內政策，以及為什麼這會是一種嚴重事態？首先必須確認的是，對中國共產黨來說，土地改革並不僅是為了改善農村條件的農業政策，而是一場等同於中共根基的政治運動。土地改革的目的，在於摧毀中國大陸數以萬計的村莊中的鄉紳地主階層的特權，並在無數農民、佃農之間確立共產黨統治的合法性。簡而言之，在當時的中國農村（也就是占全中國五億人口百分之七十的農民居住的地區），土地改革的核心意義是使人民心中產生對中國共產黨的信任。然而，隨著韓戰的爆發，才剛生效的土地改革法案的底盤很快便開始搖晃。一九五〇年十一月的一份內部報告中很好地描述了這種致命的局面：

> 美帝侵朝後，察省雁北、察北等地地主、富農伺機蠢動，入秋以來，已達百餘起。其中察北商都、康保兩縣部分村莊，即發生近五十起……地主反攻的花樣很多，主要是：一、直接向農民索租、索債、奪地（因土地改革而重新分配的土地）、奪牲畜……二、以造謠為手段，欺騙、脅迫農民自動退出勝利果實（重新分配的土地），說什麼，「第三次世界大戰起來了，地歸『原主』了。」現已發現個別村莊農民因怕「變天」而責地、交租，等待觀望不耕地、與地主訂立「雙保險」合同等現象；三、收買村幹部，挑撥農民之間的團結，打擊立場堅定的幹部……四、地主串連土匪殺害積極幹部、翻身農民的事實，在察也發生過。

地主反攻事件，已引起當地人民政府的注意，並決定加以嚴厲鎮壓。各地已出現了不少農民與反攻地主作頑強鬥爭的事例。[57]

但事實上，這類衝突比報告中所描述的持續更久且根深柢固。之所以如此，是因為這些問題早在韓戰前就已經存在，而且已經相當嚴重。只是經過了朝鮮半島的美方軍事干預和仁川登陸戰後，才一口氣浮出水面。

此問題的根本性原因之一在於土地改革的方向性在早期階段並不明確。土地改革法案通過時是一九五〇年春季，即中華人民共和國建國僅半年後。且該法案凸顯的中共立場，相對之前的激進調性，顯得溫和、穩健。它承諾土地改革將「按部就班，有條不紊」地進行。[58]它不採取激進的路線，而選擇了一種不那麼「革命」性的作法（例如保護富農）。這種溫和、漸進式的作法，可說是中國建國初期維持生產水準、避免社會和經濟混亂的必要措施。但同時，它也可能導致「反動」勢力的殘存，以及農民生計只能夠維持現狀的局面。[59]換言之，穩健的政策雖然在經濟角度上來看是有益的，但在政治角度上來看卻可能帶來混亂。

事實上，這些在混亂在現場可說是不勝枚舉。例如，湖南省地方報《新湖南報》就收到了許多讀者來信，對穩健的土地改革政策提出質疑或疑慮。以下是該報介紹的內容：「這是否與消滅地主階級及舊式富農政策有矛盾？現在的土改政策為什麼這樣變更？不沒收富農土地，貧雇農能不能翻身？對舊式富農採取什麼態度？」[60]

不得不面對這些問題的現場基層官員也感到困惑，「不動富農不能滿足貧雇農要求，土改工作也就沒啥意思了。」已進行土改政策的地區害怕富農反攻，未進行的地區則害怕農民情緒低落。對此，現場有些共產黨同志選擇不傳達新的穩健政策，或是為了民心而做錯誤的宣傳：「不動富農是假的。」[61]也許這樣的應對方式是必須的。因為現場已經湧現出幾乎直指核心的質疑：「富農也有半封建，為啥不動呢？這不違反土改總路線嗎？」

這就是當時的情況。可想而知，中國共產黨對收稅和徵糧一定很傷腦筋。在之後定義了一個時代的鄧小平，當時是管轄中國西南地區的中央西南局第一書記。他向北京報告了該地區的慘況：共產黨在當地的稅收，只有預期的百分之十一；公糧則只有百分之四十。根據鄧小平的報告，造成這種情況的主要原因是由於地主們的反抗比預期的還要強烈，且越是富裕的地區，地主反抗勢力越大，徵糧就越困難。[62]

但比起收稅和徵糧成效不彰，輿論認為土地改革停滯不前，才是一個關係到共產黨生存的問題——因為這攸關中共政權的公信力。事實上，地主和富農這時不惜一切代價都要在這場革命中活下去。有些人會請農民吃飯，或是再度收購重新分配給農民的土地和農業機具。也有些人像前面說的那樣，會威脅農民。湖北興山的一位地主威脅農民：「國民黨到了武漢，你們還鬧什麼減租，要給我小心點，當心你們的性命吧！」[63]

此外，如一般所知，共產黨組織在南方各省相對薄弱，因為當地保留著根深蒂固的宗族共同體意識。這些地區的鄉紳地主因此得以利用血緣關係來保護自己的勢力。[64]對當地人來說，中共官員怎麼說都是突然「從北方」來的「陌生人」。中共官員對當地情況所知甚少，也不會說福建話、廣東話或其他的當地語言，也因此，官員與當地人發生衝突的情況相當常見。[65]

當時中國共產黨還未能在這些地區建立起地方層級的社會統治能力，因此當地人傾向服從當地長期掌權的土匪或幫會的統治。這是因為比起突然從其他地方到來的共產黨，當地的流氓更為可怕。正如中國近現代史學家弗雷德里克．C．泰維斯（Frederick C. Teiwes）所指出的，對普通農民來說，誰知道共產黨的統治是否會長長久久。[66]舉個例子，在湖南省的一個農村地區，據說韓戰期間當地農民會避免在公共場合與共產黨官員交談。這是因為他們害怕當地土匪的報復。民眾曾說過：「你們捉到土匪兩三個月就放了，我們講什麼！」[67]或是「天不怕地不怕，只怕人民政府太寬大。」[68]

## ◆美國的形象

隨著美軍在仁川登陸並向北推進，這些對未來的擔憂以及對共產黨的懷疑也變得更顯真實。根據一份內部報告所稱，一些不守法的地主開始重新在當地社區建立勢力，有時甚至將各種反共勢力集結成武裝抵抗組織。[69]面對這種情況，農民裡的領導人物也失去動力，村幹部不願管事，農民也不敢再去參加村裡的集會。

以下列舉幾個案例。十一月，上海附近的某村莊舉辦了集會。原預期會有二十多人參加，但實際只有十人左右到場。[70]另外，該地區的佃農甚至拒絕接受重新分配的土地和房屋，因為他們害怕國民黨回來。江蘇省無錫市郊區的一位農民說：「地主要來反攻，我的頭可靠不住了！」某位小學教務主任說的這番話或許是最有道理的：「農民永遠幹不好事情，要幹好事情只有靠地主。」[71]

民眾會將對鄉紳地主階級的印象連結到對美國的印象，這是因為人們普遍認為美國支持蔣介石，進而認為美國可能支持鄉紳階級。當然，中國農村地區的地主與美國干預韓戰之間毫無關聯。儘管如此，「美帝」（美國帝國主義）的形象因具有象徵性意義，便牽拖上了地主。

這就使得中共當局陷入了兩難的局面。如果北京不強硬對抗進軍朝鮮半島的美軍，那麼各地的共產黨同志到底要如何才能說服農民對抗地主？如果北京只能對農民認為在背後支持鄉紳地主階級的「美帝主義」採取軟弱的態度，那麼農民又要如何繼續相信中共的土地改革法案？這就是為何國內問題和國外問題是息息相關的。也因此，美國介入朝鮮半島逐漸成為中國各地共產黨支持者不樂見的，因為它可能會使得人們失去對共產黨的信任，也可能造成國內秩序動盪。[72]

從這個觀點來看，一些共產黨政策的忠實支持者對政府謹慎且溫和的國內外政策路線感到不耐煩也就不足為奇了。舉例來說，九月上旬，在中國東部的江蘇省鎮江市，當地的共產黨委員會發現當地開始出現這種聲音：「我們為什麼不打它，*光書面抗議有什麼用？」[73]北京市共委也收到了一些內容類似的信件：「美軍大舉進攻，真夠朝鮮人民受的。」「為什麼人民陣營的國家不出兵？」「美帝等明目張膽地直接出兵侵略朝鮮，人民民主國家為什麼不出兵援助？」「現在美帝打到國境來了，還不打？」[74]

然而，這一類主張強硬路線的言論只是當時的其中一種觀點，並不代表大多數人的意見。[75]根據北京市共委的輿情調查，不少人對中國參戰表示猶豫。有人說：「我們出兵援助朝鮮是好的，可是現在據我調查，市民都不願意打仗，對美帝不恨，總之民氣不勝，是很困難的。」當地的一位共產黨員也說：「我們中國才從戰火炕中跳出去，應該好好的準備休息一下。」[76]

除了以上這種悲觀的情緒外，許多大學生、知識分子和企業家本來就對美國較有好感。北京一所由英國及美國的基督教會所設立的燕京大學的女學生說：「我對美國怎麼也恨不起來。」（題外話，燕京大學已於一九五二年的韓戰期間被中共政府解體）。[77]中國東北的吉林省吉林市一名高中生也說：「美國怎麼壞？我最愛吃美國麵包和美國牛奶。」[78]北京一所中學的辯論課中，有人提出了類似的觀點。一名學生主張：「美國人是好的，來幫助我們，給我們吃是經濟侵略，但不是政治侵略，」這位學生繼續說道：「蘇聯到中國來，算不算經濟侵略呢？」[79]

除了上述的悲觀和親美情緒外，最普遍的態度其實是事不關己。北京一名警察趙全端在八月下旬冷淡地說：「打不打我不管那一套，我只做好我的工作就行了。」[80]這種態度其實非常普遍。根據一份給中共南京市委的報告，當時民眾經常說：「反對美國是毛澤東的事，我們只要有飯吃，美國人來了也好。」[81]上海的報告也出現許多類似的內容。該市的許多學生表示他們並不關心政治或韓戰：「就沒關係。」[82]的確，這些事對一般人來說並不重要。一位上海工人所言正巧說明了這種態度：

現在臺灣也在搞「土改」了，蔣介石也懂自我批評了，大家都是為人民服務，為啥要打仗呢？希望蔣介石和毛主席來一次聲明，不參加三次世界大戰，我做老百姓的，只要有飯吃，不管你姓毛、姓蔣的都好。[83]

對中國共產黨來說，這種事不關己的態度在某種意義上是最大的威脅，人民像這樣缺乏意識，是有可能造成革命事業和共產黨政權的大義崩盤的。換句話說，最關鍵的問題是黨的存在理由。也就是說，這些漠不關心的人的存在之所以危險，是因為他們隨時會看風向並輕易改變立場。今天支持共產黨，明天可能支持蔣介石，有一天又可能變成親美派了。

這也就是為何共產黨高層一直密切關注民眾的情緒。事實上，北京市共產黨委曾針對韓戰期間，民眾對於國家立場的反應進行了調查。結果分為以下四類：

---

★　譯注：指美國軍機。

一、出兵論
二、不能出兵論（理由為國力不足）
三、不必出兵論（理由為缺乏大義）
四、為美國辯護而反對出兵[84]

類似的調查也曾在一九五〇年八月針對部分人民解放軍進行過。這次調查的是解放軍士兵對美國的態度，結果分為以下三類：百分之五十的人有強烈的反美情緒，並堅信共產主義；百分之四十的人理解共產主義和韓戰的意義，但沒有堅定信心；其餘百分之十則是具有「恐美派」、「崇美派」和「親美派」傾向的人。注釋寫道，最後的百分之十大多是來自新「解放」區的年輕人，且對中國共產黨及其綱領缺乏信心。[85]

當然，這些數字的可信度無法準確衡量，但至少看出以下幾點：雖然可能有相當多的人對於共產黨有一定的信心，但同時，仍有近一半左右的人抱持不同程度的疑慮和不信任。然而，比起這份調查的百分比是否準確，更耐人尋味的是，在此期間，全國各地的共產黨官員都在關注群眾的情緒。

事實上，北京的中共高層非常關注這幾類人所代表的不同勢力之間的平衡。也就是說，占大多數的支持者、近半數仍持觀望態度者，以及少數仍對共產主義事業持懷疑態度者，這三者之間的平衡，是否乃至於對黨不利。中國共產黨得以實施其綱領，是因為擁有占大多數的支持者。然而，抱有不滿的人雖是少數但始終存在。而且有相當多的人在政治上仍抱持觀望的態度。這種人很容易臨陣脫逃，而這正是戰爭時的主要不安定要素之一。

整個一九五〇年夏季，中共對韓戰及美國干預保持著相對謹慎的態度。但同時複雜的民眾情緒也使得局面更加棘手。如果政府不在北韓問題上對美國採取正面對決的立場，就會失去支持者對中國共產黨的信任，也會阻礙黨在國內推行政策。再者，不滿分子的勢力可能會增強，這又將使那些見風轉舵的人離黨而去，結果是可能會傷害到中共政府在國內社會的合法性。

因此，在韓戰初期也就是中華人民共和國建國初期，中共領導高層必須同時處理所謂內政和外交問題兩個雙面課題。這是因為當達成其中一方的目標時，也會促進另一方達成目標。但這同時也意味不可避免地，任何一方的失敗都將對另一方產生負面影響，而且無論那是內政還是外交上的課題。一九五〇年十月初，當中共政府面臨中國是否應參與韓戰的難題時，考量以上這些層面就變得極為重要。

## ◆中國參與韓戰

一九五〇年十月一日，中華人民共和國舉國歡慶建國一週年。各報紙將毛澤東和孫文的照片並排在一起，版面上有許多讚美「人民的勝利」的文章，以及滿滿的讀者來信。北京市舉辦了國慶大典，天安門廣場一整天聚集了數十萬人。早上有人民解放軍檢閱儀式，下午則舉行了各種遊行活動，毛澤東、朱德等共產黨高層在天安門城樓上觀看。全中國各地都舉行了像這樣的慶祝活動，這一天共有數百萬人慶祝共產黨政府的國慶日。

然而，毛澤東本人當天其實沒有什麼慶祝的心情。因為這天他收到了兩封迫在眉睫的重要電報，一封來自北韓的金日成，另一封則來自史達林。這兩封緊急電報的內容都是要求中國參加韓戰。當時，朝鮮的局勢確實十分危急，北韓軍隊瀕臨全滅，北韓本身也面臨崩潰的危機。更糟的是北京剛剛得到消息，美軍已經朝三八線以北移動了（後來證實這是虛驚一場。當天北上的是部分的南韓軍部隊，而美軍部隊北上是在十月七日）[86]。

收到這兩封電報以及美軍向三八線北上的錯誤消息後，毛澤東立即在慶祝大會當晚召開書記處緊急會議，與朱德、劉少奇、周恩來等中共高層協議朝鮮半島局勢。在這次會議上，毛澤東堅持：中國需要參加韓戰。或許是因為與會者心中有著彷彿國慶大典般的狂熱情緒，這場持續到深夜的會議，最後是一面倒向毛澤東的主戰論。[87]

乘著這次會議的勢頭，毛澤東沒有就寢，而是熬夜寫了兩封電報。一封給中共中央東北局第一書記高崗，另一封則給史達林。日期已經來到隔日的十月二日凌晨兩點左右，毛澤東在給東北局的電報裡，指示東北邊防軍做好準備，以便隨時出動，並指示第一書記高崗在當天下午飛至北京參加會議。[88]而他在給史達林的另一份草稿中寫道：

我們決定用志願軍名義派一部分軍隊至朝鮮境內和美國及其走狗李承晚的軍隊作戰，援助朝鮮同志。我們認為這樣做是必要的。因為如果讓整個朝鮮被美國人占去了，朝鮮革命力量受到根本的失敗，則美國侵略者將更為猖獗，於整個東方都是不利的。[89]

毛澤東在這份草稿中也闡述了最壞的情況，也就是對國內問題的擔憂，尤其是擔心戰爭可能影響國內社會，增長他們不喜歡的勢力。

我們認為最不利的情況是中國軍隊在朝鮮境內不能大量殲滅美國軍隊，兩軍相持成為僵局，而美國又已和中國公開進入戰爭狀態，使中國現在已經開始的經濟建設計畫歸於破壞，並引起民族資產階級及其他一部分人民對我們不滿。[90]

然而，這份草稿並未打到莫斯科。[91]到了當天的下午三點，中央政治局常務委員會在中南海召開。而出乎毛澤東意料之外地，幾乎所有人都對中國參戰表示懷疑、悲觀甚至反對。無獨有偶，當時的人民解放軍第四野戰軍司令官、中南局第一書記林彪，此時也對毛澤東的主戰論表示擔憂。毛澤東直接要求他擔任人民志願軍司令官，林彪也冷淡地回絕了。[92]

由於中共高層的反對，意料之外的毛澤東不得不擱置當天凌晨寫好的草稿。當晚深夜，毛澤東沒有發出宣布參戰的草稿，而是會見了蘇聯駐中共大使尼古拉・羅申（N. V. Roshchin），口頭告訴他，中國現在還沒有做好參戰的準備。毛澤東當場解釋，由於參戰會產生「非常嚴重的後果」，因此中國不會這麼做。毛澤東指出，首先，即使中國參戰，由於中國軍隊裝備落後，美軍最終會完全打敗中國軍隊；其次，中國參戰可能會導致中美之間的全面衝突，進而引發一場牽涉到蘇聯的全面戰爭。更糟的是，這種情況會使國家建設計畫失敗，導致國內許多勢力對共產黨政權產生不滿。

因此毛澤東告訴羅申，北韓應採取遊擊戰，同時補充道，他尚未做出最終決定。但毛總結：要有耐心，不要立即出兵，保留力氣以備形勢好轉之際。[93]羅申對毛澤東的答覆感到驚訝，並在隔天（十月三日）向史達林報告：中國高層改變了立場。

或許史達林其實對這個答覆並沒有太訝異，因為他自己也一直小心翼翼地避免與美國正面對立。事實上，在十月四日再次起草答覆之際，史達林甚至在草稿上就表示他理解毛澤東的擔憂。當然，他依然繼續敦促中國參戰，他不厭其煩地補充道，美國還沒有做好進入全面戰爭的準備，且日本也還在復原期，無法提供美國軍事協助。[94]但在這份草稿的最後，史達林提到了中國的國內情勢，並接納了毛澤東的擔憂。

> 但是，您在給我的覆函中，談到了中國國內形勢的新情況，在我看來，這種新的情況具有決定性的意義。您肯定地說，在由於朝鮮事件而出現新戰爭的情況下，中國國內將會出現極大的不滿情緒，因為國內非常渴望和。這意味著，中國從其國內形勢出發不準備參加新的戰爭。對於像

中國這樣偌大的國家來說，人民的命運並非由外交政策決定，而是由國內局勢決定的。當然，任何人也不會比您更加了解中國國內的局勢了。如果中國國內局勢不允許您冒險採取可能引發新的戰爭的行動，那麼就應該考慮是否有必要冒這樣的風險。因此，我完全理解您的觀點和立場。[95]

然而，史達林並沒有立即送出這份草案。他重寫了一份，並於隔天（十月五日）晚上發出了修正版。在定稿中，史達林更加強烈地敦促中國參戰，甚至補充他自己對中國國內局勢及可能後果之解釋。史達林在這份定稿中並不同意毛澤東所謂對美戰爭可能導致國內不滿情緒上升的說法，而是揚言應予以反擊。他稱，若中國不參戰，目前與中國共產黨結盟的國內資本家階級可能會利用這股不滿情緒來對抗共產黨高層。他還語帶威脅地說，日本軍國主義可能會以美國的同盟國姿態再起。他甚至說，即使與美國爆發全面戰爭，也不用害怕。史達林寫道：「對此應該害怕嗎？我認為不應該，因為我們聯合起來將比美國和英國更有力量。」[96]

也許毛澤東根本不需要史達林對中國局勢的分析，因為這種情況早就顯而易見了。事實上，中共高層已經察覺到這類可能對國內局勢造成的影響，並對此保持著一定的警覺。實際上，北京並沒有等待史達林的回應。在這個語帶威脅又誇大其詞的訊息還未以口頭向毛澤東報告之前，十月六日傍晚，北京的高層已經做出了中國參戰的決定。這項決定是在橫跨十月四、五日兩日，在中南海召開的中共中央委員會政治局擴大會議上經過激烈討論後批准的。

## ◆共產黨高層的大論戰及搖擺不定

在十月四日下午三點召開的中央政治局擴大會議中，竟然一點都沒有像是要決定參戰的氣氛。兩天前召開的政治局常務委員會議也是一樣，除了毛澤東以外，幾乎所有與會者（近二十人）都對中國參戰感到不安和疑慮。[97]其中提出的問題點大致如下，共五點：第一，前次的戰爭創傷尚未癒合，且財政狀況緊張；第二，土地改革未能推進，新政府尚未鞏固；第三，臺灣等其他區域尚未解放，全國仍有約一百萬國民黨殘黨和土匪；第四，中國軍隊實力仍遠不如對手，無法取得制空權和制海權；第五，經過了長期的戰爭，士兵和百姓對戰爭感到疲倦。[98]至於毛澤東最初選定的人民志願軍司令第一人選林彪是否有參加這場十月四日的會議，學界是眾說紛紜。但也有人主張，林彪確實參加了這場會議並指出了國內局勢和軍事上的顧慮，與劉少奇、高崗等人激烈地提出反對參戰的論述。[99]這場辯論一直持續到深夜，而反對參戰論和消極論占了上風。

這次爭論延續到了第二天，即十月五日的會議上時，卻產生了巨大變化。前一天剛從西安飛來的西北局第一書記兼西北軍區司令員彭德懷，慷慨激昂地指出三個中國必須參戰的理由（事實上，彭德懷在當天上午，被毛澤東直接要求擔任志願軍司令官）。第一，如果美軍繼續駐紮在臺灣和朝鮮，他們便隨時可以找到藉口入侵中國；第二，如果美國控制了鴨綠江南岸，我們就必須一直保衛邊境，這之後的問題將更加複雜；第三，透過參戰，可以強烈打擊國內外的反動勢力氣焰以及國內的親美派。

[100]此外，彭德懷在之後前往東北對東北邊防軍幹部講話時，特別強調最後一個論點。他說，如果中國不出兵支持北韓人民政府和當地人民，就會增長國內外反動派的氣焰，使親美派活躍。[101]

在十月五日的會議上，彭德懷列舉了這些觀點，並主張軍隊應及早參戰，而不是在之後陷入不得不參戰的境地。彭德懷的論點顯然讓其他與會者印象深刻，因為在這之後爭論的走向開始改變了。政治局委員們轉而支持毛澤東的主戰論。[102]值得注意的是，在這場關於中國出兵的爭論中，有關國內局勢的考量占了很大比例。也就是說，林彪、高崗和劉少奇等人主要透過對國內局勢的擔憂，提出反對出兵或消極論；而彭德懷提出支持中國參戰論的論點，也是基於對國內情勢不穩的擔憂，只是形式不同。

然而，中共中央政治局擴大會議上對於中國參戰的決定，在之後的兩個禮拜中反反覆覆，主要是因為史達林的曖昧態度。十月十日至十一日，周恩來和林彪造訪在黑海沿岸休養所的史達林，進行了長達十個小時的談話。其中，史達林明確表示，蘇聯無法立即派遣空軍至北韓。[103]對中國方來說，這句話聽起來就像是背叛，因為中國的決定是基於蘇聯空軍將支援中國陸軍的前提下成立的。

這項前提的依據來自一九五〇年七月韓戰爆發後莫斯科與北京之間的往來通信。其中，莫斯科建議北京，在美軍向三八線以北移動時，可在中朝邊境地區部署中國軍部隊。莫斯科還用模棱兩可的措辭表示蘇聯將「盡力為這些部隊提供空中掩護」。也就是說，有關蘇聯是否提供空軍支援，引發認知相左的可能原因是對莫斯科來說，史達林的承諾僅限於為部署在中朝邊境的中國軍隊提供空中掩護，本來就不包括提供對整個朝鮮半島的空軍支援。

關於這場中蘇會談至今仍眾說紛紜。但周恩來和林彪認為，由於在蘇聯支持空軍這點上出現了分歧，中國的參戰便無可能了。雖然中國仍要求蘇聯提供空軍支援，且史達林也再次呼籲中國參戰，但雙方最終仍未能達成共識。最後，史達林和周恩來聯名起草了一份致毛澤東的電報，通知北京以下決定：中國軍隊將不參戰；建議北韓軍隊繼續進行游擊戰。[104] 這份聯名電報在十月十日發出，毛澤東則在十月十二日發出覆電，表示同意這項決議，且他已發出指令取消參戰計畫。此外，毛澤東也緊急取消了先前指示駐紮在山東的各部隊調往東北的指令。[105]

收到毛澤東的答覆後，史達林於十月十三日發給金日成電報，簡短告知他中國不會參戰，並建議今後在中國東北採取遊擊戰術。同日，史達林也指示外交部長V．M．莫洛托夫（V. M. Molotov）支援金日成的避難計畫。總之，莫斯科在這個階段已經放棄了北韓。或許，韓戰本可以在朝鮮民主主義人民共和國垮臺、南韓軍隊在聯合國部隊和美軍部隊的支援下統一朝鮮半島的形式下就此結束。

然而，出乎史達林意料的是北京無視了莫斯科的建議，決定在沒有蘇聯空軍支援的情況下參加韓戰。在收到史達林和周恩來共同簽署的電報後，毛澤東在十二日向莫斯科傳達了取消派兵的意思，但另一方面卻召回已在東北的彭德懷和高崗回到北京參加緊急會議。這場在十二日午夜至十三日凌晨召開的會議，詳情至今仍不得而知。但在支持或反對出兵雙方的爭論中，中共高層得出的結論是：除參戰外別無他法。[106]

這場會議結束後的十三日下午，毛澤東分別發給史達林和周恩來電報。兩封電報的內容基本上相同。給周恩來的電報內容如下：

> 與政治局同志商量結果，一致認為我軍還是出動到朝鮮為有利。……我們採取上述積極政策，對中國、對朝鮮、對東方、對世界都極為有利；而我們不出兵，讓敵人壓至鴨綠江邊，國內國際反動氣焰增高，則對各方都不利，首先是對東北更不利，整個東北邊防軍將被吸住，南滿電力將被控制……。[107]

從這份電報中可得知，北京有許多擔憂，其中當然包括具體的軍事問題，例如中朝邊境防衛。但北京同時也擔心，在美軍打贏北韓後，會帶來更難以捉摸的政治影響，也就是「國內外反動勢力的氣焰」將廣泛增強。

前面我們回顧了有關中國參戰的一系列爭論。在這當中，我們可以從史學史的角度來探討幾個重要問題。首先，中國加入韓戰的理由並非是由於莫斯科給予的「強大壓力」。這點應該很明顯。過去許多冷戰史學家過度強調莫斯科施加的壓力。[108]史達林的確有不斷敦促北京支援北韓，尤其是眾所皆知的，他在十月五日晚上十一點給北京那封過於誇飾的電報。史達林在這封電報中發表了可被視為宣戰的著名宣言，也就是共產主義陣營不應害怕與美國開戰。「如果戰爭不可避免，那麼讓它現在就打，而不要過幾年以後。到那時日本軍國主義將復活起來並成為美國的盟國，而在李承晚控制整個朝鮮的情況下，美國和日本將會在大陸有一個現成的橋頭堡。」[109]

然而，這封電報並未成為北京決策過程中的壓力或影響力。這封電報是在十月六日晚上十點半送到北京高層的，也就是政治局擴大會議同意出兵的第二天。而且這封電報是在毛澤東向蘇聯通報政治局決議的會議上遞交的。[110]正如蘇聯外交史學家凱瑟琳・韋瑟斯比（Kathryn Weathersby）所指出的，儘管史達林的措辭非常激烈，但他在避免與美國發生直接軍事衝突這點上還是相當謹慎的。[111]事實上，正如我們前面所看到的，當北京高層因為蘇聯的空軍支援產生摩擦並導致取消參戰時，史達林直接就放棄了北韓，還指示金日成前往中國東北避難。換句話說，決定派遣志願軍參戰，不惜推翻史達林放棄北韓的想法的，最終還是中共高層。

另外再補充一點，美軍和聯合國軍隊往三八線北上這件事，也並非導致中國參戰的主要原因。如果美國的行動是中國參戰的主要因素，那麼中國政府的決定應該是越過三八線之後做出的，而且也不應該在之後還有所猶豫。但實際上，北京的決定早在美軍越過三八線以北之前就開始考慮了，而且在直到過鴨綠江之前，還經過了好幾次考量和推翻。的確，美軍持續駐紮在鴨綠江南岸，將會對中朝邊境防線構成軍事威脅。然而，令中國政府更加感到不安的並不是美軍的「存在」，而是美軍的存在所帶來的「意義」的影響。

換句話說，問題並在於美軍本身，而是美軍本身會產生的意義，這才是更根本的問題。由此可知，首先，「安全保障」或「國防」等概念並不僅止於抑制物理上、軍事上和經濟上的威脅，還包括管理更廣泛的社會層面，例如，社會上的民眾對這些「威脅」抱持的印象。在往後的歲月中，有關這類這樣印象的政治學將一再出現。這一點在一九五〇年十二月尤其明顯，當時人民志願軍面臨到了是否應該越過三八線南進的問題。自始至終，也就是從開始思考三八線問題，到實施南進作戰，中共高層都沒有把這次行動單純視作是一種軍事策略。相反地，他們認為這是印象政治學的環節之一。

## ◆人民志願軍南進三八線

一九五〇年十二月三十一日深夜，在刺骨寒風中，中國人民志願軍發動了自參戰以來的第三次大規模進攻，越過三八線向南挺進。他們在年後的一月四日淪陷了首爾，並進一步向南延伸至北緯三十七度線。[112]這場大規模進攻後來在中國被稱為「第三次戰役」，是韓戰的分水嶺，象徵了中國的反攻和美國的撤退。

現在回想起來，北京本可在發動這場攻擊之前就結束戰爭，它只要在三八線停軍，並向美國宣布勝利即可。在軍事戰略上，志願軍已經收復了美軍和聯合國軍進攻時所失去的大部分北韓領土，且清楚地向全世界展現中國不屈不撓的決心和實力。此外，當時的真實情況是中國軍隊本身也已接近極限。部隊由於連番征戰，疲勞加劇，後勤支援線也隨著推進而捉襟見肘。[113]

事實上，人民志願軍司令彭德懷並不期待這場進攻。身為當地指揮官，他深知戰況的嚴峻，也注意到志願軍士兵已經相當疲憊。他也發現到前線的食糧和衣物愈來愈少，許多只有夏裝的士兵接二連三凍死了。彭德懷在第二次戰役期間的十二月八日給毛澤東的電報中建議，應在三八線以北讓志願軍停止前進，且第三次戰役應在次年春天，也就是冬天過去之後再發動。周恩來也同意彭德懷的這番提議，並向毛澤東建議將下一波攻勢延後到明年三月。[114]

國內許多人也都期望戰爭早日結束，特別是對那些認為派遣志願軍是魯莽或徒勞的人來說。例如，福建福州的一位老闆表示期待中國軍隊在三八線止步後戰爭立即終結。[115]外國媒體和評論家也表示同樣的希望。日本主要報紙之一的《朝日新聞》也稱，志願軍在首戰的勝利，使得美軍和聯合國軍退至三八線附近，如此一來西方陣營不會有任何國家試圖入侵中國，中國無須再擔心邊境安全了。該報以此表示對戰爭結束的期望。[116]當然，北京對此並無特別掛慮，因為共產黨高層也不認為美國會進攻中國大陸本土。[117]那麼，中國為什麼要選擇往三八線以南挺進的強硬路線，而不是在早期階段就結束戰爭呢？

關於這點，過去的研究者主要關注的是軍事問題、外交計算或來自莫斯科的壓力。[118]然而，只根據這些因素來解釋北京向三八線南進的決定，未免太過草率。另一個值得思考的是，使人民志願軍停在三八線上並推遲對美軍部隊的攻擊，會對國內造成的影響的隱憂。正如中國歷史學家陳兼指出的，中國政府擔心民眾那革命般的熱情會衰退，以及共產革命的內在原動力會枯竭。[119]因此，毛澤東在處理國際問題的同時會一直想到國內社會中民眾情緒的動向——也就是印象政治學，這也就不足為奇了。

接下來將透過探討中國的所謂三八線問題，來檢視這種印象政治學是如何發揮效用的。從北京與戰區之間的頻繁交流中可以得知這樣的趨勢。例如，針對十二月八日彭德懷建議在三八線以北停止進攻的電報，毛澤東在十二月十三日回覆如下：

目前美英國各國正要求我軍停止於三八線以北，以利其整軍再戰。因此，我軍必須越過三八線。如到三八線以北即停止，將在政治上造成很大的不利。[120]

收到毛澤東覆電的四天後，彭德華又發給毛澤東一封長文電報。他似乎想盡力傳達出戰區的艱難。彭德懷尤其擔心志願軍取得兩次重大勝利後，「速勝及撒手不管的樂觀主義」會擴散開來。他認為美國不會立即撤軍，韓戰將會「成為相當長期的苦戰」。彭德懷以戰場指揮官的現實觀點寫道，「如果戰爭發展得順利……我們將繼續進攻，但如果不順利，我們將及時撤退。能否攻克三八線，應視當時具體情況而定。」[121]

然而毛澤東並不讓步。他立刻電覆給彭德懷。看來毛澤東不惜一切代價也要讓人們了解跨越三八線的政治價值和象徵意義。他發出的電報如下：

你對敵情估計是正確的，必須作長期打算。美、英正在利用三八線在人們中存在的舊印象，進行其政治宣傳，並企圖誘我停戰，故我軍此時越過三八線再打一仗，然後進行休整是必要的。[122]

由此可見，毛澤東想試圖告訴地方指揮官，越過三八線這件事本身就具有可以改變人們心中印象的巨大影響力。從毛澤東的其他電報中也可看出這一點。他在電報中告訴他們，一旦能夠越過三八線向南推進，之後回到三八線以北休息也沒關係。[123] 彭德懷當然同意毛澤東的指示，但似乎心情有些複雜。彭在第三次進攻前夕的十二月二十八日作出的回覆帶著些微不滿：

此役在部隊中動員，強調越過「三八線」的政治意義（實際上，政治意義不大）。但占領「三八線」後，又不要「三八線」，還須作一番解釋。我意既已占領了，如無其他特殊原因，就占領之。[124]

收到這份電報的隔天（二十九日），毛澤東又傳了一份電報給彭德懷，試圖澄清第三次進攻的象徵意義和政治目的，以安撫和說服不高興的前線指揮官。

所謂三八線在人們腦子中存在的舊印象，經過這一仗，也就不存在了。我軍在三八線以南或以北休整，均無關係。但如不打這一仗，從十二月初起整個冬季我軍都在休整，沒有動作，則必引起資本主義各國甚多揣測，民主陣線各國亦必有些人不以為然，發生許多議論。如我軍能照你們目前部署，於一月上半月打一個勝仗，爭取殲滅偽軍幾個師及美軍一部，然後休整兩個月，準備春季攻勢，則對民主陣線和資本主義各國人民大眾影響甚好，對帝國主義則給以新的一擊，加重其悲觀失敗情緒。[125]

從純粹的軍事角度來看，毛澤東給彭德懷的指示似乎相當荒謬。儘管毛澤東指示要越過三八線，卻又說行動結束後是否占領三八線並不重要。以戰場指揮官的角度來看，如果三八線本身在軍事戰略意義上並不重要，那打從一開始就沒有必要發動這樣的攻勢。

然而，毛澤東在意的並不是軍事戰略本身他自始至終關心的，毋寧是政治印象，也就是毅然實行第三次進攻後給國內外人民深刻印象的象徵意義（也就是共產中國的大勝利和「美帝」的敗退）。[126]換句話說，毛澤東認為，越過三八線不僅是一種軍事戰略，而且是象徵上的政治性勝利——某種意義上也可說是盛大的公關活動。

對北京來說，中國軍隊停在三八線可能會意味著向「敵人」讓步。用毛澤東的話來說，這種印象可能會造成「政治上非常不利的局面」。因為這樣的印象也會阻礙中國國內的土地改革、經濟重建和鎮壓反革命運動的進行，甚至使得民眾對剛成立不久的新政府的支持度萎縮。

一九五〇年，中華人民共和國才迎來好不容易的建國一週年，尚未建立起堅實的基礎，同時面臨著許多困難的課題。中國經濟必須遵照共產主義的路線重建。那年夏天全國展開土地改革，卻已產生了嚴重的問題。反右派運動正即將開始。一九五〇年春季，中國南部和西部等地區的內戰終於告一段落，但國民黨餘黨和各種反抗勢力仍在各地活躍著。還有，當時中國共產黨仍未取得西藏和臺灣的統治權。再者，儘管許多人確實對革命充滿熱情，但仍有很大一部分人懷疑共產黨政權的合法性，甚至抱有明顯敵意。

這些國內問題是共產黨高層猶豫是否參加韓戰的重要原因，但同時也大力推動他們對於參戰的決斷。這是因為「美國」給人的印象已經和一九四〇年代後半以來，在共產黨於國內社會推行的基礎方針裡的「仇敵」聯繫在一起了。例如，在重建經濟、土地改革、反右派鬥爭、鎮壓反革命運動，以及特別是仍未結束的內戰局勢當中，資本家、經營者、地主和富農以及國民黨勢力和蔣介石都或多或少都被視為和「美國」是同類。因此，一九五〇年夏季，美國即時介入韓戰造成了一個困難的局面。毋庸置疑，參加韓戰對中國來說是一個巨大的負擔，因為這會推遲共產黨的重建計畫。但同時，如果中國政府不貫徹強硬的路線，所有這些在國內實施的計畫也可能停滯不前，最壞的情況下還可能全面崩盤。

有鑑於此，北京的強硬姿態似乎不再是過去所認為，來自於莫斯科的冷戰戰略，也不再是反映北京對邊境防衛擔憂。假若是這兩種情況的其中之一，那麼北京就應該更早做出參戰的決定，而且不會有過多猶豫，也不至於做出決定後又多次反覆。然而，正如我們在本章所看到的，每當情況發生變化，北京的立場就會在參戰與不參戰之間搖擺。可以說，這種搖擺不定的根本原因在於北京所想要的，與其說是邊境防衛，不如說是防衛邊境帶給民眾的好印象，以及好印象所帶來的維持社會安定的效果。

從這個意義上來看，韓戰對中國共產黨來說就像是一顆試金石，在新政府成立後的不穩動盪時期，韓戰是一場對共產黨合法性和認同的考驗。看到國內局勢的背景前途渺渺，是無法將中國政府的決定簡單推回到冷戰邏輯、軍事計算的結果，或是領導人的性格傾向所致。相反地，中國政府在外交政策上的決策形成是基於更多樣的因素，例如對民眾情緒變化的關注、對革命氣勢減弱的擔憂，以及鞏固國內政治基礎的實際需求等等。

從更廣泛的意義上來說，中國政府的判斷可以說是來自廣義上的國內政治的需求，也就是同時關注社會秩序的形成和維持下才作出的。換句話說，中國政府的外交決策並沒有脫離國內情勢、政治文化以及一般老百姓的情感和日常生活，更可以說是以這些為基礎，且旨在國內外無數民眾的心中建立起共產黨新政府的存在感和合法性。從這個意義上，可以說政治外交戰略也是一種盛大的公關活動。

本書的第三、四章中探討了一九五〇年夏秋之際，華府和北京在有關韓戰的政策上抱持著何種想法，又是如何將其立案的。其中非常引人注目的，是出現了一種「社會性事物」侵蝕所謂高級政治領域（如政治外交或軍事戰略等）的現象。但說「出現」可能過於簡單化了，因為這種趨勢是在整個二十世紀上半葉一貫地發展開來的。不過，這裡的重點並不是探討這種現象的起源是何時，而是要提出，它到二十世紀中葉已成為一個不可忽視也不可避免的大前提。

回顧過去，在十九世紀之前，政治家或外交家幾乎不需要擔心這種「社會性事物」（社會的行動者及因素），之所以如此，是因為它們並不被認為是支撐政府合法性的根基。因此，國家的政治外交基本上是在和一般人的生活有很大隔閡的情況下被執行的。而這種情況在根本上產生變化的主因，在於二十世紀上半葉世界各地經歷過全面戰爭的這一點。當然，這種情況具有從戰爭前延續過來的趨勢，但當總動員體制下的全面性戰爭發動了數次之後，各國的軍隊開始由人民所組成，同時政府開始並行推動軍事政策和社會福利政策，就像這兩者是同一輛車上的輪子。

在經歷了這樣的全面戰爭之後，現在的政治已經幾乎不可能在不考慮國民的希望和情緒下進行了。簡而言之，「政治」的本質已經改變了。換句話說，在經歷了幾次全面戰爭（包括被視為第三次世界大戰的冷戰）後，政府合法性所依據的論點開始改變了。再換句話說，如果說過去的現代社會中，「人民的參與」（例如投票等一定形式上的政治參與）為政府的合法性提供了擔保，那麼在二十世紀中葉及以降的現代社會中，則是「人民的滿意度」（也就是不限於傳統的政治參與，包括以「不參與」表現的「參與」），已開始廣泛成為衡量政府合法性的因素，且這是無分東西方陣營的。

在這樣的社會中，政治領袖會持續高度關注公眾情緒和態度的變化趨勢，他們不會固守自己的政治理念，而會靈活地改變立場。換句話說，現代的「領導者」（Leader）必須要是「讀者」（Reader），要善於解讀自己所屬的社會動靜和民眾情緒。因此，我們要注意的不僅是領導人擁有的信念，還要注意他們是如何調整順應的。也就是說，我們不僅要仔細觀察為政者的個人信條、生平和癖好，也要廣泛地留意他所接觸的社會、文化、價值觀、規範和民眾的情緒反應。這是因為，這些政治家的行動和決策是在與所有這些因素的互動中形成的，有時甚至是自然到毫無意識。

換句話說，無論是多麼微小的事件，比如康乃狄克州一名中學生表達對第三次世界大戰的恐懼，或紐澤西州一名家庭主婦的囤貨行為、北京一名警察為了準備逃跑偷偷購買一輛三輪車，或上海的學生和工人填寫入伍申請書（或意見書），即使是這些不值一提、每天發生在世上各個角落的種種行為，也不能否認它們與冷戰世界的形成是無關的。這是因為，正是這些發生在當地微不足道、卻又經歷過無數鬥爭的積累，造就了各個地區的「現實」，構成了各地的政治格局。簡單地說，冷戰不一定是為政策制定者行為下的產物。許多無名小卒也或多或少參與了這種冷戰世界的形成。

當「社會性事物」對高層政治領域的侵擾變得明顯到無法否認時，另一種趨勢也會變得更明顯，也就是國家權力介入社會或私人領域的現象。當然，這種現象絕非是在二十世紀中葉才新出現的。至少在二十世紀初，人們就已經開始注意到這種趨勢，而且也有不少相關研究的積累。然而，這裡的重點並不是討論這種趨勢的起源或起因，而是探討它們的固化及其影響。也就是當這種趨勢已經明顯到毫無置疑餘地時，它是如何去鞏固冷戰世界的。正如我們稍後將看到的，這種趨勢正是讓「冷戰世界的現實化」成為重點的政治樣貌，且不僅在中國，在美國和其他地方也是如此。因此，在接下來的第五章和第六章中，我們將探討在一九五〇年秋季至一九五一年初，透過自上而下，和自下而上兩種形式的作用下所形成的，可稱之為「創造真相的政治」現象。

# 第5章 創造「真相」

一九五〇年秋季，住在洛杉磯的家庭主婦珍妮．科爾（Jeanne Cole）發現她的大兒子最近有些古怪。他平常最喜歡上學了，但不知為何，最近他一到上學時間就不想出門，似乎不喜歡去學校。珍妮問他，發生了什麼事嗎？小男孩說：「媽媽，我在家裡時不害怕，我在學校時也不害怕，可是如果我去上學的途中，炸彈掉在我腳下該怎麼辦？」這時，珍妮才知道兒子的小學開始進行原子彈攻擊的防空演習。她馬上參加了洛杉磯市教育委員會的例行會議，要求小學的防空演習應該停止，她說：「現在，孩子們開始害怕頭上的天空，晚上他們開始哭泣。」[1]

像這樣抗議小學防空演習的不只珍妮一人。同一地區的其他母親也表示反對，認為這種演習太超過、沒有幫助且毫無意義，甚至會傷害孩子的身心靈。[2]住在佛羅里達州塔漢加（Tujunga），一位有五歲半孩子的傑克．摩爾（Jack Moore）也表達了相同的擔憂。

我的兒子就讀於塔漢加的松林小學（Pinewood School）。自從學校開始進行原子彈防空演習

> 後，我兒子就對戰爭感到焦慮不安。每天要上學時，我都要讓他相信現在不用擔心會被轟炸。每當我終於讓他平靜下來後，他又經歷了一次防空演習，然後我們又得從頭開始。[3]

對這位父親來說，學校每週兩次的演習毫無意義，且有害身心靈。他認為，這不僅對孩子的神經系統產生不好的影響，還會在他們的腦中灌輸：戰爭是不可避免的、活著就會遇到戰爭的想法。[4]

這些抗議造成的漣漪，隨著某種特定的共識和現實的鞏固而浮出表面上。換句話說，這些抗議之所以特別浮出，並不是因為這些聲音是多數的；相反地，它們之所以浮出，反而是因為相對少見。也就是說，其他多數人都同意這些防空演習或各種動員計畫設想的「現實狀況」，因此他們並不會特別反對，還會參與其中。對當時的人們來說，核武攻擊的恐懼是相當具「現實」感且不容置疑的，因此許多人認為這些防空演習相當理所當然。正如本章將討論的，他們往往會率先接受這些演習。這就是為什麼上述的珍妮的案例的結局，是洛杉磯市教育委員會沒有給任何解釋就快速駁回了珍妮的投訴。[5]但是，存在於這種恐懼的根基的「現實」，是如何得到它的真實性的？到底是誰創造了這樣的「真相」？

另一個與此相關且耐人尋味的問題，是關於政治宣傳的作用及其局限性。如同珍妮和傑克的例子所示，有些人寧願提出抗議，也不願跟從多數派。無論大多數人所支持的「現實」是更廣泛的，且無論這種「現實」已經透過了政治宣傳、學校教育和各種動員計畫的普及化深入了人心。如果從這一點去思考，不禁讓人懷疑：國家的政治宣傳或主流媒體所帶來的影響，實際上到底有多大的效果？它們真的那麼有效嗎？

多虧了這個領域已經有豐富的研究積累，至今有關政府主導的各種政治宣傳和動員計畫，或是媒體所扮演的角色等，已較為一般大眾所知。[6] 然而，「社會性事物」所發揮的作用，更具體地說，也就是普通民眾所扮演的角色這點，至今大眾仍不明白。也就是說，如果想要了解政治宣傳和動員計畫是否真正有效，不去看那些接收者（即普通民眾），便無法評估。換句話說，除了分析發送者之外，也要應該分析接收者。因此在本章中，我想透過研究某些特定的「真相」，以及基於這種的「真相」的「現實」的創造過程，來探討發送者和接收者（即政治家、政府官員與普通民眾）之間到底有著怎樣的關係。

## ◆「第三次世界大戰已經開始了」

「在國家面臨緊張局勢時，我召開了一次又一次的會議。」一九五〇年十二月九日，杜魯門總統在這天日記的開頭如此寫道：「我為了和平努力了五年又六個月。然而，第三次世界大戰似乎已經到來了。我希望不會如此，但無論發生什麼事，我們都必須面對，也一定會面對。」[7] 和當時許多美國人一樣，杜魯門才剛剛得知，平壤已落入敵人手中，且美軍在人數上處於壓倒性的劣勢。麥克阿瑟的一封緊急電報提到，朝鮮半島上的中國士兵估計有三十萬人，而美軍只有十三萬五千人。[8]

中國參戰的消息傳出後，對第三次世界大戰的擔憂及相關謠言一口氣蔓延開來，尤其是認為已經輸掉這場戰爭的觀點。[9]有一位觀點與杜魯門一致的美國高級軍官在十二月中旬寄給一位友人的信中寫道：「我們必須公開承認第三次世界大戰已經到來。我們必須採取一切適當的行動來贏得戰爭，包括實施全民徵兵制、工業動員，還有軍備擴張。這不僅止於美軍，還包括中國國民黨、日本、自由韓國、德國和佛朗哥的西班牙軍隊。」[10]麥克阿瑟迅速採納了這封信描繪的第三次世界大戰的腳本，並敦促華府應採取更大膽的行動。他還建議，應該封鎖中國沿岸、摧毀中國的工業區，甚至部署蔣介石的國民政府軍在朝鮮半島和中國大陸上。[11]

杜魯門總統雖然沒有接受麥克阿瑟這番極端言論，但還是在十二月十五日透過廣播，向全國發表了一場演說。他以相當緊迫的語氣宣布全國進入緊急狀態：「今晚，我要告訴你們，我們的國家正面臨著什麼，以及我們要如何面對。我們的家園，我們的國家，這些我們所信仰的一切，現在正處在極大的危險當中。這些危險是蘇聯統治者所造成的。」杜魯門以這樣的內容為演說起頭，並按時間順序總結了最近發生的事件，以說明他想表達的意義。首先，同年六月，共產主義者發動了朝鮮半島的戰爭；十一月，他們甚至派遣中共軍隊參戰。杜魯門斷言，這些事件表明了他們正在把世界推向全面戰爭的邊緣。「這就是在朝鮮半島上發生的事情的真實意義。這就是我們之所以會面臨這樣的急難的原因。」[12]

值得注意的是，杜魯門在這場廣播演說中多次使用了代名詞「他們」（They）。透過使用「他們」

（當然是指共產主義者，尤其是蘇聯的「統治者」）這個措辭，杜魯門便得以將世界各地發生的各起事件，敘述成是在莫斯科指揮下展開的共產主義總攻擊。換句話說，正是這個魔法般的第三人稱代名詞，將假想的不特定複數存在，變成一個叫做「他們」的集體；如此一來，又可以將本來並不相同的事件看作是冷戰世界這個宏大虛構敘事的一部分，同時也讓本來各持己見的本國人民，團結成為一個「我們」。

然而，如果只是從頭到尾強調杜魯門在其中的作用，或將他描繪成這種冷戰邏輯的始作俑者，未免太過倉促。無庸置疑，這場宏大敘事根本不是杜魯門總統的創作，而是那些熟悉的故事情節反覆上演著而已。然而，這種「反覆」的意義並不容小覷。冷戰世界的現實化並不是由任何特定的「起源」所引起的，而是同樣的理論透過不斷地「重複」後，才創造出冷戰世界的。換句話說，透過不斷重複同樣的情節，直到它成為人們所熟悉的故事，這個作用本身也賦予了冷戰邏輯乃至冷戰世界權威性；與此同時，也壓制和邊緣化了反對和反駁者的聲音。

在這種版本的「現實」中，莫斯科的意圖和能力往往被嚴重高估。人們相信克里姆林宮控制著北韓和中國，甚至認為它控制著住在美國的共產主義者和「粉紅分子」（pinks，指具有左翼傾向者）。舉例來說，加州的一位強烈支持這些觀點的基督教組織負責人寫了一封信，給同州的共和黨參議員威廉・諾蘭（William Knowland），聲稱以下的觀點：北韓的入侵肯定是史達林的陰謀所致；中國共產黨一定是由莫斯科掌控的；克里姆林宮正試圖透過美國國內的共產主義間諜網，將美國社會四分五裂。

他總結道：「俄羅斯計畫對美國進行謹慎的蓄意挑釁。只要有機會，他們會隨時從內部進行小但持續性的打擊；利用他們的衛星國向我們投擲石塊。他們就是這樣，隨時準備好，能夠在必要時，發動全面攻擊。」[13]

就像這封信一樣，人們對克里姆林宮的意圖的猜測層出不窮，但有關中國意圖的猜測其實並不普遍。對許多人來說，北京的意圖並不重要，重要的是克里姆林宮在想什麼。有些人認為，蘇聯的目的是占領日本，又有相當多的人臆測，認為發生在朝鮮半島和東亞上的所有軍事行動，其實只是一種大規模的聲東擊西戰術，目的是轉移對歐洲的注意力。而按照這個理論，最終的目標必然是占領西歐。[14]

基於「第三次世界大戰已經開始了」這個假想的現實，在一九五〇年冬季，美國社會到處都是有關全面戰爭的謠言，人們對於原子彈攻擊的恐懼也大幅上升。根據一項全國民意調查顯示，九成以上絕大多數的民眾，贊成每個人都應佩戴名牌，以防在核爆後無法辨別死者身分（實際上，紐約州的兒童都必須佩戴金屬名牌）。[15]由於人們想像敵人會發動核子彈攻擊的情況太過普遍，以至於許多人愈想愈極端。例如，紐澤西州普蘭菲爾德的一名男子懇求總統：「向俄國投擲原子彈！趕在他們於一個陽光明媚的假日早晨對我們下手之前。請發動更完全的動員！」[16]同樣地，加州聖塔芭芭拉市（Santa Barbara）的一名男子也寫信給他所在州的參議員，請求他協助麥克阿瑟能夠在中國東北發動核彈攻擊。[17]這些觀點無疑是當時極鷹派的極端言論，而這並非是少數派。

政客和政府官員們很快就察覺到了第三次世界大戰恐懼正在蔓延，於是不斷調整自己的立場，採取大眾偏好的鷹派路線。例如，科羅拉多州的共和黨參議員尤金．唐納德．米利金（Eugene Donald Millikin）在一次總統與國會議員的會議上，用激烈的語氣表達他的惱怒：「除非我們展現出我們的巨大實力，不然外國的那些人都不會害怕我們的所作所為。只宣布國家進入緊急狀態，沒人會感到害怕，除非我們動用實際的軍事力量。」他還用拳頭用力敲了辦公桌，極力勸說道：「我們必須想盡辦法讓自己變得更強大，而且必須盡快做到。」[18]

紐澤西州的共和黨眾議員，也是眾議院外交委員會主席的查爾斯．伊頓（Charles Eaton）也對此表示贊同。他說：「現在要做的只有一件事，脫下我們和平的外衣，向世界展現我們的肌肉。這麼做並無法讓俄羅斯慢下來，因為他們一心一意要打敗我們，但至少可以向世界展示我們有阻止他們的決心，我們也會阻止他們。」[19]

這種鷹派強硬觀點的興起並不只出現在共和黨議員身上。來自馬里蘭州的民主黨參議員米拉德．泰丁斯（Millard Tydings）也開始發表自己的強硬觀點。這對他來說是一個攸關生死的問題，因為他先前被認為對共產主義威脅態度過於軟弱，因此在上次大選中敗北，失去了連任的機會。他說：「美國現在處於致命的危險當中，當前的問題是我們能否存活下來。朝鮮半島的戰爭已經說明了我們有多無力，而對手有多強大；它也顯示了共產主義勢力的準備有多充分，有多能打。我們還有時間，但所剩無幾。」[20]

當然，也有不少人不同意這些「常識」的普遍觀點。例如，愛荷華州農民聯盟主席的弗雷德．斯托弗（Fred Stover）諷刺地指出，美國社會的反共主義正變得十分荒謬。「如今，美國人想在任何方面都與俄國和共產主義者不同。如果他們因為發現了共產主義者會穿衣服而變得神經衰弱，開始當裸體主義者，我也不會訝異。」[21]與斯托弗一樣，那些不認同美國版本的「現實」和「常識」的外國評論家，也愈來愈擔心鷹派的強硬論點在美國社會的抬頭。例如，以戰前美國社會黨的領導人之一聞名的反共社會主義者諾曼．湯瑪斯（Norman Thomas），他如此描述他在韓戰期間訪問印度的事。他說，他讀到、也聽到很多當地對美國「戰爭歇斯底里」的批評，還有對美國作為「戰爭販子」感到非常恐懼等的見聞。[22]

由此可見，隨著美國社會的民眾情緒變得強硬，連政治家也開始使用強硬論點後，導致美國的盟友也變得多疑。舉例來說，一九五〇年十二月，美國駐法國大使戴維．布魯斯（David Bruce）報告說，法國政府官員之間也開始擔憂。他們認為「應該對美國的『急躁』踩個煞車」。[23]

這樣的意見分歧也曾經擦出一些火花。其中一次發生在一九五〇年十二月上旬，英國首相克萊曼．艾德禮（Clement Attlee）緊急訪問白宮時，由於艾德禮的訪問是緊接在杜魯門發表不排除使用原子彈的聲明之後，因此媒體針對這一點發表了危言聳聽的報導，彷彿艾德禮訪問美國是為了阻止原子彈的使用。[24]然而，杜魯門與艾德禮經歷的共五天、六次、長達九個多小時的會談中，最核心、被反覆討論的問題其實是如何評估中國的行動。[25]問題的關鍵在於，中國是否只是一個附屬的「衛星國」，以及中國參與韓戰是否是莫斯科的全球戰略（也就是全球冷戰）的一部分。

艾德禮指出，「中國並不欠（蘇聯）那麼多。他們的共產主義摻雜了很濃烈的國族主義要素。」談到南斯拉夫總統狄托（Josip Broz Tito）時，艾德禮強調：「他們披的是截然不同的紅旗。」[26]艾德禮並不認同美國版本的「現實」，他認為中國應被視為中國問題，朝鮮應被視為朝鮮問題，兩者不應被視為克里姆林宮的大計畫的一部分。因此，艾德禮反對擴大對中國大陸本土的攻擊。相反地，他提議正式承認中華人民共和國，甚至建議給予中國聯合國安理會的席位。[27]如果這實現了，往後的歷史將會很不一樣吧。

但對於沉浸在美國版本「現實」中的艾奇遜和杜魯門來說，艾德禮的建議是不可能實現的。國務卿迪恩．艾奇遜很快就反駁道：「我對中國沒有那麼樂觀。中國共產黨是從屬於莫斯科的，他們所做的一切都是以莫斯科為範本，和東歐那些衛星國相比，他們是更優秀的弟子。」[28]艾奇遜在這裡使用了「弟子」（pupil）一詞來稱呼中國，這點很具啟發性。透過將中國稱為「弟子」，艾奇遜本人不經意地透露出他的想法，且與當時典型的先入為主觀念相同。在他看來，中國（或整個亞洲）是被動、順從和從屬的。這是當時的美國社會很常見的觀念。[29]艾奇遜的這個比喻，偶然間與麥克阿瑟所說的「日本是個十二歲的少年」不謀而合。關於這一點將在之後詳細討論。

杜魯門與艾德禮會談中意見明顯相左，是由於雙方意見所基於的「現實」觀差太多了。從當時美國社會對「現實」的普遍看法來看，艾奇遜認為艾德禮的提議不合時宜是非常合理的。對許多美國人來說，「閉上眼睛拒絕面對危機」的是「頹廢的歐洲人」。[30]例如，密西根州底特律市一家貿易公司的老闆寫信給白宮，表達他強烈反對艾德禮的提議：

我們都知道，俄羅斯是紅色中國的舉動的幕後黑手。我們知道，俄羅斯已經知道我們還沒有做好準備……現在是強硬起來的時候了。現在是時候讓史達林知道，如果他不一次讓紅色中國從北韓撤離，我們會使用原子彈。而且不僅是對中國人聚集的地方，甚至是對克里姆林宮。我相信如果我們丟幾顆原子彈在克里姆林宮，可以掀起一場相對應的內部革命。[31]

舊金山的一名男子也以類似的口吻主張：「讓步不過是倒退。這種政策對希特勒也沒用，對史達林也不會奏效。美國人要起來戰鬥，甚至必要時要孤軍奮戰。」[32]一位紐約人甚至斷言：「似乎一般人都比外交官更了解狀況，俄羅斯的共產主義和中國的共產主義之間一點差別都沒有。」[33]這裡需要提醒的是，這些對艾德禮的勸說表示不滿的言論，在當時並不罕見，反而相當普遍。《匹茲堡新聞日報》(*Pittsburgh Press*)在一篇社論中，對這一點作出了相當有說服力的結論：「去假設美國人民會接受這種英國對紅色侵略者的態度，實在太荒謬了。」[34]

之所以說這「太荒謬了」，是因為對許多美國人來說，危機彷彿是真實地近在眼前。為了拯救美國人的生命，我們必須與共產主義對戰。他們認為這是理所當然的。[35]正是這種對第三次世界大戰的恐懼和基於這種恐懼產生的冷戰幻想，導致許多美國人支持各種動員和民防計畫。並且，這些人的參與還啟動了一種創造社會中的「真相」的機制。

## ◆人民參與創造「真相」

「我們為什麼要在這麼遙遠的地方打仗？」這是一九五〇年十二月，由二十世紀福斯公司製作的電影《Why Korea?》開頭的旁白。當銀幕上出現陌生的稻田和山脈等風景時，旁白再次提問：「我們為什麼要在朝鮮打仗？在一個如此遙遠、我們幾乎一無所知的地方，為什麼？」

影片並沒有馬上回答這個問題，而是開始回顧不久前的歷史。畫面上出現許多戰前和戰後的各種畫面，像萬花筒一樣接二連三。例如滿洲事變後日本對中國的侵略、戰時希特勒和墨索里尼的行軍、克里姆林宮的閱兵儀式，以及戰後共產主義在東歐、東亞及東南亞的擴張，甚至還有英雄般的柏林封鎖期間的空運畫面。影片的最後是韓戰的爆發——莫斯科全球戰略的一部分。此時，旁白提醒觀眾：「地理上的界線已不復存在」，接著出現了世界各地的影像，包括巴黎、倫敦、紐約、華盛頓特區、芝加哥、舊金山，最後是首爾。這部電影的結尾是旁白如下的總結：

> 今天，這種情況發生在朝鮮，
> 但朝鮮只是一個例子。
> 我們不是在為地理邊界而戰，
> 而是為我們的生活方式而戰。

如果今天我們不在朝鮮戰鬥，這場戰爭最終將在我們的國土上發生。我們別無選擇。[36]

這部電影很快就在全美數百家電影院上映，從紐約到舊金山，從愛荷華州的第蒙（Des Moines）到德州的達拉斯（Dallas）。這部片最後獲得了一九五一年奧斯卡最佳紀錄片獎。

許多觀眾在觀看這部影片時，可能會回想起法蘭克·卡普拉（Frank Capra）的《Prelude to War》。這是一部在第二次世界大戰期間的一九四二年五月拍攝的戰爭宣傳大片，也同樣獲得了當年的奧斯卡獎。不過，這兩部電影有幾個重要的不同之處。首先，《Why Korea?》是由二十世紀福斯這家民營公司企劃和製作的；相較之下，《Prelude to Wa》則是在喬治·馬歇爾將軍（General George Marshall）的支持下，受戰爭部（國防部的前身）委託下製作的。其次，《Why Korea?》與卡普拉的電影不同，引發了一些爭議。當然全國各地的電影院都有上映這部片，甚至許多電影院還熱情地推銷；但與此同時，也有不少電影院老闆拒絕上映這部片，稱其為「兜售戰爭的電影」。[37]舉例來說，俄亥俄州戲院業主聯盟（Ohio Theatre Owners Union）發表了一則聲明，抗議白宮推動這部電影的放映，還主張政府應該拍攝《為什麼我們應該撤離朝鮮》這樣的電影。[38]

這些爭議的存在，顯示出冷戰世界這個假想的現實具有爭議性；同時也顯示出「現實」和「真相」本身的可塑性和多變性。事實上，《Why Korea?》反映出的「現實」，更多的是美國社會的成見和偏見，而不是朝鮮和東亞的實際情況。這一點將在之後詳細說明。換句話說，正因為這當中並不存在不可動搖的「現實」，又為了保持其作為「現實」的威嚴性，才需要大張旗鼓展現、廣為認同，直到大家都沒有爭議地支持它。正是因為這種「真相」並沒有共識，才需要創造和捍衛它。於是，在這種社會性需求的背景之下，創造「真相」的運動席捲了美國社會。

當然，積極想要創造「真相」的計畫，並不是一種新鮮的想法。在富蘭克林．D．羅斯福政府時期，就已經進行了很多類似的計畫，在當時是作為戰時動員計畫的一部分。但是，這其中多數由於戰後初期軍事預算大幅削減便逐漸消失了。而韓戰的爆發（以及隨之而來對第三次世界大戰的恐懼和冷戰世界觀的蔓延）又讓這些計畫重獲新生。其中一個例子便是「揭發真相宣導運動」（Campaign of Truth）。它在韓戰爆發後立即獲得了國會在財政上及制度上的支持。這個運動的目的是為了針對蘇聯鼓吹（或宣傳）的「真相」進行反擊，以求扭轉局勢。[39] 一九五〇年十二月，杜魯門總統發布行政命令，在緊急事務辦公室內設立聯邦民防管理局。這個管理局很快就升格為總統直屬的獨立機構。[40]

正如幾位歷史學家已詳細探討過的，該局在之後數年內積極地發揮了功用，發起了各種政治宣傳運動和動員計畫，並充當了這些運動和計畫的旗手。這些活動的內容十分多元，包括出版數不盡的小冊子和傳單、製作廣播節目和短篇電影，以及在全國各地主辦展覽。該局甚至在馬里蘭州奧爾尼（Olney）新設立了一所大學，名為「國家民防學院」（National Civil Defense College），這是第一所專門教授指揮救援，以及啟發和教育民防運動的大學機構。[41]

聯邦民防管理局在此期間舉辦的活動中，最廣泛且最著名的應當屬「天眼作戰」運動（Operation Skywatch）和「美國警戒」運動（Alert America）了。根據杜魯門總統的演說，全美各地有兩百萬人自願參加這些活動。[42]在這些活動中，各地的民防局官員一再警告：蘇聯擁有的原子彈不只一顆，他們也擁有足夠將這些原子彈投擲到美國各地的轟炸機。其中還強調，全美各地所有市鎮村、工廠、企業和家庭，都必須做好民防準備，以對應任何可能會發生的情況。[43]舉例來說，就連擁有綿延無際的廣大平原，經常被嘲笑為「牛比人多」的地區之一的堪薩斯州（State of Kansas），都被提倡需要民防計畫。當地民防公告不遺餘力地告誡人們：「在堪薩斯州，沒有任何人能逃過敵人的攻擊，無論你身在堪薩斯的任何一處。」[44]

然而，對當時大多數美國人來說，他們似乎不需要當局發出這些的警告。與至今已有許多人研究過的政府機構的政治宣傳和民防計畫相比，鮮為人知的是，這些不同的計畫擁有一個面向：在某種意義上是自下而上，是透過一般民眾的積極參與所形成的。一九五〇年秋季，已經有許多人積極參與各種動員計畫和民防活動，有時他們甚至扮演了主導的角色。

舉例來說，洛杉磯市教育委員會主席亞歷山大．斯托達德（Alexander Stoddard）寫信給國防部長喬治．馬歇爾，建議將洛杉磯市的學校設施當作市民和工人的培訓設施，以推廣民防計畫。斯托達德甚至認為，之後這種模式還可以推廣到全國所有學區。對斯托達德來說，很遺憾地，馬歇爾部長斷然拒絕了他的提議。馬歇爾認為，這種培訓工作應該由勞工部主責，而非國防部。[45]雖然這個提案並未實現，但值得注意的是，這種民防計畫的提案竟然是來自民間的個人，而非政府官員。

這些例子確實很常見。例如，德州休士頓（Houston）的一位家庭主婦也寫給了馬歇爾部長類似的信，她在信中表示，她擔心她的鄰居缺乏民防意識，請求部長設想家庭主婦在原子彈防衛計畫中可扮演的角色，以及詢問她能為此做些什麼。[46]不足為奇的是，也有不少人從民防計畫的推行裡找到了工作和商機。例如，加州亨廷頓公園（Huntington Park）一名三十三歲男性消防員寄了履歷給該地區新上任的民防局負責人，表示他想要成為一名民防訓練教官。另外，紐約州的一名汽車經銷商，提出了一個開發給民防管理局及地方分局使用的新型「救護型拖車」的計畫。根據他的說明，這種新型車輛在一般時期可作為小型教室和展示空間，在戰時則可作為緊急手術室。[47]

退伍軍人以及有從軍經驗的人也在這時活躍起來。他們開始強調民防志工在民間的必要性和重要性。例如，一位居住在紐約市以北近一百五十公里鄉間的退伍軍人，寄給了白宮以下內容的信：

> 在這個國家裡，有相當多的男子擁有優秀的軍事經驗，由於年老，身體狀況或因為沒有接受過最先進的訓練，即使想幫忙也無能為力。然而，他們都希望被認定為保衛祖國的前線現役軍人，而不僅僅是「空襲警備員」之類的角色。如果能讓這些退伍軍人服役，並給予他們某種特殊國防工作的認可，那麼我們國家的國防能力將會大大提高。[48]

這封信似乎引起了軍方人士的注意，在軍方請他提出更詳細的計畫，這名老兵表現出熱忱撰寫了一份計畫書。他提出了因應民防，從自己的社區開始進行組織化的計畫，構想出一個「公民士兵」的積極角色。他們像一般老百姓一天工作八小時，晚上十二小時則是服兵役、保衛國家。這十二小時的軍事時間，有四個小時要作為對應空襲的現役士兵，八個小時作為「預備役」，在當地民防管理局待命並就寢。因此，每天必須執勤二十個小時，才能使所有公民履行其作為一般百姓和軍人的職責。[49]

對這位退伍軍人來說，很可惜的（也許對他所在的社區的居民來說是幸運的），這項要求很多的計畫並未被總統或軍方所採納。但是，他提案的基礎想法，與民防意識形態的基本精神相去不遠，每個人都自願為國家盡忠職守的理念。民防管理局出版的一本小冊子中的插圖就是這種概念的縮影。這張插圖描繪了一個金字塔式的社會結構。最底層是個人，其次是家庭，然後是鄰里、地方社區，接著是各市鎮村、州，最頂端的則是聯邦政府，有一定的順序。可以說，前述的退伍軍人所設想的社會樣貌，與民防管理局所設想的基本上並無二致，只是他的想法把這種社會樣貌體現得太極端了，彷彿是要建立一個軍事化的社會。

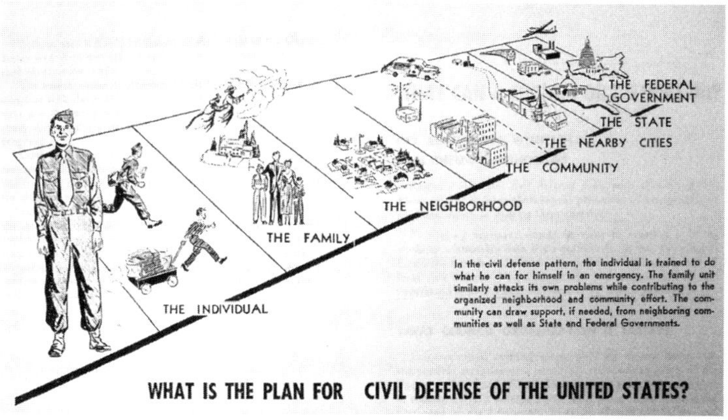


圖 5-1　民防計畫宣傳手冊中的插圖。1950 年

像民眾這樣的「熱意」，以及他們希望社會變成這樣的願望，又是從何而來的？它真的只是政治宣傳和動員計畫的產物嗎？它們又扮演了什麼樣的角色？關於這幾點，有一些耐人尋味的事實是，我們先前所看到的那些來自一般市民的提案和要求，幾乎全部都被一概回絕。即使有數以百計的類似提議和建議，但政府官員和地方當局並沒有照民眾所希望地迅速給予回應，因此民眾焦慮地指責當局的不作為和怠惰。不止如此，在一些非公開場合，許多官員甚至對民防計畫在實際發生原子彈攻擊時能否發揮作用表示懷疑（在原子彈爆炸時抱頭躲進桌子底下的訓練究竟有多大效果？）。當然他們在公開場合都是樂觀地表示這些民防計畫必要且有用。

那麼，究竟為何還要進行這些明知用處不大的訓練呢？當時剛當選加州共和黨參議員，首次進入參議院的理查德．尼克森在後來如此說道：「因為國家需要這樣做。」[50]所以到頭來誇大冷戰幻想，並大聲要求對冷戰做出回應的，不只是政治家、政府官員和軍事官僚等，更是無數的平民老百姓。換句話說，在思考有關冷戰世界「現實」的想像及焦慮是如何形成時，我們不能只考慮自上而下的政治宣傳政策和動員計畫，而忽略它擁有自下而上興起的此一層面。

有關這點，還有一個有趣的案例。一九五〇年夏季，一位洛杉磯一般市民向當局表達了他的焦慮：「我厭惡極了洛杉磯市府的官員和行政部門的繁文縟節。」據說這名男性在該年夏季，大部分時間都花在努力自行建立一個能夠高效合作的民防組織，但成效不佳。據他所說，主要原因是由於當局的無作為和懈怠。他每次聯絡、告訴他們事態有多緊急，總是得到事不關己的相同回應，如「我們不需要志工」、「你們只能自己進行」、「正在等待上級指示中」、「已經有制定計畫，待之後公布」等等。他一邊指責當局毫無作為的同時，也主張一般市民應該更加重視地方當局沒有採取任何措施來發展民防組織這一點。他說：「我們此時此刻對民防的需求甚至遠超過第二次世界大戰最激烈的時候。」[51]

有鑑於此，這段時期，人民參與民防活動或是這些民防計畫的推行，顯然並不完全是自上而下政策的結果。相反地，更準確來講，這看起來更像是無數市井小民膨脹了自己的想像，並基於這些想像自主參與動員。他們甚至往往掌控主導權，並敦促地方當局和政府官員應該採取更堅決的立場。由此看來，可以說民眾在創造某種版本的「真相」的過程中也擔當了重要的角色。然而，又是為什麼會有這麼多人將某一種「現實」當作是真相呢？

## ◆當偏見偽裝成「事實」

仔細觀察民眾熱心支持參與這些民防計畫和各種動員計畫，可以發現到一個問題：這其中幾乎沒有提到中國或朝鮮人民。這一點在先前提到的電影《Why Korea?》中也可見得。該片與法蘭克．卡普拉（Frank Capra）的二戰宣傳大片《戰爭序曲》（*Prelude to War*）、《Know Your Enemy》形成了鮮明的對比。卡普拉的電影儘管敘述方式充滿刻板印象和陳腔濫調，但從頭到尾都將日本人、日本士兵和納粹德國描繪成主要敵人。相較之下，《Why Korea?》片中幾乎沒有出現朝鮮人民，也沒有中國人和中國士兵。除了幾個（也就幾秒鐘）的難民鏡頭外，這部電影完全沒有朝鮮人民的身影。

為什麼會這樣呢？一言以蔽之，這是因為韓戰爆發和中國參戰，都已經被認為只是克里姆林宮的全球性陰謀的結果。許多人認為這些只是史達林發起的全球性戰略的一部分，是第三次世界大戰爆發的前兆，同時是證明冷戰世界正當性的「鐵證」。但要讓第三次世界大戰的展望和對它的恐懼合乎邏輯，首先需要一個先決條件：也就是中國和北韓是在莫斯科戰略的管轄下運作的這個前提。畢竟，如果北韓的南進和中國參戰被視為是當地政權自行決定的結果，那麼第三次世界大戰這個邏輯本身就無法成立了。如果以這個角度來看，那這些事件就會被視為是內戰或地區性的衝突。這就又出現了幾個問題：為什麼美國社會中大多數的人會認為中國和北韓是如此聽話的存在？換句話說，為什麼他們會認為中國和北韓人民是如此缺乏能動性的？究竟是什麼支撐起了這樣的世界觀？

首先，讓我們回顧一下美國人民最初是如何看待中國參戰的。舉例來說，一九五〇年十二月三日，麥克阿瑟將軍在向華府報告戰爭形勢的變化時，以他招牌的戲劇化語氣說：「我們將處在一個前所未有的狀況，反抗前所未有的新勢力，面對一場前所未有的戰爭。」[52] 杜魯門總統從東京得到這惱人的消息後，也發出了感嘆：「不幸的是，中國共產黨在沒有任何清楚的理由下就往朝鮮發動攻擊了。他們進攻的目的是驅逐麥克阿瑟將軍的部隊。」[53] 到了十二月中旬，中國參戰的消息在美國已廣為人知，這自然導致民眾嚴厲批評杜魯門政府缺乏遠見，尤其是未能預測到中國參戰這一點。[54] 因此，麥克阿瑟和杜魯門兩人都強調局勢是「前所未有」和「出人意料」，並竭盡詞彙辯解事情是有多難以預料的。畢竟，他們可是很有自信地公開宣稱過「中國不會參戰」以及「戰爭會在聖誕節前結束」。

但實際上，局勢並非麥克阿瑟聲稱的「前所未有」，中國參戰也非杜魯門聲稱的「沒有任何理由」。正如我們在第三章所看到的，中國政府曾一再發出警告。[55]情報人員也已經遞交有關中國動向緊張的報告給東京和華盛頓了。[56]英國和法國兩國也分別向華盛頓表達了他們的擔憂。[57]儘管如此，這些警告根本沒有被認真對待。中共總理周恩來的警告被當作虛張聲勢而被無視、印度總理尼赫魯頗為頑強的建議也被棄若敝履。[58]就連情報機構呼籲對中國的動作謹慎應對的報告，都被認為「缺乏實際證據」而被駁回。[59]

更糟糕的是，麥克阿瑟的親信有時會將情報人員的報告內容潤飾後，再轉告給他。這是因為所有人都知道，麥克阿瑟不想聽到與他自己確信的「中國絕對不會參戰」相左的報告。[60]麥克阿瑟自詡是「東洋人心理」方面的權威，他「知道」亞洲人是「服從、忠誠、幼稚，會立刻聽令於堅決的領導」。實際上，麥克阿瑟很喜歡說「東洋人心理」是和西洋完全不同的。例如，一九五〇年八月上旬，他對來到東京拜訪他的埃夫里爾·哈里曼（Averell Harriman）講述有關東方人不怕死的事。麥克阿瑟說，「他們都是安安靜靜地死去的。就像鴿子收起翅膀，雙手緊抱，平靜而放鬆，然後死去的。」[61]

正是因為這種根深蒂固的成見，麥帥直到一九五〇年十二月上旬，中國正式宣布參戰之前，都不願意承認中國已經全面參戰。這和蔣介石形成了強烈對比。老蔣早在一個多月前的十月下旬就在日記中寫道，「中共匪軍實已在北韓參戰。」[62]可以說，蒙蔽美國高層領導人雙眼的，並不是缺乏情報，而是他們對中國和整個亞洲人的普遍成見。這些成見（即偏見）限制了他們的想像力，使他們無法將那些透露中國將會參戰的線索連接起來。

事實上，這種模式與近十年前（以當時來說）的太平洋戰爭期間中出現的模式非常相似。正如日本史專者約翰・道爾（John Dower）在其經典著作《無情的戰爭》（暫譯。*War without Mercy*）中所詳細討論的，在第二次世界大戰之前，日本這個國家根本就不被視為是軍事威脅。這是因為當時許多美國人「知道」日本人不會射擊、不會航海，更不用說駕駛飛機了。此外，他們普遍相信日本人天生近視，而且這是得到了「科學證實」的。同樣的，早在珍珠港事件之前，已有報告指出日本自製的「零式」戰鬥機具有很高的性能，而這也被忽視了。借用道爾的話，這叫做「偏見偽裝成了事實」（prejudice masqueraded as facts）[63]。亞太戰爭爆發後也出現過相似的狀況：當日軍同時對珍珠港、菲律賓和馬來半島發動攻擊時，麥克阿瑟一開始拒絕相信這是日軍所為，他堅稱一定是有「白人傭兵部隊」在裡面。這種反應並不只出現在麥克阿瑟身上，太平洋戰爭期間，有一個常見的謠言，說：「一定是德國顧問在指揮日本的砲兵隊。」[64]

而近十年後這些觀念仍然存在，似乎也就不足為奇了。事實上，正如伊羅生（Harold R. Isaacs）在一九五〇年進行的經典研究中所指出的，中國人在美國社會中的形象相當負面。他們普遍認為中國人的程度是「落後到無可救藥，永遠無法具備軍事實力」。雖然這是十九世紀時的印象，但卻是當時美國人對中國的普遍印象。[65]伊羅生的研究中還發現，「中國人」經常令人聯想到某些詞彙，如「無精打采」、「懶惰」、「順從」、「奴性」、「遲鈍」、「文盲」、「無知」和「迷信」等等。[66] 某一位居住於美國中西部的出版業者針對這項調查，表示：「我從沒想過中國人會『好戰』，我從未想過我們會與他們開戰，他們是一個只有可悲農民的國家！即使在五年或十年前，我也無法想像我們會與中國開戰。」[67]

這些觀點與其說是個人的偏見，更應該說是社會所建構且共享的結果。事實上，迪恩・艾奇遜、喬治・凱南和杜魯門總統等政治人物和政府官員都抱有類似的觀點。正如美國史學家湯瑪斯・波斯特曼（Thomas Borstelmann）所觀察到的，就連凱南都有把非洲、亞洲、中東和拉丁美洲的人民混為一談的傾向。他認為這些地區的人們「衝動、盲信、愚昧、懶惰、處境悲慘，還很容易產生精神上和生理上的缺陷」。這種庸俗的成見出現在一位舉世無雙的賢能外交官身上，實在令人吃驚。[68] 由此我們可以窺見，為什麼那麼多的美國人對中國參戰會感到如此震驚。也就是說，許多人之所以感到突然和驚訝，並不是因為它真的來得毫無徵兆，而只是因為它並不符合美國社會中對中國和中國人的普遍成見而已。

這裡又出現了一個有趣的現象。既然中國參戰已昭然若揭，那麼就必須將過去認為的中國的從屬形象與眼前的中國兩者進行某種整合。然而，這種修正並不是重新檢討或訂正傳統的形象，反而是把既存的成見的延伸進行微調而已。也就是說，他們依然將中國視為是蘇聯的工具，因為只要這樣思考，就可以繼續保持過去的成見：「順從」、「愚昧」、「落後」；沒有必要以「具主體性」、「積極」、「勇敢果決」等詞彙來重新定義中國。事實上，他們幾乎從未認為中共政府是有決策能力的。正如我們先前看到的，美國人普遍都接受「中國參戰是在莫斯科的指示下發起的」這個說法，認為中國是因為有莫斯科的支援才能做到的。伊羅生訪問過一位後來成為艾森豪政府高級官員的男子，他如此回憶當時的情況：

我從小的教育就告訴我，中國人不會操作機械。而現在，中國人突然會開噴射機了！在美國人的觀念中，除了日本人，亞洲人都不懂機械。日本人是怪胎，他們不是懂機械，只是在模仿別人而已。在一些大眾讀物裡，他們說亞洲人是用手在犁地的，而歐洲人則操作著機械。但現在中國人在開飛機了！我很擔心，畢竟中國有幾億人可以和蘇聯聯手。我一直以為黃禍論是無稽之談，但現在連我自己都能清楚地看到，亞洲人和斯拉夫人聯手，真的會征服世界！[69]

這種混雜著驚訝、恐懼和偏見的態度，也同樣出現在《生活》雜誌的文章中。「中國的紅軍，二十年前還只是一群烏合之眾的游擊兵，如今已被俄國化，變成了一支棘手的戰鬥部隊。」[70]藏在這篇文章中的成見是，如果沒有被「俄國化」，中國根本就不會構成威脅；中國人不可能靠自己做到這些，畢竟他們只是一群「烏合之眾」，連開飛機都不會。也就是說，為了使這些戲劇性的轉折變得合情合理，美國做的不是糾正他們對中國的偏見，而是生出一個膾炙人口的新故事：一定是有外國勢力在大力支持中國，要不然就是某種背後勢力在強迫中國，而這其中一定和蘇聯有關。[71]這個只有微調過的「常識」認為，克里姆林宮逼迫了北京，又以強力的支援迫使中國參戰，而這當然是為了蘇聯的利益。

這種觀點完全符合當時在美國社會迅速蔓延的冷戰世界觀，因此最能夠保有合理性，無論這有多不真實。

這種通俗的觀點威力有多強，從以下的例子中也可見得。韓戰爆發後，《中蘇友好同盟互助條約》(*Sino-Soviet Treaty of Friendship, Alliance and Mutual Assistance*) 的捏造譯本迅速在美國社會傳開。該條約是中蘇兩國於一九五〇年二月締結，主要內容著重於蘇聯提供經濟援助，以及兩國之間的軍事結盟。美國社會卻流傳著內容更多元、更激進的捏造版「翻譯」。例如，「中國允許蘇聯在其領土上駐軍和建立基地」便是一個典型的例子。另外還有「北京同意由蘇聯指揮解放軍，讓解放軍加入並成為共產國際軍隊」；甚至還說「中國同意向蘇聯提供一千萬名勞工」。[72] 當然這些都是杜撰的，以現在來說就是假新聞。[73] 而這些「翻譯」所反映的，與其說是新聞的主題，不如說是美國對中國的陳舊看法。也就是：中國幾乎就是一個被殖民的國家，是蘇聯的工具，就是個有無數奴隸般的勞動人口的地方而已。

圖 5-2　韓戰期間美軍的政治宣傳插畫〈中蘇友好｜這是毛澤東討好蘇聯的手段〉

## ◆「中國人是數百萬的囚徒」

韓戰時期大多數的政治宣傳，都反映了美國這種將朝鮮和中國人民視為從屬的觀點。但事實上，美國國內社會像這樣將自己的中國觀投射到「現實」世界的例子，並不是從這時候才開始的。正如美國歷史學家T．克里斯多福．葉斯柏森（T. Christopher Jespersen）在有關一九三〇、一九四〇年代美國社會的中國觀研究中所指出，「美國人對中國的印象和觀念，完全都是受到國內影響下的產物。」[74]但無論它有多麼扭曲，一旦被廣泛接受並扎根在人們心中後，這種國內觀點就不再只是想像的產物而已。對於生活在那個社會裡的人來說，它就是「現實」。

華盛頓的政治家和政府官員也認同了這種社會所建構的世界觀。例如，杜魯門政府的國務院顧問、共和黨員約翰．福斯特．杜勒斯（John Foster Dulles）曾親自告誡杜魯門：「亞洲事態的新局勢證明，蘇聯和中國共產黨正在合作進行某種全面性計畫。」[75]而時任遠東事務助理國務卿迪安．魯斯克（Dean Rusk，在之後歷任了甘迺迪及詹森政府的國務卿）則毫不掩飾地說：「應將北平（北京）政權視為俄羅斯殖民政權，它就像一個大規模的斯拉夫滿洲國。這個政權代表的不是中國政府，它絲毫沒有中國的東西。」[76]在杜勒斯和魯斯克的眼裡，中國是被動的、被殖民的國家，因此在中國發生的一切，看起來都並非出自當地人民的意願。

這種將共產黨政權與中國人民分開看待的態度，並不只出現在主流的決策者之中，在左翼人士之中也很普遍。他們不喜歡腐敗的蔣介石政權，但同情中國人民。例如，剛辭去進步黨黨魁職務的亨利・華萊士（Henry A. Wallace）就視共產黨政權統治的中國為莫斯科的衛星國。他說：「我們今天面臨的危機，是由於亞洲和俄羅斯的普通百姓被那些想要統治世界的人所掌控著。」華萊士接著說：「百分之九十九的中國人都不是共產主義者，充其量表面上是的。」[77]

乍看之下，華萊士似乎十分同情被共產黨統治的人民，但其實華萊士的態度中，也夾雜著家父長式的態度和居高臨下的傲慢，因為他從一開始就否定了中國人民擁有選擇權的可能。因此，他伸出了保護和關懷之手，卻不認同中國人的權利。可以說，這也只不過是另一種延續中國人是「服從、軟弱、可憐又寒酸」的傳統印象看法罷了。

此外，華萊士的這個觀點，也反映出了當時廣泛流傳的另一種「現實」，也就是一種美國人普遍擁有的印象：「數百萬的中國人民，被一小撮的共產黨人所俘虜。」這種印象，可從廣受歡迎的家庭月刊《星期六晚郵報》（*Saturday Evening Post*）刊登的一幅政治諷刺漫畫中見得。這幅漫畫描繪了一位看起來像農民的中國人，貌似奴隸般地被鎖鏈綁著、雙膝跪地，且被手持步槍的共產黨人脅迫著。[78]值

圖 5-3　《星期六晚郵報》刊登的政治漫畫〈「農地改革者」的收穫季節〉。1950 年 12 月 16 日

得注意的是，這幅漫畫如何延續那些對中國人根深柢固的偏見：頭戴俄羅斯風格、紅色星星帽子的「毛澤東」，被描繪成一個矮小、呲牙咧嘴的好鬥者；而代表「被俘虜的數百萬人民」的中國人，則是一個體型壯碩卻無力、屈服、令人同情的模樣（且同樣呲牙咧嘴）。可以說這幅漫畫描繪的也正是一種刻板印象：「中國人需要幫助」；並且透過強調「毛澤東」身形矮小、「被囚的中國人」身形壯碩的對比，這幅諷刺漫畫傳達出了一個訊息：大多數的中國人都是在非自願的情況下，被極少數的共產黨人所掌控的。

美國社會中似乎有許多人都對此深信不移，有些人甚至鼓吹要為中國的反革命運動提供經濟和軍事支援。例如，科羅拉多州的一名男子焦躁地抱怨道：

> 俄國的局勢動盪。所有衛星國私底下都對俄羅斯抱有強烈的反感。那我們為什麼不和那裡的地下勢力合作呢（包括中國）？我們為什麼不利用地下勢力和反抗運動呢？[79]

這段話包含了幾個假設，一是共產主義地區中的絕對多數並不支持共產主義，二是如果美國大力給予當地人民支持，他們就會起來反抗共產主義政權並歡迎美國人。

儘管這些假設只是猜測，也是自以為是的成見，但國民黨政權送出大量官方和非官方報告卻增強了這類說法的可信度。事實上，在此期間找到反攻大陸絕佳機會的國民黨官員，因此加強對美國社會和官員的政治宣傳攻勢。據國民黨所說，在中國大陸，人民對中共的熱情已經減退，而對國民黨反攻大陸的期待則愈來愈高。他們還說，中國南部和西南部的農村地區裡反政府勢力逐漸強大。[80]他們還同樣大肆宣稱，由於許多中國士兵是被強行送往前線，因此如果美軍以蔣介石的名義向他們喊話的話，他們便會投降。[81]國民黨黨報《中央日報》也不斷主張類似的言論，例如有多達一百六十萬的反共游擊隊潛藏在中國大陸，而大陸的同胞正被蘇聯帝國主義奴役，只能一心等待被解放。[82]

當然，這些對中國的印象也並非是無憑無據的幻想。正如第六章將會詳述的，有相當多的人懷疑和不信任中共政權，其占人口比例之大甚至不容忽視。此外也有各種反革命勢力仍在中國國內活躍、共產黨政權的統治體系和合法性也尚無法鞏固。[83]可以說，對這些被共產黨政權迫害，或是被迫逃離中國大陸的數百萬人來說，「數百萬的囚徒」這個形象的確與現實相符。然而，僅憑這些事實仍無法解釋另一個事實：中國社會大力支持社會改革和反殖民主義運動，而中國共產黨正是透過這些運動得到民心的。[84]當然，北京和莫斯科在有關韓戰問題上保持著緊密聯繫也是事實。[85]但如前一章所述，這並不代表北京是接到莫斯科的指令才參戰的。[86]

然而，韓戰時期美國社會的主流觀點，認為的卻是莫斯科正在操縱北京和平壤，而且當地人民很明顯是需要幫助的。因此，不少人開始表達他們的不滿：為什麼其他國家的人們對這顯而易見的「現實」視而不見？他們為什麼不站出來對此反抗呢？一位陸軍將校感嘆道，「如果其他國家真的和我們一樣支持『制止侵略』（也就是我們所有人面對的真正威脅）的話，他們究竟為什麼不加入這場戰爭為這個共同事業盡一份心力呢？」[87]

在當時的美國社會，這樣的惱怒和沮喪並不會被視為歇斯底里、恐慌或類似鷹派的言行。在對第三次世界大戰的恐懼以及確信冷戰世界的前提之下，這種態度反而被認為是合情合理的。在這種觀點看來，全世界的人應該要更認真地跟上美國的步調才行。《堪薩斯城星報》刊登的一幅政治漫畫正好象徵了這種期望。在這幅漫畫中，來自許多國家的無數人民正在往聯合國和美國的旗幟下聚集。[88]可以說，雖然這些觀點反映了美國國內社會普遍存在的成見（更直白地說，是偏見），但它們也是基於當時美國社會中一種占有優勢、已定型的「現實」所呈現出的最現實、最合理，以及保衛國家所不可或缺的一種態度。

圖 5-4 《堪薩斯城星報》刊登的政治漫畫〈如果自由世界可以團結一致〉。1950 年 12 月 16 日

## ◆明顯可見的內部分裂

隨著這種「現實」占據主導地位後，美國社會內部的分界線也愈來愈明顯。中國方面的專家的處

境開始變得微妙且危險。這是因為他們許多人一再呼籲人們注意美國社會中普遍對中國的顯著刻板印象。例如，哈佛大學中國歷史學家費正清認為，中國共產革命從根本上來說是中國人民自己決定的事情，「美國人應將共產黨在中國的勝利視為民族自決的典範，而不是將其視為外部侵略的結果。」[89]身為中國專家，費正清更關注於中國社會內部各種事件的發展，這使得他更為謹慎，不高估其他國家的影響力。他在一九四八年的著作中指出：

> 美國人犯的最大錯誤，可能是看著中國，卻只想到這是俄羅斯的影響。近代中國是不可能被納入任何外國列強的勢力範圍的，無論那是俄羅斯、美國還是任何國家；除非中國自己的內部發展本身就朝著這個方向。[90]

當時的其他中國專家，如約翰．霍普金斯大學（Johns Hopkins University）的歐文．拉鐵摩爾（Owen Lattimore）、加州大學柏克萊分校的畢恩來（Thomas A. Bisson）、美國國務院的約翰．佩頓．戴維斯（John Paton Davies）、謝偉思（John Stewart Service）和柯樂博（O. Edmund Clubb）也表達了類似的觀點。如果在對的時間點，他們的觀點或許能夠幫助人們更進一步思考中國，並促使人們從更多角度去看待中國。

當然這並沒有發生。我所列出的大多數中國專家，在正處於冷戰世界觀之下的美國社會中，大都被封殺和壓制了。而且，本章所探討的兩個通俗印象（也就是「中國和北韓是蘇聯的棋子」和「中國人是數百萬的囚徒」）已經滲透到社會的各個角落。為什麼會出現這種情況？為什麼只有某種特定的「事實」被大肆渲染，且被當作一切的「現實」，而其他類型的事實和現實卻被輕描淡寫了呢？

要回答這些問題，我們必須先思考在地轉譯（local translation）的運作。也就是當時的美國社會是如何觀察和解釋國外事件的。任何一個時代的任何一個社會都一樣，但當時的許多美國人在大量資訊觀察國際事件時，國內既有的成見如同過濾器。這個過濾器決定哪些資訊應被視為「有事實根據」，而哪些則沒有。也就是說，符合大眾想像的「事實」更容易被當作「現實」而接受並普及。可以說，這正如美國外交史學家入江昭所指出的：「所有的現實，在某種意義上都是想像出來的現實……那些都只是人類意識的產物。」[91]

換句話說，只有與大眾想像和接受度一致的「現實」版本才能存在與占據主導地位。因此，對中國服從的形象之所以流行，並不是因為這代表中國的實際情況，而是因為與美國社會中既有的偏見相契合。同樣地，上述中國問題專家在所謂的麥卡錫風暴下被邊緣化，除了費正清外，其餘人都失去了工作，並不是因為他們犯錯或說謊，而是他們的觀點偏離了一般大眾所能接受的範圍，因此被視為「危險分子」所致。從中我們可以得知，現實是否形塑了理解是很難定論的。毋寧說，是既有的理解框架定義了哪些應被視為「事實」，哪些應被視為「現實」。

隨著這樣特定的「現實」蔓延開來，那些持不同意見的人，逐漸在他們的社區裡變得突出，甚至最後被視為社會中的「敵人」。舉例來說，在一九五〇年夏季進行的蓋洛普民調中，百分之九十的受訪者贊成所有在重工業工作的共產黨員都應被解雇。[92]此外，百分之四十的受訪者贊成如果與蘇聯爆發戰爭，應該要將美國共產黨（CPUSA）的所有成員關進集中營或是監獄裡。[93]這顯示當時人們認為可能在戰爭中敗陣，使得局勢非常緊張。而且不只是在朝鮮半島上會打輸，而是在包括美國的任何地方。以激進反共著稱的時事通訊《反擊》（*Counterattack*）發表的一篇社論，簡單扼要地表達出了這種情緒：「如果我們輸掉這場戰爭，整個世界將由莫斯科統治。我們必須採取一切可能的措施剷除國內外的共產主義者。共產主義及其同路人都是聯合國和美國的叛徒。」[94]

若從現今的角度回顧，可能會覺得這種硬派的態度很異常甚至荒謬。但以當時的情況來說並非如此。一九五〇年九月中旬，俄亥俄州的一名男子寄給了白宮一封充滿憤怒的信，內容寫道：

> 我們應該制定一項法律，不僅在戰爭時期，在和平時期也絞死所有的間諜。我們應該制定專門的法律來對付這些人。他們受到我們一般法律給予的過多保護，而他們不應該得到這些。還應該制定一項法律，規定他們如果做出任何批評，都將被驅逐出境。如果他們不喜歡這些待遇，就請離開，反正他們也不受歡迎。[95]

這就是那個時代的潮流。也就不須驚訝一九五〇年九月，國會為了通過了《國內安全法》（*Internal Security Act*），甚至推翻了杜魯門總統行使的否決權。該法又稱《麥卡倫法案》，是以法案的主要起草人內華達州民主黨參議員帕特．麥卡倫（Patrick A. McCarran）的名字命名的。該法要求美國境內的

「共產主義」組織必須登記註冊，且限制其成員的公民權，同時成立調查委員會，審問涉嫌參與「反政府行動」者。

議會制定這個法案的背後，是因為大多數人都痛恨著「共產主義者」，無論「共產主義者」實際上到底意味著什麼——這將在第七章中討論。在這樣特定的「現實」之下，那些曾經信奉馬克思主義思想的人，甚至只是與這類人私下有來往的人，他們的生活開始充滿苦痛。「韓戰爆發時，我是高一學生。在社會課上，我說了一些話，大概是說，韓戰是一場內戰，美國應該置身事外。」貝琪．詹金斯（Becky Jenkins）如此回憶道：她的父親當時是美國共產黨加州分部的成員。「那個老師對此說『這是共產黨的態度』，接著全班開始大笑，並對我尖聲叫囂，大喊：『Commie!』（共產黨員）。我邊哭邊跑回家，非常屈辱。」[96]

到了一九五〇年秋末，被當作「國家內部的敵人」，或是「賣國賊」的，不僅止於共產黨人及其家人，還有各種左派、社會民主主義者、進步主義者甚至包含了勞工運動家。[97]到了這時，過去曾經以「自由主義者」自負的人，也不願意被這樣稱呼了。[98]甚至杜魯門總統也不再稱自己為「自由主義者」，而使用「前瞻派」（forward looking，「進取」或「面向未來」）。[99]

在這種情況下，許多人因為擔心世人的眼光，只好改變自己的日常交流活動和舉止。舉例來說，一些曾經參加過進步黨主辦的連署活動的人，要求當地的進步黨支部將他們的名字從連署書上刪除。也有些人向進步黨申請退黨，甚至有許多人要求進步黨不要寄送雜誌和小冊子到家裡，以免引起鄰居的注意。[100]威斯康辛州的一名男性寫了一封信給進步黨總部，表示：「請不要再寄任何有關進步黨的信件或報章雜誌給我了。我對這些不感興趣。今後請不要再寄送任何與進步黨有關的郵件了。」[101]同州的另一名男子也寫了一封類似的信：「如果您將郵件列表中刪除我們的名字的話，您可節省時間和郵費，我們也可以省去收信和拆閱郵件的麻煩了。」[102]有些人則帶著歉意解釋了為何選擇退出。科羅拉多州丹佛市（Denver）的一位女性，在退出世界上第一個女性和平組織——國際女性和平自由聯盟（WILPF）時寫道：「我必須顧慮到我的工作，還有我在社區的地位。」[103]

在這種極度鷹派的壓抑氛圍之下，那些持不同意見和不能順應潮流的人，便不敢在公開場合提出自己的觀點。一位匿名的進步主義者如此描述當時的情況：「在這個國家，對戰爭的狂熱已經太過沸騰了。左派們很害怕，因為就算是冷靜有理地談論和平，但所說的一切就會像是對著颶風大喊一樣，完全無濟於事。」[104]面對這種情況，也不意外許多人得到了神經衰弱。一九五〇年夏天，加州的一位精神科醫生對當時的情況，作出了以下的觀察：

> 有非常多的年輕人都是在極度焦慮的情況下來找我的……他們覺得美國已經變成了一個警察國家。在這裡，公民不再有言論自由，甚至對和平的渴望也被視為反政府或等同犯法。對他們而言，在這個國家生活變成了一場惡夢。[105]

由於這種充滿監控的環境——不只政府而是普通百姓促成的社會監控制度——蔓延到了社會中

的每個角落，使得社會中「他們」和「我們」、也就是敵方和我方的分界線變得前所未有地清晰。

由此看來，與其說公共政治宣傳和民防計畫的主要功能是形成人們之間的共識，倒不如說是顯示出「敵人」在哪裡、誰又是「敵人」。為了「解決」社會內部的意見分歧、「克服」社會的分裂，採取的措施是更直接、更無情，且更具社會性而非政治性。一場國內鎮壓和社會性懲罰的風暴，正是韓戰時期世界各地同時發生的現象。關於這部分，本書的第七章至第十章將進行詳細的探討。

在探討這些現象之前，還有一點要確認：本章針對美國社會所探討的創造「真相」運動的興起，以及隨之而來社會明顯產生分界線等現象，並非美國社會所獨有的。這其實可以說是一個相當普遍的現象，因此在下一章中，我們將探討在歷史、政治、文化和社會背景上，都和美國社會大不相同的中國社會當中，類似於本章所看到的現象，又是如何發展的。

# 第6章
# 在動員與參與之間

一九五〇年十一月十二日星期日上午，所有在上海發行的報紙的早報，都晚了五個小時才在店鋪上架。原來，據說當天的凌晨四點左右，中共官員突然出現在每家報社裡，還仔細檢查了每一篇報導的原稿。[1]

其實，前一天就已出現了比報導審查更加嚴格的徵兆了。《字林西報》(*North China Daily News*)是一家英國人在上海經營的英文報紙。這天，該報的某位中國人總編輯被一通電話傳喚到了中國外交部。於是，共產黨高層向這位總編輯轉達了軍事管制委員會的決議。大意是：從現在起，禁止任何「反對」中華人民共和國或其友好的國家的報導；立刻停止發表「非友好的帝國主義各國」所經營的通訊社、廣播電臺，也就是路透社、美聯社和合眾國際社所做的報導。[2]

繼星期六的通知和星期日凌晨的突擊檢查，十一月十三日，也就是週一，共產黨當局關閉了《字林西報》所使用的路透社接收器。這等於審查制度減緩的希望完全消失了。這個當下，也是這份歷史悠久、由英國富豪於一八五〇年在上海創辦的報紙，結束了它報導長達一世紀的歷史的當下。[3]

第二天，十一月十四日星期二，北京和上海的所有戲院一同停止上映美國電影。北京總共有十六家戲院，這些戲院的內部和外部裝潢，都裝飾上以紅色布料搭配黃色字樣縫製的鮮豔愛國標語。再來，這些所有戲院都舉辦了以韓戰為主題的政治漫畫展或寫真展，且幾乎所有戲院門口都放著大聲公，大聲播放口號。[4]在接下來的幾個星期，這些戲院總共放映了三十一部電影，其中十七部是中國電影，十三部是俄羅斯電影，還有一部是北韓電影。這些電影包括中國的《衛國保家》、《白衣戰士》、《中華女兒》；蘇聯的《小英雄》（*Сын полка*）、北韓的《我的故鄉》等。每當這些影片上映時，觀眾都會高喊「中國人民志願軍！」「毛主席！」「史達林大元帥！」還常常造成影片播放中斷。[5]

很快地，北京的報紙每天都會刊登有關這些電影的廣告和評論，甚至整個北京市有五萬多張的電影海報出現在各個角落。根據北京電影工會當時所提出的報告，在此期間，北京共十六家戲院，計有四十萬以上的人觀看了這些電影。同時，上海也展開了類似的運動，而其中的主要推手——上海電影工會，在這個時期突然開始表現出明顯的對外抵抗意識。該工會表示，自一九二六年，上海開始放映美國電影以來，就一直受到了來自美國的文化侵略。「這種美國影片像洪水一樣湧入在中國土地上，它給了中國人民何種的災害呢？首先是造成了一部分青年親美、恐美的心理，解除了他們精神上的武裝，使他們成為不務正業的遊民，欺凌弱小，貪圖享受，侮辱女性，墮落、腐化、消沉、或犯罪。」[6]

除了排斥西方的媒體或電影，一九五〇年十一月，《人民日報》的基調也突然出現了明顯的變化。該報一反自七月以來的謹慎和相對低調，突然轉變為激進且尖銳的反美立場。例如，十一月下旬，該報刊登了一首題為《美國殺人犯》的詩。

是誰餵養了走狗蔣介石？
是誰用六十億美金援助反動派？
是誰假裝「調停」內戰，暗地裡把軍事指揮？
瘋狂的飛機侵犯我們領土，血腥的魔爪伸向我們東北！
這破壞全世界和平的強盜是誰？
這強姦我們姊妹的流氓是誰？
這中國人民不共戴天的仇人是誰？
這爬到我們大門口來的賊是誰？
是它！是它！是它！

在這一連串的質疑最後，是一連串煽動性的回答：「是美帝國主義侵略者！美國鬼！美國鬼！美國鬼！」[7]

隨著中國人民志願軍參戰，並取得第一次、第二次戰役的勝利後，這種毫無遮攔的攻擊性語調也變得更強烈。尤其在十二月六日、收復平壤時最為顯著。舉例來說，《人民日報》在第二天刊登了一幅耐人尋味的三格漫畫。前兩格描繪的是雙手變成沾了血剪刀的麥克阿瑟，以及他想要將北韓整個切割下來的模樣，貌似他已經快要得手了。然而，在最後一格中，麥克阿瑟的雙手被一把從空中襲來的巨大鉗子夾得歪七扭八，還有他自豪的墨鏡和軍帽也噴飛了，彷彿可以聽見他的慘叫聲。最重要的是，拿著鉗子的左手寫著「朝鮮人民軍」，右手則寫著「中國人民志願軍」。

請留意《人民日報》使用了「中國人民志願軍」這個字眼。其實，「中國」在這之前是被描述成友好的一方、但僅是旁觀者，然而這是首次描寫成韓戰的重要參與者。[8]這個明顯的變化也可見於以下這首八行詩中。這首詩是第二天和慰問袋的照片一起刊登在《人民日報》上的。

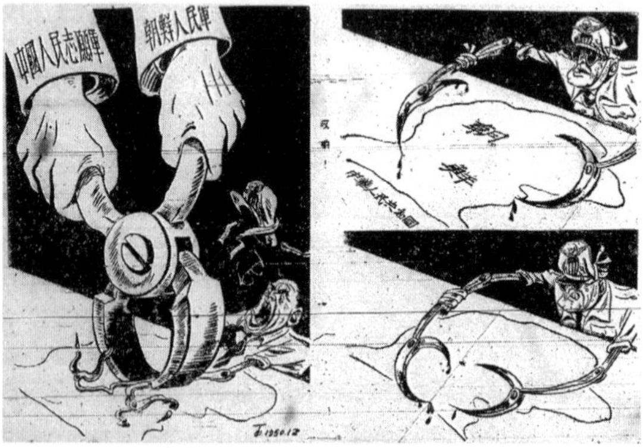

圖 6-1　《人民日報》所刊登的政治漫畫〈麥克阿瑟「總攻」的破產〉。1950 年 12 月 4 日

千萬個慰問袋，
千萬封慰問信，
千萬顆中國人民欽敬熱愛的心，

獻給朝鮮前線英勇的戰士們！
英勇向南挺進，
繼續向南挺進，
到漢城，到海濱，
我們的心永遠跟隨著你們！[9]

這首八行詩明確地表達了侵略性的立場，通過提到中國軍隊越過三八線和朝鮮半島的統一強調了「首爾」和「海岸」，顯示出《人民日報》的態度有了一百八十度的轉變。在這之前，《人民日報》在處理韓戰是否屬於中國問題上一直很謹慎，有關中國在韓戰裡的目的，也一直含糊其辭。但這首詩明顯跳脫了以往的路線，因為其中明確表達了將美軍趕出朝鮮半島的決心。

目前所看到，一九五〇年十一月至十二月裡所出現的各種愛國運動，如加強新聞審查、擴大電影業的政治宣傳運動，以及《人民日報》的報導立場明顯轉變，當然都不是單純的個案。這些都是跟著中國共產黨主導「抗美援朝」運動同時開始且推動的。這是一場涵蓋整個韓戰時期中國社會、深入民眾生活中各個角落的全國性群眾運動，且參與者不分男女老少。從十一月下旬開始的短短幾週，[10]突然開始舉辦起許多活動和集會，例如動員大會、控訴會、辯論會，還有好幾場在茶館進行的讀書會和集會，以及在全國各地舉行的政治漫畫展、標語展，甚至還有譴責帝國主義國家過去犯下的罪行的集會。[11]

隨著這種愛國主義的興起，數以萬計，甚至數以百萬計的人，便以各種形式參與這場運動。在這個新成立的共產主義國家中，塑造出了一種特定型態的「現實」和社會共識，從而將許多反體制派和少數派群體逼到社會邊緣。當然所有的這些運動，都是在官方主導下自上而下型計畫的產物，而這些計畫往往是強制的、高壓的，有時甚至是殘酷的。[12] 然而若要探討這些運動為何會被廣為接受，以及這又是如何塑造社會現實的，還需要更詳細的分析。

在研究這些主題時，本章關注的不只是國家主導的政策，也關注人民私下的言論和謠言等。正如歷史學家詹姆斯·T·斯帕羅（James T. Sparrow）在研究戰時美國社會的流言蜚語時所指出的，真正荒誕不經的故事不會被人們記住，也不會被流傳。[13] 無論民眾的行為多麼微不足道，但說故事或聽傳言，都是人們感知和建構自我世界的有意義的方式。因此透過分析，我們可以窺見當時的人們是如何參與這場國民運動，以及他們為何會如此熱衷於這場運動。

圖 6-2　參加在上海第十六紡織工廠舉行的反美示威的群眾。1951 年

接下來，讓我們從一九五〇年秋季，普通百姓對共產黨擴大政治宣傳運動的反應開始進行探討。

## ◆反駁、不信和恐懼

首先應注意的是，民眾的情緒並非只是中共政治宣傳下的產物，也非千篇一律的。後世的我們已經知道了共產黨政權在之後進行了嚴厲的鎮壓，因此可能很難想像當時竟然會有人公開且大膽地批評中共。然而，在一九五〇年秋季，那些我們已經知道的大規模鎮壓尚未到來，而公然反駁北京政策的聲音則不絕於耳。這些反對意見首先認為的是，中國參戰缺乏正當理由。

舉例來說，一九五〇年十一月，一位在北京工作的小學教師表達這樣的疑問：「又宣布和平，又要出兵，豈不是矛盾？」[14]也有其他人表示，「中國出兵是干涉朝鮮內政，違反聯合國憲章。」[15]甚至有人這樣擔心：「出兵朝鮮可以，但打完後要趕緊回來，否則不是成了帝國主義？」[16]部分商業界人士也有所疑慮。例如十一月底，天津一家電子公司的高級主管說：「中國與韓國畢竟是兩個國家，不像河南、河北兩省一樣可以隨便出兵去援助，咱們中國人民的解放，又有那個國家來援助過咱們？我們與其去援助朝鮮還不如去解放臺灣。」[17]

除了這些直截了當的反駁外，對中國共產黨的不信任、懷疑，以及對戰爭的焦慮和恐懼仍是相當地流行；儘管當時正在推行大規模的政宣運動（也或許是這造成的反效果）。一位上海的工人說：「共產黨的宣傳是騙人的，說美國是紙老虎，現在苗頭看出來了，一拳打在北朝鮮，眼看就打到鴨綠江了。」[18]湖南省長沙市的一位中共地方官員在當時幾乎是一籌莫展，因為當地的工人、商店老闆、教師和學生都只想看香港版的《大公報》和《文匯報》，完全不相信當地共產黨委員會發行的報紙，因為他們認為這些報紙只刊登對黨「有利」的新聞。[19]

杭州的地方官員也向北京報告了類似的事。當地的店家只相信美國之音廣播電臺。[20]南京中南銀行的一位經理也直說：「中國參戰沒有好處，海岸線如此長，美軍隨時可以登陸。中共說美國將來疲於奔命，實際上是解放軍將要疲於奔命。」[21]

這些懷疑也是最好的話題，便產生數不盡的謠言和傳聞。十一月左右，陝西省西安市傳聞稱，約兩個星期前，美軍在中國東北地區投下了原子彈，中共政府已經撤離到距離北京一千五百多公里、黃河上游的甘肅省蘭州市了。[22]江西流傳的謠言則稱，北韓政府已經逃進了中國境內，當年春天人民解放軍才剛解放的海南島已經被美軍占領，還有蔣介石將發動反攻大陸。[23]

與國民黨有關的謠言特別多，且無論情節有多荒謬，細節卻似是而非。例如，十一月在長沙流傳的一個謠言稱，國民黨已經做好了反攻的準備，國民政府軍的陳誠將軍、何應欽將軍將分別進攻華南和華中；舊日本軍中國派遣軍總司令官、前陸軍大將岡村寧次率領的部隊將進攻華北。所有的作戰行動將由道格拉斯．麥克阿瑟將軍進行總指揮。[24]

有趣的是，這些謠言反映了中國社會裡的一種普遍性看法：國民黨軍、日軍和美軍將合力侵略中國。這類謠言通常是像這樣發展：首先，會有人指出第三次世界大戰已經爆發了；再來，蔣介石會在日軍和美軍的支持下，於次年凱旋回到大陸。有些謠言甚至還會詳細解釋這些侵略計畫，例如：美軍將從上海地區發動登陸戰，日軍則會從朝鮮半島進入中國東北，蔣介石則將從中國南部發動反攻大陸。如果發生這種情況，下次不得不逃到臺灣的，就輪到中國共產黨了。[25]

這些「定論」時常會有非常荒謬的加油添醋。例如：國民黨政府在反攻大陸後，會將京滬鐵路割讓給日本，上海交給英國，天津和青島則交由美國控制。這些國家很快會派兵吞併這些領土。[26]另一個版本則補充說，法國會加入這些外國列強之中，並占領毗鄰越南的廣西省。[27]

我們不難發現，在這些謠言和恐懼擴散的背後，存在著對「外國列強」和「中國」本身的歷史偏見。正如我們在第五章所看到的，美國人對「中國」存有某種特定印象（直白地說是偏見）。這些先入為主的觀念建構了美國人對「現實」的看法，例如，把「中國」當作一個無能的孩子。[28]有趣的是，許多中國人對自己也有類似的偏見。

舉例來說，一位共產黨員因為太過焦慮而說出了以下的話：「中國好比是個小孩，美帝好比一堵牆。小孩子哪能推動牆？我們要從發展中看問題，過幾年小孩子長大了，牆也壞了，豈不一推就倒。」[29]遼寧省瀋陽市的一位工廠技師諷刺地說：「美國是紙老虎，中國連貓也不如。」[30]同樣是瀋陽，一位叫趙維的警察也極為悲觀地說：「要說美國現在誰都比不了，要再把日本拉起來，世界上誰都惹不了，蘇聯也不成，以前不是蘇聯被日本一連打敗了好幾次。我是東北人，我知道。」[31]

在這種極度悲觀、無奈、絕望和自暴自棄的情緒擴散開來的一九五〇年十一月，北京收到了來自全國各地的報告，表示一些奇怪的現象頻頻發生。據說人們大肆舉辦聚會，大吃大喝。一份來自東北地區的內部報告書稱，當地有好幾起這樣的聚會，其中一場甚至還有新鮮現宰的豬、雞肉。[32]

如前面所列舉的，這些恐懼和焦慮，以及對中國共產黨的懷疑和反對可說相當普遍。然而，當時主導中國社會的並非只有這類的反應。先不論前面那些謠言中所舉出的外國列強和侵占地區各有差異，但這些傳言以及支撐這些傳言的大眾情緒和偏見，都是基於西方列強和日本在當地實行殖民統治的歷史經驗和記憶。而形成了當時的另一種大眾情緒模式，正是這種透過自身的歷史記憶去看發生在朝鮮半島的事件的聯想。也正是這點最後為「抗美援朝」運動的推行做出了莫大的貢獻。這也造成了當時反殖民主義情緒、愛國主義和對國家的驕傲開始急遽高升，特別是在年輕人之間。

## ◆同意、參與和狂熱

一九五〇年十二月初的某一天，當人民志願軍勝利的消息一傳到，學生們便興奮地開始往北京市區的海外大使館或領事館的停留區聚集。學生們站在那裡高聲呼喊著「打倒帝國主義！」還在牆上寫了「打倒美帝！」甚至和附近的外國人發生爭執。北京市委向黨中央解釋，這起事件只是因為群眾過於狂熱而突然發生的，與中共當局完全無關，並表示今後將盡力防止此類事件再度發生。[33]中共領導人之一的國家副主席劉少奇對此十分重視，立即向各省市中共黨委發出內部通知，強烈要求他們防止類似這種對外國人過度敵視的事件發生。[34]從這起事件與中共當局的反應中可以清楚地看到，在一九五〇年秋季，中國參戰明朗化之際，民眾之間的反殖民主義和反美情緒已經是爆發般地擴散開來，有時其氣勢甚至遠遠超出了黨的官方態度。

數不清的印刷品和海報開始出現在全國各級學校和大學。例如，北京大學的最新消息公告欄以及印刷品每天都會更新，且每次更新的文字數估計超過六萬字。此外，在北京舉行的反美連署活動，三天內就徵集到了七千四百六十人的簽名。其中甚至還有學生和工人劃破自己的手指，以血書、血印簽名，以示決心。中共北京市委會則是立刻下令停止這種血書或血印的作法。[35]某位隸屬於中共北京市委的人對這樣的事態發展感到十分驚訝。他報告的情況如下：「學生報名情況熱烈，一般都超出原來估計的人數，而且沒有發生強迫命令的現象。」[36]不過這些愛國主義的高漲並沒有得到另眼相待。總公司位在香港的民間企業怡和機器（Jardine Engineering）的董事之一 H. Y. Hsu 在回憶一九五〇年秋季，他訪問廣東等地時這樣說道：「新愛國主義浪潮席捲而來，年輕人尤其被擄獲。中國的每一處都能聽見年輕人唱著反美歌曲，你還會發現他們急著接受軍事訓練，因為他們覺得自己在為正義、為保衛自己的國家而戰。」[37]

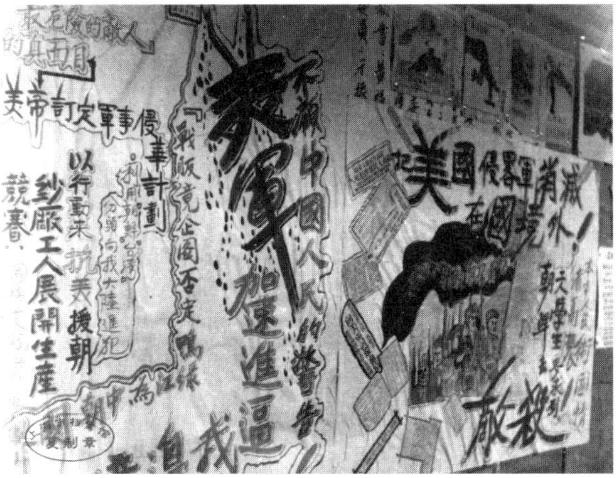

圖 6-3　貼在上海第十六紡織工廠的反美海報。1951 年

這種熱情在年輕人的日常生活中特別明顯。以下是當時居住在上海的英國人所觀察到的一名上海學生的一天。上午十點，他先參加了讀書會，討論報紙上報導的時事。午餐後的下午兩點到四點則是參加班級討論會。下午四點到六點，他又參加了另一場會議，和考慮就讀陸軍士官校的學生進行討論。晚餐後，他和同學一起去看以第二次世界大戰為背景的俄羅斯電影《柏林：堅不可摧的要塞》(*Berlin: An Impregnable Fortress*)。[38]

除了這些課外活動，學校裡的課程也與「抗美援朝」運動有關。例如，某所中學的歷史課開始講授十九世紀中葉美國侵略中國的歷史；理科的課則會強調原子彈的威脅只是嚇唬人的；連美術課上的都是製作反帝國主義或反美運動主題的圖畫和漫畫；文學課則是讓學生閱讀報章雜誌上有關時事的文章。[39]

不用多說，這些校內活動和計畫都是中共領導的「抗美援朝」運動的一部分。然而這些運動同時也得到了無數的現場民眾（例如前面提到的熱心學生、他的同學、家長和老師）的支持才得以執行的。如果沒有這些將運動視為己任的基層人民的支持，那麼無論下達多少指示，這些運動也不可能如此廣泛地擴散。換句話說，在探討這些運動的規模及發展時，我們要分析的不只是來自中央的動員體制，還要分析現場民眾的熱情參與。

試舉一例，上海的某位教師熱情地講述了自己作為教育工作者的使命：「我一定要把美帝國主義的罪行告訴青年兒童，使每一個新中國的人民熱愛自己的祖國，做好抗美援朝的愛國工作。」[40]這樣對愛國主義的號召在當時，並非突然出現的，也不是強制的，甚至也不特別。相反地，許多學生和家長都積極地響應了這些號召。前面提到的那位居住在上海的英國人（推測可能是上海某大學的關係人士），在當時有以下的觀察：

有許多非常優秀的學生自願離開學校和大學，去響應「祖國的召喚」。有這麼多年輕的愛國青年自願參軍，而主要的動機是抵抗美國。這是一個悲劇，也是一個重要的事實。最近我時常看到這樣的字眼：「反美是一項崇高的使命。」我曾經問我的學生，你打算加入什麼部隊？他立刻回答：「我要去空軍，去轟炸美國人。」[41]

這位英國人感嘆許多的學生（尤其是連班上最優秀的學生）都站出來志願參軍。他無奈地總結道：「響應『祖國的召喚』的行動肯定會持續攀升。」[42]

這些青年和工人的強烈意志，可以從當時他們寄給當地共產黨辦事處等組織的數百封信件和志願書中見得。這些信件現存於北京市檔案館。我們可以從中探討，當時究竟是什麼樣的原因和情感，驅使了這麼多的青年參戰。這裡面有一封由北京大學一名叫楊何偉的男學生所寫的信，其中寫道：

關於朝鮮局勢的看法，我是一貫主張出兵援助……現在人民日報上登載了許多工人學生表示願意志願參軍援助朝鮮的消息，我看了十分感動。我感到自己是不做置身度外的。我自己既然主張志願兵，我自己就應該做一名志願兵。所以我要求黨派我到朝鮮去，參加反美帝的直接鬥爭。把美帝的侵略部隊就地消滅。……

我從昨天考慮這個問題到今天，自己認為已經夠成熟了，我沒有任何理由留在這裡不申請到朝鮮去。我考慮過自己的母親問題……母親應該以我參軍為榮。我的志願不是我獨自可以決定的，它決定於時代與革命工作的要求。我的出身太優裕，需要更艱苦的鍛鍊，使我成為一個好黨員，最好派我到鬥爭最尖銳的地方考驗。[43]

這些愛國和反美情緒的迅速發展，可能會讓某些人認為這一定是由中國共產黨發起和策劃的。中共發動了政治宣傳、審查和各種政治運動，並以莫大的影響力去推動，這的確是一個重要的層面。但更重要的是，這些潮流並非是因為共產黨以中央政府的角色下達指示後才產生出來的。

關於這點還可以進一步探討。例如，中國如何認知美國干涉韓戰的「真實動機」？對此的批評又是如何滋長的？這要從十一月的美國鷹派週刊《科利爾》刊登的一篇文章和漫畫說起。這篇文章主張，直接攻擊中國本土是必要的，還附上一張相關戰略的漫畫。漫畫描繪了美軍從北韓、臺灣和越南三個方向包圍性進攻中國。

這篇文章在短短幾週內快速地發展開來。十一月二十日，天津的《進步日報》（原名為《大公報》，也就是一九〇二年在天津創刊，中國歷史最悠久的日報。一九四九年更名）轉載了這幅漫畫。十一月二十三日，鄰近地區的《河南日報》和《山西日報》也二次轉載了這些漫畫。隔一天的二十四日，《人民日報》也刊登了這幅漫畫。二十五日，周恩來總理甚至在演講中提到了這幅漫畫。

> 美國的侵略計畫，不用我們怎樣去找證明，讓我們引用美國自己的宣傳——報紙、雜誌上的插圖，也可以得到證明。這些圖上所標示的幾個箭頭都是指向中國大陸，把臺灣、越南也作為它們的侵略基地。從它的行動看也是如此。朝鮮戰爭爆發後，美國即在臺灣、越南發動侵略，企圖以迅速的行動取得勝利……。[44]

讓我們回顧一下這幅插圖在中國究竟經過了怎樣的操作。它並不是從中央下達到各省的，而是首先出現在天津被轉載，接著出現在鄰近地區的地方報上，然後又出現在《人民日報》上，最後被周恩來寫進了他的演說裡。更耐人尋味的是，這段小插曲同時暗示了「現實」的建構性。

從後見之明看來，這些報紙以及周恩來所做的分析顯然是不正確的。杜魯門政府其實相當擔心戰局擴大，也無意挑起與中國的直接戰爭，更不用說世界大戰了。此外，《科利爾》週刊上刊登的文章和插圖，與華府的觀點完全無關。那只是當時許多觀點之一罷了，而且其實在美國社會中也算是極鷹派的一個。

儘管如此，由於《科利爾》的強硬觀點恰好符合中國大部分人想像中的美國介入的「真實動機」，這些漫畫和文章便被認為顯示出美國的「真實」動機，因而受到民眾的注目。在這種以當地主流的成見塑造「現實」的過程中，只有鷹派的聲音才是「真心話」，而鴿派的觀點則被視為偽善、不重要。

《人民日報》刊登的兩幅印在同一頁的政治漫畫就是一個例子。這篇漫畫乍看之下是身著正裝的美國紳士和淑女微笑著對讀者說：美國一向對中國人民是友好的，他從來沒有，今後也不會有侵略中國的意圖。然而，當讀者翻到下一頁時，看到的卻是截然不同的畫面。在剛才的鴿派宣言的反面，印著一張同樣是從別的美國雜誌上轉載的鷹派觀點的插圖，上面寫著：美軍將從朝鮮半島入侵中國東北。剛剛看到的滿臉笑容的紳士，腰間還藏著一把手槍。[45]

無論它是否基於事實或可靠的情報，這種充滿懷疑的態度反而在中國被認為是相當周全、明智且務實的。正如我們在第五章所看到的，美國社會的主流觀點傾向於將中國參戰視為莫斯科全球戰略的

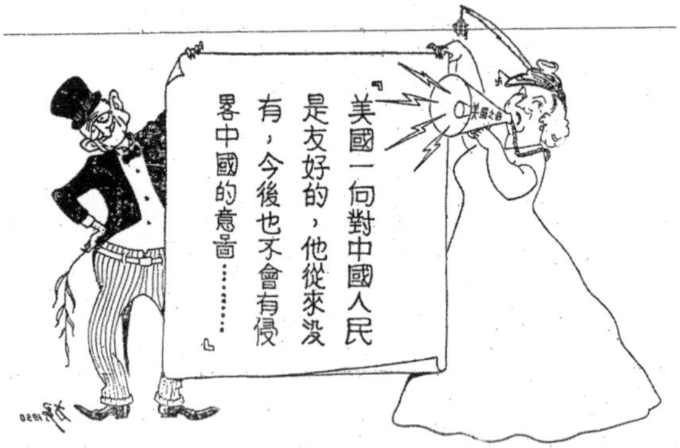


圖 6-4 《人民日報》刊載的政治漫畫〈反面文章〉（1）。1950 年 11 月 29 日

圖 6-5 《人民日報》刊載的政治漫畫〈反面文章〉（2）。1950 年 11 月 29 日

一部分。相對地，從以上的例子可以發現，中國社會的主流觀點則將美國對朝鮮的干涉視為侵略中國的前兆。正是由於這樣的觀點已經被廣泛接受，就連北京市清潔隊的職員都把這個理論寫進了自己的志願書裡；也正由於這種觀點已經成為一種共識，因此也不會被認為不合邏輯或太過極端。這位職員（與第四章開頭提到的清潔隊職員並非同一人）寫道，「朝鮮的戰爭在蔓延著。這是美帝一步一步有策略侵略世界戰爭的一部分，而不是單純的朝鮮內戰，這是我們大家已明確認識的事實。」[46]

在這裡，我們應該提出以下的問題：為什麼這種解釋成為了當時中國社會中最有力的解釋？又是什麼導致那麼多人支持這種觀點？其實在這樣的事件中最重要的，是分析其中的主流解釋是如何形成的。這是因為解釋可能比事件本身還來得重要。因為對一個社會來說，形成「現實」的並不是事件本身，而是人們如何認識這些事件。換句話說，比起事件本身，人們如何觀察和理解事件擁有更大的影響力。

而在探討人民的事件認識過程時必須注意到，這其中並不存在「真空狀態」。也就是沒有任何事件是可以在隔絕其他事件和背景的狀態下被認識。所有事件都只能透過觀察者本身擁有的特定歷史、文化和語言條件來感知。接下來，我們若以一九五〇年秋季的中國局勢來探討的話，就會發現特定的歷史脈絡規範了理解外部世界和時事的基本依據。沒錯，也就是抗日戰爭的經驗。

## ◆戰爭記憶與「真相」的形成

這樣的歷史記憶，在一九五〇年秋季開始的「抗美援朝」運動現場的日常實踐中很容易能發現。因為這個運動雖在名稱上強調「反美」，但實際上集會中所討論的主要議題卻不是「美國」及其對朝鮮的干涉，而是抗日戰爭。

以下列舉幾個例子。在北京一所小學的集會上，一位女教師公開透露她在抗日戰爭期間被日本士兵強暴，表達她對帝國主義侵略的憤恨。[47] 另外，在中國人民銀行北京分行舉行的集會上，一位名叫吉多慶的警察講述了他的經歷，他說：「我從前在北京當警察在御河橋站崗時，經常受到日本、美國、英國人的毆打和侮辱，現在他們又來了，我會打槍，也能打仗，我請求馬上派我上前線。」[48] 相似的還有在十一月二十二日，北京巴士司機工會舉行的集會，其中的與會者發表了以下的聲明：

美帝國主義，發動侵略朝鮮及侵略我國臺灣，更派飛機侵我東北及山東沿海領空，轟炸和掃射，現在戰火已經逼近我東北邊境，事實證明美帝走的是日本的路子，當初日本就是先侵略朝鮮與臺灣再進攻東北和華北，進而至於全中國。我們應當回憶一下，當東北、北京被日本鬼子占領的時候，它們對我們怎麼樣？以汽車業來說，各主要長途汽車路線，全被他們劃歸滿鐵經營，我們中國人的汽車，走我們中國的公路，反要得到他們容認，否則是不能走的。我們再回憶一下，當美國兵在北京的時候，他們吃醉了酒，開著極速度的車，把我們人車碰毀了，向來是得不到合理解決的。今天我們不願意再溫習這一課亡國的奮史了。[49]

類似的場景也出現在中國人民銀行北京分行舉行的「抗美援朝」集會上。與會者主要討論的也是他們在抗日戰爭時期的經驗。例如有人說，「八年艱苦的抗日戰爭，三年的解放戰爭，好不容易掙脫了帝國主義、封建主義、官僚資本主義的統治、壓迫和剝削。現在美帝國主義，想走日本的老路，想把全中國及全亞洲人民再拖入以前的殖民地狀態，重新做他的奴隸。」

這位與會者接著回顧了中國人民在抗日戰爭中所遭受的苦難，並批評美國對北韓的干涉。他說：「我們受到了日寇的掃蕩進攻，親眼看到父老兄弟姊妹被慘殺姦淫，當我們的同胞被吊在樹上，一群日本狗撲上去的時候，我們的心裡是如何殘忍、膽寒。我簡直無法寫下去了，我們決不允許再遭同樣的覆轍。」[50]

由於這些「抗美援朝」集會等活動中太常出現對抗日戰爭期間日本軍事行為的指控，以至於有參與者質疑關於日本的討論是否太多了。[51]然而，事實證明，這種方式還是有效和影響力的。抗日戰爭的記憶非常鮮明且強烈地存在於每個人的腦海中。也因此，這些記憶成為了中國人觀察美國干涉朝鮮事件時的視角；而人們可以維持他們的傳統觀念，認為美國帝國主義只是在模仿日本帝國主義，其目的是征服中國、亞洲乃至整個世界。

有一張在上海舉行「抗美援朝」示威遊行中所拍攝的照片，正好捕捉到了這種普遍傾向。示威者高舉著橫幅，上面畫著美國人（麥克阿瑟）命令一名手持步槍的日本士兵進攻朝鮮的模樣。《長江日報》上刊登的一幅諷刺漫畫也反映了同樣的傾向。這幅題為〈照樣的陰謀〉的漫畫，描繪了杜魯門、麥克阿瑟和艾奇遜共同制定朝鮮政策和侵華計畫的情景。背景則是大日本帝國在亞洲擴張的時間表，列出了甲午戰爭（一八九四至一九九五年）、日俄戰爭（一九〇四至一九〇五年）、滿洲事變（一九三一年）和中日戰爭（一九三七至一九四五年），表示現在的美國和當時的日本的所作所為相同。[52]

在此，我們不妨思考一下記憶的再現與「現實」的形成兩者之間的相互關係。一個是抗日戰爭時期的慘痛經驗，導致許多中國人以第二次世界大戰這個視角來觀察當代事件，從而幫助他們理解所謂美國企圖侵略和征服中國的「現實」。另一邊則是這種由社會建構的「現實」，在此時又幫助了特定歷史敘事模式的抗日戰爭記憶進一步再現。這種相輔相成的循環，讓特定類型的「現實」和特定類型的抗日戰爭記憶不斷再現，同時又幫助有關「我方」和「敵方」的「真相」持續成形。

圖 6-6　上海舉行的「抗美援朝」示威遊行，批評美國的日本重整軍備政策。1951 年 3 月

正如在本章中所看到的，這些「真相」中最典型的，是美國將從朝鮮、臺灣和越南三個方向對中國本土發動全面進攻，而「我方」必須對抗之。[53]這些社會性的「真相」正巧提供了依據，讓國家啟動

動員和人民參與的機制。與此同時，這些「真相」也透過特定類型的記憶得以不斷再現和強化。簡而言之，如果不考慮到抗日戰爭的記憶，以及其作為根基所建立的「現實」，就無法理解反殖民主義運動和反美運動為何興起，以及成千上萬人為何熱情參與。當然，政府的政治宣傳和動員對這種「現實」的形成確實有不小的影響，但更根本的，是人們想像和接受這種「現實」的力量。

雖然我們通常傾向於關注政治宣傳在塑造和引導民眾情緒上扮演的角色，但同時也不應忽視追隨者的熱情和意圖。[54]畢竟政治宣傳如果沒有被大多數人所接受是不會成功的，因此與政府的政治宣傳同等甚至更為重要的，應是社會中的不同歷史脈絡和對戰況的解讀，以及個人對自己的行為的各種選擇。有鑑於此，國家主導的政治宣傳實際上達到的效果，可能並不一定是形成社會共識，而是將過去並不清晰的社會內部的分界線變得更明確。這在以下所舉的例子中將可見得。

## ◆支持與參與

一九五〇年十二月，當中國人民志願軍在朝鮮半島取得勝利後，中國國內社會的「抗美援朝」運動的發展更為迅速。十二月六日收復平壤尤其是一個分水嶺，因為對許多中國人來說這是一場晴天霹靂。許多人都認為中國軍隊不可能打敗美軍。[55]因此，這個事件帶給許多人莫大的衝擊，並改變了社會大眾情緒的流向。

這種重大變化可從全國各地送出的內部報告書中見得。舉例來說，福建省福州市的一名中共地方官員報告說，農民對人民志願軍勝利的消息感到歡天喜地，相對地，舊地主則難掩失望之情。[56] 湖南省也報告說，參與志願軍的熱潮在農村裡迅速升溫，因此截至十二月底，已有二千多人志願參軍。[57] 此外，東北各省如熱河、吉林、黑龍江也出現了類似的情況。一些報導指出，志願軍勝利的消息大大地鼓舞了許多人的士氣，如農民變得比以前更勤奮地履行納稅和提供糧食的義務；學生也開始報考志願軍和陸軍官校。甚至據說一些醫學生為了前往朝鮮半島而加入志願軍。

在這些變化之下，也出現了中國人對自己國家的看法開始改變的跡象。例如，北京的輔仁中學的某位學生，他在不久前還看不起自己的國家，因為他覺得這裡只有滿滿的人口，沒有飛機、大砲，什麼都沒有。但是，在中國軍隊勝利和「抗美援朝」運動後，他對祖國的看法有了大大的改變。他甚至覺得「沒有祖國，就沒有一切」。[58] 上海著名的企業家劉鴻生也開始有了類似的感受。中國剛參戰時，他對與美國開戰

圖 6-7　「抗美援朝」運動的場景之一，女工們將鮮花遞給人民志願軍士兵。1951 年 1 月

圖 6-8　為前往朝鮮半島的醫療志工隊送行的人。上海，1951 年 7 月 27 日

也抱著懷疑態度，但志願軍勝利的消息改變了他的看法。他後來回憶說，「這是我有生以來，第一次為自己是中國人而感到自豪。」[59]

在這股日益高漲的熱意裡，無數人擁抱，並投身到了「抗美援朝」運動中。城市裡的許多店家開始爭先恐後捐款，好幾名鞋匠宣稱免費為士兵修鞋，甚至人力車夫也參與反美請願活動連署。不識字的人，便告訴別人自己的名字請他代寫。青年學生和工人也參與了各種動員工作和計畫，或是自願從軍。[60]

與當時美國社會的情況同樣，中國也有許多人清楚知道當自己的國家捲入戰爭時應該如何表現。他們和美國人一樣，以保護國家利益的名義開始自我動員。這些人讓北京的稅務官員大吃了一驚。因為在此之前，他們為從未消失的欠稅問題困擾了許久。而這時，許多人突然主動履行了納稅的義務。[61]而正是這些人支持中國共產黨，並使那些動員計畫付諸實行。從這個角度來看，共產黨的政治運動顯然並非總是強制性的。這些運動在某種程度上受到了大部分民眾的歡迎和支持，這點是不能忽視的。

從這裡可以發現到，社會中存在著一種隱藏的願望，也就是渴望團結和增強合作精神。而如果要讓這種「團結」或「合作」高漲，只能透過參加韓戰去實現了。北京電影工會在這個時期所撰寫的「抗美援朝」運動報告書，也體現了這股氣勢的上揚。

十二月十三日北京劇院的早場，由朝外豆各莊（北京街名、地名）走來了七十多個小學生（往返約二十餘里）到院時場內已全部客滿，這些小學生走得滿頭大汗，院方為了照顧他們休息，於是向場內的觀眾廣播說：「這些小同學們從遠道而來，沒有座位，我們是不是可以照顧他們一下，讓給他們座位，讓他們休息休息？」這話剛一說完，場內的觀眾們馬上站了起來，帶著孩子的抱在懷裡，有的讓出座位自已則站在一邊，有的兩個人併坐在一個位子裡，很快的把那七十多個小同學給讓進去。當時場內充滿了溫暖和藹的空氣，像是個大家庭。[62]

這裡描寫的人民之間日益高升的熱情和合作精神很值得分析。但更耐人尋味的是，報告的寫手使用了「一個大家庭」來比喻這個場景。這種略顯美化「一家人」的思維，便說明了一九五〇年秋季，為何會有如此多的人帶著這般熱情積極地擁護和參與「抗美援朝」運動了。

最終，正如我們在本章中看到的，加強新聞媒體審查、擴大政治宣傳運動，以及普及愛國主義教育等等的政策，既沒有受到譴責，也沒有被鄙視。相反地，這些政策往往被視為實現秩序、團結和國族自豪感的手段，而受到許多人的支持。這正是中國在經歷了一個世紀的屈辱之後，能夠自豪被稱為「新中國」的時刻了。這也正是中國的愛國主義和自豪感，在中央下達的動員和民間參與這兩者之間的隙縫中，快速發展的歷史時刻。如果不去理解「吸引人心的力量」這一面向，就無法理解「抗美援朝」運動的普及以及其扮演的角色為何。

## ◆懷疑與反感

如果民眾對於抗美援朝運動的支持態度是社會一致的共識，那麼中國共產黨高層鐵定會很滿意。當然不可能。實際狀況甚至相差甚遠，即使在這種情況下，對共產黨政權抱持懷疑、漠不關心甚至抱持敵視態度的人，仍多到無法置疑。這種情況在中國介入韓戰或人民志願軍打敗美軍之後，甚至在一九五〇年秋冬，政治宣傳運動席捲中國的當下，都沒有改變。

來自山西省的一份內部報告指出了這點：「……雖表面上也贊同抗美援朝，但對戰爭前途表示懷疑，大部分恐美思想嚴重，不相信我們的報紙，常常收聽國民黨廣播，輕信謠言，暗地傳播，說話十分謹慎，工作情緒不安。」[63]中共北京市委的官員也有類似的看法。根據他們的報告，仍然有相當多的人對中國介入韓戰抱持否定的態度，尤其是知識分子和企業家。他們嘴上雖然贊同共產黨在國內外所做的努力，但心裡仍然不信任共產黨。[64]

鑑於當時中國社會國內局勢的混亂，這些報導所營造出的不祥氣氛，很難說只是誇大其詞而已。例如，一九五〇年十一月初，上海梅溪小學的毛澤東雕像遭到了不明人士的破壞，甚至被貼上了「打倒毛澤東！」的傳單。[65]此外，整個十一月的上海，許多地方都突然出現各種「反動」的塗鴉和傳單。

以下列舉幾個例子。在同濟中學、民立女中、清心女中、江南造船學校的廁所和牆上，都被寫上了「朱毛不死，大亂不止」等反共標語。[66]再來，敬業中學還發生了兩起疑似縱火事件，警方也展開了調查。[67]東北的遼寧省大連市也相繼出現此類塗鴉事件，如博愛市場的廁所和大連運輸公司的牆上，被寫上「抗蘇」、「剿共」和「毛屠殺人民」等反共標語。而這只是在整個大連市發現的三十九起案件中的一部分而已。[68]

這種反共的氣氛還不只出現在城市地區。這個期間，許多農村地區的反共活動也突然激增，從食物下毒到縱火殺人事件都有。例如，在四川省西部的農村地區，十一月初發生了多起未知的食物中毒事件。儘管這些事件的真正原因依然不明，但傳說是前地主向水井投毒。報導指出，這是他們對沒收土地的報復行為。[69]到一九五〇年秋末，連農村地區也出現了「反動」類的標語，如「歡迎國軍光復大陸」、「共產黨要把富人弄窮，窮人弄死」等等。[70]

在中國中南部新的「解放」地區，親戚關係在破壞共產黨的計畫和團結上有很大的影響力。例如，在貴州（當時最貧窮也是最遠離共產黨統治的省分之一），親屬關係和血緣關係在打破共產黨的聯繫上有很大的力量。一份從省都貴陽發出的內部報告書表示，一位名叫韋士豪的「匪首」，試圖說服該省木托村農會主任韋作農，他說：「我們韋姓很大，團結起來很有力量，我和你過去很好，而你已被共匪欺騙走入歧途，為你著想，希望你痛改前非，保你無罪，並給你好的地位和工作。」[71]

除了這些十分「鄭重」的勸說之外，也有採取了更直接迅速的作法（威脅或暗殺等）的案例。例如，在前述的貴陽，有一封寄件人不詳的信送到了共產黨管轄下的農會幹部手中。信件的內容是勸他們投降，並許諾將會開恩。此外，還有謠言稱，每殺死一名農會主任，就能得到一噸白米。實際上，在四川成都附近的農村，發生過農會幹部全家被殺，屍體被丟進河裡的事件。當然，並沒有紀錄顯示兇手得到了一頓白米。[72]

情況大致是以上看到的這樣。也難怪舊地主略感振奮，而才剛被「解放」的農民會感到恐懼了。根據一九五〇年十一月的內部報告顯示，一位名叫劉忠義的貧農因害怕「變天」（政權輪替）而拒絕接受土改重新分配的土地。還有其他農民甚至從被分配到的舊原地主家中逃離，他說：「怕要翻過來地主能把我殺了。」[73]在這種情況下，大連附近某些舊地主有人認為「形勢有利」。一位名叫袁玉堂的舊地主說，「反正這房子會回到我手裡。」他還特地提醒農民不要在分到的房屋內釘釘子。由此可見，農村裡的中共系統的農會幹部，對這狀況似乎束手無策。在志願軍大勝之前，報導非常少，因此他們完全無法駁斥那些謠言和假消息。[74]

## ◆看不清的「現實」

綜上所見，一九五〇年秋季的狀況可說是一片混亂。一邊是支持、信任和熱情，另一邊是懷疑、不信任和敵意。兩者都在短時間內快速飆升。而新成立的共產主義政權做到的成就，是確實喚起了人們對這個國家的自豪感，因為它曾有過一段屈辱的歷史。但與此同時，不滿、懷疑、敵視和冷漠的情緒也在暗流湧動。[75]

無論是城市還是農村地區的共產黨官員，都察覺到了這種社會氛圍。最適合描述當時情勢的是「混亂」，而不是「一黨專政」、「獨裁」或「一元化」。假若認為這個階段的中國共產黨是一個具有壓倒性力量的存在，或是將中共體制下的中國視為一個受控制的、一致性的社會，都是不正確的。[76]

面對如此動盪的局勢，遼寧省瀋陽市的一名共產黨官員就當時的社會局勢和治安狀況寫了一份略長的內部報告。這份報告主要是根據當地公安局的內部文件起草的。一九五〇年十一月三十日的《內部參考》轉載了這份報告。《內部參考》是一種只發給極少部分中國共產黨幹部的內部公報。[77]以下引述其中大部分內容：

瀋陽市絕大多數群眾（工人、農民、學生等）都認為我們志願部隊參加朝鮮人民解放戰爭是正義的，並有勝利信心，因此嚴守法紀，服從組織，積極生產工作……但也有少數的害怕美國武器，怕受到戰爭災害，以致思想動蕩，恐慌不安。如五一工廠自十月十九日起連續數日曠工者，在一千二百名以上；工具廠自十月十日至十月二十四日，逃跑四百五十餘人，約占總數的百分之二十八。醫大逃跑學生十八名，此種情緒並已波及我個別落後之黨、團員，亦有逃跑，其中以南方來之職工為甚……。

敵特破壞活動即趨猖獗。反動黨團、蔣匪官兵等殘餘分子及地富等大部認為時機已到，即將「變大」，與奮異常，開始亂說亂動，造謠生事……。

隨著匪特的活動，到處可發現反動標語與傳單，僅十月中，先後在市立各中、小學校、市府衛生局、陸軍醫院、冶煉廠、橡膠廠、機械廠、化工廠、電工廠、造紙廠以及街旁巷口等二十九處發生三十餘次反動標語，其中十三處是寫在廁所的牆上，其餘寫在學校的黑板上或街道的牆上、電柱上、還有的在水壺上、碗菜櫃裡等，其內容大部為對我之污衊與咒罵，對蔣美之歌頌等一類言詞，還有的是威嚇我黨、團員，挑撥中蘇關係，如「黨團員小心你腦袋」、「打倒蘇聯」、「今後我們工人要當蘇聯奴了」等等。

十月十七日和平區開明派出所管內之海城、嫩江、安東三胡同及南西馬路，發現覆寫的反動傳單十六章，署名「青年反共救國社」……二十日油漆廠由廁所中發現反動傳單四張……二十三日太原街郵筒內發現反動傳單十二張，內容皆係為號召青年進行反革命活動及宣傳美帝之軍事勝利等……。

目前根據上述情況，為鞏固社會治安、保衛經濟建設、防止敵特乘機破壞，各工廠、各機關已在黨內外進行了深入的防奸安全教育，以提高警惕，嚴密各種制度，分清責任，以免遭受損失。[78]

這份報告中有幾個耐人尋味的點。首先可以得知的是，對中共政權統治的不信任和敵意是相當普遍。其次，這篇報告的觀察入微，也描寫得相當詳細，這顯示即使是地方上的最基層的共產黨組織，也有相當的能力。第三，從中可以發現共產黨地方當局對社會秩序非常關心，且他們相當重視為了維護秩序所需的教育和政治宣傳活動。

最後值得注意的是，在大學、中小學、醫院、工廠和行政機構等處發現的「反動」標語和塗鴉。這些塗鴉透露出，實際上國家的行政和管理機關內部可能存在一定比例的不滿人士。這些地方上的職員包括基層行政官員、地方警察官、公立學校教師、大學教授、醫生和各類技術人員。這些人是社會中的專業技術人員和學術相關人員，也就是地方精英。這當中的許多人在國民黨政府時期也擔任同樣的職位，在共產黨政府執政後仍留在同樣的崗位上。換句話說，那些對共產黨政權的合法性最具威脅性的人，實際上就在政府裡面。

北京市檔案館收藏的一張紙條中，可以發現這種根深蒂固的不滿。這張字跡潦草的紙條記錄了一位人力車夫和乘客之間的簡短對話。這位乘客是一位四十多歲，操東北口音的女醫生。當人力車從景山西街駛近北海公園時，她看到了一塊寫著「抗美援朝」運動的看板，這位醫生便對人力車夫說：

> 這抗美援朝的漫畫，是共產黨騙人的，蔣介石和美國聯合抗戰，蘇聯在東北漁姦婦女，奪去小豐滿的發電機六個。現在東北已開始徵兵，十八至五十歲的都要，在表面上都是志願兵，但實際上是強迫送到前線去。唉，中國好不了。毛澤東認了蘇聯乾爸爸希望中國亂七八糟。[79]

當人力車夫問這位醫生此話當真時，她回答：「我是東北人，親身經驗過。」[80] 這段插曲特別耐人尋味之處，不在於訊息本身的正確性，而在於共產黨當局連這短短的對話都會注意。更重要的是，儘管當時有很大規模的政治宣傳運動，但個人的觀察和判斷依然存在著。

從以上許多例子來看，一九五〇年秋冬舉行的政治宣傳運動所取得的成果，並非是強行改造人們的思想。的確有相當數量的民眾堅決擁護共產黨的運動並積極參與其中；但另一方面，也有一定數量的民眾依然不信任共產黨的統治，有些人甚至仍舊保持敵意。毋寧說，當時大規模政治宣傳運動的真正效果是讓人與人之間的分界線變得更明確。簡單地說，本來對共產黨比較友善的人，變得更加積極和狂熱；而本來對共產黨政權持懷疑態度的人，他們的不信任感則變得更深。

這種分界線的明確化，在學校內部也有明顯的發展。據說有熱心的學生願意熬夜寫信給毛澤東，甚至還有人寫了寫書或蓋血手印，以表示自己的真誠。但也有對共產黨政權不滿的學生會對熱血沸騰的同學說：「你快到朝鮮去吧。」「老蔣來了我看你的頭要搬場。」[81]而那些對任何一方都不感興趣的學生也不惶多讓，他們告訴那些狂熱的同學：「過了考試再說。」[82]由此可見，無論這場政治宣傳運動的勢頭有多高，都無法澈底解決這種混亂的局勢。它沒有說服不滿人士或反方，也沒有形成共識。相反地，它讓以前不甚明顯的或隱藏的分界線浮出了水面。

透過對「抗美援朝」運動的重新探討，我們對該運動的實際動力以及社會性的作用有了新的認識。當然這些運動都是由共產黨規劃的，其中大多具有自上而下的強制力，中共主要關心的是如何說服民眾參與，而關鍵便在於人們應如何看待自己，如何理解自己國家的歷史與外在世界，以及在這之上又應該採取怎麼樣的行動。因此共產黨從報業、電影業以及教育、文學和歷史等領域啟動抗美援朝」運動，可說是十分合理的。

然而中共的這場群眾運動可以說只成功了一半，因為它吸引的主要是那些已經認同該黨並支持其政策的人們。這場運動實際上的實施成效，其實更多是取決於地方上的要素，而不是黨的計畫。說得更具體一點，是那些投入運動的熱情更甚黨的官方路線，還讓周圍的人也參與其中的無數支持者，尤其是在那之中的年輕人。而另一個要素，則是替他們的言行提供根據的抗日戰爭的經驗和記憶。

這一點也同時讓我們重新思考——一般認為這些運動來自共產黨政權以權力強行操縱的印象。如果只從共產黨當局的脅迫和控制的角度來看待這場運動，就無法理解其迅速擴展的原因和實現的方式為何。毋寧說很大程度上是民眾的同意、主動和參與，才實現了這場運動。只有在動員與參與，以及強制與自發的交會點上，才能形成這場運動的規模與氣勢。

因此國家政治宣傳的主要作用不僅僅是建立民眾的共識，更多的是為了明確劃分出「我們」和「他們」的分界線，並使其可視化。若要「解決」社會中出現的對立，便需要一個更直接、更無情，且具有社會基礎的過程。而本書第七章至第十章將要討論的全世界同時出現的現象，也就是由一般民眾所帶來的國內鎮壓和社會懲罰的風暴。

# 第3部
# 同時性的世界

# 第7章
# 社會戰爭

一九五〇年夏季到一九五一年春季的這段期間，朝鮮半島上的戰局瞬息萬變。北韓軍隊南下、美軍參戰，美軍和聯合國軍撤退到釜山附近、仁川登陸戰勝利、美軍和聯合國軍北進三八線、中國參戰，中國軍隊和北韓軍隊南進三八線。隨後雙方展開激烈的拉鋸戰，在三八線陷入僵局，直到一九五一年夏季。

隨著戰局變化，占領者多次更迭，朝鮮半島各地於是發生了許多殘暴事件。最著名的案件之一，是一九五〇年七月，美軍在南韓中部的老斤里犯下的濫殺事件。在這起事件中，數百名流離失所的平民，包括女性、兒童和老人被殺害，理由是他們之中有共產黨游擊隊躲藏著。[1]同年九月，仁川登陸戰後在光州發生的另一起事件中，北韓軍隊殺害了六百名被關押的政治犯。[2]一九五一年春季，在南韓南部的智異山（Jirisan）附近，南韓軍隊無差別屠殺了當地一千五百名居民，理由是懷疑他們幫助了敵軍。[3]

除了這些主要由各國正規部隊犯下的屠殺事件之外，最近的研究還發現了許多不同模式的屠殺事件，且發生在沒有正規部隊的地區。例如，在韓國西南部的靈光郡附近某地區，曾經有三萬五千人，相當於當地五分之一人口在沒有正規部隊介入下，幾乎全由當地居民所殺害。[4]另外同樣在韓國，位在南部島嶼群的珍島上的細登里村，由於氏族間的衝突以及地方上的糾紛愈演愈烈，最終導致村民之間的大量殺戮。[5]

近年來這些陸續被揭露的大屠殺，型態各自不同，無法輕易將其歸類。但還是有一些共通點。首先，這些屠殺事件多數是在「圍捕共產主義者」或「階級鬥爭」等冷戰邏輯下展開。其次，雖然其中看似有與冷戰邏輯重疊的部分，但實際上，這些事件仍有一定程度存在著社會、文化和歷史背景下的地方鬥爭因素。這些衝突並非是左右派的意識形態對立，還包括地主和農民之間、二戰時的戰爭合作者和非合作者之間、基督徒和非基督徒之間的衝突，甚至還有氏族、親戚甚至鄰里或友人間的衝突。

這些衝突在韓戰爆發前就已經存在，但一直「懸而未決」，因此隨著韓戰的爆發和冷戰邏輯的蔓延，被重新點燃且更加劇烈。而重要的是，即使這些發生在社會中的大屠殺，是以「階級鬥爭」或「反共」的冷戰邏輯去推進的，但在某種意義上，它們也具有「解決」在此之前一直存在的地方對立和社會衝突的作用。

這些由當地的火種引起的大屠殺，另一個特徵是當地人的密切參與。在數個案例中，都出現當地人直接參與犯行，或是以較不直接的方式參與，例如：散布謠言、相互監視和通風報信等，使得暴力程度更加嚴重。[6]總之，朝鮮半島上發生的各種大規模屠殺事件，除了由各國正規部隊犯下的屠殺之外，還包括了當地居民之間，基於既有的社會、歷史對立，所產生的衝突和抗爭。我們可稱之為「社會戰爭」。

這種情況其實並不只出現在朝鮮半島上。在韓戰期間，世界各地幾乎同時出現了類似的社會戰爭模式，也就是由人民下手的社會肅清；當然，不同地區發生的案例，其暴力程度有相當大的差異。剛成立的中華人民共和國發生了「鎮壓反革命運動」；戒嚴時期的臺灣則是「白色恐怖」；菲律賓則有鎮壓行動，針對被認為「非菲律賓」或「不符合菲律賓（人）」行為；在英國，則吹起了極端的反勞工運動風向；而在所謂的逆轉路線下的日本，則發生了赤色清洗；美國則是麥卡錫主義。

當然，這些國內抗爭都有其特定的歷史脈絡，因此一般研究都將其視為個案。並且這些現象往往都是透過冷戰的視角進行分析的，因此經常被認為是全球冷戰，在各國內所造成的影響。然而，若我們質疑冷戰這個框架本身，不再將這些事件單純視作冷戰世界的一部分，並且將其視為全世界歷史的一部分，而不是視為單獨的地方問題，那麼，我們對這些事件的意義就會有完全不同的認知。

為了更深入探討這一點，第三部的第七章至第十章，將探討以下問題：為什麼這種國內肅清現象幾乎是同時發生在世界各地？這種全球同時發生的現象意味著什麼？透過重新審視這些看似是全球冷戰在各國內社會造成的後果的現象，我們能對冷戰世界的本質，做出什麼樣的解釋？

本章將從分析美國社會在韓戰期間達到高峰期的國內鎮壓和肅清開始討論。沒錯，也就是知名的麥卡錫主義現象。

## ◆麥卡錫主義是什麼？

海倫．麥克馬丁（Helen MacMartin）的生活，幾乎毀於在韓戰時期達到巔峰的麥卡錫主義風暴。當時五十九歲的海倫住在佛蒙特州（Vermont）的小鎮伯靈頓（Burlington，一九五〇年人口為三萬三千一百五十五人），她也是當地進步黨部的黨員。她在家鄉經歷了典型的五階段草根「反共」攻擊。

第一階段是社區中人際關係的變化。一九五〇年七月，當地的《伯靈頓日報》（*Burlington Daily News*）刊登了海倫所撰寫的一篇短文，其主要內容為反對美國在朝鮮的軍事行動。幾天後，她突然收到老友的來信，其中一封寫道：

> 我不敢相信你背棄了我們，投向了共產主義的懷抱。但你所寫的文章完全是這麼說的。我之所以寫這封信，是因為我相信你會聽我的話，而且為了你或許仍相信著的和平與民主，我想，還有拯救你的希望。最重要的是，我不想看到你受到迫害。[7]

海倫立即寫了一封回信：

不，我不是共產主義者，也沒有像你所說的「背棄」。即使我確信法西斯主義、壟斷資本主義和美國帝國主義，在過去幾十年來，直到今日仍威脅著我們，但這並不代表我投向了共產主義的懷抱。不幸的是，我以及許多像我一樣的人，只是因為共產主義者也同樣相信這些，我們就被稱為共產主義者……希望我們還能有對話的機會，但我想你不太可能再和我共進午餐了。[8]

這位朋友並沒有進一步回信。

第二階段則是所謂的公開處刑。八月初，《伯靈頓日報》以一整篇社論刊登了以下的文章，指名譴責了海倫。

當美國士兵死在朝鮮的戰場上時，她卻咆哮著反對「美國帝國主義」，這實在令人作嘔……麥克馬丁夫人的無稽之談，反映出她是一個在政治思想上過於激進的女人，是一個因為意識形態混亂而失去理智的人。在這個危難時刻，麥克馬丁夫人的政治目的和野心，著實令人厭惡。[9]

從這個案例中可以發現，同時期類似案例中，鄉鎮市級的地方報紙都會主動煽動草根階層的反共情緒。[10]

第三階段是被社區澈底切割。一九五〇年秋季，海倫其實曾經試圖反擊，她寄了許多信件給前述的地方報，希望報紙能刊登她的反駁；她也還寫信給老朋友，希望他們能為自己挺身而出。然而，這些信件全都被置之不理。[11]第四階段則是與家人失和。首先，她被自己的妹妹嚴厲批評，說她是一個「好騙」的「傻子」，想要戴上「殉教者的王冠」。在一番激烈的爭吵下，姊妹之間變得無話可說。[12]就連海倫的親生女兒都寄了一封疏遠且冷漠的信給她，說：「我希望你能用更現實的角度規劃自己的未來。」[13]最後的第五階段，海倫甚至在一九五一年初，失去了一份照顧鄰居老人的工作。[14]

到這裡，產生了一個簡單的問題：為什麼海倫在她自己的社區裡會遭受到這樣的排擠？

這個問題似乎不難回答，畢竟海倫在當時左派立場鮮明，甚至直言反對美國介入韓戰。她被社區排擠的例子，看似符合了麥卡錫時代的獵共運動下所產生的無數「冤案」。[15]事實上，當時的主流觀點認為韓戰是第三次世界大戰的導火線，而這導致戰後的美國社會重新喚起了一種「戰時」氛圍，而這種時勢又助長了逮捕國內「敵人」的行為，[16]因此將海倫視為麥卡錫主義或「韓戰紅色恐慌」的受害者似乎不無道理。[17]然而，在這些至少表面是政治原則的鬥爭的背後，其實進行的是一場更廣泛、更根本的社會、文化鬥爭。本章的主要目的，即是揭示麥卡錫主義時期中這些鮮為人知的面向，也就是可稱之為「社會戰爭」的現象，究竟是如何展開的。

這種社會鬥爭，其實在當時的許多文章中很容易就可以找到。例如，一九五〇年八月初，西維吉尼亞州的某位女性寫了一封信，說：「為什麼我們的孩子必須在朝鮮，死於與共產主義者的戰鬥？而那些共產主義者卻可以自由來到我們的領域，甚至可以繼續反抗我們？」她認為，美國國會過於謹慎在照顧這些「叛國者」憲法上的權利，而沒有保護「真正公民」的權利。她的結論如下：「讓我們驅逐這些叛國者，把這些內賊一個個揪出來。讓我們為美國人創造一個安全的美國。」[18]

在這種時刻提出這種「反共」論述的，當然不止她一人。威斯康辛州的某位女性，在寫給總統的信中也寫道：「作為一個百分之百忠誠的美國公民，當我們的國家正被共產主義者蹂躪時，我認為我不能夠袖手旁觀。」她繼續寫道，彷彿是向上帝禱告：

> 那些不喜歡美國式的自由及解放的生活，反而喜歡俄羅斯式生活的人，都應該被送到那裡居住……主啊，請賜予總統力量和勇氣，驅逐那些不是百分之百真正美國人的人。[19]

另一個類似的案例，是一名住在阿拉斯加的偏遠小村落——麥格拉思（McGrath，一九五〇年人口為一百七十五人）的男性。他寫了一封信，表示他願意在反共鬥爭中做出任何犧牲。因為他希望自己的九個孩子能夠「在一個有法治、有秩序的社會中長大」。[20]這種想要保護自己熟悉的生活方式的願望相當自然，並不算是一種歇斯底里、無理取鬧的態度。事實上，這些見解被認為是合乎道義、充滿正義感和愛國情操的，因此許多美國人正面地接受了這些觀點，以保護他們的家庭和社區。

從上述摘錄的信件中，最明顯的是對「美國」的深厚感情，以及對「共產主義（者）」純粹憎惡。然而相較之下，「美國」到底是什麼、誰又是「共產主義者」，以及認定什麼是「共產主義」的基準又是什麼，這些問題並不明確，似乎都被認為是理所當然的。這些信的作者沒有逐字解釋這些問題，並不是因為他們不知道，相反地，對他們來說，這些定義太「顯而易見」了，用不著寫出來。因為，什麼是「美國的」是一種常識，根本無須特地討論。

然而這其中存在著社會中的包容與排斥的政治，例如前面提到的信件中沒有明確指出的是，當信中談到想要保護自己的家庭和社區時，他們想要保護什麼樣的家庭和社區？反之，他們認為什麼樣的家庭和社區不值得保護？再者他們寫到想要保護「美國」，那麼他們認為哪些事物是「美國的」，而哪些又不是？

要清楚回答這些問題，其實並不像這些信件的作者所想像的那麼容易。這是因為戰後美國社會中的家庭、社區和各種人際關係的標準和定義都產生了巨大的變化，主要原因則是大蕭條和第二次世界大戰所帶來的根本上的社會變革。

大蕭條和第二次世界大戰的歷史經驗，澈底改變了社會關係的本質。這一點在種族間、性別間和勞資關係上尤其明顯，且導致戰後社會發生了各種社會衝突和文化戰爭。正如第一章所述，許多非裔美國人在一九三〇年代提高民權鬥爭的強度，並主張他們在第二次世界大戰期間取得了「雙重勝利」(既戰勝了外敵，又戰勝了國內的歧視)，因此不想再回到以前的低人一等的地位。此外，許多在戰爭時期獲得了新工作和社會地位的女性，也希望保持自己的社會地位，而不像以前只扮演「母親」或「妻子」的角色。同樣地，在羅斯福新政時期獲得新權力的勞工，戰後也與管理層展開激烈鬥爭。另外，同性戀者在男性社會的軍隊中找到了夥伴，戰後不願返回老家，於是在紐約和加州等市區創造新的次文化。

這些人也是在受到紅色恐慌衝擊的麥卡錫時代的美國社會中，受到最激烈鎮壓的一群人。這些群體的共同點，並不是共產主義等特定的政治意識形態，而是他們體現了戰時和戰後美國社會的變化要素。如果我們從社會的視角去觀察這些社會變革和壓迫，可以提出以下的假設：麥卡錫主義的本質通常被描寫為一種冷戰在國內造成的後果，然而它其實並不是一場反共運動，而是一場以「反共」為名，鎮壓戰後美國社會動盪的草根保守主義運動。

事實上即使是「共產主義」這個詞彙，也非專門用於有關政治觀點或政治制度的事物，它其實統稱了所有不符「美國」形象的事物。換句話說，問題的核心可能並不在於政治意識形態或政治制度的類型，而在於社會秩序和慣習的狀態，或甚至只是生活方式上而已。因此最重要的爭論點，與其說是政治理念或意識形態傾向，不如說是與個人的社會行為、言行舉止及生活方式有關。

從這個角度來看海倫．麥克馬丁的例子，就會有完全不同的發現。海倫於一九一三年畢業於紐約州傑尼瓦市（Geneva）的威廉史密斯學院（William Smith College）。早在一九二〇年代，海倫就參與了佛蒙特州的各種社會和公民運動，並參加了許多教育和政治團體，如美國大學婦女聯合會（AAUW），該會旨在為女性提供教育和平等，鼓勵她們積極參與社會活動。她還積極參與居住地伯靈頓的美國女性選民聯盟的活動。海倫也是國際崇她社（Zonta Club）伯靈頓分部的主席，該社由女性企業家和職業婦女組成，旨在提高女性地位。一九三〇年代，她在麻薩諸塞州的西蒙斯大學（Simmons College）取得了社會工作研究所的學位，並回到佛蒙特州，在美國就業服務局佛蒙特分局工作了十年以上，同時也積極參與當地的勞工運動和民權運動。[21]

海倫代表了一種超越傳統「賢妻良母」式生活的新類型女性。這種生活方式想必鼓舞了許多有著類似夢想的人，但同時也引起了當時所謂主流派的不滿。從這個觀點重新來看，針對海倫的社區排擠運動或許不僅僅是單純的政治迫害下的「冤案」，也許她才是社會制裁的真正目標，而「嫌疑」是因為她體現了社會的變革。

一般而言，我們傾向於將那些不是共產主義者卻受到壓迫的人，視為受到牽連的無辜受害者，因此在人們的記憶中，這個時代充滿了假消息和造謠、無端指控和惡意中傷。後來人們以那位威斯康辛州參議員代表了這個時代。

然而這只是因為我們依然把麥卡錫主義，單純看作是反共政治的一種表現。如果我們把麥卡錫主義這個現象，看作是草根社會保守主義為了恢復社會的「秩序」及「和諧」的運動（也就是對社會中的反抗者、不滿分子和非主流者進行社會性分類和取締），我們就會對其中發生的事件有著截然不同的看法。簡而言之，我們會看到這段時期人們遭受到迫害，並不是因為失誤或是偶然，也不是因為被牽連，而是他們可能其實是真正的目標。這些人由於造成或可能造成社會中的混亂與不和諧，所以「有罪」。

從這個角度來看，麥卡錫主義現象與其說是社會中的一種包容與排斥機制（也就是狹義上的政治現象），毋寧視其為一種廣義上的社會現象。因為它一方面具有辨識並排斥社會中的「非美國」，也就是非傳統要素的功能；另一方面，也具有恢復並維護「美國的」、傳統的要素的功能。

正如以下將詳細討論的，從結論來說所謂的麥卡錫主義這個現象，既不單純是冷戰在國內造成的影響，也不是右派政治家發起的政治運動，而是草根社會保守主義的一種大規模反彈現象。它得到的支持不止來自於保守派精英，也來自無數的「普通」老百姓；它的目的是透過驅逐或壓制數千名的反抗者、不滿分子和非主流者，以恢復「正常的」（即現有的）秩序和社會關係。

事實上從海倫的案例中可以就可得知，大部分的鎮壓都是發生在社會上的，並沒有任何正式程序。那些實施迫害的人並不是一般從反共政治一詞會聯想到的反共政治家、聯邦調查局（ＦＢＩ）特工或檢察官，而是再尋常不過的鄰居、朋友、家人或雇主。在這過程中，也沒有任何正式的起訴、審判或聽證會。以海倫來說，她的「懲罰」是來自謠言、誹謗、地方報的片面譴責，以及社區的排擠。而她的案例其實只是冰山一角，事實上當時全美各地有數不清的「海倫．麥克馬丁」。

其實在更正式的案件中也有類似的傾向。即使是有更多人參與，會傳喚民眾的公開聽證會，例如眾議院非美活動調查委員會（ＨＵＡＣ）的聽證會上，仍然有許多人無法採取任何法律措施。儘管除了極少數案例外，很少人被實際判刑，但那些人不久後就會被公司解僱。[22] 簡而言之，即使在經過公開程序的案件中，許多的「嫌疑犯」並沒有被依法定罪，而是被「社會」這個非正式的審判機構給予了社會性的懲罰。

本章透過檢驗使用最多「反共」語言的領域（即鎮壓最激烈的領域），並深入探討這些社會性制裁的意義，以及那些普遍被認為是「反共政治」運動的案例的本質。然而這其中的重點不在於權力中心，這是因為如果視政治強人或高官（如杜魯門、麥卡錫、麥卡蘭和胡佛等）的意志或決策為根本來進行驗證，往往會使我們忽略社會現象的根本含義。因為這種方法容易將社會現象單純視為領導人意志下的結果，並將政治的結果視為社會變動或文化變動的根源，也就不去質疑社會上產生的所謂「反共」現象的意義到底為何，容易斷定社會現象只是政策制定者意志的結果。

然而本章的目的是以社會本身作為調查之對象，仔細檢驗現場所發生的事情，從而重新探討此一時期所謂（被認為是）「反共政治」的意義。這裡的問題意識十分簡單明瞭：是誰，基於什麼目的，制裁了誰？這樣的社會制裁和懲罰達到了什麼效果？又是透過什麼樣的機制運作？

## ◆冷戰如何遏止社會戰爭？

在冷戰邏輯下最受到嚴重壓迫的是在戰後積極推動民權運動的非裔美國人。有關冷戰和反共政治對他們的影響，過去已有許多深入的研究，但在一九九〇年代末到二〇〇〇年代初，這段充滿冷戰勝利氛圍的時期，當時美國的研究大多關注冷戰對民權運動發展的「有益」層面。然而冷戰的這種「有益」層面，只在一九五〇年代末到一九六〇年代，也就是後期才出現。[23]在冷戰世界形成期，也就是一九四〇年代後半到一九五〇年代，反共政治對民權運動及非裔美國人社會來說，完全是一種破壞性力量。[24]

正如第一章所述，許多非裔美國人在這一時期挺身反抗美國社會中根深柢固的種族歧視，但大多沒有成功。他們想要的雙重勝利非但沒有實現，反而被打得粉碎，且對他們的壓制不一定是以直接的種族歧視形式表現出來，而是以「攸關國家安全」這種冷戰邏輯進行。例如，紐約一名三十四歲的非裔男性，突然失去了他從戰爭期間就從事的當地郵局的工作。他被解僱的理由，是因為他的紀錄顯示，他在一九三〇年代參加了一個批評種族歧視的團體，而這個團體後來被貼上了「共產主義者主導」的標籤。

這名男子雖然又找到了一份卡車司機的工作，薪水比以前低，但一段時間過後又被解僱了，因為雇主發現了他過去的紀錄，並以此解僱了他。根據這樣的背景，紐約一名非裔領袖的回憶確實毫不誇張。他說：「只要黑人積極倡導民權，他就幾乎無法避免被貼上共產主義者的標籤。」[25]韓戰的爆發，使得種族隔離主義者聲稱，民權運動幕後黑手是共產主義者的這種論調更顯得可信，要壓制那些反抗既存的種族歧視的非裔美國人，也就更容易了。[26]

在此同時，主張消除種族歧視的進步派白人，尤其是南方的白人也遭遇到了類似的困境。[27]在韓戰期間，南方的主流派白人大肆批判這些進步派白人民權運動家，將他們貼上「共產主義」或「非美國人」的標籤，從而成功地以愛國主義的名義，捍衛了南方的生活方式——種族主義，並以國家安全的名義，撲滅這些社會戰爭的火種。正如美國南方史研究者傑夫．伍茲（Jeff Woods）所尖銳地指出的，南方所謂的「紅色恐慌」（Red Scare）是「對取消種族隔離論的大規模抵抗運動」的附帶後果。[28]事實上這種恐慌相當有效，很少有南方白人敢站出來反對種族隔離，因為這可能要付出被自己的社會排擠的代價。[29]

這種種族主義與反共政治的結合，不僅出現在南方，也出現在快速發展的北方城市。這是因為在戰時和戰後，以前居住在南方的非裔美國人和墨西哥裔美國人，為了尋求更好的生活條件和工作，而大量流入北方城市；這造成了新的種族間緊張關係。例如，在底特律（當時是發展快速至全美人口第四多的城市），根據一份調查，超過一半的受訪者對取消種族隔離感到不安，且只有百分之十八的受訪者對「完全接納黑人」表示贊成。[30]

這些種族間的緊張關係，又因為針對低收入者的公共住宅計畫而爆發。快速成長的城市地區對這些計畫的需求與日俱增，底特律、密爾瓦基和洛杉磯等新興城市更成了「戰場」。一九四〇年代末，在韓戰爆發前，以前的白人居民公然以種族歧視斥責新設立的公共住宅是「黑人住宅計畫」，表達他們對傳統白人社區裡的「有色人種問題」（或直接稱為「黑人入侵」）的擔憂。他們的擔憂，來自於他們認為「百分之八十的黑人是動物」，甚至「他們（黑人）以為自己擁有這座城市」等。[31]

根據美國歷史學家托馬斯．蘇格魯（Thomas Sugrue）的研究，底特律一名家庭主婦對戰後出現的狀況感到憤慨，於是寫道：「我們這種沒辦法搬到更好的環境，只能被有色人種包圍的人怎麼辦？……我們大多數的人都把畢生積蓄投注在土地上，而現在卻只能害怕（白人）鄰居是否會把土地賣給不同的種族。」[32]就像這樣的抱怨，到一九四〇年代後半，大城市的住宅開發已呈現出種族間衝突的樣貌。然而事實上來自種族歧視的厭惡，並不足以排除新居民或阻止公共住宅計畫。

然而這種狀況在韓戰爆發後有所改變，冷戰這個「現實」很快變得愈來愈真實，這使得公共住宅計畫的反對者重新調整了他們的立場和論述。他們不再以充滿種族歧視的角度，而是以冷戰鬥爭的角度去批評公共住宅計畫。例如，一名洛杉磯居民寫給當地市議員一封信，他在信中使用了所有想得到的冷戰術語，將該市的公共住宅計畫稱為「俄羅斯的、共產主義的、社會主義的住宅計畫」，並以充滿意識形態外殼的語言，指責這個住宅政策是「試圖摧毀我們的自由、自主權，以及我們的自由競爭制度」。[33]

隨著這樣的變化，就連以前支持該市公共住宅政策的洛杉磯市議員也改變了自己的立場，開始加入譴責住宅政策的大合唱。他批評這個計畫是「帶我們走向社會主義和社會衰敗的社會主義毒瘤」。[34]這種將冷戰邏輯應用於種族紛爭的模式，在全國各地類似的住宅計畫中都可見得。在其他案例中，白人居民運用冷戰邏輯來「解決」種族紛爭和社會衝突（即為了創造秩序與和諧而遏制異議），[35]導致全美各地的公共住宅計畫規模縮減或進度緩慢。

無獨有偶，國民健康保險計畫法案的反對者也採用了冷戰言論。其實過去已經有許多醫生和護理師嚴厲批評該提案。他們認為這樣的制度會降低美國醫療服務、科技和醫療設備的水準。[36]然而隨著韓戰的發展，那些反對者利用冷戰邏輯一舉「解決」了過去有關健康保險制度利弊的爭議。試舉一例，戰爭剛爆發的一九五〇年七月，美國醫學會會長透過廣播向全國發表演說。這名會長在廣播中表示，他反對醫療系統被「國家控制」，並嚴厲譴責健保制度，同時穿插著冷戰語言。他說：「美國醫療現在是一場鬥爭的焦點，這場鬥爭可能決定美國能否保持自由，還是會變成社會主義國家。」[37]

這種批判在當時相當有效，事實上面對愈來愈多基於冷戰邏輯的譴責，一九五〇年，一名曾推動健保計畫法案的民主黨議員，澈底放棄了這項計畫。此外，直到二十一世紀歐巴馬的民主黨政權執政後，美國才真正開始推行全民健保，而且歐巴馬總統當時仍被批評為「共產主義者」。當然，在一個沒有像是韓戰時期的冷戰幻想的時代，這種批評也不再具有力量了。

在韓戰期間，還有另一場幾乎完全被壓制的社會戰爭，也就是勞資爭議。[38]從一九四〇年代後半開始，反共政治就已經普遍應用在勞工運動上。這種現象在關鍵的一九四六年以降特別明顯，當時全美共發生了四千九百八十五次罷工，其規模和次數至今仍是美國史上最高紀錄。

例如在夏威夷，人們對一九四六年的糖業罷工記憶猶新。而早在一九四七年春季，紅色恐慌政治已開始猖獗。當時夏威夷州總督因格拉姆．斯坦巴克（Ingram Stainback）警告共產主義者正預謀侵略夏威夷，且這些共匪潛伏在工會、大學和學校中。斯坦巴克主張，「我們正面臨著一場攸關國家存亡的鬥爭。」[39]換句話說，這種獵共現象在冷戰概念變得普遍之前已經相當常見了。

儘管如此，韓戰期間發生的一切並不只是過去已出現趨勢的延續或擴張而已，更重要的是這場戰爭（尤其是對韓戰的通俗解釋）為過去虛假的極端反共言論戴上了「真實」的光環，甚至「a cold war」這個以前只是用來說明某種狀況的其中一種觀點、以小寫字母書寫的一般名詞，轉變為冷戰這個「現實」、以大寫字母書寫的專有名詞「Cold War」。一旦這種「現實」被想像出來並廣為流傳，就會形成一種「戰時」局面。而接下來這種局勢又提供了一種邏輯，有利於對各種反對派、不滿分子和非主流者，採取果斷的措施。

在這場戰爭狂熱中，夏威夷州法院的一名法官曾經拒絕該州一名勞工運動領袖的保釋申請，理由是安全風險。該名法官稱，「當陸軍、海軍、海軍陸戰隊正在固守登陸朝鮮半島的橋頭堡時，我們在國內的職責，便是保衛國內安全的橋頭堡。」[40]這個邏輯告訴我們，冷戰思維可以讓一般會被當作兩件事的事件，如韓戰和地方勞資糾紛連結在一起，勞資糾紛就像這樣被戰時氣氛給遏止了。無獨有偶，堪薩斯州的一家大報刊登了一幅以達成共識的勞工運動為主題的政治漫畫。漫畫中的三個人分別叫做「管理層」、「勞工」和「美國人民」，畫面則是他們三人同意「山姆大叔」（美國愛國主義的化身）提出的「國防計畫」。[41]

實際上的情況當然沒有那麼美好。如果真有「達成共識」，那也不會是如同這幅政治漫畫所描繪的進行實質協議，而是透過殘忍的鎮壓所得到的「和諧」，一種沒有異議的狀態。事實上，在密西根州弗林特（Flint）的別克汽車工廠，右派工會成員在戰爭的熱潮中驅趕了「激進」的「共產主義」同事。另外，在紐澤西州林登（Linden）

圖 7-1　《堪薩斯城星報》刊登的政治漫畫〈為了前線的士兵們〉。1950 年 9 月 13 日

的福特汽車工廠，一些試圖想分發「從朝鮮撤軍」傳單的工人，他們被圍捕、毆打，甚至被趕出工廠。就這樣自一九四〇年代後半以來，在資方與勞方之間，或是工會內的右派與左派成員之間，這些職場中不斷滋生的矛盾和分歧都被強行遏制，從而在某種意義上「化解」了長久以來的問題。

在韓戰期間，另一場社會戰爭——移民問題，也突然變成最重要的一個議題。那些從過去就對美國社會的移民增加感到擔憂的人，也開始採用冷戰邏輯，並用尖銳的言語譴責移民人士。來自內華達州的民主黨參議員帕特．麥卡倫就是一個值得注意的例子，他曾以堅決反對增加移民而聞名。麥卡倫早在一九四〇年代後半之前，就是一名對「美國性」的衰落深感憂慮的政治家，在他看來，美國應該只接受來自西歐國家的移民，不應接受來自南歐或東歐的移民；來自亞洲和拉丁美洲的移民則是完全不可能的，因為他們會破壞「美國性」。[42]

而到了一九五〇年，當韓戰被普遍認為是第三次世界大戰的開端時，麥卡倫開始使用「反共」邏輯。他聲稱，持續接納新移民會引進共產黨的破壞和間諜活動。[43]

> 現在，我們已經沒有能力對任何人開放邊境；對那些其意識形態目標是推翻我們的制度，並以極權主義的邪惡壓迫我們，進而取而代之的人，慷慨地款待他們，這樣的時代早已過去了。[44]

麥卡倫後來致力於制定《一九五〇年國內安全法》（即所謂的《反共法》或《麥卡倫法案》），並以堅定的反共主義者（而非堅定的移民限制主義者）形象留名後世。他的目標，也就是限制移民和維護國內和諧的初衷依然如故。而從一個種族歧視的反對移民主義者，轉換成為一個反共主義者，反而使他的論點變得更具說服力和具有效性。正是所謂冷戰世界的「現實」邏輯，使之成為了可能。

## ◆冷戰邏輯與性別爭議

另一場透過運用冷戰邏輯成功遏制的社會戰爭，即是對性別爭議、對那些不符合傳統男性或女性形象的群體進行的社會清洗。首當其衝的是同性戀者。二戰期間的全國性「出櫃經驗」（coming-out experience），*使得他們在戰後美國社會中愈來愈顯眼，進而動搖了傳統的性別規範。[45]在戰爭時期到戰後初期，對這些所謂「性倒錯者」的騷擾和攻擊當然都是存在的；但在韓戰期間，其數量和性質都有明顯的變化。舉例來說，一九四七年至一九五〇年初，聯邦政府文職部門解僱「性倒錯者」的數量平均為每個月五起，但韓戰爆發後，一九五〇年下半年其數量突然成長了十二倍，達到每月近六十起。[46]

同時排擠「性倒錯」的邏輯也跟著改變了。在此之前，攻擊「性倒錯」的邏輯單純只是因為他們會吸引更多的同類，也就是現代所說的「仇恨」，一種偏見及無由來的厭惡。[47]然而隨著韓戰的發展，又增加了一個「似是而非」的新理由：「（這些人）有國家安全風險」。他們的邏輯是聲稱同性戀者由於「性向異常」所以「抗壓力低」，意思是如果共產黨威脅要曝露他們的祕密（其性向），同性戀者就可能洩漏機密資訊。最終，根據一份在韓戰時期進行的「關於同性戀指控的調查」，導致國務院等聯邦機構有八百多人被解僱。[48]由此看來，一旦加入「國家安全隱憂」這看似合理的邏輯，在戰後美國社會中日益加劇的性別問題戰爭便被有效地遏制了。在有關性別規範的社會戰爭，還有另一場範圍更大的鎮壓和清洗，也就是針對女性的部分，特別是在一九三〇年代和第二次世界大戰期間快速增加的職業母親。戰前和戰時確實已經有許多女性走出家門找到工作，這已經形成了對傳統規範的挑戰。但到了戰後，卻引發了更直接的衝突。首先是男女之間在日常生活中的關係緊張，再來則是職業婦女與信奉傳統的母親和家庭主婦，這種傳統形象的另一群女性之間的對立。

這些衝突的種子無所不在，從職場、家庭到社區，許多職業婦女開始意識到職場上女性的數量增加，並不代表她們得償所願。貝蒂．德．羅沙塔（Betty de Losada）是一位舊金山的代表性勞工運動家，根據她的回憶，職業婦女往往被認為是「專櫃商品」，像是用來裝飾公司門面的展示品，或是被期待她們是能夠表達「女性觀點」的「女性」。羅沙塔曾親身經歷，當女性試圖與男性爭論時，男性大多會莫名地情緒化，並刻意刁難。[49]

儘管如此，這些挫折以及戰後出現的大規模女性解僱，並沒有澆熄她們想要提高自身社會地位的熱情，反倒為他們的女權運動注入了更多活力。例如，一九四六年一群左派女性成立了美國婦女大會（Congress of American Women），這是一個旨在促進男女平等和社會改革的傘狀組織。在成立之初，該

★ 譯注：這裡指的應該是二戰時，軍中同性戀得到了出櫃的空間。

大會發表了以下宣言：「直到美國婦女能夠在沒有性別歧視的情況下，充分發展自己的智慧和能力的那一天……我們為爭取女性解放而進行的長期抗戰，必將永無止盡。」[50]

這份宣言鼓舞了許多因經歷戰爭，而變得更有勇氣的女性及女性主義者。但同時也激怒了許多人，因為他們認為這些活動是對現有性別關係的「威脅」，因此戰後時期的女性，特別是在外工作的母親，當戰爭一結束，她們面臨到了嚴厲的批評。人們時常強調，她們的工作本來是屬於男人的，女性真正的幸福就是婚姻和養育子女、所謂的「好母親」只會在家庭之中尋求自我實現。[51]

隨著韓戰的發展，以及隨著韓戰迅速推廣民防計畫，像這種針對職業母親和女性主義者的反彈愈演愈烈。某部在戰爭熱潮中製作的宣傳片，便巧妙地反映了這些社會的強烈反彈。這部短片自豪地告訴觀眾，冷戰時期的民防計畫是美國的優良傳統。「當印第安人襲擊時，男人負責管理柵欄，女人負責給步槍上膛，年長的孩子們則負責照顧小孩」。也就是說，民防計畫與西部片的價值觀有重疊之處。

其中的重點在於，「團體中的每個成員都要完成自己肩負的任務，以共同保衛社區」。也就是說，在「家庭」這個團體中的工作分配，是男性在外戰鬥、女性保護家庭並支援男性、孩子聽從父母指示。這部政治宣傳影片所營造出的「家庭」的概念，是將特定的社會角色分配給父親、母親和子女，彷彿這些角色是既定的，以此阻止每個人去跨越這些角色界線。

事實上，這種「傳統美國家庭」的形象並沒有基於任何歷史事實，而是一九五〇年代才發明出來的，是正好符合所謂「被發明的傳統」的案例。[52]然而即使這種印象沒有實質的證據，卻依然非常有力。當這種印象被發明出來，並開始廣泛傳播後，它反而制約了人們的思想和行為，使人們遵循這些印象。這種強調不同性別角色的「傳統」家庭形象，之所以在一九五〇年代廣為流傳，並不是因為這樣的家庭是常態的；反而是因為經歷了大蕭條和第二次世界大戰，家庭的形式及角色分工變得多樣化，且人們對於「家庭是什麼且應該是什麼」這點無法達成共識，才需要去強調這種「傳統」印象。

由於有這種草根保守的社會需求，圍繞在女性、尤其是職業母親的社會鬥爭，隨著韓戰的爆發和冷戰言論的傳播愈演愈烈。一些挑戰現有的性別、家庭規範的女性運動組織，受到了猛烈抨擊。例如，眾議院非美活動調查委員會（HUAC）將矛頭指向了美國婦女大會，稱該大會的目的「並非處理女性問題，而是作為共產主義政治鬥爭中的一支特殊部隊，為蘇聯服務」。[53] 面對這種應用反共政治的說詞，美國婦女大會在成立四年後，正值韓戰期間的一九五〇年，不得不正式解散。

在韓戰期間，在政府機關擔任高層的女性也受到了各種攻擊。根據美國史學家蘭登・R・Y・斯托爾斯（Landon R. Y. Storrs）的研究，擔任國務院等高層的女性本來比例就非常少，但成為紅色恐慌下犧牲品的女性，比例卻遠高於男性。[54] 正如文化史學家伊萊恩・泰勒・梅（Elaine Taylor May）所指出的，針對冷戰的國家安全邏輯，其功能並不僅止於在全世界遏制共產主義，也包括在國內遏制女性。[55]

從這些角度來看，我們就能找到問題的核心。「反共主義」雖看似「反共」，但它的真正目的並不在於此。相反地，它是一種以恢復並維護國內社會傳統秩序為目標的社會機制，它賦予男、女性特定的性別角色，以使得彼此認為不應侵犯對方的領域。也就是一種透過遏制異議和不和諧，以此創造秩序與和諧的手段。

不過必須補充的一點是對女性的攻擊，特別是在反共的名義下擴散對女性主義施加的猛烈抨擊，並不是只發生在男女之間的鬥爭。在此時期，女性之間也會因為所謂「女性的標準形象」而發生爭執。戰後不久的美國社會中，既有要求改善社會待遇和性別平等的進步派女性和女性主義者開始發聲，另一派堅持傳統價值觀的女性也跟著發聲了。女性主義和草根保守主義在美國社會的發展，一般大多認為是在一九六〇年代和一九七〇年代前半，但實際上，這兩者在戰後不久的韓戰時期就已經開始興起了。[56]

有關這點，可以從進步派女性提高其批判歧視女性的論調開始看起。身兼小說家、非虛構文學家及家庭主婦的伊迪絲·M·斯特恩（Edith M. Stern），曾經寫過一篇題為〈女性是家事的奴隸〉（Women Are Household Slaves）的文章。斯特恩在該文中，以相當挑釁的口吻公開批評主婦這種家事制度，稱家庭主婦是一種「腦袋會被榨乾、精神被扼殺的工作」，且「只有奴隸心態才能讓女性認同這種工作」。她總結道，「只要家庭主婦制度以目前的形式繼續存在，它就會從思想面和實際面上阻礙女性的真正解放。」[57]然而她的觀點也引起了部分女性的反彈，美國史學家蜜雪兒·M·尼克森（Michelle M. Nickerson）等人的研究顯示，韓戰時期出現了一場由女性組成的草根保守派運動，其目的是保衛家人、家園、學校和社區，進而保護國家利益。[58]

這兩股潮流是一同發展開來的，隨著前者（進步派運動）在社會中嶄露頭角，後者（保守派運動）也迅速擴大。可以說，以世界史的角度來看，這兩者都體現了這段時期，在世界各地興起的歷史潮流。一個體現了根本上的社會變革，另一個則是體現了相對這場社會變革的大規模反彈。

對於那些在戰後美國社會中，找到自己的定位和話語權的保守派女性來說，家庭或家事勞動一點也不丟臉。「我們民主制度中，擺在第一位且根本上的統治者就是女性。」緬因州的共和黨參議員瑪格麗特·蔡斯·史密斯（Margaret Chase Smith）如此宣稱著。她對眾多女性說明其理由：「在保衛我們的民主和美式生活的這場戰鬥中，各位扮演好妻子、母親和家庭主婦的角色，是最重要的工作。」[59]

這些社會保守派女性所發起的捍衛「美式生活方式」運動，在當時有相當程度的規模，其中還包含了各種活動。主要的有抗議勞工運動、反對取消種族隔離的舉措、批評某些女性是「不稱職的」母親，還有參加反共示威遊行和集會等等。當時在加州帕薩迪納市（Pasadena）發生的一起事件引起了全國關注，這起事件是一群保守派女性發起了全社區運動，逼退該市一名正在推動取消學校中的種族隔離主義的教育廳長。這場活動聲稱，這位教育廳長的行為不僅擾亂了社區，甚至是「反政府」、「非美國的」。[60]

圖 7-2　「反共主婦」，參加抗議蘇聯的示威遊行婦女。紐約，1951 年 8 月

## ◆作為草根社會保守主義的冷戰邏輯

這些對「非美國元素」和「反政府分子」的批判，背後是一九五〇年韓戰爆發後迅速高漲的愛國主義，這從當時流行呼籲「美國人的美國」和「美式生活方式」的現象中可見。[61]像是鼓吹自己是「百分之百美國人」的共和黨參議員約瑟夫．麥卡錫，他在一九五〇年下半年這段期間大受歡迎，當時麥卡錫收到了近兩千份的演講邀請，其他共和黨參議員收到的邀請全部加起來都沒有他多。[62]

眾所皆知的理查德．尼克森（Richard Nixon），當年他作為共和黨的新候選人競選參議員，把握了這波愛國主義熱潮，打出自己是「最美國的參議員」的招牌。尼克森的這種作法同時也是在諷刺他的競爭對手——以進步派言行聞名的民主黨女性眾議員海倫．嘉哈根．道格拉斯（Helen Gahagan Douglas）。尼克森譴責道格拉斯是「與所有能使美國更偉大事物做對，並助長所有我們認為是非美國的事物」。[63]尼克森這種將競爭對手抹黑為「非美國」的策略相當奏效。隔年春天，尼克森成為了加州的新參議員。

對許多保守派來說，「共產主義者」這個標籤非常方便。因為這個用語本身的含義模糊不清的，所以它可以用來攻擊任何人，尤其是那些對傳統規範和現狀持批評態度的人。明尼蘇達州的共和黨參議員周以德（Walter Judd）甚至主張：「共產主義者總是強調我國的缺點，例如吉姆．克勞主義、*種族歧視、貧民窟、不夠完善的教育制度和醫療制度等等。」[64]這樣的邏輯很萬用也很危險，因為它經常為了當事者的利益而被反過來利用，也就是說強調缺點並試圖將其改善的人，一定都是「共產主義者」。

來看看這一本為了政治宣傳而製作的反共小冊子，裡面的Q&A問答集有幾個相當有趣。其中一個問題如下：「如何分辨共產主義者？」答案是：「和他辯論看看美國。他會一直說我們國家的缺點。」[65]這就是那個時代的情況。在韓戰期間，不少進步派人士、工會會員和民權活動家都退出了他們的運動，至少在這段期間是如此。

由此可以發現，在所謂的麥卡錫時代，被「反共」這個冷戰邏輯所遏制的人，他們的背景遠比我們一般想像得還要多元。這些「反共」政治的標的，光是本章只簡單列舉的例子當中，就包括非裔美國人、民權活動家、工會會員、男同性戀和女同性戀、職業女性、女性主義者、移民，甚至還有推行公共住宅和國民健康保險制度的人。這些人的共同點，並不是共產主義思想，反而是他們在二戰後的美國社會中，以某些方式動搖了傳統的社會價值觀。

也就是說他們在某種形式上是現狀的「異端」，因此傳統的角度會認為他們是「非美國」分子。換句話說，冷戰時代所進行的遏制的本質，與其說是基於意識形態的「反共」政治，不如說是更常見的保守主義反彈；或進一步地說，這是社會保守主義的體現，而非政治保守主義的崛起。在這些社會「鬥爭」中，造成他們對立的不是意識形態或國際政治，而是社會習俗、常識、性別規範和生活方式上

★ 譯注：吉姆·克勞主義（Jim Crow laws），意指美國南部的種族隔離制度。

的問題。

當我們解讀加害者的邏輯和他們關心的事物後，就會更明白這種傾向。《激進真理報》（*Militant Truth*）是一份由基督教基本教義派團體，在當時的田納西州查塔努加市（Chattanooga，後改為喬治亞州亞特蘭大市）出版的隔月發行報紙。舉例來說，在種族問題上，該報聲稱，「『讓白人是白人，黑人是黑人』是現在全國都在流傳的口號」，以及「基督徒的心中沒有任何仇恨和偏見。我們只是相信，如果我們不採取行動，去阻止左派和親共分子，試圖透過人種混合和跨種族通婚以破壞種族純潔的計畫，我們的國家就會毀於一旦。」[66]

在勞工議題上，《激進真理報》也保持強硬的保守立場。該報主編謝爾曼．A．帕特森（Sherman A. Patterson）寫了一篇長文〈揭露共產背叛〉（Red Treachery Exposed）指出，「善良的美國人」都知道，工薪階層忠於的是雇主，而不是共產主義組織等外部團體。他們還指出，工會這種東西是透過「共產主義的政治宣傳」才發展起來的，工會會助長階級仇恨，最終「將在勞方和資方之間打上懷疑、不信任和不忠誠的鐵楔子」。[67]同樣地，該報對同性戀爭議也採取極端的強硬態度，他們認為同性戀是「不潔的亂象」，並嚴厲抨擊在政府機關工作的「性倒錯者」，因為他們會吸引和自己一樣的下屬；同時引用舊約聖經裡的《創世紀》，發出嚴重警告：「所多瑪與蛾摩拉的陰影即將籠罩我們。」[68]

最後，讓我們看看《激進真理報》是如何描述家庭狀況的。不意外，該報依然強調傳統價值觀的重要性。根據該報一篇題為〈父親，母親以及孩子們〉（Fathers, Mothers, and Their Children）文章，戰後美國社會有愈來愈多的家庭開始參加教會禮拜。該文中描述了一種所謂的「日常」家庭聚會場景：「所有家庭成員——母親懷中的嬰兒、在房間裡蹣跚學步的幼兒、努力在椅子上坐好的大孩子——都圍在餐桌旁或客廳裡，而父親正翻開一本厚重的書念給他們聽。」[69]

這個場景與上述的民防計畫政治宣傳片一樣，暗示了男人是家庭的中心。他領導著家庭的其他成員，妻子和孩子則順從地跟隨著他。同時也強調，每位家庭成員都要扮演自己所屬的角色，才能組成一個有秩序的和諧家庭。你不會看到這裡出現引導議題的女性，或是反抗父母的孩子。

這篇文章還講述了家庭教育中教導孩子服從的重要性，如果孩子們在家沒有學會服從，那麼他們在學校或社區裡也無法學會服從。該文認為，在家庭中服從是成為「好公民」的基礎。該文作者總結道，「好公民不會破壞家庭、學校、州以及國家的規則……虔誠的家庭是國防的第一道防線。」[70]

由於《激進真理報》刊登了許多有關國防和國家安全，或是「共產主義的計畫」等的文章，因此讀者可能會認為它是屬於在冷戰高峰時期，出現的一系列反共出版物之一。然而，若仔細研究該報的文章，會發現其討論的主題並不一定是地緣政治、意識形態對立或國際政治。該報其實極力對抗那些新出現的社會變革，例如種族關係、勞資關係和兩性關係方面的變化，在該報的觀點看來，這些變化正在威脅有序和諧的社會。可以說這些問題的核心，是整個從戰前到戰後的美國社會一直在發生的社會戰爭，而這些社會「問題」，在冷戰世界這個「現實」由於韓戰爆發而變得可信，且透過應用反共邏輯後終於一舉「解決」了。

而象徵麥卡錫時代的「忠誠」聽證會（Loyalty hearings），就出現在這種社會、文化戰爭，與「反共」邏輯的交錯點上，並反映出了冷戰世界的多面性。耐人尋味的是，這些以「反共」為重點的忠誠聽證會上所討論的主題，不僅包括與「反共」直接相關的冷戰衝突、韓戰、政治思想等，其實還包括從宗教信仰到教會出席率、跨種族約會甚至性道德等多元的議題。[71] 以下是這些聽證會上提出的幾個議題：

你是否曾經和白人女孩跳舞？
您是否曾經與種族混合的群體共進晚餐？
你是否曾經邀請黑人到家裡作客？
您是否曾就血液的種族隔離問題寫信給紅十字會？
您會上教堂嗎？
您對婚前性行為的想法是？[72]

許多在聽證會上被質問的人，援引了《第五修正案》（*The Fifth Amendment right*）規定的免於自證其罪之權利，來避免回答這些問題，然而他們其中的許多人雖然度過了聽證會，卻面臨突然被雇主逼迫辭職，或是被任意解僱。

一九五一年春季，杜魯門總統發表了一份聲明，被稱為「忠誠度計畫」（Loyalty Program）。隨著這份聲明的出現，過去若要實施解僱，必須要有「合理證據」，而現在只需說明「合理懷疑」即可。這使得可被解僱人員的範圍一口氣擴大了。[73]舉例來說，國務院的一名女性員工，因「婚後第一個孩子出生過早」的理由而被迫辭職。同樣地，國務院的幾名男性員工也因「通姦」或「在派駐地包養情婦」等理由被解僱。[74]

另一起事件則更令人匪夷所思，這是關於當時分別在國務院和海軍部工作的艾絲特・布魯諾爾（Esther Brunauer）和史蒂芬・布魯諾爾（Stephen Brunauer）夫妻被解僱的事件。這起事件同時也是很好的例子，它暗示了以麥卡錫主義名義的攻擊，其背後的實際因素是什麼。

一九〇一年出生於加州的艾絲特，畢業於奧克蘭的密爾斯學院，之後還取得史丹佛大學的歷史學博士學位，並在瑞士和德國從事研究。她的職業生涯大部分都擔任美國大學婦女聯合會（AAUW）的國際關係祕書，在全國各地舉辦講座、主持討論，或是為各種機構通訊報紙撰寫出國留學指南。她從第二次世界大戰期間開始加入國務院，戰後則繼續留在國務院並擔任國際組織理論專家。[75]總之，埃斯特是那個時代「新女性」的代表。史蒂芬則是出生長大於匈牙利，十七歲時（一九二七年）移民美國，他先在哥倫比亞大學專攻化學，之後取得約翰・霍普金斯大學的化學博士學位，二戰期間曾服役於美國海軍，戰後也繼續在海軍部工作。[76]可以說，布魯諾爾夫婦是現代所說的「權力夫婦」（power couple）。

對布魯諾爾夫婦的攻擊，則是從一九四七年，當時剛選上伊利諾州共和黨議員的弗雷德・巴斯比（Fred Busby）污衊艾絲特「反美」開始。理由是艾絲特經常指出美國社會中的文盲、貧困以及習以為常的少數獨占等問題。起初這些指控由於缺乏確鑿證據，所以沒有太大影響，但到了一九四〇年代末，巴斯比等控訴者將目光轉向了艾絲特的丈夫史蒂芬，並開始指控他透過家鄉匈牙利的朋友聯繫共產黨。他們認為史蒂芬這樣的人在海軍部工作，且太太又在國務院工作是有問題的。

布魯諾爾夫婦和當時其他許多被傳喚參加忠誠聽證會的人一樣，在好幾年內由於新的指控不斷出現，只好不斷經歷起訴、審判、無罪釋放的程序。最終到一九五〇年左右，夫婦倆的案件因找不出他們不忠或具共產主義傾向的證據而無疾而終，但是訴訟中對於他們夫婦的生活方式、性方面態度的毀謗，最終仍造成了致命的傷害。

一位女性原告以書面作證說，她之所以不再與布魯諾爾夫婦來往，是因為按照美國的標準，他們欠缺道德。證詞寫道：「他們對性之類的事情，採『歐式』態度，他們的思想和行為都很放蕩。我所說的『歐式』態度，是指他們的道德準則與普通美國人大相逕庭，夫妻之間常有不忠。」[77]

這位原告甚至指出，這對夫婦在結婚前「一年」就已經「以夫妻身分同居」。另一位告密者則污衊這對夫婦「鼓吹自由的性關係（不受婚姻限制），並舉辦雜交派對」。[78]經過這些指控，布魯諾爾夫婦又被新增了一項罪名：「道德淪喪」。

面對這些新的「指控」，艾絲特和史蒂芬不得不在公眾面前解釋他們的私生活，包括他們二十年的婚姻生活中，史蒂芬曾有過兩、三次外遇、他們曾兩度論及離婚、史蒂芬並非天生的「好色之徒」或

「花花公子」，且儘管有這些家庭問題，這對夫妻依然互相信任，維持家庭和睦等等。[79]

布魯諾爾夫婦最終也和同時期的其他許多人一樣，在聽證會上逃過一劫。然而那些可說是社會性懲罰的誹謗和騷擾的轟炸，並未就此停手。他們夫婦仍經常受到匿名電話的騷擾，或是收到像這樣的恐嚇信：「滾出這個社區，你們這些共產黨。否則你們會被塞進棺材裡。」[80]

最後儘管布魯諾爾夫婦盡力反擊，但仍於一九五一年雙雙被停職。當時史蒂芬就此辭職，艾絲特則在一九五二年尋求上訴時，被國務院正式解職。

在麥卡錫時代發生的這些案例（如海倫．麥克馬丁或布魯諾爾夫婦，以及其他受到懷疑、指控的人），大多被認為是典型的冤案，也就是說這些案件當然是一場悲劇，只是麥卡錫主義時期特有的一種伴隨誹謗而產生的附帶現象是一種偶發意外。[81]正因為這樣的看法，導致人們很少注意這些「冤案」的真正含義。

數以千計的此類「冤案」之所以看似是一種偶然現象，是因為我們已經認定麥卡錫主義現象是反共政治運動，也是所謂的紅色恐慌的一種表現，因此我們會認為那些非共產主義仍受迫害的人，一定是誹謗和告密的無辜受害者，然而如果我們一直這樣看待這種現象，便容易忽略以反共為名壓制住的各種社會戰爭案例。

本章著重的是那些容易在反共政治的名義下被忽略的地方性抗爭，並探討其中涉及的人種問題、勞工爭議、性別規範以及其他各種社會緊張要素。正如前述所及，在這一時期被鎖定的目標，並非共產主義者或間諜，而是非裔美國人、民權運動家、工會成員、職業或具專業的女性、同性戀者，甚至還包括支持移民、公共住宅計畫、國民健康保險制度等新政政策等等的各類人。這些人並沒有共產主義思想。毋寧說，他們體現出了新興起的社會戰爭的因素，而這些因素，是透過大蕭條和第二次世界大戰經歷而產生的。

從這個角度來看，那些一般被認為是麥卡錫主義的現象，看起來便截然不同了。許多通常被認為是「冤案」的案例，其實不只是附帶的「偶發事件」，它們本身其實就是目標，並且是社會戰爭的案例。這種透過遏制異議和社會清洗的肅清行動，有效地平息了戰後的混亂，最終並為戰後美國社會帶來了數十年的「秩序」與「和諧」。為了讓這種龐大的社會機制得以運轉，對社會來說，被想像出來的冷戰世界是必需的。

藉由這種方式重新思考麥卡錫主義，我們可以避免將其描述為在冷戰的異常環境下發生的一種特殊的美國現象，且透過這樣的重新探討，我們可以設想這類現象也有可能發生在其他地區。事實上這樣的研究方法，也有助於分析同一時期發生在其他地區的事件。在韓戰期間，全球許多地區都發生過類似的國內肅清和社會懲罰風暴，儘管其暴力和慘烈的程度是完全不同的。在中國、臺灣、菲律賓、日本和英國，有許多人擁抱了冷戰邏輯，並以此「成功」地澆熄了當地的社會、文化戰爭的火苗。

傳統的研究方式習慣將這些案例分類為美國史、中國史、東南亞史、日本史和歐洲史等各自獨立的現象，且只從冷戰的視角去分析，因此它們往往被視為是全球冷戰在國內的影響，也就是一種附帶產物。也由於長久以來都使用這種研究方法，過去的研究，與其說去質疑，不如說是一直在強化冷戰這個概念。

為了繼續這項質疑冷戰世界框架的嘗試，本書將逐一回顧在各地爆發的社會鎮壓風暴。究竟為什麼類似的國內肅清現象，幾乎同時發生在世界上的不同地區？這些在短時間內迅速爆發的現象，又代表了什麼意義？在接下來的第八章中，我們將探討一九五〇年秋季，在日本和英國達到巔峰的現象——即日本的所謂「赤色清洗」，及英國的打擊勞工運動。

# 第8章
# 內部的敵人

一九五〇年九月十四日星期四，這天早上，倫敦市有近半數的公車停駛，全市的交通陷入混亂。其中最壅塞的地方是靠近市中心的維多利亞車站，由於沒有公車，數千名乘坐火車、來自郊區和其他地方的人們待在這裡無處可去。這是一場由運輸工人工會（Transport Workers Union）的部分會員（主要是公車司機）發起的非正式罷工，即所謂的「野貓罷工」（wildcat strike）。他們主要的訴求是加薪，以及不僱用女性售票員。這場罷工一直持續到第二天，且罷工的公車站，從一開始的十三個，擴大到二十個，共一萬一千多名司機和售票員參與罷工，近二千輛公車停駛。此外，部分路面電車司機和碼頭工人也開始參與罷工。[1]

這樣的罷工在戰後的英國社會並不稀奇。因為自二戰結束後，生活成本快速上漲，特別是一九五〇年前後，這種爭取調薪的抗爭十分常見；另外，要求職場中排除女性則反映了二次大戰的經歷所引發的典型社會衝突，因為數以萬計的女性在戰爭期間首次走出家門就業。總之這些爭議在二戰後的英國社會一直存在，因此從這幾個方面來看，一九五〇年秋季的公車罷工爭議並不特別，然而決定性的差異在於，當時的人們批判這些社會中不同意見的力道特別強烈，且開始應用新的理論——即冷戰邏輯。

幾個月前韓戰才剛開始，人們開始擔心這是第三次世界大戰的開端，這成為了對這場勞工運動的批判被正當化背後的邏輯。大眾報紙《每日圖報》（*Daily Graphic*）在罷工第二天寫了這樣的話：「現在任何參與罷工的人，要明白自己正在幫助叛徒，他將與英國的敵人站在一起，也就是與這個國家內部的第五縱隊合作，聽令於那些試圖摧毀我們的外國人。」[2] 這場倫敦公車罷工還剛好碰上英國韓戰傷亡名單的首次公布，這使得這場罷工被認為是傳播到國內的一場冷戰，而不是為數眾多，已經不斷發生的社會衝突的其中一場。[3]

英國勞動部長喬治．艾薩克斯（George A. Isaacs）在九月十五日，即罷工發生的第二天，在英國下議院發表了一場演說。他最先談到的不是公車罷工爭議或女性就業問題，而是介紹「冷戰」這個背景。他的開場白是：「當我發言的當下，我們的士兵正在朝鮮半島面臨極大的危險。我們必須確保他們的補給和支援不會受到干擾，」接著他進一步猛烈抨擊這次的罷工：

> 這個陰謀，是讓碼頭、道路運輸、肉類運輸和食物批發市場等關鍵地點的勞工罷工，他們的最終目的是減緩軍備重整的速度、阻止韓戰前線的增援和補給。的確，這些罷工每次規模並非特別龐大，但它們整體的效果仍是巨大的，它削弱了工業活動，還散布了不滿情緒。[4]

艾薩克斯補充道，如果勞工拒絕成為他們的棋子，這些企圖製造國內混亂的陰謀就永遠不會得逞。「我誠懇地呼籲各位勞工，要小心不要被拖入那些企圖傷害國家和勞工利益的鬥爭中。」[5]

許多大眾報紙皆認同艾薩克斯的看法，開始一同抨擊參與罷工者是「叛徒」、「陰謀家」和「破壞者」。英國發行量最大的倫敦大眾報《每日快報》（*Daily Express*），在一篇社論中警告：「沒有人知道敵人下一次會在何時何地發動攻擊，說不定下次會是在英國某個港口發動無血抗爭。」[6] 以政治漫畫著稱的《每日圖報》也刊登了一篇文章，對勞動部長沒有說出主要罷工領導人的名字表達不滿：「說出叛徒的名字！」「說出那些企圖利用英國工人，作為其邪惡陰謀道具的陰謀家的名字！」「揭露我們之中的敵人！」[7]

## ◆英國國內的「冷戰」

從這些評論可以得知，像這樣激進的反共運動並不限發生麥卡錫風暴的美國社會。英國的反共運動，其實不只表面上與美國的相似，其中把既有社會問題邊緣化的作法，也與美國的反共主義一模一樣。

九月十六日，倫敦大眾報《每日郵報》（*Daily Mail*）發表了一篇社論〈莫斯科的任務〉（Moscow's Mission）。這篇社論如實體現了這種邏輯：「這些叛徒的意圖到底是什麼？倫敦公車罷工可能是他們卑鄙計畫的開端。」該報認為，與整個國家面臨的危機相比，現在勞工們的不滿是「微不足道」的；罷工之類的活動是共黨的爪牙們企圖在全國各個角落，從主要產業到公益事業煽動輿論的陰謀。也就是說罷工者是國家的叛徒，必須將他們拘留，直到整個危機過去——即使這會是長期的。該報甚至建議制定配合這種拘留所需的法案，它們說：「這不是刑罰的問題，而是國安上的問題。」[8]

正如這篇社論所指出的，一九五〇年秋季，是否應針對罷工參與者和共產主義者採取法律行動，成為了英國的熱門話題。[9]雖然最終此類反共法案並未在英國國會提出，但國家仲裁令一三〇五號（一九四〇年，第二次世界大戰期間作為《緊急權力法》(*Emergency Powers Act*) 的一部分而首次提出的一種戰時條例）在戰爭結束五年後，再次被用來鎮壓勞工運動。事實上，在一九五〇年九月底，倫敦大約有一千四百名天然氣工人舉行罷工。當時由於發動了這項戰時條例，有十名的罷工主要人物被傳喚、逮捕，甚至入獄一個月。[10]

普遍認為，戰後的英國社會相對沒有充斥著美國麥卡錫主義的獵殺紅色氛圍，事實卻非如此。反共運動的興起，從許多大眾報紙不斷攻擊工黨政府，將其貼上「社會主義」和「共產主義」的標籤即可見得。[11]

此外，也可發現保守黨的批評力道之強烈。保守黨發行的雙月刊《大眾畫報》(*Popular Pictorial*) 在一九五一年二月至三月的合併號上，用了一整期的篇幅討論共產主義的「威脅」。這一期大受民眾歡迎，很快就賣出了十萬份，超過平常的發行量。[12]該雜誌提出警示，「生活費成本上漲、居住房屋不足、煤炭供應中斷，是我們所有人都深刻關切的問題。但有一個問題，會使這些擔憂顯得微不足道。」也就是「共產主義的威脅」。根據該雜誌的說法，「共產主義的理論和實踐，意味著個人自由和宗教價值觀的終結、英國憲法和英式家庭生活的毀滅。」[13]

一九五〇年秋季，像這樣對罷工運動的一致批判，讓許多罷工者感到困惑。「誰？我？煽動者？別說笑了。」默西塞德郡碼頭工人委員會的一名三十九歲成員告訴記者：「我可是這個鎮上的自由黨幹部之一。」另一名二十四歲的男子也同樣反問記者：「我哪裡看起來像個破壞分子？我有一個幸福的家庭，還支持工黨。」另一名三十二歲的男子也補充道：「我們都是由碼頭工人的民主選舉出來做這份工作的。」最後他們認為，指控他們是共產主義者並不能解決任何碼頭的薪資和工作條件等問題。[14]

圖 8-1　《大眾畫報》（1951 年 2-3 月合併號）的封面插圖

他們的說法或許是正確的。即便如此，這場罷工很快就失去了內部的支持。首先，勞工運動的領導階層一直對罷工者冷眼相待。畢竟倫敦公車罷工爭議是一次非官方的野貓罷工，是在不受工會總部控制的情況下獨自進行的。在戰後的英國社會，這種罷工並不稀奇，因為許多基層工人的訴求往往會受到工會的阻撓。

事實上，工會領導階層的態度不僅冷淡，甚至充滿敵意。例如在公車罷工的數天前召開的一場運輸工人工會的正式會議上，工會的一名高級幹部，將局勢描述為「一觸即發」，並強烈譴責試圖發動罷工的人是「破壞活動分子」，意圖擾亂秩序、製造混亂。[15]稍有同情心的工會幹部仍建議罷工者趁早退出：「我過去也參加過罷工。但在這個問題上，我呼籲在座的所有工會會員聽從工會幹部的指導，」這位幹部的說法相當耳熟，因為這是在同時代的其他社會中也很有威力的一種邏輯，「因為現在罷工，將打擊我們在朝鮮半島作戰的士兵同胞。」[16]

當時的英國社會，與韓戰爆發後的其他社會一樣，一切有關社會議題的討論都被所謂的「冷戰」全球衝突和國家安全議題給取代了。舉例來說，在一次街頭訪問上，一名受訪者就公車罷工事件的看法表示：「我認為不應該舉行罷工，已經夠了，他們應該多想想如何幫助我們的國家才對。」[17]根據某位工會幹部的觀察，一九五〇年秋季，罷工工人們也意識到他們被認為是外國共產主義的協力者，這使得他們不得不回去工作。[18]在這次倫敦公車罷工事件中，原定在罷工後舉行的群眾大會，因為沒有一位演講者出席，且來參加的人也非常少，因此很快就中止了。[19]面對冷戰邏輯下形成的強烈批判聲浪，以及工會成員支持率的低迷，這場倫敦公車罷工很快就失敗了。

一九五〇年冬季至一九五一年初，英國全國的政治局勢也發生了巨大變化。自一九四五年以來，執政五年的工黨民調支持率大幅下降。由於國家處於戰爭狀態，人民擔心韓戰是第三次世界大戰的前兆，加上在冷戰邏輯下，對罷工者和左派的批評日益增強，這些都導致工黨的支持率大跌，而保守黨的支持率大漲。同期的蓋洛普民調顯示，保守黨在冬季的領先幅度是過去以來最大的。[20]最終，在一九五一年春季的全國大選中，保守黨自第二次世界大戰以來首次重新執政。[21]從這個角度來看，韓戰點燃了英國社會的反共情緒，導致工黨結束執政，可以說這看起來是全球冷戰政治在國內社會延燒，並左右了國內政治的動向。

## ◆無止盡的生活戰爭

這看似是冷戰在國內造成的影響，實際上卻是爭論著什麼才是「有秩序」，什麼才是「正常」的地方性社會鬥爭。為了深入探討這一點，讓我們根據居住在倫敦南部的家庭主婦法蘭西絲・伯納（Frances Berner）的日記，從微觀的角度，來研究這次的倫敦公車罷工。

罷工開始的那天早上，伯納正在理髮店，因此她在回家的路上陷入了一片混亂。通常在公車終點站雷恩斯公園，每五分鐘就有一班公車，但這一天許多人至少要等待二十分鐘以上。伯納聽見這場罷工主張不讓女性進入職場，因此她寫道：「戰爭期間，女性在各種工廠、運輸服務公司工作，還被要求在閒暇的時間做好家事。但是現在她們已經沒有從事這些工作的自由了，因為（從戰場返回的）男性想要到這些崗位上。」[22]

當公車終於抵達，乘客下車後，很快又有一群家庭主婦上車。在公車發車前，乘客們開始就罷工問題爭吵不休。一位乘客批判了罷工者主張排除女售票員：「他們明明在戰爭期間非常需要女性。」另一位乘客則幫罷工者說話，解釋了公車司機所面臨的複雜情況。到家後伯納在日記中寫道：「我思考著無止盡的生活戰爭。男人對抗女人、勞工團體對抗其他團體、資方對抗勞方，以及工會影響力的日益增長。」[23]

伯納的觀點準確地反映了當時的情況。雖然表面上反共的攻擊聲浪愈來愈大，但街頭上真正發生的，卻是伯納所說的「生活戰爭」，也就是戰後英國社會中日益增長的社會、文化分歧。這些鬥爭與其說是全球冷戰在國內社會中的延燒，不如說是日常生活中，人們為爭奪「正常」的社會秩序而不斷進行的鬥爭。事實上，罷工者被譴責並不是因為他們要求加薪，更不是因為他們的意識形態傾向或政治信念，而在於他們提出訴求的方式，也就是罷工擾亂了「正常」的秩序和生活。

某位民眾在街上被問及對街頭罷工的看法時回答：「如果有正當理由，我並不反對罷工，但它引起太多動盪了。」[24]另一位民眾則指出了罷工策略的負面影響：「罷工者並不會因為罷工而得到他們想要的，因為這是與大眾為敵，這樣做是弊大於利。」[25]在這點上，《每日郵報》刊登的一幅諷刺漫畫，巧妙理解了民眾對罷工者的不滿。畫中描繪了一隻寫著「勞工」的黑貓正暴跳如雷，衝向寫有「高薪」的菜餚。彷彿在說，參與罷工的勞工是不守規矩、不服從的不滿分子，也就是社會的敵人。[26]

的確，這種對罷工的壓制使用了反共邏輯；在冷戰論述的背後，卻潛藏對社會不安定和混亂的厭惡，這並不足為奇。事實上，經歷了戰時和戰後的動盪，以及工黨政府的各種激烈實驗性政策（例如一九四五年以來的煤炭、電力和天然氣工業國有化政策）之後，大眾，也就是草根保守派，對於回歸更有「秩序」且「正常」生活方式的渴望愈來愈強烈。

圖 8-2　《每日郵報》刊登的政治漫畫〈欲望被抓住了尾巴〉。1950 年 10 月 11 日

戰爭結束五年後的英國社會，距離「安穩」和「秩序」仍相當遙遠，且戰後的生活成本如火箭般高漲，更使得人心惶惶。在一九五〇年前後，電、天然氣、煤炭等的價格，甚至一般消費品的價格都飛漲，交通和住宿費也居高不下。[27]食物，尤其是肉類的狀況不斷惡化。一位五十二歲的女性感嘆買不到食用肉品，她說：「肉的情況愈來愈糟。（兩年前）我們一天能吃上一次肉，而且不必擔心肉的來源……如今什麼都在漲價，但品質卻下降了。」[28]這些經濟困難迫使許多人不得不改變生活習慣。「我的生活水準根本沒有改善，甚至各方面都變得更糟。」一九五一年二月，另一名四十四歲女性在採訪中如此抱怨：

商店裡所有商品都漲價了。日常必需品價格也非常高昂。計程車費更是貴得驚人，所以連外出也很花錢。我的生活變得愈來愈單調，就像戰爭時一樣。我就算什麼都不做，錢也會一直飛走。[29]

如果說此時消失的是戰後許多人夢寐以求的美好景象，那麼取而代之出現的，則是各種現實社會問題以及由此引發的社會衝突。

除了食品問題和物價高漲，住宅短缺也是一個嚴重問題。許多家庭被迫改變生活方式，常見的如全家人擠在一個房間裡、二代同堂，或是多個家庭合住在一棟房子裡。[30]總之，針對工黨政府或是公車罷工的指責聲浪下爆發的，雖然表面上是意識形態問題，但事實上卻是對尚未達成「正常」生活這一事實的不滿和爭論。在這種情況下，工黨和罷工參與者反而被視為妨礙了這種「正常」生活，或是回歸這種正常生活的過程中的阻礙。

另外，這些問題通常與戰後時期的另一個常見社會衝突有關，也就是有關女性應該做什麼，以及不應該做什麼的鬥爭。在二戰期間，隨著國家總動員制度的深化，大量英國女性首次走出家門出外工作，且其中的許多人在戰爭結束後也希望繼續工作。事實上，在生活狀況嚴峻的一九五一年春季，就業女性的總數還超過了戰時高峰期的一九四三年。[31]

這招致了更進一步的紛爭，一邊是希望改善自己社會地位的女性，另一邊則是相對的反彈勢力，也就是那些希望維持性別角色分工和傳統家庭價值觀、從職場排除女性的勢力，這股勢力的影響力也日益增強。事實上，和當時的美國社會或其他地區相同，戰後英國的職業女性，只要持續工作就會面臨各種困難。例如，正如我們在本章開頭所看到的，一九五〇年倫敦公車司機罷工，實際上是男性司機試圖排擠女性參與職場而引發的。而當時的大眾報紙也順應這個趨勢，將職業女性描述為因「孤單」才外出工作，使她們成為笑柄。[32]

這種對女性進入社會的直接或間接批評，是保守派的出版品中經常出現的主題。例如，保守黨發行的大眾雜誌《大眾畫報》中的一篇單頁漫畫〈不戴鋼盔也能與共產主義戰鬥〉，就反映了保守黨的攻擊。這篇漫畫的主角叫做比爾，故事的開始是他翹掉了工會的會議，選擇和女友莎莉一起去看電影。電影院放映了一部介紹韓戰的新聞影片。比爾對莎莉說：「我們的士兵在遠東過得很糟。我真希望能去那裡給那些共產主義者顏色瞧瞧。」莎莉把頭靠在比爾的肩膀上，回答：「但是比爾，我們的國家也在戰鬥！你們的工會不是正在打擊產業裡蔓延的共產主義嗎？」當電影結束，他們要離開電影院時，莎莉邀請比爾跳舞。比爾感到抱歉但堅定地拒絕了莎莉，因為他決定去參加工會會議，去打擊共產黨。比爾問莎莉她是否不高興，莎莉回答：「沒事，親愛的！因為你是為我，和我們的未來而戰。」[33]

這篇漫畫可以理解為：向戰後英國社會中出現的「內敵」宣戰。首先要注意的是其中描繪的女性地位。這裡面的女性扮演的是支持男性，並在改變男性的態度上具有決定性作用的角色。換句話說，女性是男性的動力和大義根源。另一方面，女性也被描繪成需要男性保護的存在。她們同時也被描寫為屬於家庭、不參與實際政治活動的存在，因為那是男性的工作。這篇漫畫將這樣的女性描繪成正面的形象，其實隱隱之中在宣揚一種傳統的女性形象，以及明確且穩定的性別分工的必要性。

此外，也應留意實施公車罷工這種的激進勞工運動，會被視作「共產主義者」這點。因為參與罷工的人，會被當作是工會的「敵人」。也就是說，這篇漫畫表面上描繪的是一對情侶的日常生活，但其中的核心，是暗中反對兩個在戰後英國社會破壞傳統秩序與和諧的「內敵」——離開家庭在外工作的女性和激進勞運人士。

而民眾不滿的核心，歸根究底是對戰後過了五年，仍無法恢復「正常」生活的失望。一名男子將這種失望，描述成他之所以不再支持工黨的理由。他憤怒地說：「我一直都是工黨的支持者，直到我的妻子開始出去工作。我現在不得不負責買東西，真是夠了！」[34]這種不滿並不局限於男性，許多英國女性也希望恢復正常生活。根據保守黨的調查，許多女性勞工對於勞工運動態度消極，甚至反對。事實上，中產階級婦女被認為是保守黨贏得一九五一年大選中的關鍵因素。[35]

一九五一年元旦，《每日郵報》發表了一篇社論，象徵了民眾對回歸「正常」生活的渴望。新年伊始，這篇社論半開玩笑地呼籲讀者：「讓我們找回生活中的一些傻事，重新歡笑，盡情享受當下的樂趣。」[36]以此看來，一九五〇年至一九五一年間，英國社會的反共攻擊突然高漲，以及向保守黨轉向，顯然不僅僅是來自同時發生的韓戰和全球冷戰的影響，而是出於民眾對恢復「正常」的日常生活和社會秩序的渴望；而這種和平的日常生活，只有在前次大戰期間才中斷過。

許多勞工階級和中產階級，對戰前享受的小小樂趣被受到限制感到厭倦。這些中產階級尤其對工黨政府接連的實驗性政策和緊縮政策日益不滿，這得歸功於生活成本不斷上漲、食物一直短缺、住宅問題沒有改善，且本應是戰時特例的女性就業現象也沒有結束，甚至罷工行動一直頻繁發生。[37]而這些中產階級希望的是在現有的社會架構中內改善生活，而不是澈底改造社會。[38]對他們來說，要恢復日常生活就必須壓制社會衝突。為了遏制社會內部這種分歧和緊張關係，國家安全下的戰時邏輯是必要的。而為了維持這種邏輯，冷戰世界的「現實」也是必要的。

耐人尋味的是，這種情況並不只發生在英國，在世界另一端的日本，也出現了相似的情況。

## ◆什麼是赤色清洗？

一九五〇年七月二十八日下午三點，《每日新聞》東京總公司有三十一名員工分別被他們的上司叫去，並在當下突然被告知解僱。他們得到的唯一理由是新聞媒體有責任將共產主義及其支持者拒於門外。《朝日新聞》和《讀賣新聞》等其他大報也同時發布了類似的公告。這是當年的一場大規模裁員風暴的開始。這場風暴首先在發生在報紙和廣播業界，是根據駐日盟軍總司令道格拉斯．麥克阿瑟下達的清除媒體界共產主義者的指令。[39]根據這項指令，全日本共有五十家報社、總計七百零四名員工被單方面通知立即解僱。其中波及到的大報社有朝日新聞社（五千二百名員工中，一百零四名被解僱）、每日新聞社（五千名員工中，四十九名被解僱）、讀賣新聞社（二千二百名員工中，三十四名被解僱）；較小的地方報則有鳥取縣的日本海新聞社（九十名員工中，九名被解僱）、長野縣松本市的信陽新聞社（五十名員工中，一名被解僱）。[40]

這場從新聞業界開始的大規模裁員風波，隨後以更大的規模蔓延到其他產業。一九五〇年秋季，煤炭、鋼鐵、造船、化工、鐵路和礦業等各種行業，幾乎同時解僱了約一萬三千人。這起現象在日本一般被稱為「赤色清洗」（Red Pudge）。[41]顧名思義，這場大規模裁員風波，過去都以冷戰的角度看待。普遍認為，這是一場主要基於美國占領軍的指令下進行的共產主義者大清洗。由於這樣的前提，過去很少討論究竟是誰策劃和實施了這場赤色清洗，目的又是什麼。

過去的研究認為這些答案是理所當然的，[42]這是美國人進行的，且一定是GHQ和華府決定的。過去也一直認為，這起事件的背景就是美國打算讓日本成為反共戰略要塞的東亞戰略。此外，一般也很少關注這起事件的受害者到底是誰，認為他們總之就是共產主義者或其支持者，不然就是冤案下的無辜受害者。是故，這個問題一直沒有被進一步探討。可以說，人們往往將「赤色清洗」理解為全球冷戰在日本國內造成的影響的後果，是全球衝突下帶來的必然的結果。

然而，正是冷戰這個大敘事框架，阻礙了我們進一步探討赤色清洗的意義。如果我們先嘗試質疑冷戰論述這個框架，那麼過去一直被斷定為「赤色清洗」的一九五〇年大規模裁員風暴，或許看起來就會是另一回事。如果我們拋開冷戰的視角來思考，這一現象反而可被視為是韓戰爆發後，席捲全球各地的國內肅清其中之一，也就是我在本書中稱為「社會戰爭」的一起全球同時發生的現象。

在進行重新探討之前，首先必須要區分一開始在新聞業界發生的同時裁員，以及隨後在各種產業界發生的大規模裁員。第一波裁員主要是基於麥克阿瑟的指令，這個指令是在韓戰爆發下所提出的，目的在於打擊「共產主義者及其支持者」。雖然這裡的「共產主義者及其支持者」的定義非常模糊，但這一系列的裁員仍足以稱為「赤色清洗」。

相較之下，隨後發生的規模更大的裁員風暴，則有必須重新思考。在當時和現在，它們都被統稱為「赤色清洗」。但這些發生在一般企業的大規模裁員，基本上是基於各個公司的決策所實施的，而且不僅針對「共產主義者及其支持者」，而是針對所有被認為「有害」的對象。美國占領當局甚至沒有參與其中，因為實際上，GHQ並沒有下達任何命令或指示。[43]一九五〇年八月，經濟科學局（ESS）局長威廉・默科特（William Murcutt）甚至告訴勞工處處長羅伯特・艾米斯（Robert Amis）「GHQ不得參與解僱案件」。[44]艾米斯後來在回顧赤色清洗的訪談中說道：

> 如果有人相信是我主導了赤色清洗，那就大錯特錯。那不是來自我，而是從日本的工會內部開始的，因為他們想清除內部的共產主義派系。赤色清洗並非來自GHQ局處的指令，也不是來自麥克阿瑟的命令，而是日本人自己發起的……。
>
> 我只是被業者和（靠近業者的）工會幹部牽連而已。他們經常邀請我共進晚餐、拍照，並利

用這些照片，表示他們與我關係密切，暗示是我希望展開赤色清洗的。[45]

過去許多研究赤色清洗的學者，對艾米斯的言論抱持懷疑，認為艾米斯是裝作不知情。而他們的這種觀點之所以強勢，是因為日本研究占領時期的學者們，或多或少都堅信美國占領軍在日本具有絕對統治的地位。[46]當然這個觀點也有一定的價值，畢竟占領當局在各種決定性時刻都進行了直接干預，例如一九四七年下令取消總罷工、★一九五〇年七月下令驅逐新聞業中的「共產主義者」，都是毫無疑問的事實。

然而艾米斯的這段回憶仍不應單純視為狡辯或裝不知情，因為在韓戰時期，占領當局已經開始失去了他們在日本的特殊光環。在「赤色清洗」的展開過程中，美國官員們被日本商業界人士、工會領袖、官僚、政治家們利用，最後還被切割。當時勞工處的職員瓦列麗．布拉蒂（Valery Burati）在一封私人信件中寫道，許多工作人員已經意識到「占領已走向衰退」。[47]

日本的政治家和工會領袖也察覺到了這種趨勢。他們意識到，即使是GHQ的「指令」，實際上仍有談判的空間，甚至可以拒絕。[48]總而言之，我們現在普遍認為是「赤色清洗」的大規模裁員，這其中的大部分實質上，美國或占領當局都沒有參與，而是各個公司根據自己的決策所規劃並實施的。如同以下將詳細說明的，這些公司是根據自己的理由和標準去決定應該解僱誰。

★　譯註：指一場計畫於一九四七年二月一號舉行的公務人員罷工，又稱二．一總罷工。在舉行前，因麥克阿瑟的指令而取消。

## ◆赤色清洗的內部機制

首先介紹的是，當時日本最大的礦業公司——三井三池煤礦（Mitsui Miike Coal Mine）所制定的解僱基準一覽表。從這張表可以得知，赤色清洗的對象相當多元且模糊不清。這張一覽表共有二十二個分類，對象不僅包括共產黨員、祕密黨員、脫黨者、退黨者和被開除黨籍者，還包括「同情」他們的人。這裡的「同情者」標準相當寬泛，包括試圖幫助被解僱者的人、「阻礙、或被認為阻礙公司業務」的人，甚至連「可能做出此類行為」的人，都被包含在解僱對象之內。[49]

在解僱標準如此寬泛且模糊的情況下，實際的運作究竟會是如何？沒錯，隨之而來的是赤色清洗的大量到來。三井三池煤礦光是公司內部，就同時解僱了二千五百人。GHQ的勞工處發現這種情況，立即發出警告，表示不應將解僱與公司合理化混為一談。[50]然而，赤色清洗的展開並不局限於消滅「共產主義者」。根據大量的檔案文件，這場赤色清洗會配合不同公司的實際情況被加以應用，成為用來解僱某一類人的絕佳藉口。

另一個相對資料豐富的案例，是日本鋼管。* 該公司的例子可以讓我們了解究竟是哪類人容易成為清洗的目標。一九五〇年秋季，該公司有一百九十名員工同時被解僱。這場糾紛始於社長河田重在一九五〇年十月二十三日做的決策。河田表示，他不得不解僱少數「妨礙公司順利運作，或拒絕合作」的員工。[51]這項聲明，甚至連當時通常被視為赤色清洗主導者的GHQ員工也大感震驚。一名勞工處的職員直接指名批評這場大規模解僱是「赤色清洗的濫用」。[52]勞工處處長艾米斯，也向日本鋼管的管理階層發出以下的警告：

> 管理階層似乎沒有遵守我之前發出的通知。在我看來，管理階層是在趁火打劫。解僱員工應有具體的理由。如果無法給出合理的理由，則應暫緩解僱；如果被解僱的員工並未符合解僱的條件，則必須讓他們回到原本的崗位，且必須支付解僱期間的工資。[53]

儘管這份警告的語氣相當強烈，該公司卻視若無睹。

與此同時，日本鋼管鶴見工廠（The Tsurumi Plant）裡一名二十七歲員工石嶋聖一（Ishijima Seiichi），向艾米斯遞交了一份內容頗長的請願書，請求艾米斯的幫助並解釋道，雖然自己是鶴見工廠的積極工會成員，但他既不是共產主義者，也並沒有贊同共產主義思想。石嶋說，公司之所以討厭他是因為他作為工會會員，「發現了公司管理方式中的許多缺點」，並「就改進管理的策略，提出了自己的意見」。[54]

石嶋在信中詳盡地對公司的說法做出反駁。勞工處內部也對這封信相當重視，將日語翻譯成英

★ 譯註：即NKK（Nippon Kokan），經過多次合併後，現已改組為JFE鋼鐵。

語。艾米斯為了確認這封信的真實性，先是尋求日本勞動省協助，隨後勞動省官員與石嶋進行了面談，得出了石嶋不是共產主義者的結論，並向GHQ報告。根據這項審查結果，艾米斯直接與日本鋼管的管理層面談，並敦促他們讓石嶋復職。

這一次日本鋼管很快有所反應。他們邀請石嶋共進晚餐，並當面告訴石嶋，公司承認他不是共產主義者。但是日本鋼管仍拒絕重新僱用他，甚至以高於當時平均年薪的二十五萬日圓作為補償，交換石嶋必須遵守不得公開此事，也不得透過GHQ向管理階層提出任何異議的條件。[55]石嶋陷入了兩難，因為他有妻小，且看起來也沒有機會回到公司了。在這之後並沒有任何與石嶋相關的記錄，顯然他接受了這些條件。

GHQ的承辦官員對於日本鋼管堅持拒絕重新僱用石嶋的態度感到非常訝異，畢竟這是同一家公司反覆拒絕聽從GHQ的警告，勞工處於是要求勞動省的承辦官員解釋此事。根據當時的日本人承辦官員的說法，儘管石嶋不是共產主義者，但他有一些問題讓公司視其為「麻煩製造者」。這裡所說的問題，是指石嶋是該公司鶴見工廠工會的創始成員之一，並且一直積極地批評管理階層。[56]

石嶋的案例反映的重點是，就算他們不是「共產主義者」，但如果是「麻煩製造者」，依然可以被解僱，而且是日本勞動省制定了這樣的準則。事實上日本勞動省（而不是GHQ）在一九五〇年十月初，發布了一般企業的赤色清洗「指導方針」。在這個指導方針當中，勞動省不僅同意解僱共產主義者及其支持者，還同意解僱「扮演領導者、煽動他人，或作為策劃者，對企業的安全及和平造成實際危害，不懷好意的活躍麻煩製造者」。另外一提，根據時任勞動省勞政局局長賀來才二郎的回憶，「麻煩製造者」（trouble maker）這個用語是時任勞動省組合課長飼手真吾設計的。起初飼手想把這個外語翻譯成日語，但沒有找到適合的詞彙，於是就寫成片假名沿用，結果這個詞乍看之下，讓人誤以為是翻譯了GHQ的指示，但實際上它卻是勞動省內部創造的用語。[57]

毋庸諱言，「麻煩製造者」這個模糊不清的定義，被許多公司當作極好利用的機會。相關的例子不勝枚舉。以新瀉鐵工所來說（該公司源自十九世紀末開始的石油探勘事業），一九五〇年秋季，該公司有超過三十多名員工，被認為是「不合作」、「製造混亂」、「不受歡迎」的「麻煩製造者」，在「赤色清洗」風暴中遭到集體解僱。該公司的一名員工發現，在勞資會議上爭議愈多的部門，該部門中被解僱的人就愈多。而事實上，大多數被解僱的「麻煩製造者」都是活躍的工會成員。[58]

同樣的情況也發生在日本大型運輸公司日本通運。一九五〇年秋季，該公司有八百名「赤色人物」被集體解僱。而這些被「定罪」的「赤色人物」，實際上只是參加了該年夏季，未經工會批准舉行的一場野貓罷工。另外，自二十世紀初以來主要在大阪發展的大日本紡績，也有明顯利用赤色清洗的跡象。前述的勞工處職員布拉蒂甚至痛斥，「（大日本紡績）是紡織業中最差勁的公司之一。他們利用所謂的『赤色清洗』解僱實際上只是工會活躍成員的反共主義者。」[59]從這則評論可以得知，「赤色清洗」的實施已經遠遠超出了GHQ的控制範圍，它實際上是為了掩蓋勞資糾紛或某些社會戰爭而被推動的。

然而，若就此將「赤色清洗」歸類為管理階層利用反共勢頭解決勞資糾紛的現象，又太過簡化。因為紛爭不只會發生在勞資雙方之間，也會發生在工會內部。例如，自一九四七年成立以來，由全日本十三萬名電力公司員工組成的日本電氣產業工會（電產），其內部的共產主義派和非共產主義派團體之間一直紛爭不斷。這場內部紛爭在一九五〇年五月，於奈良舉行的工會年會上達到高潮，當時前述的兩派團體發生了激烈衝突，導致這場年會被取消。

這起事件為後來赤色清洗的擴大奠定了基礎。隨後，電產中屬於主流派的非共產主義團體發表了一則聲明，要求所有十三萬名會員重新註冊為正式會員。回應這則聲明的會員有十一萬名，拒絕的有兩萬名。到了八月下旬，赤色清洗的氣勢隨著韓戰的爆發愈演愈烈，全國配電會社等公司的管理層，宣布解僱二千一百三十七名員工。這些員工同時是當時拒絕重新註冊的工會會員，他們被認為是「主要人物」，也就是「麻煩製造者」。電產對此表示默許，因為這些拒絕重新註冊為正式會員的人，已經不再是「工會會員」了。[60]

這代表以「赤色清洗」名義下發生的糾紛，不只發生在勞資雙方之間，也發生在工會內部派系紛爭之下。進一步地說，這場「共產主義與非共產主義」的鬥爭，表面上是一場意識形態衝突，實際上爭執的是員工對公司的歸屬意識。回過頭想想，日本鋼管社長批判的是「少數」按照「公司外部的指示」行事的「不合作」員工。[61]同樣地，對許多工會內部的主流派系高層來說，會員之間的團結心態也是他們的底線。而且這種團結指的並非是不同企業或不同國家的勞工們之間的團結，而是指企業內部員工之間的團結。事實上，曾任電產祕書長的佐佐木良作曾指出，工會中主流派系成員的共同傾向，是擁有強烈的「企業精神」；而另一方面，佐佐木也毫不掩飾他厭惡那些沒有企業忠誠的人。[62]簡而言之，管理階層和工會主流派系共同的焦點，以及被「共產主義與非共產主義」鬥爭這個幌子所掩藏的爭點，就是對公司的歸屬意識，也就是他們「是否熱愛」自己的公司。

與此類似的傾向也可見於學校和大學等組織之中。群馬縣一所小學，曾經在赤色清洗時期同時解僱了數名教師。解僱的理由包括「態度不配合」或「與同事相處失和」等，與意識形態沒有直接相關的理由。無論是當時，或是直到現在，我們經常認為這些瑣碎的理由只是為了掩蓋意識形態衝突的藉口。但事實上，這些「意識形態衝突」的標籤反而正是遏止人與人之間各種紛爭的絕佳藉口。

正如本章所探討的案例所示，以「赤色清洗」的名義所排除的，往往是那些在職場中的非主流者或反抗者，或是態度不配合、愛抱怨的人等等。縱使「赤色清洗」在韓戰期間擴大，順利以意識形態的外包裝達到了「效果」，但它本質上是對這些人的篩選，宛如一場社會的「適性審查」。其核心內部與其說是一場意識形態鬥爭，不如說是一場關乎職場、社會及社區之中的理想秩序及和諧的社會衝突。

當然，許多人拒絕接受這種突如其來的裁員，選擇繼續反抗。有些人直接像平常一樣去上班，但被警衛便衣警察強行帶走。有些人選擇向公司工會尋求幫助，但大多數的情況是工會也置之不理；有些人則提出告訴，然而大多數法院卻認為法院對占領期間麥克阿瑟的指示不具有司法管轄權，因此駁回了許多此類訴訟。[63]而根據許多被解僱者的回憶，對他們來說最失望的，是自己的同事、工會成員及私下的朋友竟然因此態度丕變。當時突然被朝日新聞社解僱的久保井美都子，後來回憶道：「我好像突然變成了傳染病患者。」「沒有人願意和我說話。」據說她在街上巧遇同事，而對方直接把臉轉過去。[64]

從這些例子中可以看出，在韓戰爆發、冷戰世界觀的框架固定後，赤色清洗所影響的，不僅是企業及工會內部，也影響到一般大眾的思維和日常行為。到了一九五〇年秋季，這種氛圍已經籠罩到了就業這條戰線上。這段時期許多民間企業，尤其是注重形象和聲譽的銀行和百貨公司，開始僱用私人調查員，系統性調查求職者的背景和政治態度，這種氛圍不禁使許多人想起被嚴格的《治安維持法》控制的戰時日本。一九二五年制定的《治安維持法》，是為了提供逮捕和監禁共產主義者、社會主義者、自由主義者和基督徒這些人的法律依據，並為之後鎮壓那些不參與日本戰爭的反抗派，奠定了基礎。而正是這種倒退回到戰時的氛圍，引發了許多高中生和大學生，在韓戰期間舉行反赤色清洗運動及和平運動。

## ◆學生運動與草根保守主義的反彈

日本戰後的學生運動在戰敗不久後便開始出現，但學運真正激烈的時期，是韓戰期間的一九五〇至一九五三年。[65]一九五〇年九月二十九日，早稻田大學舉行了首次的大規模學生示威遊行，共有一千五百名學生參加。這次示威，是為了反對早稻田大學、法政大學和東京各大學的解僱「赤色」教授一案。[66]像這樣的反赤色清洗運動迅速在學生間傳開，東京大學在一週後的一九五〇年十月初，舉行了一場大規模集會，約有三千名師生參加。[67]像這樣主張反赤色清洗的學生運動在同月十七日變得廣為人知，這是因為當天其中一場在早稻田大學校園內舉行的抗議集會，演變成了「暴動」，使得警方當場圍捕了一百四十三名學生。這場學生運動的規模，以及警察圍捕的規模，都是日本歷史上首見的。[68]

後來，被早稻田大學開除學籍的學生有八十九名，其中之一的神戶光男(第一文學部三年級生)，在他題為〈一則陳情〉的筆記中如下陳述：

> 關於這次的事件，我承認的確是我們之過。然而，請你們想想，究竟是什麼重大的原因，使我們採取了那樣逾矩的行為，並得到這樣的後果。我既不是共產黨員，也不是共產主義者，當然更不是他們的「走狗」。我和你們一樣，只是一個平凡的學生。然而，我……沒有辦法放下對那些壓抑人類自由的勢力的憎恨和憤怒。

圖 8-3　學生在東京大學舉行反對「赤色清洗」的示威。《每日新聞》。1950 年 10 月 5 日

關於戰爭的慘禍，我想每個人心中都有自己不愉快的記憶，無須我多言。尤其是我們這些青年，難道不是最大的受害者嗎？[69]

這段敘述表明，對神戶而言，他抵制赤色清洗的立場並不是基於自己的意識形態或政治信念，更多是基於他的戰爭經驗，且許多參與學生運動的人都有同感。雖然學生運動的演變本身也很值得研究，但在此我更想深入探討的是社會對這些運動的反應，而不是學生運動本身。簡而言之，人們對反赤色清洗運動的普遍反應是沒興趣、冷眼相待甚至強烈否定，但其實大眾所關注的本來就不是赤色清洗如何影響大學內部，而是學生運動會威脅到社會秩序。

此外，相較於越戰後期，韓戰時期的日本主要報紙對學生運動始終都持批判的態度。例如，《每日新聞》在一篇題為〈告誡過激行為〉的社論中，明確表示「學生不應過度依賴社會和教育當局者的好意」，並斥責道，「學生所進行所謂的罷工騷動，只是一部分過得太好的人的休閒運動罷了。」該報還批評早稻田大學學生被逮捕的事件，稱其為「早稻田大學前所未有的學生醜聞」；隔日的該報〈餘錄〉專欄，甚至繼續批評這起學運「興奮得就像低級的競輪（一種自行車競速比賽）迷」。該報認為，這些「醜聞」是部分受共產黨影響的學生所帶領發動的，且年輕人和女性特別禁不起這種共產主義式政治宣傳。[70]《朝日新聞》也保持相同的論調，該報在一篇題為〈學生運動需要反省〉的社論中嚴厲指出，學生的行為是「顯然其手段和方法嚴重偏離了學生運動」。特別是早稻田大學事件發生後，〈天聲人語〉

社論專欄還嚴厲批評學生們的運動是「完全得不到大眾的同情」的，並警告「應反省什麼才是純粹的學生運動」。[71]

在這樣的情況下，就連最初支持學生運動的《早稻田大學新聞》，也在學生被大規模逮捕後改變了風向。事件發生四天後，該報在頭版的社論〈應盡快深刻反省〉提出了以下論點：

> 標榜學術自由，並以學術獨立為建校精神的吾校早稻田大學，竟到了三度出動警力的地步，著實令人遺憾。在此時此刻，我們應當以謙虛的態度冷靜自省……無論遭遇任何情況，學生絕不該成為暴動分子。遺憾的是，十月十七日的事件決不能說是有秩序的行動。[72]

這其中的爭點已經不是學生的主張了。從這個角度來看，學生的反赤色清洗運動之所以受到譴責，不是因為他們的觀點，而是因為他們擾亂了社會秩序。正如這些全國報紙和大學報紙的論調所示，無論學生們的主張和立場是什麼，許多人都認為他們應該受到懲罰；因為不管理由是什麼，他們都擾亂了公共秩序和公共安全。而為了鎮壓學生運動和恢復秩序，出現了兩種發展。首先是部分學生示威運動中的主要人物被拘捕，其次是冷戰世界觀，也就是壓制國內社會中的異議、為恢復秩序提供理論基礎的冷戰邏輯進一步地廣泛擴散。[73]

這種社會廣泛對傳統秩序與和諧的渴望，大大影響了一九五二年秋季的國會大選。這場美國占領後的首次大選，分別由吉田茂領導的自由黨和重光葵領導的改進黨，這兩個保守黨守住第一和第二大黨的位置。而在一九四九年的上屆選舉中獲得三十五個席次，曾大有進步的日本共產黨，這次則失去了所有席次。針對這次選舉的結果，時任早稻田大學文學院教授的戶川行男表示：

自由黨獲得二百四十席，這個數字確實反映了民意。也許代表性人物的影響力也有差，但二百四十席這個數字反映了沉默大眾的意向。這代表現在大家不想要改革。敗戰後七年，好不容易過上了像樣的生活，儘管仍有各種不滿和不安，但希望先維持現狀一段時間，這大概是民眾的內心感受吧。每當快速經歷一次又一次改革後，社會上跌跌撞撞，便會有一段時期是民眾希望保持現狀，無論好壞。而現在似乎就是這個時期。[74]

戶川的分析似乎稍嫌保守了，這是因為保守派的勝利絕對不只是「維持現狀」，相反地，兩個保守黨的勝利顯示了人們支持的是回歸傳統且熟悉的秩序，也就是一種震盪後的反彈。事實上，許多被解除公職追放的政治家在這次選舉中當選，並重返國家政治舞臺，也就是說從重返主流的保守派的角度看來，這些秩序的混亂只是戰時和占領期間才會發生的時局問題；而這次贏得大選，代表「正確」的舊秩序將會恢復。[75]儘管如此，戶川確實有敏銳的觀察力，他發現到民眾開始厭惡巨大的社會變動。[76]

想要了解當時的社會氛圍，有一種方法是閱讀當時人們所寫的信件。位於東京的國會圖書館的憲政資料室裡，保存著數百封普通民眾寫給地方或國會政治家的信件和明信片。讓我們來看看一九五〇年秋季至一九五一年這段期間的信寫了些什麼。這裡有一封一九五一年，來自京都的匿名男性寫給當地政治家的信。這名男子表達了他對戰後社會變革的強烈厭惡，以及他試圖以國防和國安的邏輯來壓制這些社會變革。以下摘錄此信的內容：

自從戰敗以來，經過五年多的時間，日本進行了各種改革，破壞了各種制度，日本人的心態恐怕也已經改變了。過去日本軍之所以強大，並不只是因為勇猛，而是因為有各種制度，也就是有國體為基石。而現在這一切都被摧毀了。即使現在的人還有保有愛國心，但有多少人願意為國難犧牲？……

總之戰敗後，我國的作法可以說是在走向民族滅亡的路上，無論在政治還是教育上都是如此……我可以斷言，以目前的方式，我國是無法抵禦共產主義的……。

在此情況下，我相信首要之務是透過您的努力，發起一場大規模的國民運動，向國民敲響警鐘，使他們充分理解現狀。我不希望我們的國家成為戰場，更不希望我們的國家成為東亞的巴爾幹，不，甚至是第二個朝鮮。我們必須用我們自己的力量保衛國家，抵禦外寇。[77]

這位匿名人士在結尾提及了他的核心關懷。他擔心的是，戰後的日本缺乏一個「中心」。

我國國民……需要一個中心。國民的團結至關重要。若說是為了自由、和平及維持並提高生活水準，這對我國來說並不奏效。我們不想捨棄我們悠久的傳統，也不想放棄我們的歷史。只有這樣，我們才能真正獨立，才能站在反共戰線上與西方國家合作，從而為世界和平作出貢獻。[78]

這名男子透過強調共產主義的「威脅」，表達出他追求的是重建被摧毀的社會秩序；更廣義地來說，是重新建構傳統且理想的國族認同。即使其解釋失之偏頗，但對他來說，韓戰及伴隨其來的冷戰世界觀的擴張，讓他有機會能夠表達自己對國內問題的憂慮。

日本社會確實和經歷過第二次世界大戰的許多社會一樣，在戰時和戰後出現了重大變化。學生們發起「暴動」、愈來愈多女性走出家門工作、勞工的影響力也比過去都還要強大。這似乎正像是「失去」了中心、傳統秩序「被打亂」一般。戰後的日本有許多新的行動者崛起，這讓保守人士感到不安，甚至憤慨不已。鳥取縣米子市的一名五十八歲男性醫生，就是其中一名對社會變化感到極度不滿的人之一。他對戰後女性投入社會的現象深感憂慮，因為他認為女性是「愚昧」、「迷茫」的。他在一九五一年四月的信中寫道：

> 關於《主婦之友》*五月號舉辦的重整軍備座談會的報導文章，我深有感觸，特寫此信表達我的看法……任何人讀了那篇文章後，恐怕都會對這些女人的愚昧和迷茫感到無可奈何。當她們被指出情緒化、對時局一無所知時，她們竟然如此憤慨，而且還以這種方式暴露自己的無知，簡直是在承認那些指責是正確的。這樣的女人搭上時代的順風車，擔任議員或市長等重要職務，這

讓人對現代日本社會，及其輕佻浮薄的國民性深感憂慮……如果修憲的公民投票，因為愚昧女性的多數而使世界誤解了日本國民的良知，我希望能如您的建議，保持現行憲法不變，在自由解釋下進行重整軍備。[79]

這封信的有趣之處在於，這位醫生在表達他反對女性地位提高的意見時，使用了「對時局一無所知」這個冠冕堂皇的理由。他接著說道：

自古以來，有句話說「歷史背後有女人」，這多半意味著滅亡和悲劇。女性在政治上的參與極少能取得正面的效果。女人自以為聰明賣牛卻虧錢†的故事，相信不會只出現在東洋。雖然在人道上無法立法禁止女性參政，但我認為必須非常謹慎考慮女性是否可擔任重要的政治職位。我偶然有機會了解那些所謂的日本代表性女性評論家的真實意見和思想，發現她們的思維極其淺薄且幼稚。我揣度了您的心境，深感同情，並敬佩您公正的論述。總之，反對重整軍備的論調是對現實狀況視而不見，純屬空談，我深深懷疑他們是否還有良知。[80]

---

★ 譯注：一九一七年（大正六年）創刊的日本代表性女性雜誌。二〇〇八年休刊。

† 譯注：日本諺語「女賢くして牛を売り損なう」，可理解為「聰明反被聰明誤」。

當然，這封信並非是為了幫任何特定團體發聲而寫的，但從中我們可以窺見這些人，也就是默默支持以赤色清洗為名發動的社會清洗、支持鎮壓反赤色清洗運動的人的心境。換句話說，正是這些人直接或間接地在「反共」的旗號下，鎮壓了各種的「麻煩製造者」。事實上，這種鎮壓和社會懲罰的影響持續了好幾年，甚至數十年。根據目前已出版的一些相關回憶錄，那些在赤色清洗期間被解僱的人，大多數無法再就業，即使回到家鄉也常年被排擠，有些人還因此家庭失和、離婚，甚至自殺。[81]

過去有關赤色清洗的研究，大多都認為這場清洗是GHQ或華府所下令的，即赤色清洗是美國的全球冷戰戰略之一，為了要在東亞建立反共國家。然而根據本章的探討所發現，並非所有的案例都適用這種「赤色清洗是美國發起的」模型。我們看到的情況如下：首先必須提出的是，一般企業的大規模裁員，其實是該公司的管理團隊的決策所造成的，而非GHQ的指令；且工會內部的派系鬥爭，也助長了針對某類人的大規模裁員。第二，許多被解僱者根本不是共產主義者也不是間諜。第三，GHQ勞工處的工作人員曾試圖阻止「濫用赤色清洗」，但效果甚微；許多人由於被視為擾亂職場秩序與和諧的「麻煩製造者」，最終難逃被解僱的命運。第四，透過制定指導方針，鋪平了解雇這些「麻煩製造者」的道路的，正是日本勞動省。更重要的是，社會中的多數人民選擇了「不需要更多改革」的保守路線，以此壓制了反對、抵制赤色清洗的聲音。也就是說，推動並維持社會中的赤色清洗的主要行動者不是GHQ或華府，而是成千上萬的日本草根民眾。

重新檢討這些主要行動者，使我們開始重新思考這起現象的本質。也就是說，如果將GHQ和美國視為這起現象的行動者，赤色清洗看起來便像是冷戰戰略；但如果將其視為社會現象，則需要不同的解釋。而正如本章所探討的，幾個案例（如新聞業界的赤色清洗）可能相當符合過去的赤色清洗模型，但其他大部分的情況並不符合。更合理的解釋是，這些其他大部分的案例是由無數人民所推動的社會肅清，即本書所稱的「社會戰爭」，這場戰爭具有以冷戰名義，壓制戰後迅速浮出水面的社會不和諧的功能。從這個角度來看，一般普遍將赤色清洗定調為全球冷戰在日本國內造成的影響這一觀點，應當重新審視。實際上，它是由社會大多數人所帶來的保守反彈現象，是一種壓制意見分歧，以創造國內的「平靜」與「和諧」的社會現象。為了使這一現象得以發揮作用，同樣需要一個被想像出來的「現實」，也就是全球冷戰。

本書的第七章和第八章，分別探討了在一九五〇至一九五一年的韓戰期間，席捲美國、日本和英國社會的國內肅清風暴。這些章節不僅揭示了有關麥卡錫主義和赤色清洗等現象的機制及其本質上意義的新見解，同時也揭示出，這些現象是一個同時發生的大型全球現象。在過去的文獻中，這些現象通常被視為各自獨立的事件，因此被分別以美國史、日本史和英國史的脈絡中梳理。而這些研究通常認為，這些現象代表了冷戰時期特有的反共政治、是全球冷戰所引發的。最後，這些事件被單純視為全球性事件的一陣餘波，然而這種傳統觀點是在接受冷戰這個「現實」的前提之下，才會看似合理。

一旦撇開冷戰世界這個來自想像的產物，並聚焦在各個現場所發生的地方社會摩擦，就會發現到它們截然不同的面貌。這些國內肅清風暴所共同體現的是草根保守主義的反彈，更嚴格地說，是社會保守主義(而非政治保守主義)的回歸。其目標是透過壓制國內社會中的非主流者、不滿分子、雜音等，以此恢復「正常」的秩序、生活和社會關係。冷戰這個原本還有被反駁餘地的論述，在韓戰期間確立了其真實性，並且它也顯示出，使用冷戰的名義，便能夠非常有效地遏制社會中的各種社會和文化異端及異議。

在前面的章節中，我們探討了日本、英國和美國等所謂的前殖民宗主國。然而驚人的是，類似的情況竟也在同一時期，發生在菲律賓、臺灣、中國等，經歷過官方或非官方殖民統治的後殖民社會中。在一九五〇年這個時間點上，這些社會正處於國家建設時期。它們透過排除各自社會內部中的「他者」，以此建立國內的秩序和統一。在第十章的最後，我們將討論在韓戰期間，全球各地同時發生的這一社會肅清現象的意義。但在此之前，我想先探討菲律賓、臺灣、中國等才脫離殖民統治枷鎖不久的社會，究竟發生了什麼事。下一章中，首先要重新探討的是一九五〇年秋季在中國爆發的大規模清洗風暴，即所謂的「鎮壓反革命運動」。

# 第9章
# 人民的鬥爭

一九五一年四月二十八日上午，上海著名的逸園賽狗場瀰漫著一種詭異的狂熱氣氛。逸園賽狗場建於一九二八年，也就是上海正處於「東方巴黎」的輝煌時期。當時這裡是一個絢麗奪目的社交聚會場所。然而這一天，這裡的景象卻和當年形成了鮮明的對比。當天上午，賽狗場中央的橢圓形草坪上坐滿了一萬多人，人群的中央是正面看臺，前面搭起了一個舞臺，舞臺上是被繩索和鐵鍊綁著並低著頭的被告，他們一邊聽著共產黨官員、證人、學生和農民的證詞，一邊等待著判決。根據當時也在場的英國《曼徹斯特衛報》(*Manchester Guardian*，即現在的《衛報》〔*The Guardian*〕)記者所述，賽狗場內的人群高歌著讚揚中共的歌曲，揮舞著寫有標語的紅旗，並辱罵臺上的被告。[1]

這是其中一場曾經多次在上海舉行過的控訴集會，同時也屬於全國性的「鎮壓反革命運動」(簡稱「鎮反」)。一九五〇年秋季到一九五一年夏季，這場告發被認為是「反革命分子」的運動，所席捲的不只是上海，而是整個中國許多的城市。根據上述英國報紙的報導，這些控訴集會通常會有一系列的控訴和供詞，而檢察官和群眾會對每個被告作出標準式的應答。檢察官會問：「應該槍斃他們嗎？」群眾則會回答：「處死他們！處死他們！」「把他們帶到犯罪現場，在那裡處死他們！」

那一天，群眾在賽狗場上以這樣的呼聲判處了二百多名被告死刑。當地報紙稱這是「全場一致」的聲音。這些「判決」在翌日經由上海市軍事管制委員會審查並批准。上海市檔案館保存了當時的法庭文件，以下是其中的幾個案例。從國民黨時期到四九年後皆擔任警察的張萬金（三十一歲），因在韓戰爆發後散布毫無根據的謠言而被判處無期徒刑。根據指控，這位前警察官曾經散播這樣的謠言：「今年蔣介石要反攻，美國軍隊從各港口登陸，海陸空三方面夾攻上海。」[2]

前軍醫梁振安（三十三歲）也因同樣的理由而被判處無期徒刑，他被指控一九五一年三月四日，在上海舉行的「反美扶日」（反對美國援助日本）示威遊行中高呼「反革命」的口號並打斷了遊行。[3]另一名叫程偉（三十九歲）的男性也被指控散播「等國民黨回來」等「反動」性的謠言。根據上海市檔案館保存的判決書，他甚至在法庭上反駁：「現在毛澤東得時了，人叫他毛主席，蔣介石得時的時候蔣總司令蔣總統，過去時為什麼不叫毛主席？」又說：「我們大家不要坦白。」程偉最後被判處了死刑，而不是和其他二人一樣的無期徒刑。[4]

這些被判處極刑的「罪犯」在刑期確定後，立刻就被送去公開處刑的場地了。以下是一個公開處刑的例子。一九五一年夏末，在瀋陽附近的海城市，一位名叫法村香音子的日本女孩目睹這一切。香音子的父親是一名在國共內戰中被留用、繼續在人民解放軍服役的醫生，因此法村一家在日本投降後繼續仍留在當地生活。當時香音子是當地海城二中的學生。

那一天的天氣非常悶熱。香音子和她的同學聽說有某個活動將要舉行，因此沿著河川往河岸前進。她完全不知道前方將要舉行的是什麼樣的活動。傍晚時分，當她們抵達河岸時，那裡已經聚集了大批的民眾，還有小孩在嬉鬧。其他學校的學生也開始聚集過來，彷彿將要開始的是運動會之類的有趣活動。周圍開始響起歌聲，就和當時的許多同類型集會一樣。香音子和他的同學也跟著唱起來。不到一個小時後，人們不再唱歌，而是開始吼叫著這些口號：「澈底粉碎美帝的侵略！」「絕不容忍特務的顛覆活動！」「澈底消滅反動分子！」「打倒蔣介石！收復臺灣！」等等。人們重複喊著這些口號，不斷往空中揮擊著拳頭。「這究竟是怎麼回事？」香音子一點頭緒都沒有。[5]

很快地，有一排人走上前來，他們的手被反綁在背後。第一位是個瘦弱、衣衫襤褸、頭髮蓬亂的中年男子。第二位是個皮膚很白的年輕男子，他邊走邊啜泣著，流著鼻涕和口水。而接下來的男子令香音子更吃驚。這名男子被士兵強行拖著，他褲子已經滑落到腳踝，露出了下半身。孩子們對著這個男人大聲嘲笑，而周圍的人無論男女老少，都笑得連背都彎了。他們指著這個男人，並用污穢的字眼咒罵他，對他大肆地鄙視和嘲笑。

這些「反革命」囚犯接連從香音子面前走過，大約停在距離香音子三十公尺的地方，並排站好。接著他們跪在地上，像是膜拜著太陽。香音子突然間發現，那些囚犯的面前的地面是挖好的洞。

「噓！安靜！安靜！」人們開始互相提醒。接著，響起了三八式步槍的槍擊聲。士兵們將槍口對準了囚犯的頭。[6]

砰！

當清脆的聲音響起，那位一直在哭喊的男人突然安靜，幾秒鐘後便消失在香音子的視線裡。這樣的處刑方式同樣發生在其他囚犯身上。據說在全部的行刑結束後，群眾的興奮依然不減，甚至有人想對堆放著被處決的囚犯屍體的洞裡一探究竟。[7]

像這樣的控訴和處刑的場面，在全中國大陸各地都上演了好幾次。各地舉辦控訴集會的件數在一九五〇年秋季至一九五一年夏季的這段期間達到了巔峰。據說北京達到了二萬九千六百二十九次，天津則是二萬一千四百次。且光是在上海就有三萬三千多人被指控，其中則有將近二萬九千人都被當作「反革命分子」而遭到判刑。[8]這個期間，其他國家的駐外官員幾乎每週都會習慣性地向本國報告處決人數。[9]當時有幾名駐紮在上海的英國外交官，他們不僅會逐一報告處決人數，還會提到他們的傭人突然失蹤，或是被當作「帝國主義走狗」而被逮捕。[10]

這段時期，全中國究竟有多少人被處決、監禁，確切人數難以得知，不過根據中國歷史學家楊奎松的說法，光是官方承認的處決人數就約有七十一萬兩千人，入獄的則有一百二十九萬人、被軟禁在家中的有一百二十萬人。[11]這一系列的「鎮壓反革命運動」，一般認為是一場自上而下，由中國共產黨主導的強制性政治清洗運動，其目的是鎮壓前國民黨黨員及其支持者。[12]

過去的研究主要關注的是中國共產黨在這場運動中所扮演的角色，尤其是毛澤東。當然研究者們由於各自的政治立場，對這場運動的評價確有差異，但不可否認的是，幾乎所有的研究者都從政治史的角度，特別是將焦點放在政治決策者身上，從傳統的「偉人傳記」的角度來審視這起事件。也就是說，過去研究者都認為統治者（毛澤東）的意志即是政治事件（鎮反運動）的本質。

這種方法誠然有其一定道理。鎮反運動最初是根據毛澤東於一九五〇年十月十日發布的指示（即所謂「雙十指示」）而開始的；而這場運動在一九五一年一月下旬毛澤東發出進一步指示後，演變得更加激進也是不爭的事實。因此，強調毛澤東的責任是有其道理的。[13]

不可否認的是，這種傳統觀點往往會進一步鞏固人們對鎮反運動，乃至中華人民共和國政治性質的傳統看法。它讓人覺得，中共領導高層似乎有著一貫的意圖和政策；似乎中國共產黨可以控制這場運動要擴大或要縮小；似乎普通百姓只是這場運動中的被動追隨者或無辜受害者。這種觀點使得鎮反運動看起來只是走在一九四九年後特有的共產主義道路上，從而不經探討便強化了一九四九年是一個歷史分裂這個舊觀念。但是，這些觀點必須經過更深入的研究，因為這當中有許多應稱之為「神話」的成見。

## ◆重新探討「鎮反運動」

首先，中共當局在指揮鎮反運動時，他們的意圖和信念並不一定是貫徹始終的。楊奎松的文章已詳細指出，中共的政策在短短幾年內相當曲折。例如，在雙十指示發布後不到兩個月，中共的二把手劉少奇就要求鎮反運動放慢腳步，且這時毛澤東是表示贊同的，毛澤東本人甚至建議不要製造出「過度緊張的氣氛」。儘管如此，一個月後即一九五一年一月中旬，毛澤東又對於湘西的幾場大規模處決表示贊同，認為這是「全面性的必要措施」，他甚至建議在其他各省，無論是城市還是農村都應仿效之。[14]

儘管鎮反運動確實是在中央的指示下所發起的，但並不代表中共可以控制這場運動的走向。例如，北京從一九五一年五月起下令全面縮小鎮反運動規模，但並未見到全國各地的大規模逮捕和處決有任何減弱的跡象。相反地，就算政府改變了政策，但鎮反的浪潮仍持續擴大。舉例來說，儘管中央政府已經試圖限制非官方的大規模逮捕和處決，但在華東地區又有多達十一萬人被逮捕，其中近四萬人被處決。[15] 這種趨勢也就是地方上出現更激進行為的趨勢，從政府如何應對居住在城市的外國人的言行的案例中也可略知一二。例如，當中央政府制定犯下「反革命」行為的外國人將被驅逐出境的政策時，這個政策馬上就被批評是懦弱且畏縮的。某一位共產黨地方委員會的幹部指出，當地人指責政府在處理外國人和其他各國的行為時軟弱無能。[16]

為何中國政府無法就鎮反運動制定一致的政策？為什麼它們無法控制這場運動愈演愈烈？首先可以指出的是，鎮反運動的發展與韓戰的局勢有著密不可分的關聯性。如同第四章所述，對中共來說，韓戰的發展對國內各種政策是可能會造成不良影響的不穩定因素。一份中共某地方組織的報告認為，不夠投入鎮反運動的態度，在朝鮮戰局一旦惡化、中國人民志願軍不再占上風時，就可能會遭到指責。這是因為這種軟弱的態度會使中國共產黨在國內也處於被動地位。一旦他們不再占上風，就會招致更困難的局面。[17]由此可見，中共是將國內的鎮反運動與韓戰的發展連結在一起思考的。事實上，如同前述，鎮反運動政策的變化幾乎總是與戰爭情勢的變化同時發生的。

然而更嚴謹來說的話，還有比戰爭局勢更重要的因素。更根本的不穩因素，與其說是戰況，不如說是隨著戰況而變化多端的輿情和民眾情緒。事實上，鎮反運動變化的前提一直都是社會情緒的變化。例如一九五〇年十二月前後，也就是人民志願軍決定首戰勝利後是否往三八線南進的緊張時期，當時政府曾試圖抑制過熱的鎮反運動。因此他們給了一個理由，說明為何在這個時期實施緩和鎮反政策。他們說，「應該避免不分青紅皂白的多方打擊，以免整個局勢變得過度緊張，連我們都陷於孤立。」毛澤東也同意這個想法，並在此時強調：「如果我們的同志不能有明確的主張，或是他們沒有堅持明確的主張，人民是不會支持我們的。」[18]然而，在之後的一九五一年一月下旬，即志願軍南進三八線並收復首爾之後，中央政府幾乎是同時就實施了更強硬且嚴厲的鎮反政策。毛澤東對此辯解如下：「如果我們優柔寡斷，放縱這些罪惡（反革命分子），他們就會是人民的災禍，（我們）就會失去民心。」[19]從這些發言可以看出，考量戰時的民眾情緒走向是北京決策邏輯的重要一部分。

簡而言之，鎮反運動的發展，其實是深受韓戰的戰況和當時的社會狀況，以及這些對北京來說的影響；而不是受到中國共產黨的意識形態傾向或毛澤東的個人理念和性格的影響。在此，應思考的問題是擴大到無法控制的鎮反運動，到底反映出了什麼意義？如果這不僅止是一場中共進行「政治清洗」的運動，那麼它又是什麼呢？難道不應該認為這場的運動本身的運作是具有內在動力的嗎？換句話說，如果我們從鎮壓反革命運動在社會內部的作用，來重新審視這場過去被認為是自上而下式的「政治鎮壓」的運動，又會發現什麼呢？我們會發現，鎮壓反革命運動是社會懲罰，又或是「社會清洗」運動的一環。

## ◆社區內的社會清洗

讓我們來簡單了解一下鎮反運動在社區上是如何運作的。首先要注意的是，鎮反運動的日常性實踐與控訴集會不同，並沒有那些充滿意識形態的口號或是戲劇性的場面，反而和意識形態鬥爭及政治抗爭其實幾乎沒有關聯。舉例來說，當北京市攤販聯合委員會的成員在自己的市場實施鎮反運動時，他們利用了這場運動來達到自己的目的——加強委員會內部的風紀和紀律。這些與當地緊密連結的「鎮反運動」中所使用的口號包含以下幾個：

「每月納稅時不使有一個滯納戶」
「組內保證沒有一戶要謊欺騙明碼有實的」
「保證不漏開一張發貨票」
「一律使用標準度量衡工具」

「貨物一律明碼標售」
「公平交易不欺騙顧客」
「攤位內外經常清潔不使穢土積存」[20]

除此之外，甚至還有「保證在棚內道旁不大小便」等等。這些都是該委員在鎮壓反革命運動中所提倡的口號。[21]這些當然都與中國共產黨打擊「反革命分子」無關。但耐人尋味的是，這些加強約束當地民眾紀律的請求，只有在「鎮壓反革命運動」的名義下才會有效。這種地方化的鎮反運動的邏輯是，攤販的協助有助於中國經濟和公共秩序的穩定，因此攤販也參與了國內社會第一線打擊反革命分子的鬥爭，甚至他們定期繳納的稅款也正是在幫助朝鮮半島上對抗美帝的戰爭。[22]也就是說，地方上的民眾利用了對外戰爭的機會，打著鎮壓反革命運動的旗號，解決自己社區上長期存在的問題。

這樣的東西方對立的冷戰邏輯被應用在地方社區需求上的例子，在當時隨處可見。例如，北京東安市場附近的居民便以「鎮壓反革命運動」的名義採用了連坐制度。這個制度是五戶組成一個小組，每戶都對其他戶進行監督。如果小組中的其中一個成員違反了協議，所有的成員都將受到懲罰。[23]這種相互監督的制度非常有效。試舉一例，當時某位住在東安市場上的攤販試圖欺騙顧客以牟取錢財，而其他每一位攤販很快分別向當局祕密檢舉了他。[24]還有另一個例子，北京某地的居民以「鎮壓反革命運動」的名義組織了地方上的巡邏隊，表面的名義是搜索「破壞活動分子」，然而這些居民的目的其實是預防當地發生火災和盜竊。[25]

還有一個案例，是以「鎮壓反革命運動」名義恢復的鄰里互助團體制度。這種制度擁有仲裁家庭暴力案件的權力。一名丈夫在鄰里集會上被指控對妻子施暴。這名丈夫在當場進行了自我批評，並保證絕不再施暴。[26] 據當地居民所述，自從鄰里互助團體成立以來（即自「鎮壓反革命運動」開始以來），當地的氣氛明顯變好，環境更乾淨，小偷也被趕走了，而且崎嶇不平的道路也被修繕了，居民之間的糾紛透過鄰里互助團體，也更容易解決了。[27]

顯然東安市場地區的「鎮壓反革命運動」和北京攤販聯合委員會的情況一樣，其實與針對反革命分子的意識形態或政治鬥爭幾乎沒有關連。然而重要的是，當地人民在日常的實踐中，會根據自己所在地區的需要來應用「鎮壓反革命運動」，而且這些地方性運動只有在「反革命」這個全國性運動的名義下才能有效發揮。這些運動並不是單純的自上而下的「政治清洗」運動，而是「社會清洗」運動，也就是一種為了建立和維持地方社區中的「秩序」及「和諧」的社會機器。

耐人尋味的是，若以歷史的角度來看這些地方化的「鎮壓反革命」運動，會發現其實這其中有著與過去的連續性。正如前面舉出的例子所示，可以說當地人的目標是實現一套社會規範，例如以清潔反對航髒、以團結和諧反對混亂、以端正反對邋遢、以清廉反對頹廢或貪污腐敗。這些規範可以說是自十九世紀中葉以來，中國近代史上已為人所悉的難題。也就是說，以社會性功能的角度來看，鎮反運動其實並非共產革命後的中國才有的特殊現象。

事實上，鎮反運動和一九三〇年代國民黨時代下失敗的「新生活運動」有著許多相似點。根據中國歷史學家阿里夫·德里克（Arif Dirlik）的說法，當時蔣介石和國民黨高層認為，中國人的傳統生活可以用以下幾個詞來概述：骯髒、腐敗、懶惰、享樂主義和自我中心的放縱等。因此，國民黨的「新生活運動」明確提出了八項課題：紀律、整潔、簡單、樸素、迅速、確實、秩序、品格。這些很明顯剛好符合了地方實踐鎮反運動時所追求的目標。[28]

可以說這些課題的核心是致力於達成近代化，尤其在國民黨時期，這是一種公開的對西化的努力，也是一種對中國傳統更公開的否定。從這個角度來看，似乎國民黨和中國共產黨的運動本質上並無差異。儘管用詞不同，但這兩場運動都有一個共同的目標，也就是實現「近代化」。這是一個中國近代史上幾乎始終如一的夙願，是只有透過動員和團結那些過去孫文曾痛心地形容為「一盤散沙」的鬆散、幾乎沒有組織概念的人民，才終得以實現的。[29]

如果說這兩場運動有本質上的差異，那麼差異與其說是在於運動的內容，更應該是在於運動的發起者。在鎮反運動中，告密者和調查員和國民黨時期不完全相同，不一定是那些當局人士或祕密警察。相反地，這些角色在鎮反運動中是由一般老百姓擔當的。事實上，許多「鎮壓反革命」活動都是透過非官方管道（謠言和舉報），而非透過官方調查才發現並報告給當局的。也就是說，鎮反運動的主要參與者是那些在職場、學校、社區、鄰里，以及親戚和家人等普通百姓。

當然，這些人其中也有不少是對鎮反運動，尤其是對公開處決表示懷疑或批判態度的人。根據北京官員的民情調查報告，有人說：「過去太右了，這次又太左了！」也有人感嘆道：「老的死了怪可憐，年輕的死了太可惜。」也有人同情那些被告發的人，「他們也是為生活所逼，人家逼著他們幹的。」在甘肅省蘭州市，曾經三天內就處決了一百一十九名「反革命分子」，許多人對此心存疑慮，認為處決的人數太多了、問題有嚴重到需要處死嗎？還是有些人是被冤枉的？然而重要的是這些懷疑或批評的聲音一直是少數，而且很快就被現場的群眾給壓下去了，他們會說：「你知道他們害死了多少老百姓嗎？被害死的人比他們死得更慘！」[30]

可以說鎮反運動如果沒有大量民眾的參與是不可能實行的，據說光是在上海，當局就收到了七萬多封投訴信和密告信。[31]其中年輕人特別活躍。例如一九五一年春季，上海復旦大學的投訴信箱在短短幾個月內就收到了七百多份投訴。[32]根據當局的報告，有相當多的兒子或女兒、妻子告發自己的父親或是丈夫，反之亦然。[33]中共上海市委會的一位官員說，「在鎮反運動有很多青年不但很積極地參與這個運動，而且檢舉了自己反革命的父親、嫂嫂，檢舉了反革命的親友、鄰居的例子是不勝枚舉的。許多人協助了公安部門收集材料、監視及逮捕反革命分子。」[34]

在這樣人與人之間——學生之間、職場內、鄰里之間以及家庭成員之間的互相監視變得如此緊密的情況下，使得許多人甚至將場運動內化，對自己的行為進行了自我審查。有些被懷疑的人會主動前往公安部門，特地解釋自己的行為和社交圈。也有些人則乾脆待在家裡足不出戶，打算與社會隔絕。還有些人會在晚上悄悄地將自己持有的小型槍枝放在公安局門口。[35]

這種自我審查的激烈程度到底如何，從有相當多的人選擇自殺這點可略知一二。一九五一年夏季，在上海進行的統計顯示，當時自殺者的年齡層擴大到二十歲出頭到六十歲出頭之間，其中三十多歲者占比最大。這份報告也顯示，以「反革命分子」被處決的人，他們的妻子多數都選擇自殺。[36]這裡需要注意的是，自殺者的身分其實相當多元，不僅包括前地主階級或前國民黨黨員，還包括街友、地方惡霸、前日軍合作者、祕密結社或宗教團體的成員，甚至還包括那些只是被視為「封建」或「不合作」的人。[37]這種異質性說明了什麼？它提醒了我們應該重新思考鎮反運動的本質。

事實上，就算是針對當時那些被當作「反革命分子」而被處決的人，也是一樣的。如果鎮壓反革命運動是純粹的政治鎮壓，且是中共主導下的對前國民黨支持者的清洗，那麼大多數被處決或自殺的人，應該都是政治或意識形態鬥爭中的反對者，例如地主階級、企業家、國民黨黨員和其支持者，以及在國民黨政權下擔任公職的人才對。但實際上，許多曾在國民黨政權下任職的官僚、警察、教師和基層地方公務員，他們在共產黨革命和鎮反運動之後，往往以所謂的留用人員繼續坐在原本的位子上。這解釋了他們並不一定是鎮反運動的目標。

這意味著在鎮反運動中被糾舉或遭清洗的人，其實是更廣泛且更多元的，這些人與其說是「政治上的敵人」，反而更適合被歸類為「社會的敵人」。這些人大多數隸屬「一貫道」等具影響力的宗教團體，或是「黃牛幫」等幫派，以及「三合會」、「青幫」、「哥老會」等地下組織。其他還有普通的犯罪者或一般被認為是「社會毒瘤」的人，例如土匪、殺人犯、小偷、地方惡棍、街頭混混、妓院老闆和妓女等。[38]根據當時一位駐北京的英國外交官的觀察，許多被處決者並不是「反革命分子」，而「就只是普通的犯罪者」。[39]

顯然這些人的共同點並不是某種意識形態，毋寧說他們的共同點在於，他們在某種程度上體現了一九三〇至一九四〇年代末這段混亂時期的社會動盪和不安。這段時期是軍閥內鬥、抗日戰爭、國共內戰接連發生、社會風氣和道德意識嚴重敗壞或幾近崩潰，導致治安惡化、犯罪率大幅上升的時代，在這樣的情況下，各種邪教和祕密結社比以往更加猖獗。[40]從這個角度可以發現，鎮反運動具有一種可以稱為「社會清洗」運動的社會保守層面。換句話說，這場運動具有一種草根保守主義傾向，這種傾向的目標是「必須保護社會」，以此加強社會和道德建設，以防止社會的動盪和不安。

事實上，從一九五一年，延續鎮反運動開展出的「三反運動」（之後稱為「三反五反運動」）中也可以看到類似的傾向。「三反」最早指的是中共和其欲剷除的「三惡」（即反貪污、反浪費和反官僚主義）的鬥爭，這些是中共所認為資本主義罪惡的象徵。話雖如此，這些看似政治色彩濃厚的運動在實際實施時，其所抨擊的行為與其說是政治上的，不如說是與日常道德和規範意識有關的行為。根據當代中國歷史學家金野純的研究，這些行為包括「出入舞廳」、「招妓」、「男女關係混亂」、「自以為是」和「歧視勞動」等等。[41]以下是一份在實施三反運動時製作的內部文件，裡面詳細描述了應受批判者的典型特徵。

他們追求個人享樂，認為棉質衣服不好而不愛用；不買短筒皮鞋而買長筒皮鞋；不在工廠吃早餐，而去外面吃排骨麵；嫌大鍋飯不好吃，總想吃好料而加菜；星期天抽中華香菸；不喜歡日式住宅，總想住西式住宅；覺得美國被子更舒適而羨慕；不喜歡擁擠的火車，總想坐汽車或退而求其次坐人力車，連往返離家一公里的路程也要坐人力車，坐車也不討價還價；買東西總想買好的，覺得自己不需要便宜貨，就算貴了點也無妨。[42]

從以上的內容會發現，其實根本問題不在於個人的政治信念或意識形態傾向，而在於日常生活中的態度和行為，那麼這些個人行為又代表了什麼？簡單地說，對明顯西化行為（簡單地說就是被認為「不像中國人」的行為）的反感。這也是一種草根保守主義對外來文化和風俗普遍化的反彈，這在上海和天津等地尤其明顯。也就是說，即使這場運動在政治上採用了「革命」立場，但也可以認為這場運動的蔓延是一種社會上保守排外情緒的體現。

從這個角度來看，鎮反運動和三反運動等群眾運動顯然並不只是中國共產黨主導的政治運動。相反地，隨著這些運動在當地蔓延且激烈化，反而開始出現了其他層面上的意義。首先，這些運動其實本來就不是共產主義時代特有的，而是為了實現「近代性」這個長期目標的努力之一。同時，這些運動也是一場大規模的社會保守主義的反彈，針對過去的極端崇向西化，試圖讓「中國性」回歸王座。這些運動的目的，是透過排除數以萬計的不順從者和異端，以及社會動盪和混亂的各種因素（例如那些看似體現戰亂時期的混亂人，以及那些受西方文化影響太深的人），來創造一個「和諧」的社會。

## ◆為了「秩序」與「和諧」的人們的鬥爭

一九五一年十月，中央人民政府公安部部長羅瑞卿稱讚鎮反反革命運動帶來了「中國史無前例的整體國家安定」。[43]的確，若僅從「安定」的程度來看，鎮反運動後的中國確實是有著最近幾年未有的「秩序」與「和諧」。例如，鄰近越南邊境的中國南部廣西省南寧市的刑事案件數量，從一九五〇年的四千三百一十四件，到一九五一年降為一千三百一十八起，一九五四年則驟減為四百五十五件。[44]位於中國東南部以多山著稱的江西省，在當時治安是有名的不好，但據說當地自鎮反運動以來，治安狀況確有明顯改善。以前在江西省，即使是共產黨的官員也要有武裝部隊隨行，但鎮反運動後只需帶幾個警衛就行了。[45]可以說單純以治安的角度來看，中國社會確實變得更加「安全」且「和平」了，無論這實際到底意味著什麼。

觀察到這些狀況的《曼徹斯特衛報》當然對鎮反運動以及其大規模處決的行動保持批判態度。但該報也承認中國社會的公共精神確實「有所改善」，並寫道：「整體來說，現在的中國是一九一一年以降最團結、最和平的。」[46]該報特別指出，中國地方官員的態度有了很大的改變。過去常見的如警察對人力車夫拳打腳踢的場景已不再出現，過度的個人主義也正在被公共精神所取代。[47]

可以說就算有數以萬計的人被殺害，就算這有多麼殘酷，鎮反運動都平息了自一九三〇年代到一九四〇年代，這一長時期內所形成的各種社會矛盾，並「淨化」了極為動盪的社會。從某種意義上，鎮反運動可以說是為整個中國社會帶來了前所未有的「秩序」。毋庸諱言，中國共產黨的政治宣傳和群眾動員政策在這過程中確實發揮了重要作用。然而，更根本的是黨的政策能夠發揮效用的社會和歷史環境。首先是韓戰的爆發和進展，其次是國內社會的各種矛盾同時加劇。最後，最重要的是無數平民百姓對這些國內外戰爭的觀察及判斷，以及在這之下所做出的行動。

事實上，韓戰在這其中扮演了至關重要的角色。它形成了一種戰時的氛圍，使許多人（尤其是年輕人）將國外的戰爭與國內社會的諸多問題連結起來思考，並重新審視自己的言行。正因為韓戰是一個國家級的大戰，才會有許多店家爭先捐款、許多鞋匠宣稱免費為人民志願軍戰士修鞋，甚至連人力車夫都參加了愛國連署活動。不會寫自己的名字的人，便以口頭表達連署意願。也正因為在這樣的背景下，學生和工人參加了各種動員計畫，或是自願參軍。[48]當時中共的二號人物劉少奇對此深有體會。他後來回憶道，如果沒有韓戰，中國共產黨就無法繼續實施國內政策，尤其是土地改革和鎮壓反革命運動。[49]

這些人正是在職場、學校、社區、家庭，作為草根階級向當局密告無數「反革命行為」的人。這些人正是以戰爭和國家的名義，試圖解決（或說壓制）社會問題和地方衝突的人。此外，這些人也正是那些以結果上來說，是協助中國共產黨推行近代化及國家建設計畫的人們。

本章透過追溯鎮壓反革命運動的發展和轉變，深入考察韓戰時期的中國社會和政治。從一九九〇年代末到二〇〇〇年代初，隨著中國的檔案館逐步公開資料，這場有數百萬人被殺害或被監禁的運動的研究，得已有所進展（但自二〇一〇年代開始，中國的檔案館突然加強限制公開的資料，因此本書中所使用的資料大部分已無法取得）。儘管如此，近年來的研究卻通常會有一些共同的假設，例如強調鎮反運動是共產黨（尤其是毛澤東）主導下進行的政治鎮壓或意識形態鬥爭的一部分，或是因此將鎮反運動視為四九年後的中國特有的共產主義鎮壓運動。

正如本章所探討的，若我們意識到鎮反運動其實具有諸多層面，我們便得以重新探討這些事件中，現場的主事者是誰，以及他們的社會作用又是什麼，進而重新思考這起運動的本質上的意義又是什麼。從中我們可以清楚看到，這場運動並不是由意識形態鬥爭所引發的中共一人主導的獨角戲，而是以「淨化」社會為最終目標的基層社會大清洗，而其中積極參與的都是普通平民百姓。

如果我們進一步思考這一點，就可以避免將鎮反運動當作是中國特有的現象。也就是說，我們可以從更寬廣的角度來思考它。如果以強調「社會戰爭」的角度來看，鎮反運動的本質便是以所謂東西方對立的冷戰邏輯去創造社會安定，其功能在於鎮壓和消滅二戰前後的混亂中所產生的各種社會異論，並藉此建立充滿「秩序」與「和諧」的社會。耐人尋味的是，本質上與此相似的國內大清洗，也幾乎同時發生在隔著臺灣海峽和中國南海的地區上︰也就是一九五〇年代前半在臺灣發生的「白色恐怖」，以及同一時期席捲菲律賓的「非菲律賓活動」（un-Filipino）鎮壓運動。

# 第10章 作為去殖民化的再殖民化

一九五〇年十月一日上午六時，臺灣省保安司令部軍事法庭以密謀推翻政府和窩藏「叛亂分子」罪名，判處在場的九名被告死刑，並命令立即執行。三十分鐘後的上午六點三十分，犯人被押送到臺北市新店溪畔的「馬場町」刑場，這九名罪犯幾乎都是二十多歲到三十歲出頭的年輕人，他們被當場槍決。根據當時的報紙報導，當天上午雖然下著雨，但仍聚集了大批圍觀群眾。這些群眾看到這九名男子被槍殺便歡呼喝采。他們的遺體被收集起來，送往了郊外的公墓。[1]

在一九五〇年夏秋之交，這種清晨舉行的公開處決幾乎每一天都會上演。每當死刑執行時，罪犯的姓名、年齡和居住地都會以大大的紅字寫在紙上，並張貼在火車站和市場。這個時期的街上還會貼滿數不清的海報和傳單，警告人們提高警覺。「通匪者死」、「匪諜就在你身邊」、「檢舉匪諜人人有責」、「知匪不報與匪同罪」、「反共絕無妥協」、「反共必須團結」。[2]這些標語不只充斥著火車站、市場、警察局、學校和醫院等公共設施裡，連日常生活用品甚至禮品上都會出現，例如香菸盒、日曆、發票、扇子、電影票，甚至結婚蛋糕都會印上這些口號，簡直是無孔不入。[3]

這些標語除了看得見的文字訊息，在都市地區還有聲音訊息，例如在市場和街道等各種地方會裝上擴音器，播放反共歌曲、口號。以下是其中一種的內容：

反攻反攻反攻大陸去，反攻反攻反攻大陸去，大陸是我們的國土，大陸是我們的疆域，我們的國土，我們的疆域，不能讓毛賊儘著盤據，不能讓俄寇儘著欺侮，我們要反攻回去，我們要反攻回去，反攻回去，反攻回去，把大陸光復，把大陸收復。[4]

報章雜誌也大肆宣揚打擊「匪諜」的必要，每天都會刊登逮捕或處決「叛亂分子」的報導，還有許多描寫「愛國人士」英勇地告發或協助逮捕共產主義者的文章、詩歌及漫畫。[5]這些並不單純是口號或誇大的故事，一九五〇年六月頒布《戡亂時期檢肅匪諜條例》後，找到這些叛亂分子或涉嫌參與此類非法活動分子並且告發，已經是法律要求的義務，而不單純是一項獎助行為。所有人無論在政府機關、軍事單位、學校或工廠等各種團體內，都必須互相監視。[6]

這也就是後來被稱為「白色恐怖」的國內肅清風暴肆虐整個臺灣的時刻。這場風暴在韓戰爆發後的幾年內尤為猛烈，在韓戰後的數十年內，估計有三千至五千人被處決，八千人被判入獄。[7]根據中華民國國防部二〇〇五年首次公布的數據，與戒嚴令有關的逮捕件數，從一九四九年的二百一十二件躍升至一九五〇年的一千八百八十二件，並在一九五一年、一九五二年、一九五三年和一九五四年分別達到一千四百九十四件、一千四百一十九件、一千四百五十四件和一千零一十八件，數量一直是居高不下。[8]到了一九五〇年代後半期則約每年四百件左右，一九六〇年代則是相較之下減少到了每年一百八十件左右。由此可見韓戰這個背景的重要性。

根據一九五〇年入獄的林書揚所述，這些逮捕行動是由警察、憲兵隊和情報部門等當局機關所實行的，且幾乎沒有遵循正當的法律程序：[9]沒有逮捕令，沒有起訴書，也沒有準備辯護律師。有時甚至沒有公開審判，當然也無法上訴，更甚至連判決書都省略了。酷刑是家常便飯，供詞多半是被逼供或捏造的。[10]逃脫死刑判決的囚犯，也幾乎都要長年關押在監獄裡，他們大多被囚禁在距離臺灣本島東海岸約三十公里的孤島——綠島上。前面提到的林書揚被囚禁了將近三十五年，直到一九八〇年代中期臺灣邁向民主化時代後才獲釋。[11]

進入二〇〇〇年代後，有關白色恐怖的研究大幅地增加，然而與有關一九四〇年代末發生的一系列大規模反對國民黨的事件（如本章也將探討的「二二八事件」）的大量研究相比，對韓戰期間發生的肅清和暴力事件的研究，至今仍未受到同等廣泛地關注。[12]此外，通常會以冷戰史觀來看待這個時期的肅清行動，並傾向於將其直接歸納為「白色恐怖」。「白色恐怖」亦即這些肅清活動是由國家實施的，代表著國家的暴力現象。從這個角度來看，這一系列的肅清行動即是由國民黨政權下的中華民國政府，為了消滅臺灣內部的共產主義者及其支持者而開展的政治肅清運動，且由於這屬於全球反共戰略之一，還得到了美國的支持。[13]

然而這個被稱為「白色恐怖」的現象，仍需要進一步的研究及根本上的重新檢討。首先，這個時期被肅清的大多數人既不是共產主義者，也不是支持共產主義的人。這段時期臺灣在地下活動的共產主義者只有幾百人，而被肅清或監禁的人數卻動輒超過了一萬人。[14]究竟被肅清、監禁以及遭受各種形式的壓迫的對象，他們屬於哪一類人？他們究竟為何會遭受迫害？

為了重新審視這場肅清運動的本質，我們先從回顧這段時期受害者的概況作為切入點。林義旭當時二十八歲，是一名小學教師，他在一九五〇年被捕，並被判處十二年徒刑。他因為參加過進步主義團體的讀書會，閱讀了當時在中國出版的《觀察》和《展望》等雜誌被逮捕。[15]當時同樣是二十八歲的林恩魁醫師，也因為類似的罪名而被逮捕。[16]其他還有戰爭時在日本工作或讀書、戰後返回臺灣的數千名工人和學生，他們也遭受相同的迫害。[17]例如陳紹英，他在戰爭時期曾居住在大阪，並於一九四六年返臺。他曾拒絕過某位朋友邀請他加入共產黨，卻仍於一九五〇年被捕。[18]此外，臺灣的原住民之中也有不少受害者。主張原住民自治的Watan Tanga（漢名：林昭明）在一九五〇年代初被捕。[19]另外，當時二十九歲的鄧錦江，是臺東一所農業學校的教師，他只因表達了反戰觀點就被逮捕，而他以前從未參加過任何反戰或左派的活動。[20]

從這些例子中可以發現，這一時期的受害者其實來自各個不同的多元群體。他們是在臺灣戰後動盪的時期，致力於讓臺灣擁有自治區或獨立國家地位的人，他們之中也有為了實現原住民自治的夙願而努力的人。他們是社會中的專業技術或學術上的地方菁英，如醫生、律師、記者、作家、教師和大學生，他們的目標是在日本殖民統治結束後，於戰後臺灣社會上進行澈底的社會及政治改革。[21]

而一般普遍認為那些發生在他們身上的鎮壓事件是一種冤案，也就是將鎮壓事件視為國民黨對共產主義者的暴力壓制過程中的偶發事件。這些事件是一場悲劇，卻是國民黨對共產黨及其同情者進行殘酷鎮壓的附帶現象。基於這種觀點，人們幾乎沒有探討這些「冤案」實際上到底意味著什麼，就連近年出版的許多回憶錄和訪談錄中，當事人也往往將自己放進白色恐怖的無辜受害者這個框架內，加深「許多人蒙受冤罪」的觀點。

數以千計的肅清行動之所以會被認為是偶發且次要的「冤案」，是因為我們一直以來，都將「白色恐怖」單純視為是國民黨政權對共產主義者的鎮壓——也就是政治肅清。如果我們先拿掉冷戰史觀這個視角，仔細探討當時臺灣當地的情勢及當地的社會戰爭，就會發現到一個截然不同的問題：這些「冤案」是否真的只是伴隨政治壓迫所出現的次要現象？有沒有可能，這些受害者其實本來就是真正的目標呢？

這裡的問題意識其實非常單純，究竟誰是受害者？他們代表著什麼？他們為什麼必須受到迫害？誰又是加害者？要回答這些問題，我們必須先回顧白色恐怖之前的歷史背景和社會狀況。

## ◆「白色恐怖」發生的社會背景

「白色恐怖」這一嚴重事態的高峰期落在韓戰激戰期的一九五〇年至一九五三年之間，但白色恐怖並不是在一九五〇年夏秋之際才突然開始的。這段時期被逮捕的受害者，往往是由於他們在一九四五年至一九四九年之間的言行，特別是他們在一九四七年發生的所謂「二二八事件」中的行為。從這個意義上來看，「白色恐怖」的爭點，與其說是韓戰期間產生的一種反共歇斯底里，不如說是與第二次世界大戰後臺灣社會中懸而未決的問題有關。如同以下所述，問題的核心在於，在十九世紀末開始的日本殖民統治結束後，臺灣將成為什麼樣的社會，以及應該成為什麼樣的社會。

事實上，戰後臺灣的政治局勢和社會情勢十分混亂，社會內部的矛盾不僅存在於國民黨支持者與共產黨支持者之間，其他種類的對立與衝突也層出不窮。除了「外省人」（即一九四五年後，特別是一九四九年前後來到臺灣的人）與「本省人」（一九四五年前一直生活在臺灣的人，包括戰前定居臺灣的中國人）之間的對立；居住在山區的原住民也要求他們各族群的自治。還有那些無論本省、外省，主張與中國統一的人和主張臺灣獨立的人，或是追求成為中國自治州地位的人，這些人之間的衝突也可說是層出不窮。[22]

在此背景下，韓戰期間發生的一系列肅清運動，可以說是在某種意義上達到了「解決」爭端、「平息」混亂事態的作用。事實上，許多受害者本身即是造成戰後臺灣社會出現的各種變化的因素的縮影，這些變化如果換一個說法，就是混亂。那麼這些人究竟代表了什麼？一九四五年八月，第二次世界大戰終結之際，臺灣島上到底發生了什麼？

根據許多的回憶錄和訪談可以得知，日本殖民統治時代結束時，人們對臺灣的未來充滿了期待和喜悅。例如當時還是十六歲學生的陳明忠說，一九四五年秋季，國民黨軍隊進駐臺灣時，他由衷地感到高興，這是因為他對當時日本人與臺灣人之間理所當然的差別待遇感到不滿。陳明忠說，接下來將是一個新時代，一個人人平等的新社會，孫中山倡導的三民主義（民族主義、民權主義和民生主義）將會實現。[23]

然而他的希望很快就破滅了，據陳明忠所述，剛從中國來的國民黨軍人和中國人，多半都看不起臺灣人，認為臺灣人是日本殖民主義下的「奴隸」，這導致當地居民與中國人之間發生了許多衝突。[24]當時流行的一句話說明了臺灣人的憤怒和絕望：「狗去豬來」——好不容易日本這條狗走了，結果這次來的是中國這條豬。[25]

日本殖民統治所留下的影響，使得這些摩擦變得更加複雜。一九四六年日治時代結束後，國民黨政府突然禁止使用日語，隨後又頒布了一系列法規，一次禁止了日語歌曲、書籍、報紙、雜誌、電影和文學作品，結果導致數百萬的臺灣人（尤其是從一出生就使用日語的五十歲以下的人）必須學習普通話。[26]更糟的是，日本帝國突如其來的瓦解導致了臺灣經濟崩潰，引發了糧食危機、失業率高升、扒竊、竊盜和搶劫事件增加，造成了社會動盪，特別是在城市地區內。由於治安狀況日益惡化，城市的居民開始在家中窗戶安裝鐵窗，大門加鎖，有能力的話便在房屋周圍築起高牆。[27]

隨著社會情勢日益嚴峻，加上國民黨政府不斷壓下臺灣人民的要求，民眾對政府的不滿情緒是有增無減。一九四七年二月二十八日，這些積累的不滿終於爆發了，臺灣各地發生民眾暴動，他們反對國民黨政府。這些暴動始於發生在前一天二月二十七日，一起在臺北市街頭上演的小糾紛。一名在街上販賣私菸的女性被基層官員取締，且沒收了她的貨物和錢財，甚至還用刺槍的柄毆打她。[28]當地居民為此組織了抗議示威活動，但遭到憲兵隊開槍鎮壓，這使得反政府的暴動迅速蔓延至整個臺灣。儘管這起初只是臺北居民與政府官員之間的小衝突，但它卻匯集了民眾對於國民黨政府的憤怒——或說是本省人對外省人的反感——引發了大規模的群眾運動。

一九四七年，臺灣居民（本省人）的人口接近六百五十萬，相較之下外省人只有約六萬人，[29]因此群眾起義在最初幾天相當成功。市政府等建築物被攻擊，許多外省人遭到殺害，臺北市廣播電臺也被當地抗議人士占領，各種反國民黨的口號得以向全島廣播，例如，「打倒貪官污吏！」「挺身反抗中國人的不公！」「臺灣必須自治！」等等，儘管這只持續了幾天。這些廣播使得臺灣中南部的民眾也隨之揭竿而起，[30]然而一週後，國民黨軍隊從中國登陸臺灣，殘忍鎮壓了這場群眾起義。根據各種估計，全臺灣至少有二萬人被殺害。[31]

二二八事件後並非就此直接導致了「白色恐怖」，這是因為一九四七年春季的這場無情鎮壓並沒有壓下反抗運動，或是「解決」了社會內部的摩擦，反而還加劇了這些摩擦。事實上，二二八事件對抵抗勢力來說是一個重要的轉捩點，反政府方的氣勢開始迅速升級，滲透了更多階層的人。面對無情的鎮壓，許多人為了反對國民黨政府，開始接受左派思想，[32]年輕一代尤其是大學生，在一九四〇年代末扮演了在臺灣傳播左派思想的角色，這和中國的情況是一樣的。[33]

舉例來說，當時二十歲，居住在臺北的張棟材，他對軍隊鎮壓一九四七年的群眾起義這起事件感到失望和憤怒，因此他與許多同年齡的朋友一樣，開始熱衷於閱讀從香港和中國寄來的進步主義或左派立場的雜誌。他甚至在一九四八年七月二十四日的日記中如此寫道：「……讀《觀察》依然令人高興。假如三天沒吃飯都可以，只有（要）《觀察》給我看的話呢！」[34]正當學生運動在中國和日本各地的大學裡如火如荼地展開時，臺灣的大學生，尤其是國立臺灣大學的學生，也在二二八事件後以各種形式發起了學生運動，臺灣的學運也因此在一九四九年春天重新活躍。他們對國民黨政府提出了激烈的批評，如「我們不需要對人民施暴的警察」、「終止飢餓」和「反對內戰」等，[35]其中包括了來自臺北和其他城市的大學生或高中生。

除了這些左派意識形態的興起外，二二八事件後還有另一種思潮開始在臺灣社會中流行。也就是要求臺灣獨立或自治。二十三歲時從中國逃到臺灣的前國民黨軍人黃廣海，他很同情臺灣人民的處境，以致於被逮捕。他回憶道，「民國三十六年『二二八事件』發生，臺灣民間開始產生一種臺獨思想。因為既然日本人不好，中國人也不好，那麼最好的出路便是臺灣獨立，不受日本人管，也不受中國人管。」[36]

二二八事件後，有關臺獨的各種活動和要求急遽增加。例如，一九四九年四月，國立臺灣大學在學生運動的興起下創辦了《新臺灣》雜誌，倡導實現民主主義和臺灣自治[37]。同樣在這段時期，二二八事件期間反抗運動最為激烈的嘉義和臺中，也有許多年輕人試圖重建各種組織。他們呼籲人民認清國民黨的本質，並強烈主張臺灣自治。[38]同樣地還有當時十九歲的學生 Watan Tanaga（漢人名：林兆銘），他與朋友在一九四九年組織了一個團體，旨在為山區的泰雅族人等臺灣原住民爭取自治並自救。[39]

在這種情況下，共產主義思想確實在開創未來前景上具有重要的效果。但即便如此，我們也有必要考慮這其中的「翻譯」機制，即共產主義在當地的解釋和應用方式。我們必須牢記，即使臺灣學生和臺獨分子在這一時期接受了共產主義思想，他們也不是為了中國共產黨或蘇聯。舉例來說，臺南一名國中教師黃玉坤，他在被問及參與學生運動的動機時，列舉了以下兩點：一、他不滿國民黨政府在二二八事件上的對應；二、他希望改善臺灣人民的生活。[40]換句話說，許多像他一樣在一九五〇年代初被捕的學生和知識分子，並不是為了「世界革命」或「共產主義」才接受左派思想或參與學生運動，他們只是將其作為克服地方上的問題和自己生活上的困難的工具罷了。

到了一九四九年末，臺灣人民的這種地方上的不滿情緒變得更加嚴重，這是因為國民黨在中國戰敗並退守臺灣，隨著國民黨軍隊和中國難民的快速增加，人口結構也發生了一定的變化。一九四七年外省人口約僅六萬人，但到了一九五〇年卻一口氣達到了一百萬人，數年後又增加至一百五十萬人。這不僅是統計數字上的變化，當然也導致了社會內部權力結構的變化，造成了社會進一步的關係緊張。[41]

可以說在一九五〇年六月韓戰爆發、白色恐怖席捲臺灣全島之前，社會抗爭的火苗就已經達到臨界點。在臺灣社會中，無論多麼微小的導火線都可能引發一場「戰爭」。考慮到白色恐怖的在地和社會層面，強調東西方對立的冷戰史觀，或是強調中國共產黨與中國國民黨對立的中國內戰史觀，這兩種視角顯然是無法完全捕捉到這一時期發生的肅清的本質。毋寧說，白色恐怖現象裡面根本的爭點在於，要為混亂的社會帶來某種「秩序」，從而建立一個「和諧」的社會——也就是在於建立一個名為臺灣的國族國家這件事之上。

## ◆手段與目的的本末倒置

如果我們一窺國民黨政府在「白色恐怖」的同時所採取的各種舉措，就會更清楚地認識到，這一時期根本的爭點，與其說是全球意識形態的對立，更應該是遏制社會動盪。首先分析的是國民黨當時提出的口號，「反攻大陸」當然是最常見的，但要注意的是這些口號通常都有後續。例如，「反攻大陸」後面通常會接「建設臺灣」，這種將對外和對內問題擺在一起的情況其實非常普遍。例如「回歸大陸」、「剷除共匪」、「拯救大陸同胞」這幾句並不會擺在一起，它們後面會出現的通常是「杜絕奢侈浪費」、「守時」或「守秩序」等等。

這種為了解決國內和社會問題的努力，一般都是為了實現更高政治目標的一個步驟，也就是為了達到目的的手段，但這種目的和手段實際上是相反的。換句話說，手段才是目的，而其中的目的只是手段罷了。事實上，仔細研究國民黨的口號便會發現，其重點並非對外關係問題，而是解決國內社會問題，尤其是建立和維護社會秩序。例如我們可以來探討一九五〇年夏季時實施的群眾動員運動「戰時生活運動」中所提出的口號，這起運動各項任務的優先順序排列如下：

一、轉移社會風氣
二、勵行戰時生活
三、戒除侈浪費
四、人人動員生產
五、澈底消滅共產黨
六、打敗蘇聯帝國主義
七、中華民國萬歲
八、蔣總統萬歲[42]

這裡要留意的是，前四條口號基本上是有關社會秩序和生活方式，但它們卻是由「戰時生活運動」這個帶有反共和冷戰邏輯色彩的運動所推行的。

這種傾向在嘉義的地方日報《民聲報》上也可見得。一九五〇年八月五日的《民聲報》呼籲讀者「動員反共」和「建設嘉義」，乍看之下會以為這篇文章是在倡導反共動員，但一讀文章的內容便會發現，其實重點在於後者。這篇文章提出了以下幾項當務之急：

一、調整行政區域
二、改縣如何使全縣機關團體學校工作不問斷
三、戶籍簿下應如何銜接
四、人民團體組織之變更[43]

這些列舉的事項很明顯與全球反共動員無關，而是與地方行政制度整併，也就是地方政府機關的秩序重組問題有關。該報的另一篇文章更明顯地呈現了這種傾向，文中列舉了推動「反共運動」的十項任務，包括「守秩序」、「守時間」、「重清潔」、「重生產」、「不賭錢」、「不酗酒」、「不新製華麗衣服」、「不舉行奢侈宴會」、「不修造豪華私宅」、「不浪費使用汽車」等。這些課題很明顯地，關注的是個人行為和加強社會秩序。[44]

這些口號並非空談，與共產黨政權統治下的中國一樣，國民黨在「反共抗俄」運動的旗幟下推行了一系列大規模的群眾運動。正如其標題所示，這些運動表面上看起來都是以國共內戰和冷戰政治邏輯為框架規劃的，然而檢視這些運動推動時所採取的措施，就會發現實際的重點仍然是國內問題。

前面提到的「戰時生活運動」也是以「反共抗俄」的名義推行的，但這場運動在一九五〇年夏季實際上側重的是促使民眾改變生活方式，即呼籲民眾不要穿華麗的衣服、吃奢侈的餐點、舉辦豪華的宴會。[45]同樣以「反共抗俄」名義推動的「公共秩序推進運動」，其目的則是為了改善人們的禮儀舉止。具體包括在公車站和火車站應排隊；在餐廳、電影院和公共場所應遵守規則等等。事實上，正是這些日常行為上的差異，導致了中國新移民與當地人之間發生衝突和口角。[46]

值得一提的還有一九五一年十二月發起的「改善環境衛生運動」，這也是在「反共抗俄」運動的名義下發起的。這起運動中，中央政府指示地方行政機關應更加重視管轄範圍內的清潔衛生，具體措施包括收集垃圾、餐廳和酒吧的衛生管理，以及基層公務員應給予指導和檢查等。[47]國民黨主席蔣介石特別重視這起改善環境衛生的運動，老蔣特地親自撰寫了一長串指示，甚至指出了清潔廁所的重要性。

> 環境衛生的改善是社會改革的基礎，現在臺灣逐漸為國際人士所重視，要特別注意社會的改革，今後警察要特別注意菜館、戲院、旅館之清潔，對於這些場所的廁所、廚房，要隨時檢查，督促改進。[48]

以上提到的口號和各種運動，本質上都與個人行為或社會秩序和公共衛生有關。但耐人尋味的是，這些都是以國共內戰和冷戰政治邏輯包裝和推廣的，也因此才有所斬獲。政府鼓吹「一切為前線，一切為勝利」，也就是這些國內的任務都是為了國家建設、打擊共產主義，以及解放中國「同胞」

所必需的。[49]

這種理論對統治者當然特別有用，因為它能夠打著實現崇高目標的名義，成功壓制異己和不滿。誠然，國民黨在大陸敗退對蔣介石是個沉痛的打擊，但正如臺灣近現代史學家若林正丈所指出的，撤退到臺灣也為國民黨重塑其權力基礎提供了良好的機會。這是因為撤往臺灣，使蔣介石和國民黨擺脫了一直困擾著他們的各種問題，如軍閥政治、地方政治和腐敗的政治習慣。[50]與其他處於去殖民化過程中的亞洲國家一樣，國民黨政府需要在臺灣建立權力基礎，鞏固其立足點。

這一時期的蔣介石日記中時常出現「團結」和「秩序」等字眼，並強調「嚴守紀律」和「遵紀守法」之重要性。事實上，在韓戰爆發的一九五〇年，蔣介石就專心致力於建立國家秩序，[51]他說道：「不論黨派，無分職別，都是在反共抗俄復國建國的大目標之下，共同努力來完成當前國民革命第三任務的。」[52]國民黨政府將這種理論發揮到最極限，他們在韓戰期間頒布了各種法律，或是制定相關的政策。這些法律與政策包括《戡亂時期檢肅匪諜條例》（一九五〇年）、《檢舉匪諜獎勵辦法》（一九五一年）、《共匪及附匪分子自首辦法》（一九五一年）和《反共抗俄總動員運動綱領》（一九五二年）。[53]

這些韓戰時期頒布的法律，繼一九四九年頒布的《臺灣省戒嚴令》和《懲治叛亂條例》，持續剷除異己和不滿，從而穩定社會秩序並鞏固國民黨的權力基礎。乍看之下會認為這一時期的「白色恐怖」及這種反共邏輯下展開的各種運動，其主要策劃者和執行者就是國民黨高層，尤其是蔣介石本人。他們的偉大目標是建立一個沒有衝突、和諧的臺灣，正是由於這種觀點變成了主流，因此幾乎所有既存的文獻都只針對國民黨政府在「白色恐怖」時期所扮演的角色進行批評。然而斷定國民黨及蔣介石應負全部責任未免有些草率，這是因為「白色恐怖」中還有一群幾乎沒有被發現，因此也未被仔細探討的當事人：社會的多數派——沉默群眾。

## ◆不參與的「參與」

建立社會中的秩序與和諧，不只對統治者來說是利益，對許多普通人，尤其是那些以不同形式隸屬於多數派的普通人來說也是歡迎且理想的。若我們從這個角度思考普通人在「白色恐怖」中扮演的角色的話，會看到有兩種參與方式。第一種是最明顯的，即直接參與。和中國一樣，臺灣也有許多民眾積極參與了群眾運動，或從事監視活動，或是向當局告發學校、職場場所和鄰里間的「可疑人物」等等。[54]這種告發行為在當時相當常見，因為告密者可以得到一定的報酬。[55]另一個例子是臺灣一家出版社舉辦的反共文學比賽。這個比賽徵求了以反共為主題的小說、論文、歌謠、詩歌和戲劇，據說參賽作品有一千七百多份。[56]如此多人告密，如此多人參與反共文學比賽，這說明普通人並不像一般認為的只是被動的受害者，而是程度各有差異的積極參與者。

除了這些明顯的參與外，這場「白色恐怖」中還有許多其他形式的「參與者」，這些人透過「不參與」的形式參與其中，這在當時的臺灣可說是一種特殊的處世之道。這些人刻意避免與「白色恐怖」的受害者來往，斷絕一切與「可疑人物」的交流，退出任何與政治有關的活動，並避免討論此類話題。正是這種態度，對國民黨專制政權在之後將近四十年的延續，以及其所維持的社會秩序做出了莫大的貢獻。

被貼上「可疑」標籤的人及其家人，對這一點深有體會。例如某位母親因為她的孩子被認為是「可疑人物」，她至今依然記得當時周圍的人對她的態度變化有多快、多麼冷淡。[57]另一個例子是馮月娥，她和哥哥在一九五〇年被捕，罪名是因為他們參加了「可疑」的讀書會，她最終被關押十年。但一九六〇年獲釋後，她的苦難仍未結束，她找不到工作，也很難融入環境和周遭，當然也找不到結婚對象，這一切都是因為她被貼上了「叛亂家庭」成員的標籤。苦難還不止於此，出獄後不久，月娥學會了編織，並準備開一家編織用品店，但房東很快就發現了她的過去，並把她趕走。月娥後來回憶道，這就好像她只是從一個小監獄，搬到了一個大監獄。[58]

在這個名為「社會」的大監獄裡，「獄卒」不僅是國民黨黨員及其支持者，還包括了更多的人——如鄰居、房東、同事、同學、朋友，甚至是自己。他們會關注你的言行舉止，且有意識甚至是下意識地迴避任何可能引起問題的政治話題或活動，可以說包含自己在內的許多人，都是各自的「獄卒」，這其實也是一種形式的政治參與。這種「不參與」、「視而不見」或「自我審查」，持續抹滅了社會摩擦的火種，協助社會維持了長時間的「和諧」和「秩序」。因此，在三十年後的一九八〇年代初期至中期，臺灣開始民主化運動時有名的口號之一，便是克服內化的「戒嚴文化」和「人人心中的小警總」，這的確相當合理。[59]

這種內化的態度以及根深蒂固的政治文化，可以說是日本殖民統治五十年所留下的影響，畢竟在日本殖民統治時期，這種特定形式的政治參與（也就是以不參與的形式做出的「參與」）在臺灣民眾之間極為普遍，尤其是在早期的反抗和起義被鎮壓之後。[60]此外，對許多一般老百姓而言，比起二戰後國內社會中普遍存在的社會分裂及紛爭（某種意義上也就是社會內的戰爭），他們更歡迎社會秩序的恢復和維持。正因如此，大日本帝國在二戰中的崩潰，對臺灣和其他亞洲國家象徵著兩個過程的開始：一是脫離前宗主國，展開去殖民化；二是當地的新統治者帶來的「再殖民化」。

從這個角度來看，一九五〇年代初在臺灣發生的「白色恐怖」，顯然不純然是全球冷戰衝突所引起的結果（也就是冷戰造成的自然演變），毋寧說這是在混亂的戰後臺灣所展開的「再殖民化」過程。這個過程不僅是由政府高層所主導，同時社會中的許多人也以不參與的形式「參與」其中。如果我們從這個社會或地方上的角度來重新檢視冷戰，冷戰世界本身的意義也將有所不同。我們會發現，造成「白色恐怖」的不單純是外部或環境因素，而是這是戰後臺灣社會為了跨越社會和文化抗爭的必要條件。

可以說與美國、中國、英國和日本一樣，「全球冷戰」這個想像中的現實必須不斷被想像出來，才能約束混亂的戰後社會，在國內社會中創造秩序與和諧並加以維持，它也是作為一種世界的「現實」而存在的社會需求。耐人尋味的是，在東西方對立的旗幟下展開的再殖民化的類似過程，也可見於東南亞一隅的另一個後殖民社會，也就是經歷了西班牙、美國和日本的殖民統治和軍事占領後，於一九四六年從美國獨立的菲律賓。

## ◆鎮壓「非菲律賓活動」

一九五〇年十月二十日上午，菲律賓政府的情報人員同時突襲了首都馬尼拉市內二十二個地點，逮捕了一百多名「共產主義者」，其中包括一名十八歲少女和一名十五歲少年。[61]他們因為是「虎克軍」（Hukbalahap）的成員而被逮捕，而虎克軍是前抗日人民軍，被認為受到了共產主義啟發。正確來說，虎克軍是在第二次世界大戰後歷經解散、重組，並在當年已更名的HMB（人民解放軍），但這並不重要，重要的是這些「共產主義者」企圖推翻菲律賓政府，協助了莫斯科的統治世界計畫。[62]

「我們正在迎來實現和平與秩序的半路上。」隸屬國民黨（Nationalista Party）的菲律賓國會議員何塞·阿爾德格爾（José Aldeguer）在前述的突襲發生後不久如此說道。為了配合當局的此類突襲行動，阿爾德格爾等保守派議員一直呼籲取締菲律賓共產黨（Partido Komunista ng Pilipinas，PKP）。[63]第二天，《馬尼拉每日公報》（*Manila Daily Bulletin*）也配合他們，在一篇社論中主張：「在我們看來，最好的辦法就是取締共產黨，因為這樣就能更容易地逮捕那些明顯屬於（共產黨）組織或與該組織有可疑關聯的人，將他們拘留並調查是否有重大嫌疑，直到可以起訴他們為止。」[64]

同年六月韓戰爆發，也導致菲律賓的「反共」運動愈演愈烈。韓戰爆發後不久的七月十五日，馬尼拉市長曼努埃爾・德拉富恩特（Manuel de la Fuente）宣布：「鑑於當今全球局勢的嚴峻發展，菲律賓政府確實有必要採取一切預防和更嚴厲的措施來應對世界上最大的威脅。」[65]在民眾的危機感和愛國主義情緒高漲的情況下，德拉富恩特市長堅持應取締菲律賓共產黨，他說：「在菲律賓，共產主義這一極其虛假且錯誤的意識形態，試圖推翻我們現在所享有的民主政體。」[66]

在韓戰爆發後的幾週內，菲律賓政府立即宣布支持美國干預韓戰。菲律賓國會也成立了「非菲律賓活動調查委員會」（CUFA），並在國內推行各種「反共」運動。[67]正如後述，很明顯地，該委員會的範本即是美國眾議院所成立的「眾議院非美活動調查委員會」（HUAC）。這起席捲菲律賓的反共風暴，可以從其中兩點發現它與其他類似事件並無差異。一是時間點，它是在韓戰高峰期所推動的；另一點則在於這起風暴所鎮壓的不僅止於共產主義活動，還包含各種反體制活動和異議，以及二戰剛結束時引發的各種社會衝突和文化戰爭。與其他章節一樣，以下將探討的重點在於：是誰？為了什麼？對誰進行了肅清？又以冷戰邏輯的名義遏止了哪些棘手的國內衝突？

## ◆歷史和社會的背景

自從美西戰爭（一八九八年）和美國於美菲戰爭（一八九九至一九〇二年）勝利後，菲律賓受到美國殖民統治長達四十多年。[68]菲律賓人民希望獨立的意志，早在西班牙殖民時期便已萌芽，以及在美西戰爭期間，菲律賓第一任總統埃米利奧．阿奎納多（Emilio Aguinaldo）建立了菲律賓第一共和國之後依舊強烈，但仍分別遭到西班牙和美國軍隊的強力鎮壓。第二次世界大戰爆發後，日軍入侵菲律賓，趕走美軍並占領菲律賓，這帶來了極大的影響。

東南亞歷史學家阿爾貝．劉（Albert Lau）以「完全就是現有體制的崩潰」來形容日本對菲律賓在內占領造成的東南亞地區的影響，[69]這個影響在戰後仍持續了很長一段時間。有部分團體在戰爭期間接受了日本占領軍的軍事訓練，也有一些人接受了美國等盟軍的訓練。[70]此外，由於社會統治階級（殖民政府官僚、地主階層、監管人）在日本占領期間逃往了國外或在國內躲藏，反而讓許多農民生首次有機會取得槍支，並藉機對日軍發動游擊戰，因為當時日軍的人數還不足以占領整個菲律賓。[71]

這些為數不少的抗日游擊隊中，規模最大的組織名叫「Hukbong Bayan Laban sa Hapon」，也就是抗日人民軍，簡稱虎克軍（Hukbalahap），進一步的簡稱是「虎克」（the Huks）。虎克軍最初是受到了在呂宋島中心地帶的水稻種植區發起的土地改革運動的影響，而開始活動的。該地區的農民有一半的農作物會被地主收走，而另一半又會被監管人搶走大部分。[72]在這樣農民不滿的背景下，虎克軍在第二次世界大戰期間發展迅速。他們所做的不僅是抗日運動，還訴諸土地改革和社會正義。他們集結了農業運動人士和共產主義者、左派、專業人士、知識分子、中產階級、勞工，尤其是數以萬計的農民，運動規模也隨之擴大。[73]

虎克軍的高度發展曾一度驚人。日本戰敗的一九四五年後到美軍重返菲律賓之前，虎克軍和其他抗日游擊隊已經成功從日軍手中解放了菲律賓群島中的許多地區，他們甚至開始以自己的行政方式管理這些城鎮。一位英國外交官指出，「一旦農民嚐到了擁有自己土地的甜頭，即使日本人被趕走了，他們也不願意回到過去的狀態。他們將會使用槍支來捍衛他們現在認為屬於自己的權利。」[74]正因為這樣的情況，菲律賓會和朝鮮半島等後殖民社會一樣，在二戰後的動盪中陷入近乎內戰的狀態，也就不足為奇了。

也因為如此，即使在一九四六年美國授予菲律賓獨立後，菲律賓政府也無法贏得大多數人民的信任。[75]菲律賓社會在戰時到戰後這段極為動盪的時期，社會規範和道德標準嚴重下降，接近崩潰邊緣，政府官員的瀆職和貪腐行為比比皆是。前述提到的英國外交官更是指出，許多企業家也只追求個人利益，根本不顧商業道德和員工福利，更別說國家的未來了。[76]更糟的是，一九四九年的總統選舉中發生的作票嫌疑，嚴重破壞了人民對政治的信任（當時埃爾皮迪奧．季里諾〔Elpidio Quirino〕當選了總統）。一名住在馬尼拉的菲律賓人律師，針對這個狀況總結如下：「日軍占領時期，我們試圖欺騙日本人；而現在我們則是互相欺騙。」[77]

在這種情況下，虎克軍在一九四〇年代末重建組織，其活動變得更加大膽且激進，導致了後來的大規模武裝起義「虎克軍叛亂」，高峰期在一九四九年至一九五〇年間。[78]一九五〇年八月下旬，虎克軍同時襲擊了馬尼拉市北部和南部地區的警察部隊和警察局。根據一名居住在馬尼拉的英國外交官的報告，虎克軍成員肆意殺害了那些名聲很差的基層官員，最終至少殺害了四十七名官員，另有三十人受傷。[79]

## ◆地方的作用及社會層面

在這些武裝攻擊事件背後容易被忽略的是，虎克軍所挑戰的其實並不局限於政治體系的型態。虎克軍之所以獲得廣泛支持，部分原因在於：它們公開挑戰了菲律賓社會長久以來的社會規範和傳統價值觀，尤其是根深蒂固的性別觀念。值得注意的是，與當時的其他社會一樣，女性參與戰爭（尤其是菲律賓女性參與了虎克軍游擊隊）這點，大大地改變了女性的傳統形象及其性別角色。

實際上，有大量農村女性放棄了傳統性別角色，加入虎克軍游擊隊鬥爭。根據菲律賓史和女性史學家薇娜·A·蘭佐納（Vina A. Lanzona）的研究所示，在虎克軍武裝起義的高峰期，有一千至二千名女性游擊隊員參加了起義，還有更多農村女性直接或間接支持虎克軍的活動。這些女性透過參與虎克軍的活動，對所謂女性應該做什麼和不應該做什麼的傳統規範提出質疑。[80]

虎克軍的崛起不僅是對現有政治秩序的挑戰，也是對主流的社會、文化價值觀的挑戰。也因為韓戰期間冷戰邏輯的急速蔓延，以及一九五〇年後對「非菲律賓活動」的鎮壓，這些起義活動很快就受到了肅清運動的壓制。在這些肅清運動中，女游擊隊員被指責為「不道德」和「欠缺母性」的母親，還被貼上了「共產主義」和「不愛國」的標籤，受到了相對激烈的譴責。[81]

在菲律賓的另一個重大社會問題，華人移民問題之中也可以發現相同的模式——看似是基於冷戰邏輯所產生的對立，實則隱含社會和文化紛爭。與東南亞的其他社會相同，菲律賓的華僑、華人在人口上雖是少數，但他們卻主導了經濟活動，這讓當地菲律賓人感到不平。耐人尋味的是，韓戰期間興起的「反共」政治浪潮，卻削弱了這些華僑和華人團體的影響力。事實上根據美國中央情報局（CIA）的觀察，菲律賓國會實施的「反共」運動的成果，主要是透過制定加強移民限制的法律，而這些法律主要針對的是華人，[82]顯然這種現象與其說是全球東西方對立所致，不如說反映了當地的問題。

從一九五〇年成立的非菲律賓活動調查委員會（CUFA）的成立過程及活動內容中，可以了解菲律賓的「反共」政治中的地方和社會性因素。顧名思義，CUFA是參考美國國會成立的HUAC所設立的。[83]但成立CUFA是菲律賓當局所主導，而非來自美國的意圖。事實上一九五〇年秋季，CUFA的籌備委員會向位於華盛頓的菲律賓駐美大使館詢問HUAC的程序、功能及活動內容，而當時是該大使館的菲律賓人館員，為此進行調查並準備了詳細的答覆。[84]因此CUFA的角色和活動，並不是基於美國的要求而產生的，而是基於菲律賓的強烈需求，這一點從CUFA具體提出的十項所謂「非菲律賓活動」的定義中可見。

這些定義有一些很容易想像得到，例如「任何堅持、擁護或支持共產主義意識形態宣傳的行為，都是非菲律賓的」。[85]也有一些定義較廣泛的項目，例如，「任何不相信上帝的存在，或違反社會道德準則的行為」和「任何協助犯罪的行為」也被定義為非菲律賓。其他還有「將政府視為階級壓迫機關的行為」；最後一項則是「相信並幫助實現無階級社會這種沒有希望的行為」。

CUFA指出，社會階層只是人類社會中存在的自然分類。[86]如果按照字面意思來理解這些定義，那麼幾乎任何人——例如主張土地改革、試圖廢除殖民遺緒的人、批評政府的人，甚至是普通罪犯以及被認為道德有問題的人，都可能被指控為「非菲律賓」。[87]而這正是實際已發生的事。

從這個角度來看，很明顯地，鎮壓非菲律賓活動乍看之下是反共運動的一部分，但真正的爭點並不是阻止冷戰擴大或共產黨滲透。毋寧說，菲律賓的「反共」政治首要任務，是遏制國內的異議和反對派（這些異議和反對派，是透過二次大戰的經歷和去殖民化過程中被解放出來的），以及維護菲律賓既有的統治階層的政治、社會既得利益，維持「有秩序」的「和諧」社會。事實上推動菲律賓「反共」運動的主力，正是由一群殖民時代的傳統統治階層菁英，即政府高官、軍官、商人、天主教會以及美國、英國人等外國人。菲律賓的各種反共組織，例如，成立於一九五一年，擁有九萬名成員的「菲律賓反共聯盟」（Anti-Communist League of the Philippines），即是由這些人所組成。[88]

有鑑於此，必須說菲律賓的反共運動，與前統治階層試圖「再殖民化」的意圖有很大的重疊處。換句話說，二戰結束後，美國殖民者和日本占領者離開了菲律賓群島，本應是去殖民化的過程，反而變成了「再殖民化」的過程；不再是菲律賓人民所希冀的解放。其中，反共的邏輯以冷戰的名義，成功遏制了戰後新出現的社會衝突。

對於自美國殖民統治時期就穩居統治階層的菲律賓保守派菁英分子來說，韓戰的爆發以及對第三次世界大戰的恐懼，為他們創造了特別有利的條件。早在一九四〇年代末，呼籲土地改革和社會正義的虎克軍，對許多人來說是很有吸引力的。其中一個原因是來自於虎克軍批評菲律賓統治階層只是美國帝國主義打手，這點獲得了一定程度的支持。可以說，相對於在這個階段依賴美國援助，被視為「外國勢力」的菲律賓政府統治階層，虎克軍的所做所為更像是一個扎根於當地的本土組織。

然而，在韓戰之後，這一基本的各自立場產生了變化。冷戰邏輯的滲透提供了理由，讓虎克軍對土地改革和社會正義的呼籲可以被認為是一場「由國外煽動」或「受莫斯科指導」的運動。另一方面，這種邏輯也使得致力於恢復秩序和治安的菲律賓政府，看起來更像是代表著「菲律賓人民」。

由此可見，哪一方看起來更「本土」是不可忽略的一點。許多參與農民運動和社會運動，以及虎克軍游擊隊戰鬥的人，他們希望實現土地改革、社會正義和性別平等，反對現有政治體制和社會習俗。然而，他們的反對並沒有超越對本土的執著。一旦社會衝突和文化戰爭，被國家安全問題和國族主義的爭論挾持時（也就是被質疑什麼是「菲律賓的」、什麼是「非菲律賓的」時），在捍衛自己的國家和自己的認同等大義之前，許多人便只好停止討論社會議題。[89] 因此，在保衛國家、形成國族共識的大義下，對現有政治體制和傳統社會狀況的反對，如虎克軍等，在非常短的時間內就被壓制下去了。

在這一點上，沒有什麼比冷戰世界的邏輯更有用。在韓戰激戰期滲透到社會各個角落的冷戰邏輯，給那些呼籲國家社會團結一致，將反對意見、不平不滿者邊緣化的作法提供了最適當的理由。這種理論應用的典型，在之後著名的叛國罪判決中可見得。例如，一九五一年五月，奧斯卡・卡斯特羅(Oscar Castelo)法官在馬尼拉法庭上宣判六名被告死刑時，他使用了這樣的說法：「菲律賓現在正站在十字路口上。如果我們保持清醒，就能在與共產主義陰謀的殊死搏鬥中存活下來，否則我們將遭受和世界上其他輕信共產主義的國家同樣的命運。」[90]

首先，卡斯特羅法官提到了所謂的國際局勢，並以應對國際局勢為名目，呼籲菲律賓人團結。該判決後續如下：「現在，所有忠誠的菲律賓公民，無論你們的信仰和政治立場如何，你們都有責任團結起來，與全世界熱愛自由的人民一同加入反對共產主義的偉大運動，這是一場有關世界基本原理及其意志的鬥爭。」[91]

這種似是而非的論點，其實更應該仔細閱讀。表面上人民之間的「團結」，是為達打擊共產主義這個偉大目標的手段，然而從實際發生的情況來看，其中的目的和手段是本末倒置的。也就是說，「人民的團結」(也就是國內的穩定與和諧)才是真正的目標，而「反共鬥爭」只是實現這個目標的手段，是為了團結人民的言論機器罷了。

如我們所見，這種目的與手段的倒置不僅出現在菲律賓，也是在臺灣、中國、美國和日本等同時代的不同地區所發生的國內肅清運動中，極為常見的特徵。簡單地說，國內肅清運動的最終目標，並不是表面上的「反共鬥爭」，而是為了克服國內社會的衝突和文化戰爭。換句話說，為了遏制第二次世界大戰和戰後動盪所產生的各種社會變革的因子，以及壓制住體現出這些因子的異端和非主流者，建立國內的「秩序」與「和諧」，才是以反共之名發動的各種肅清運動本質上的功能。

## ◆對虛構的冷戰的險惡期待

「這個國家出現了一種險惡的走向。」一名男子在一九五二年一月，以嚴肅的語氣寫道，「我們愈來愈不能容忍新的或不同的見解，而只能接受大眾普遍認可的傳統觀點。」他如此描述當時的情況，並冷漠地指出，人們的思維逐漸變得標準化，可以和平討論的話題變得愈來愈少，甚至連思考都受到限制。他甚至還提到，許多人嘗試封閉自己的內心。在文章的最後，他警告，「我們這個時代的最大危機不是通貨膨脹，不是國債增加，更不是核戰。真正沉重、巨大的危機，是我們自己限制和減少了可接受的議題和思想，以致於我們成了只遵循公認正確觀點之傳統的犧牲者。」[92]

寫下這篇文章的是威廉・道格拉斯（William O. Douglas）。他在一九三〇年代末到一九七〇年代中期擔任美國最高法院大法官，其三十六年的最高法院大法官經歷，至今仍是有史以來最長的。這篇文章發表於一九五二年，雖是針對美國社會所撰，但其中的內容卻非常適用於在同一時期經歷國內大肅清的各個國家的社會。在本書第三部的七至十章中，對一九五〇到一九五二年左右的韓戰期間，發生在美國、日本、英國、中國、臺灣和菲律賓的國內肅清風暴逐一進行了研究。我所做的，不僅是針對每個案例進行新的詮釋，也闡明了這些事件的相似性和同時性，並以此重新探討這些國內肅清風暴的意義。

當然，每個事件都有各自的歷史脈絡和當地的因素，並以獨立的方式展開，其暴力程度也各不相同。因此，幾乎所有的既有研究都將這些事件獨立看待，且將其描述為全球冷戰在當地的影響，也就是全球東西方對立的結果。現有的文獻大多傾向於肯定，而非質疑傳統的冷戰世界觀，然而這種傳統觀點之所以看來合理，是因為我們認為冷戰是不容置疑的「現實」，並以這一特定視角看待每一個事件。

如果我們懷疑冷戰世界本身的虛構性，並更仔細地審視地方和社會衝突本身，情況可能會完全不同。到目前為止，這些章節的重點並不是政治權力中心，而是探索每個社會中發生的事，思考人們在爭奪什麼，並以此重新檢視每種肅清現象的意義。採用這種方法的原因在於，如果我們從分析政治權力的動向開始著手，就會將當權者的意圖與現象的意義混為一談，從而停止思考現象本身的意義。

本書並未將權力中心視為事件的始作俑者，而是將其視為政治、社會和文化事件的一部分。儘管本書也討論了掌權者的意圖，但重點在於他們如何應對周圍的政治、社會和文化形勢，而不是展示他們如何發起事件。因此本書並沒有從分析當權者的意圖入手，而是深入研究各個社會中發生的事件，並特別關注其中發生的肅清現象的社會機制。

把不同地區發生的事件放在一起討論，這種作法可能會使有些人感到不快。例如，我把中國的鎮歷反革命運動和美國的麥卡錫主義當作類似事件一起討論，而實際上這兩者在許多方面上是相異的。然而本書想要強調的並非「差異」，旨在強調這些事件的同時性和相似性，並以此挑戰那些將它們視為是決定性的，或是質疑它們本質上是不同的觀點。儘管本書所處理的各種肅清現象之間，確實存在著重大的差異，但在探討這些現象，在社會上的影響和地方層面的性質上時，仍然可以看到一定程度的相似性。

作為第三部（第七章至第十章）的總結，現在讓我們來思考，我所謂的相似性及其意義。正如我們所看到的，韓戰期間的國內肅清風暴，並沒有以下這些特性：特定的意識形態（共產主義／資本主義）、特定的政治體制（民主體制／獨裁體制）或特定的地區文化（中國文化／美國文化）。它是一個在全世界同時發生的共同事件，因此本書提出的問題意識是很清晰明確的：為什麼這些國內肅清現象，幾乎是同時發生在世界上的不同地區？這些肅清現象之間是否有共通點或相似之處？究竟是誰、為了什麼、肅清了誰？這些全世界同時發生的現象，有著什麼樣的意義？

首先，必須要先提出的第一點是，經歷過這些肅清現象的社會，都是在第二次世界大戰有過慘痛經驗的社會。這表示這些社會都經歷了伴隨戰爭而來的重大社會和文化變革，也經歷了這些變革所解放的各種社會衝突和文化摩擦。換句話說，這些社會不僅經歷了第二次世界大戰這場國際戰爭，也經歷了國家社會內部的「社會戰爭」。

第二個共同點是其同時性。本書所探討的國內肅清運動，皆是在一九五〇年秋季前後正式展開的，而背後即是一九五〇年六月爆發的韓戰。正如我們在第二章中所看到的，許多地區並不認為韓戰是一場單純的區域戰爭。韓戰喚醒了各地的二次大戰記憶，這又加劇了他們對第三次世界大戰的恐懼，進而使得各地浮現起戰時氛圍和戰爭狂熱，正當化了以國家安全和維護治安名義進行的國內肅清風暴。

第三個共同點是這些肅清運動擁有的社會性功能層面。可以說每一場肅清風暴都具有壓制當時席捲各地的社會、文化衝突的功能。透過壓制並消除社會中陸續爆發的摩擦、反對意見和新興勢力，能夠提供未來短暫的「穩定」且「有序」的「和諧」社會。總之，我們看到的每一種肅清現象，並非單純的政治鎮壓及清洗，而是具有「社會懲罰」和「社會清洗」的特質。

第四個共同點是這些社會懲罰和清洗運動，並不一定全是由上層動員而形成的，反而是下層，即所謂草根保守階級的參與，在每場運動中發揮了重要的作用。在每一件肅清運動中，都可以看到，透過明確區分「我們」和「他們」，以此加強「我們」的團結力的這種做法。這種透過設想「敵人」（他者），將「我們」的身分認同統一的做法，並非都是來自由上而下的壓力。透過這樣的團結來淨化社會、保護本土性，其實來自是基層民眾深層的訴求。

最後，第五個共同點是冷戰的邏輯，也就是「反共」或「對抗反革命勢力」等冷戰論調，為「國家安全」和「維持治安」等國家層面的論說背書，而各個地區遏制其社會衝突和文化摩擦時，這項背書也非常有用。

綜上所述，或許可以說各地在韓戰期間同時發生的社會肅清運動，其本質是試圖恢復社會秩序的草根保守主義的強烈反彈。嚴格來說這種反彈並不局限於政治保守主義者，而是來自更廣泛的社會保守主義階層。這是因為這一現象是為了對抗第二次世界大戰期間和戰後發生的社會、文化變革，並透過壓制數以萬計的異己和新興社會勢力，從而恢復「正常的」、「普通的」、「符合常識」的社會秩序和社會關係。儘管這些事件是地區性的現象，但同時也是發生在世界不同地區的全球現象。

從這個角度來看，可以更清楚看到社會紛爭和文化摩擦在地方層面上的現實性、冷戰世界的虛構性和建構性，以及對這種想像中的「現實」的社會需求。換言之，為了「克服」（說得更直接就是鎮壓）國內社會的衝突，以及人與人之間的分歧，冷戰世界的「現實」是必要的。也就是說冷戰世界的真正對立、真正的分界線並不在東西方陣營之間，而是在各自的社會內部。對於想要跨越這些分歧和對立的世界各國社會來說，持續想像冷戰世界是必要的。

從這個意義上說，冷戰世界是一種壯觀的話語裝置，是一種想像中的「現實」，它使秩序穩定器能夠在每個社會中正常運作；且從這個角度來看，每起國內肅清事件其實是維持冷戰世界運轉的一個引擎，不能被輕易地視為全球冷戰在國內造成的後果。每一起肅清事件都是冷戰世界本身的一個組成部分，且正是這些單獨的元素，協助在二戰後的世界中創造並維持這個世界級規模的想像中的「現實」。

因此這個世界的締造者以及積極參與者，並不只是各國權力中樞的掌權者，也包括了那些世界各地數百萬、有意無意參與了維護社會秩序與創造和諧的普通平民。也正是他們對虛構的冷戰世界的深層社會需求以及參與，才使得「冷戰」這個最初僅是可被反駁的單一言論，被打造成戰後世界中無可辯駁的現實。如果沒有這種內在的維持功能，全球冷戰這一「現實」，就不可能在之後的幾十年內，持續作為一種壓倒性的世界現實。

# 終章
# 冷戰是一種社會機制

在結束這趟漫長的旅程之前，讓我們把時鐘的指針撥回到第二次世界大戰時的一九四四年初。當時，世界各地仍上演著激烈的戰鬥，然而或許正因為這些殘酷的經歷，許多士兵已經開始想像並談論他們戰爭結束後的生活。英國的索塞克斯大學（University of Sussex）的檔案館，至今仍保存著一九四四年三月舉辦的一場「戰後的願望」徵文比賽的參賽作品。其中一封由C．S．M．福勒（C. S. M. Fowler）這名英國士兵所寫的信，內容如下：

> 我最迫切的願望，是回到我的妻子身邊，在世界已充滿了和平，且這份和平將永在時。我期待我們將有權利和能力，在一個勤勉的社區中生活，我將貢獻出我的勞力，為這裡帶來繁榮，並享有社會保障的福利。[1]

在這封信中，他列舉了戰後社會的五個必要條件。第一項，也是最重要的，是一份能讓自己感到有用且快樂的工作。「合理的工資、友善的環境、適當的休息時間，這些是最重要的。」他補充道，「我希望失業這個揮之不去的討厭鬼，不會再出現了。」

第二必要的則是住宅。他說明，他希望的是一個「我可以為之自豪的家，我能夠和我的妻子及家人在其中享受我們的付出所換來的自由」。他補充道，「戰後的住宅應該是明亮、健康、美好的；擁擠又慘澹的貧民窟，應根除之。」他繼續列出如改善教育系統、發展包含免費醫療診斷和治療服務的健康保險制度，以及擴大社會保障的範圍等條件，並在總結道，「簡而言之，戰後的英國應該是一個和平、勤奮、繁榮和幸福的樂土，居民健康且受教育。」[2]

這封信深深打動了我，也許是因為我當時正獨自一人在國外進行了好幾週的研究工作，而有些多愁善感。但這位既不是有名的知識分子，也非政府高官的普通士兵，竟如此認真地思考了戰後的社會，描繪出如此具體的願景，使我印象深刻。但同時，這也使我感到不安，因為，我想他在戰後可能會面臨到失望和挫折，並因此產生反彈，從而對「不同意見」和「他者」態度強硬。我之所以這麼想，是因為這位士兵在戰後將實際面臨到的狀況，並不會是他所設想的那樣美好且富足，也非和平與和諧的世界。

芭芭拉．塔克曼（Barbara W. Tuchman）在她有關第一次世界大戰的經典巨著《八月砲火》（*The Guns of August*）中觀察到，如果沒有希望——相信戰爭是為了創造一個更美好的世界，且戰爭將永不再重演——人類不可能有辦法承受如此巨大且痛苦的戰爭。然而，也正如她所指出的，在所有戰鬥結束、引發了諸多後果之後，剩下最多的只是幻滅。[3]

二戰後的世界幾乎是完整重演了這樣的劇情。與戰爭期間崇高的希望完全相反地，前述的英國士兵將面臨的是巨大的通膨、無解的住宅問題、停滯的工資、頻繁的勞資糾紛和罷工浪潮，還有各種不同的社會衝突和分歧，例如，因女性性別角色及家庭的意義產生變化而導致的有關性別問題的社會緊張。前述的那封信，讓我不得不思索這位士兵的未來，他如何面對戰後的這些情況？又如何面對之後可能體驗的幻滅和隨之而來的失落和無助？他是否會因為過於憤慨，轉而選擇壓制「他者」和「不同意見」？

這封信也讓我思考，在英國以外世界的其他地方，如日本和美國，這種希望和幻滅的意義及其作用為何。事實上，日本和美國情況類似，因為它們皆經歷了根本性的社會、文化、經濟和政治變革。例如，那些透過戰時和戰後的變革開始發聲的人們，在戰後社會也持續鬥爭且更為激烈。在日本，那些原本在戰爭期間推崇備至的道德價值觀和規範等，隨著戰敗後跌落了神壇，但這同時也提供了新的機會，給年輕人、女性和勞工運動所推崇的新價值觀和訴求。同樣地，在戰爭時期被壓制的左翼和共產主義思想，也變成了批判分析戰時的日本的框架，因而受到矚目。此外，在二戰後的美國，希望和幻滅也同樣地在各種地方交會、衝突。正如本書所述，女性和非裔美國人因為在戰爭期間確立了自己的社會地位，這些群體的需求在戰後得到了呼籲，而在戰爭期間受到愛國的名義所壓制的勞工運動，在戰後則如浪潮般高漲。於是這些新型態的表達希望的方式，在各地的戰後社會產出了新的火種，因為這與那些想要恢復更「普通」且更有「秩序」，也就是他們最為熟悉社會的人的夢想和希望，出現了正面衝突。

經歷第二次世界大戰的後殖民社會也出現了類似的情況。例如，對中國、臺灣和菲律賓來說，第二次世界大戰的結束，首要的意義代表著前殖民者的撤離和垮臺。對當地人民來說，這意味著他們有機會用自己的雙手重新建設自己的社會。但由於對殖民統治結束後的秩序的希望和願景不盡相同，使得許多後殖民社會爆發了流血內戰或激烈的國內衝突。[4]簡而言之，在希望和幻滅相互碰撞的戰後世界中，世界各地的國內社會在某種意義上，再次成為了「戰場」。

也就是說，以為一場震撼全世界的大戰終於告終之時，實際上，另一種類型的「戰爭」（即本書所述的社會戰爭）正發生在自己的國家、社會、鄰里、職場和校園裡，甚至是親朋好友和家人之間。如我們先前所見，所謂的冷戰這一「現實」，對這種情況有相當「成功」的作用，因為它可以有效地透過壓制這些社會戰爭的種子（即運用冷戰邏輯遏制或清除社會分歧及混亂因素、失序行為及異議人士），為各地區的國內社會，帶來某種「秩序」與「和諧」。

一般來說，過去的冷戰研究認為冷戰是一種國際政治事件，因此主要關注的多為權力中心，與集中分析政治領導人和政府官員的行為，認為這能剖析出冷戰的起源及其發展。但是我們需要從更開闊的角度來理解冷戰現象。冷戰世界在社會內部和草根階級中如何發揮作用？它是如何，以及為何成為同時代全球大多數人認可的現實？回答這些問題，正是本書的目的。

換句話說我們需要更深入了解的，是對冷戰世界這一想像中的「現實」的社會需求及自我維持的動力，這是因為正是這種社會的需求，讓冷戰「現實」更顯得真實；如果沒有這樣的社會認可及支持，冷戰論述就不可能從一種單方面的觀點，轉變為無可辯駁的世界的「真實」。因此，如果我們從社會的角度來觀察冷戰，就會發現我們不能永遠只在美蘇對立的框架中看待它。相反地，我們可以將其視為一種規模龐大的社會機制（即透過遏止社會衝突和文化戰爭來「穩定」世界各地戰後混亂局勢的機制），而且是一種在各地都發揮作用的想像中的「現實」。在某種意義上，它可以說是戰後處理的機制的一環；但不是國家之間進行的戰後處理，而是指作為社會內部機制的戰後處理。

也許有人會問，是誰創造了它？像這樣戰後社會新秩序的建立，是誰設計的？但這些問題本身是有缺陷的，因為它預設了所有事件都出自某些人的意圖。這是一種非常普遍的現象，因為我們回顧歷史（尤其是政治史）時，我們往往會將人類意志作為前提，並在其中尋找某些人的意圖。當然，這種方法在調查謀殺案或縱火案時相當有效；在研究某些具體的決策過程上（例如，剖析華盛頓或北京對於是否跨越三八線的決策過程），也是不可或缺的。然而，這種像是警察辦案的研究方法，並不適合用來探究一些規模龐大的歷史事件，如戰爭、革命或各種社會問題和全球性現象。

強行用這樣的框架解釋這些事件（事實上大多數史書都是這樣寫的），就像是強化了「偉人故事」或所謂的陰謀論，容易掉進了俗套的敘事裡，把故事寫得似乎一切都是由權力中心所決定的，或是想像背後一定有某種陰謀。另一方面，那些反對這種以人為中心（或陰謀論）的歷史觀的人，則可能採用結構主義的方法論，如經濟結構決定論或文化本質論來解釋，認為重要的不是意圖，而是結構性作用。

本書試圖建立一種不被這兩種模型束縛的視角。我並非是為了標新立異，但本書想做的，其實更接近生物學家或生態學家考察動植物演化和生態時使用的視角。舉例來說，為什麼蝴蝶在幼蟲時期是毛毛蟲，之後才進行完全變態？金龜子和獨角仙等甲蟲類（以數量和物種多樣性上來說，是世界上最繁盛的昆蟲），要犧牲優美的飛行能力，來發育堅硬的外皮？顯然，這些生物個體並非有意為之，也非出自某人之手，只是某些物種能更好地適應周遭環境而存活下來。

這麼說或許有些奇怪，但我認為冷戰世界的現實化過程，必須透過生物學和生態學的方法論，才能得到最好的解釋。我們重新以這個角度出發，回到前述的問題「誰創造了冷戰世界」，答案會是：沒有人。冷戰世界並不是任何特定的當權者有意創造的，但同時冷戰世界對許多人來說確實是有用的，因為它滿足了戰後社會想要建立國內秩序與和諧的願望。也就是說，冷戰世界並非特定領導者的算計（或誤算）的結果所造成；毋寧認為，冷戰世界具有自己的社會性原動力，而這個原動力來自於無數百姓做出的選擇。從這個意義上來說，如果我們再次回到「誰創造了冷戰世界」這個問題上，答案是：每個人。也就是各個社會中的無數平民百姓。

正如本書前面所介紹的，每一個人都只是懷抱著各種不同的願望，在當地的情境中做出行動而已。對一名北京的路邊攤販來說，鎮壓反革命運動是他恢復附近地區的秩序和道德的一種手段；對於在臺灣嘉義市公所工作的國民黨政府基層公務員來說，反共抗俄運動可能是日本殖民統治消失後，重組該地區行政制度（即重新殖民該地區）的一種實際手段；對於日本鳥取縣米子市的一位保守派男醫師來說，反共邏輯可能是壓制女性崛起這股新興勢力的強力手段。這種操作的配置，與美國南方保守派和種族分離主義以反共邏輯遏制非裔美國人崛起的手法如出一轍。

每個人都不是有意創造冷戰世界，來遏制「內部的敵人」的。然而，若是從已經發生的事情來思考，而不是從意圖為何這點來看的話，以結果上來說，冷戰世界確實擁有遏制「內部的敵人」的功能，且因此獲得了普遍的支持。如此看來，冷戰世界的重點，與其說是東西方陣營之間的國際對立，不如說是各個社會內部的鬥爭，也就是普通百姓的社會戰爭。在這裡，人民既不是冷戰的犧牲品，也不是抗爭的英雄／英雌，而是有時會以國家防衛和冷戰邏輯名義，進行令人不寒而慄的殘忍社會清洗的「普通」人。從這個意義上來說，冷戰「現實」只有在混亂的戰後時期這個坩堝中才得以實現。在這個坩堝中，無數人的希望、挫折和幻滅相互碰撞、交織，產生了一個恰好符合社會和時代需求的冷戰世界。

要產生這種非故意的連鎖反應，需要兩個不可或缺的「材料」，一是對第二次世界大戰的記憶，另一個則是韓戰的爆發。總之，對於歐洲、東亞、東南亞和北美地區的許多人來說，第二次世界大戰不單只是一件發生在過去的事。由於大規模的動員和參與，許多人親身經歷並度過了戰爭。也因為這些經歷是那麼殘酷且令人觸目驚心，使得那些記憶往往被強制當作了唯一的「真相」。因此這些經歷和記憶就變成了歷史教訓，規定（或限制）了人們如何看待現今的世界、如何展望未來的世界。[5]換句話說，第二次世界大戰並不只是過去的悲劇，某種意義上，它甚至是未來的藍圖。

是故，當時的政治領袖和許多民眾，擔心韓戰爆發將會開啟第三次世界大戰，也就不足為奇了。因為在他們的認知裡，韓戰是美蘇兩大國的代理人戰爭，是美蘇之間「熱」戰的第一砲。而這種思維凝聚了一種特定的認知模式，即認為朝鮮半島以外的世界還勉強處於「冷」戰階段。然而，必須留意的是，在當時冷戰並不是一種普遍性的現象。正如本書所述，在歐洲、亞洲和美國等高度參與二戰並有深刻影響的社會中，冷戰「現實」擁有最高的「真實性」；但在拉丁美洲或非洲等受二戰影響相對較低的地區，則真實性較低。

當然，後者的地區中的諸多社會，自一九五〇年代後半到一九六〇年代也接受了冷戰這一「現實」。但這是因為當時當地的特殊背景，如古巴革命（the Cuban revolution）（一九五九年）等，發揮了更大的作用，且這些地區至少在一九五〇年，還未進入冷戰世界。這是因為這段時期，冷戰的「現實」是建立在二戰的經歷和記憶之上的，所以沒有引起拉丁美洲或非洲等社會人民的共鳴。我們從這裡就能找到冷戰這種「現實」的想像和建構性。換句話說，冷戰這一「現實」，是那些直接經歷過第二次世界大戰這場慘烈災禍的人們，在擔心新一場世界大戰到來的背景下所創造出來的。他們透過自己的在地視角——即國內政治脈絡、歷史背景、戰爭記憶和種族偏見——以自己的方式轉譯了韓戰的意義，並就此僵化。也就是說，人們根據自己的理解框架（更直白地說是成見）想像世界的「真實」狀況，並透過了這種想像的行為創造出了現實。

這一點，又引出了另一個問題：在二十一世紀的今天，我們為什麼有必要重新回顧冷戰的歷史？一般認為，冷戰早已在三十年前結束了。如果狹義地將冷戰定義為美蘇之間的軍事、地緣政治以及意識形態對抗，那麼這種看法並沒有錯。畢竟蘇聯已消滅，冷戰已成為過去，這一切看似一目了然。

然而如果我們把冷戰視為「想像中的現實」這一龐大的社會建構現象，那麼它真的已成為過去了嗎？如果冷戰是一種社會機制，其功能是透過遏制社會內部的分歧，來營造「和諧」的整體感；並透過壓制非主流者和新興勢力，在全世界各地維持「穩定」和「有序」的社會。從這個角度來看冷戰，它就不會只是一個遙遠的過去。這種現象，在冷戰之前和之後都曾出現過，特別是進入二十一世紀之後，在「文明衝突」、「反恐戰爭」和「新冷戰」等新「現實」的衝擊下，可以說是愈演愈烈。

換句話說，不再從美蘇對抗的框架出發，而是以一種在世界各地的社會創造其內部秩序與和諧的社會機制，來重新探討冷戰經歷，這意味著重新思考「現實」和「歷史」的想像和建構性，以及普通百姓對這些事物的渴望。並且當我們擁有了這種視角，就能幫助我們重新思考那些我們現在通常視為理所當然，但其實已經內含了想像和建構性的「現實」、「歷史」或社會規範等。當然，所有的人類社會都是基於某種想像才建立出各種社會共識和規範的。然而正如本書所示，這些「現實」或「常識」當中，沒有什麼是絕對不變的。說到底，它們只是被定義了歷史性、被建構了社會性，也就是從當時的人們的想像中創造出來的。

因此我們從中可以學到的是，我們不應該囫圇吞棗地接收那些看似可信的「現實」、「歷史」和「常識」，我們每個人都需要不斷質疑它。現實究竟是什麼？這個時代的各種「現實」，有多少是現實？我們對自己或他人的「常識」或偏見，有多少是想像出來的？我們從學校教育或媒體中學到的「歷史」，是如何建構出來的？在現代社會中，這些「現實」和「歷史」，具有什麼樣的功能才得以受世人擁護？如果你發覺這些「現實」有些古怪，那麼無論你的聲音有多小，也要不斷地質疑它，並且不斷地提出質疑，這絕不會是白費工夫。如果說我們能夠從冷戰「現實」的經歷中學到什麼，那就是我們每個人都不只是旁觀者，也非受害者，因為就像創造了冷戰世界這個「現實」的無數平民百姓一樣，我們自身也是每一天在現代這個坩堝中，透過選擇、修改、認同現實的型態，維持它延續的「當權者」。

後記

# 作者釋疑

本書的目的，是透過聚焦於韓戰期，融合社會史與外交史、地方史與全球史，從而重新思考冷戰的本質，並提出以社會的角度重新理解冷戰現象的新論點。

本書最初是二〇一二年，我在康乃爾大學提交的博士論文，以及之後於二〇一五年由哈佛大學出版社（Harvard University Press）發行的《冷戰坩堝：朝鮮衝突與戰後世界》（*Cold War Crucible: The Korean Conflict and the Postwar World*）為基礎，將英文翻譯成日文所成。不過，這比一般所謂的翻譯工作還要困難。如同第二章所提到的，翻譯工作並非只是像機器一樣替換對應的單字而已。我最後幾乎是將所有的文章改寫、重述，有時甚至改變了結構。此外，日文史料或中文史料，我必須全部再次逐一確認原文。但多虧於此，我得以在本書中補充一些詳細的論述，有關那些英文原書中不得不刪減的部分。綜上所述，本書雖是基於英文原書，但並非單純的「日文譯本」，而是包含了大量的增補修訂。

本書詳細將留給正文，而基本的討論議題，乃是質疑冷戰並非單純的東西陣營的國際對立，並以

「社會機制」、「人們的社會戰爭」、「想像中的現實」等三個關鍵字來重新認識和定義冷戰。簡而言之，本書討論的是，冷戰是否是為了遏制世界各地社會內部的異論及反抗，從而創造「秩序」而出現的一種社會機制。與其說這是政治領導人所主導，毋寧說這是普通百姓共同創造出的想像中的「現實」。

為此，本書跨越了所謂「日本史」、「中國史」、「美國史」或是「政治史」、「外交史」、「文化史」、「社會史」等學門領域之間的高牆，考察了各地所發生的事件當中的同時性、相似性及關聯性的意義；同時關注了外交與社會、政治與文化等往往被分開處理的事件之間的相關性。本書的目標可說是改寫冷戰史，並包含由此而生的問題：重新探討如何閱讀二十世紀史、以及更進一步地思考社會中的「現實」和「歷史」的意義。現在看來，可說是雄心勃勃。

以上即是本書基本的主張，但其實我並非一開始就想到這些問題。如果我聽到了這些說法，勢必也會覺得似乎有些極端了？是否太過遠大、太冒險了？十六年前（日文版為二〇二一年發行）的二〇〇五年夏天，我開始這個研究的當初，根本沒有想過我會寫出如此大規模的書，也未曾料想到我會為了寫這本書，去到這麼多地方、遇到這麼多人。我之前曾寫過一篇文章，說明為何會開始做這個研究，又為什麼會朝著意想不到的方向發展。以下我將部分介紹英文版出版後獲得的反響，以及引起的討論。[1]

其實英文版出版時，由於內容充滿了實驗性，又橫跨了許多領域，我十分擔心讀者的反應。幸好我對英文版的擔心只是杞人憂天，因為該書得到了相當正面的評價，現在我很期待日文版在日本會有怎樣的反響。至今，英文版已得到了超過二十五篇的書評，其中大多認為該書的成就在於：一、結合了微觀與宏觀、地方史與全球史；二、突破了地理和主題之間的學門界限；三、史料收集與調查範圍的廣度與深度；四、討論的鋪陳創新且具啟發性。[2]

例如，中國史學家芮納．米德（Rana Mitter）認為這是一部「創新、耗時費力且極具價值的研究著作」，且「益田的整體成就毋庸置疑。這本書相當出色，連結了國際史與社會史合，並以極具深度的研究為基礎，提出了對理解冷戰至關重要的論點」。朝鮮史學家布魯斯．卡明斯（Bruce Cumings）則評論道，「我還沒有讀過任何一本書，能夠如此有效且輕鬆地從全球談到地方，再從地方回到全球。」並認為「說這本書是這幾年討論冷戰（或冷戰及韓戰）的著作中最優秀的，也不為過。」美國外交史學家馬克．菲利普．布拉德利（Mark Philip Bradley）則形容本書「令人驚嘆不已」，認為，「本書必須列入這個領域的必讀書單，有關冷戰史或二十世紀國際史的系所課程，都應該把這本書放進大綱裡的重要位置。」[3]

另外，中國史、臺灣史學家朱莉（Julia C. Strauss）認為，「沒有任何學者會嘗試撰寫視野如此廣闊、使用這麼多一手資料佐證的專書。這本書毫無疑問將受到高度關注，裡面的論點也會成為未來長期的標準。」[4] 特別的是，為該書撰寫書評的學者，其研究領域十分廣泛，包括了從美國史研究到中國史研究，或是從軍事史研究到地區研究、文學研究、政治學等等。歷史新聞網（History News Network）甚至如此介紹該書：「益田肇從基層的角度對冷戰的全新解讀，引起廣泛關注。」[5]

得到如此高的評價，我自然是喜出望外，同時我也面臨了嚴厲的指責和一定的誤解，但這些批判性的觀點和不同的想法，也讓我的論述變得更加明確，因此以下我將介紹英文版出版後所發展出的幾項討論，作為本書的後記。[6]

## ♦一、「追究起源」相對於「探究過程」

本書對韓戰的定位是其中一個經常被提起的問題，有人認為是否過度重視韓戰？冷戰不應該是早於韓戰之前就開始的嗎？例如美蘇在歐洲的對立、杜魯門及邱吉爾等人的演說、蘇聯的核彈試爆成功、中國的共產革命等等。這些不都在在顯示冷戰早已開始了嗎？然而這一類批判的背後，反映了歷史學家的一種習性：對「起源」的執著。但本書想做的，是避免使用這種追尋起源的方法論，轉而將焦點放在冷戰此一「現實」化為實體的過程，並且驗證這個過程是如何（且為何）會走到無法挽回的局面。換句話說，我的提問並非「開端」本身，而是事情「僵化」的過程。

那麼為何要避免使用追尋起源的方法論呢？因為坦白說這種方法本身也有問題。說到頭來，人類為何總是對「起源」感興趣？可能是因為我們預設了事件的本質藏在「開端」當中。然而這並非自明之理，事實上當某種特定模式反復出現，被人們所認知到之後，人們才會開始追溯並確認它的「開端」。換句話說，事件的反復出現及其僵化的「過程」，同時回溯定義了什麼是「開端」。反之，若之後發生了某一行為或事件，兩者之間並非有著必然的因果關係。基於這種特性，當許多人同時對某種「現實」深信不疑，這個現實的「開端」便會顯得更加自然且具說服力，甚至彷彿無庸置疑。

這就是追尋起源方法的問題所在。從根本上來說，會去追究「起源」是因為有了後續事件的知識。而正是這些知識，人們才能分辨檢驗事件的優先順序。結果就變成了「某些事件看起來比較重要」、「有些事件看似只是歷史上的次要事件」。這些擇定的標準，實際上是我們自己的標準，而不是當時人們的標準，這便是問題所在。簡而言之，「想要找到起源」的研究，這種方法論並非中立且無立場的。這種研究方法其實已經帶著自身的視角，在不知不覺中決定了研究的方向。

本書試圖要做的便是對這種視角提出質疑。是故，本書的重點不是冷戰的「開端」，而是冷戰的化為實體的過程，這當中韓戰的重要性便會凸顯出來。更準確地說，真正重要的不是韓戰本身，而是人們如何理解韓戰。具體細節請參照本書第二章等正文。本書討論的，是當時許多地區都擔心韓戰是第三次世界大戰的開端，而這也是為何「當下」的時代會被概念化為世界大戰前的過渡期和冷戰的時代。本書並不否認一九五〇年以前發生的各種事件的重要性，畢竟正因為出現了這些模式，韓戰才會被視為第三次世界大戰的開端。另外，本書並沒有聲稱韓戰「創造」了冷戰，應該說本書主張的，是人們對韓戰的看法，使得冷戰以前所未見的程度成為了強而有力的「現實」，扼殺了其餘對現實的看法，從而使得冷戰成為了無可反駁的世界現實。

## ◆二、「現實≠虛構」相對於「現實＝虛構」

關於本書對於冷戰的本質，是想像中的「現實」這點的論述，有位評論人提出了一個耐人尋味的問題。「如果我們把所有的現實都視作是社會所建構的，再者，如果我們把冷戰視為一種基於想像的論述，那麼乾脆從頭到尾都主張冷戰是一種想像出來的虛構，這不是更符合邏輯嗎？」有趣的是，我在華盛頓特區的演講中得到了一個完全與之相反且帶有怒氣的回應，「你為什麼說冷戰是幻想（Cold War fantasy）？那是一場真實的戰爭！」[7]

這兩者的共同點在於，他們擁有的一般常識認為，「現實」與「虛構」及「實際存在」與「幻想」這些用語之間，存在著明確的差異。在這些常識看來，「虛構」、「幻覺」、「想像中的」等措辭帶有負面的含義，其中暗示著「虛假」、「可疑」、「捏造的」、「不存在的」、「不可靠的」、「無力的」。相對地，「現實」、「實際存在」等詞，則具有「事實」、「實質性」、「確切的」、「可靠的」、「具說服力的」等正面含義。總之在一般用語當中，「現實」的世界和「想像」的世界看起來彷彿是完全不同的，因此堅持「冷戰是虛構」或「冷戰是實戰」，確實聽起來更符合邏輯，然而本書的立場皆非這兩者之一。

本書的研究結果發現，「現實」與「虛構」無法完全區分。簡單來說，本書所表明的是現實是如何被想像出來的，以及這些想像又是如何成為現實的。在這裡，「現實」與「虛構」之間的關係，與其說是分離或對立的，更像是一個連續的過程。這樣的觀點或許是源自於我受到在一九九〇年代以來在政治學和歷史學界流行的社會建構主義的影響（康乃爾大學的彼得．卡贊斯坦〔Peter J. Katzenstein〕是著名的社會建構主義大師。他的研究所課程「國際安全」非常有趣）。

話說回來，追根究底，這種強調「現實」或「歷史」的虛構性和建構性的觀點，其實也可說是我的研究課題。因為這個觀點實際上已經內化於二戰後的世界了。畢竟在二十世紀的歷史上，沒有一個時代像二戰後那樣，有過難以接受「現實」的經歷（或許一九九〇年代是例外）。這種觀點尤其適用於當時經歷了戰爭、革命和戰敗的社會，特別是韓戰初期的社會。因為當時世界各地的人們，都在爭論什麼是世界的現實。

從這個意義上，本書中所見的社會建構主義趨勢，或許是源自於研究對象本身，因此本書採用的是歷史和實證的方法論，而不是開展辯論或推演的論證方法。我透過故事的脈絡，引導讀者進入世界各地的場景，討論以下的問題：韓戰當時的世界，是如何想像出現實的？在這些想像的過程中，當地人與當地社會的背景和歷史脈絡，又發揮了多大的影響力？還有，為什麼世界許多地方，都接受了冷戰這一特有的「現實」？

回到先前提到評論人的提問。我想補充說明，我認為冷戰本質上是「想像中的虛構」這點，相對較不被質疑；然而正因為冷戰被世界上大多數人所接受，它才成為了無可辯駁的世界現實。這也是我在本書中稱之為「想像中的現實」的原因。但是，我在這裡指出冷戰的本質是想像出來的，並不是說冷戰本身是謊言或假象，更不是說它從未存在過。相反地，我主張的是，正因它被世人們所接受，所以冷戰成為了現實，且無論過去或現在，它仍規範著許多人的思考方式（是故，現在如果將冷戰稱為「虛構」或「想像」，仍會激怒某些人）。

## ◆三、「尋求差異」相對於「尋求相似」

另一個引起部分讀者（或聽眾）不滿的，是本書的比對研究取徑。特別是在第三部（第七章至第十章）中，我以「社會戰爭」的框架，針對當時世界各地同時發生的一系列國內清洗，如美國的麥卡錫主義、中國的「鎮壓反革命運動」、臺灣的「白色恐怖」、日本的赤色清洗、英國對勞工運動的打壓，以及菲律賓對「非菲律賓活動」的取締等進行整體的分析，這進而引起了爭議。我有一次在華盛頓特區發表演講時（華盛頓特區似乎是個敏感的地方），有一位聽眾情緒激動地對我說：「請不要把美國和共產中國劃上等號。」這是因為在中國有近百萬人被處決，而在美國僅有兩人（羅森堡夫妻）被處決，似乎這位聽眾很不願意被拿來和中國相提並論。另外，同樣地我將美國與英國、日本並列為「舊殖民地宗主國」，也引起了一些激烈的反應。儘管美國打贏了一八九八年的美西戰爭和一八九九至一九〇二年的美菲戰爭，並持續四十多年對菲律賓的殖民統治。也許是因為即便同為殖民地宗主國，他們也不希望被拿來和英國或日本等國家相提並論。[8]

我盡量不去理會這種情緒性的反對聲音，而有關我的比對研究方法，也是有合理的批評。一位評論人針對將美國的麥卡錫主義和中國的「鎮壓反革命運動」的比較表示擔憂，他認為有意義的比較，應該基於兩者之間存在一定的共通點。他的意思是，比較兩個差異巨大的事物，無法得出有意義的分析。這個論點乍聽之下很合理，美國和中國在政治體制、社會情勢和歷史背景等方面都有很大不同，然而這兩者之間並非毫無共通點。詳細的討論請見第十章（尤其是該章最後的三九二至三九五頁），在本書中，我探討了這些國內清洗行動的五個共通點，分別是：一、經歷過二戰及其後的社會戰爭；二、與韓戰同時爆發的共時性；三、共同具有「社會懲罰」和「社會淨化」面向；四、人們的參與；五、應用了冷戰邏輯。在我看來，這些是可進行比較的共通點。

因此問題在於即使這些案例之間存在相當大的差異，是否仍然可以進行有意義的比較？這取決於比較目的為何。簡言之，如果比較的目的是指出案例之一的獨立性或特殊性，那麼拿差異很大的案例來比較，確實可能不大有意義，因為兩者本來就存在差異。然而本書的目的並非如此，我更感興趣的，是不同案例之間出現的類似性、共通性和共時性。在這種情況下，案例之間表面上的差異，反而是有用的要素，這是因為首先，這樣的比較使我們能夠提出簡單而引人入勝的問題。為什麼這種模式相似的國內清洗浪潮，幾乎是同時在世界各地爆發的？即便它們在地理位置上相距甚遠，在政治體制、意識形態以及社會狀況上，也存在著決定性的差異？

此外，在看似完全不同的案例當中進行共通性和共時性的考察，在更基本的層面上，還有一個的好處。他給了我們了一個機會，使我們得以重新思考，我們的常識如何判斷什麼是「不同」的。當你認為某一事物與另一事物「不同」時，無論我們是有意識還是無意識的，都已經預設了某種分類。例如，當我們說麥卡錫主義和「鎮壓反革命運動」不同，我們想到的是其政治和意識形態性質的不同，以及周遭政治環境的差異。換句話說，我們在觀察這些事件時，是以政治框架作為標準，並基於這個標準將它們視為「不同」。

然而，如果我們嘗試設定不同的框架呢？美國社會和中國社會發生的事件，還會看起來不同嗎？未必如此。因為在某一個框架裡看起來是完全不同的兩件事，有可能在另一個框架裡卻可能是顯得性質相似的類似事件。換句話說，分類的方式取決於我們使用什麼當作標準。當你想要在表面上不同的案例之間尋找共通性時，有一種澈底的方法，是質疑並相對化我們已經習以為常的理解框架（也就是在不知不覺中使我們認為什麼是「不同」的框架）。

事實上，這正是本書所嘗試的。我們通常將麥卡錫主義或「鎮壓反革命運動」視為政治事件，因此不會有人質疑使用政治史方法來檢驗是誰、這些事件為何發生的作法。但本書嘗試的，是以「社會性觀點」這一典範（paradigm），來重新思考這些事件的意義。因此本書所做的，並非關注政治領導者的意圖，並追溯事件的「起源」，而是透過分析社會發生了什麼，從而重新思考這些事情的本質。例如，第三部的各章聚焦在是誰、對象是誰、為何要進行清洗等重點，並分析各地的國內社會中發生的清洗行動是如何運作的。簡而言之，本書認為這些國內清洗行動是一種社會現象，更具體地說，這是一種針對一九三〇年代到一九四〇年代湧現出來的各種社會變革所引發的草根階級保守反彈現象。

然而，這裡所說的「保守」，並非所謂政治上的「右」或「左」。為避免混淆，本書使用「社會保守」一詞，指透過壓制各種「異議」，以維持大多數人覺得是「常態」的社會秩序和文化秩序，以及有關社會關係的常識，並以此促進社會安定的一種態度或傾向。也就是說，從這個觀點來看，即使在政治意義看似有「革命」或「左翼」性質的中國政治運動，其中也有可能出現社會保守的要素；這使得重新理解麥卡錫主義以及「鎮壓反革命運動」出現可能性。

我不認為本書中所採用的以社會性觀點重新思考，或更具體地說是我稱之為「社會戰爭」的框架可以完全解釋所有事件。為了進行更確切的論述，仍需要對每個事件進行更深入的研究，這其實也是我在撰寫本書的過程中所發現的。例如，是不是應該更簡單一點，把課題範圍縮小，這樣我的主張才會更有說服力？我甚至想過，與其寫一本裡面包含了不同要素的書，不如按照地理和主題分開撰寫？例如，以重新考察韓戰期的美國外交史為主題的一本；以重新考察同時期的中國外交史的也一本；重新考察「抗美援朝運動」和「鎮壓反革命運動」的一本；重新考察麥卡錫主義的一本；再一本則是重新審視逆轉政策和赤色清洗。我不認為這種作法會更簡單，但至少可以少一些「煩惱」。我知道那並不是我想寫的書，過去十多年來，我總是想著這些事。這可說是像本書這種類型研究，我所謂的「橫斷研究」相對於「縱貫研究」與生俱來的明顯弱點。

## ◆ 四、「縱貫研究」相對於「橫斷研究」

在此我所謂的「縱貫研究」，指的是按照已確立的研究領域框架所進行的研究。典型的例子包括「麥卡錫主義研究」、「以韓戰為題的美國外交史」、「中國共產黨外交史」、「近代中國性別史」或「戰後日本勞動史」等。這類研究的基本目的，是透過加入新的資料，或添加些微新的不同差異到過去的解釋當中，以此豐富既有的知識體系，使其變得更加「完整」。隨著時間的推移，這類研究會不斷深入挖掘主題，競相追求「細膩度」。

對於熟悉該領域的讀者來說，要跟上「縱貫研究」類型的研究論述脈絡，應該不太困難。因為這類的研究的論述方向，通常是遵循各個領域既有的框架所進行的。另一方面，我所謂的「橫斷研究」，指的是橫跨主題、地理或史學史等現有的學科領域或分類，並且質疑這些分類方式，從而提出新的框架（觀點）。這類研究的論述方向，並不比縱貫研究來得明顯。因為這類的研究的論述方向，並非由該領域既有的框架所定義，而是各自的研究本身提出的。

這種區別，可用於思考以區域研究者角度出發對本書所做的批評。某位評論人指出，本書並未徹查所列出的各個故事的脈絡。很明顯地，本書旨在進行橫斷研究，這位評論人可能是以縱貫研究的觀點閱讀本書，因而感到困惑。因為本書開展論述時，並未區分地理或主題。以地理上來說，光是第一章的視角，就從戰後美國社會轉到戰後日本，然後再到中國的內戰時期，最後又回到美國。在主題上，本書一方面聚焦於外交史和國內政治，一方面也涵蓋了社會史和文化史。當談到種族歧視問題時，也同時處理了戰爭記憶。討論麥卡錫主義時，也討論了「鎮壓反革命運動」和「白色恐怖」。因此，這使得一些讀者感到困惑，認為應該要更聚焦，而不是一直轉換場景和主題。

另一方面，習慣了縱貫研究的人，可能會只想閱讀自己感興趣的部分。例如，美國歷史的專家可能會跳過本書的亞洲史部分；研究亞洲的學者，可能會略過美國史等部分。同樣地，社會史、文化史學家，可能會跳過討論政治和外交的章節；外交史學家則可能會大略讀過討論國內清洗和人民參與的相關章節。然而若是以這樣的方式閱讀，讀者勢必會找不到本書的論述方向，因為在橫斷研究中，論述的方向並非由既有的研究領域所引導，而是由該研究本身，尤其是章節的順序和設置方式所引導出來的。

為了更清楚地說明本書的意圖，以下試舉一個橫斷研究的著名例子。雖然這聽起來可能有點突兀，但本書在方法論上，近似於曾經風靡一時的「大西洋史」（Atlantic History）研究，特別是探討十八世紀末到十九世紀初的「大西洋革命」意義的研究。該領域的研究者，並未將發生在大西洋兩岸發生的革命和叛亂，如美國獨立戰爭、法國革命、海地革命等視為獨立的事件，而是視其為一系列相互關聯的歷史現象來進行研究。[9]當然，該領域的各個主題都有大量的文獻積累和獨特史學發展，但正是因為他們擁有「大西洋史」的視角，才能從新的觀點觀察這些事件。

本書的嘗試其實近似於此類研究。的確，無論是美國史、中國史、日本史，外交史還是社會史，本書都使用了新的史料，提出新的解釋，而有關這些主題的探討，本書也緊跟了各個領域的最新研究動向。像這樣重新探討每一個主題，最終的目標是透過這樣的方式創造出一個可稱為「全球社會史」的新框架，如此一來，既可重新思考各個地區的區域史，還可重新探討所謂冷戰這一全球現象。

基於上述橫斷研究的特性，研究者必然須做出自己的取捨選擇。當然，「書寫歷史」本身就涉及了取捨，但在縱貫研究當中，因為該領域既有的框架大多已設定了應該選擇什麼、捨棄什麼，因此其中的取捨較不明顯。另一方面，在橫斷研究當中的取捨選擇，則相較縱貫研究顯得更為「隨意」。這是因為在橫斷研究當中，每個研究都做出了自己的選擇，而每個研究都需要逐一正當化其選擇。關於這點，本書也有兩個方向的討論：一是應該選擇什麼、強調什麼；二是作者是否抱有「偏見」（先入為主）。這兩者是息息相關的，以下將逐一探討之。

## ◆五、「研究作為結論」相對於「研究作為對話」

一位美國外交史專家認為，本書是否過度強調草根保守派在冷戰時期進行的鎮壓？是否應該多著墨於普通人民如何抵抗冷戰邏輯？畢竟即便在壓迫下，早期的民權運動也開始萌芽了，[10]這是一個合理的指摘，但並非本書所聚焦的。一般而言，研究者大多會同情被壓迫者，並以他們為主角書寫歷史（我完全對此無否定之意），而大多數的研究傾向於將受壓迫者描寫成「犧牲者」或對抗權力的「英雄／英雌」。然而正因如此，我們往往輕易地將「普通人」放在權力的對立面，同時單純地將「保守派」與社會菁英劃上等號，彷彿草根階級中不存在支持權力的人，也沒有保守傾向的人，因此我們至今仍未熟知的一點，同時也是本書不斷強調的，就是普通百姓發揮了多巨大的影響力使國內社會的反對異議噤聲，並且往往以暴力且殘酷的手段來創造國內秩序和社會和諧。

已有幾本著作針對一九三〇年代到二次世界大戰期間內的這種普通人的暴力，進行了深入的探討。如吉見義明的經典《草根法西斯主義：日本民眾的戰爭體驗》（暫譯。『草の根のファシズム 日本民衆の戦争体験』，一九八七年）、羅伯特・蓋拉特萊（Robert Gellately）的《支持希特勒：納粹德國的同意與脅迫》（暫譯。*Backing Hitler: Consent and Coercion in Nazi Germany*，二〇〇二年）以及溫迪・高德曼（Wendy Z. Goldman）的《史達林時代的恐怖與民主：鎮壓的社會內部動力》（暫譯。*Terror and Democracy in the Age of Stalin: The Social Dynamics of Repression*，二〇〇七年）等。本書試圖在二次大戰後的美國史、日本史、中國史的脈絡中，同時思考韓戰時期的冷戰「現實」的實體化，來探討這種面向。也就是說本書選擇研究對象取捨的差異，取決於將本書定位為「結論」，還是定位為與過去的學者之間的「對話」的一部分。我想要寫的不是一本包羅萬象、下了許多定論的教科書，相反地，我將本書定位為與目前各領域學者之間的對話。這使得某些要素看起來像是被放大了，而另一些則被低估了。

同樣地，本書針對當時中國的描寫，尤其是有關國家以及政治宣傳作用的描寫，也招致了批評。一位中國史及蘇聯史研究者的評論道，此書是否過於忽視國家及國家政治宣傳的作用？如果沒有政治宣傳這種國家干預，一般人不就無法形成對世界現實的具體印象了？只透過社會情勢和歷史背景，並無法解釋特定的態度是如何發展的。政治家在這種輿論形成過程中發揮的作用，應該比本書所說的更為重大」。[11]我對這種指摘本身並不完全反對。實際上在第五章和第六章，我花了相當多的心力描寫美國和中國各自的國家主導的動員計畫和政治宣傳，特別是有關中國的部分，我提到了中國共產黨的影響力之強大。

然而我並不想只做到這樣。前面也提到，一大原因是我想要加入與過去的學者之間們的對話，因為目前無論是有關美國或中國的動員計畫和政治宣傳的研究，基本上它們焦點都是國家做了什麼、目的又是什麼。我想要做的包括以下：更仔細地傾聽普通人的聲音；探討人們如何接受或參與、又或是如何忽視或拒絕國家的動員計畫和政治宣傳；觀察政治領袖在混亂的社會情勢中，如何觀察人民的態度，又如何時而拉攏人民；以及綜合以上的想法後，再去探索過去那些有關國家與社會、政治領袖與平民百姓的關係的研究中，幾乎未被探究的課題。

將本書定位為與近幾年的學者之間的對話，也代表這經過了一定的取捨和選擇。也多虧這樣的選擇，我發現了普通百姓是如何依據自己的需求和當地的情勢，對國家的動員計畫和政治宣傳進行轉譯、應用及活用。因此描寫國家動員計畫和政治宣傳時，我能夠將它放進國家和社會的相互關係的圓圈裡，而不再只是過去的自上而下的方式。這樣的描述確實可能相對降低了國家及其動員計畫的影響力的強度，但並未否定其本身的重要性。

## ◆六、「客觀的歷史」相對於「解釋的歷史」

承前所述，本書在參與各個領域現有學說間對話的同時，也透過橫跨式介入多個領域的方式，質疑各領域既有的框架，並提出使用「社會戰爭」這個框架來分析冷戰世界的新觀點。我也為了此一目的，精心設計了本書的安排，相信一讀便會發現。本書的每一章都描寫了特定的歷史情境，在大主題上，不同於以往以國家或地理分別的歷史，也並非國際史、世界史或全球史，也就是本書所謂「具有全球史視野的社會史」。

第一部「互相影響的世界」講述了社會上或國內政治上沒有直接相關的事件，是如何跨越國界形成連鎖效應的。第二部「社會的時代」則是透過比較一般我們認為，在政治體制和歷史背景上相當「不同」的美國社會和中國社會所經歷的幾乎相同的情況，以此敘述與現代有關的「社會性」在全世界的興起及其霸權。第三部「同時性的世界」透過探討在各地同時爆發的國內清洗行動的含義，來思考應該如何理解全世界同時發生的社會現象。本書的每一部皆追求一種不同於國別史或以往的世界史的新型態歷史書寫。

但也正因為這樣的精心設計反而令我焦慮。有位評論人對本書讚賞不已，卻在最後提出了一個本質上的疑問：在研究的過程中，選擇的資料是否有可能早已偏向支持某個已經成型一半或一半以上的想法或論點？[12] 簡言之，這本書的研究過程中是否存在「確認偏差」，即傾向於只一味收集支持假說的資料，而忽略反駁假說的資料？當被問到這樣的問題時，歷史學家該如何回答？應該激烈爭辯嗎？不，也許不必如此。因為這個問題的深處藏著一個更深層的問題：歷史究竟是什麼，又是為了什麼而存在的？

我首先可以簡單回應的是，取捨選擇是「寫史」的必要條件，而針對本書的研究和寫作過程來說的話，與其說取捨選擇是發生在找資料的過程中，不如說是在選擇主題和寫作過程中發生的（應該說，如果一開始在腦中已經有一個清晰的假說，只要收集符合這個假說的史料，那麼寫一本書也不需要十年之久了）。實際上，在本書的研究過程當中，我接觸到了許多不同的史料，例如，有些文獻明示了我在本書中強調的冷戰邏輯下的鎮壓，而有些則與此相對。

具體來說，如以重新考察麥卡錫主義的第七章為例，我介紹了海倫．麥克馬丁在社區中被孤立的經歷，但並未提及她在一九六〇年代後半，帶領反戰和平運動持續奮戰的故事。同樣的還有在麥卡錫時代受到譴責攻擊，於一九五一年被海軍部停職後被迫辭職的史蒂芬．布魯諾爾。本書提及了他被忠誠聽證會所調查，但並未提到他在一九六〇年代，是克拉克森大學（Clarkson University）的一名有成就的化學家。本書聚焦於韓戰前後，而這些故事與這個時間框架不符，我便沒有一一記載。的確，如果把這些資訊放在註腳，那麼本書或許會被認為是一部更「全面」、「公平」的作品。

我總覺得評論人的提問中還藏著更深一層的問題，是我的這些淺薄的回應無法回應的。這個疑問是：歷史應該要是「公平」的嗎？應該要是全面的嗎？是不是其實這些想法的背後隱藏著某種對於「理想的歷史」的定見?換句話說，那是對歷史的某種先入為主觀念，即歷史是對過去的「客觀」呈現；而要做到這一點，應該摒棄所有的成見。但我打從一開始就沒打算寫一部「客觀性歷史」，我的目標從一開始就是寫一部「解釋性歷史」。

這種立場並不新奇，約在二十世紀中葉就已經有人公開提倡過。連愛德華．卡耳（Edward Hallett Carr）也在其著名的《何謂歷史》（*What is History?*）（一九六一年）一書中明確提出了這樣的立場。認為歷史是一種解釋的觀點，在一九九〇年代後的世界中逐漸變得有力，成為眾人所默認的。這並不是說，後現代理論家馬不停蹄地攻擊「客觀性」和「中立性」終於有了成果。相反地，這只是因為世界改變，人們的思想也改變了而已。

過去的四分之一世紀（至少到二〇二〇年）是一個全球化和無國界化的時代，同時也是一個使人真正感覺到世界充滿著不同的價值觀、不同的現實和不同的歷史的時代。在這個時代裡，我們不難意識到，我們自己也帶著某種視角，且「客觀」本身也有著它自己的視角。因此，「客觀性歷史」已經失去它過去的神聖光環，失去了它的威嚴和說服力，取而代之的是現今各種形式的「歷史」敘事不斷開花結果。一言以蔽之，我們正生活在一個「相對化的時代」。

在這樣的時代，我們值得再次思考先前那位評論人所提到的「先入為主」（或視角）的含義。因為這將會引導我們思考歷史學家在這個相對化的時代中能做些什麼。這裡有兩條路，一是繼續抵制相對主義的浪潮，也就是我們必須繼續努力以客觀的方式記錄歷史、全心全意追求真實。這樣的立場當然很重要，特別是在假新聞橫行的現在更是如此。我尊重這種方法論，而且這無疑也是未來史學界中最有影響力的方法論。

然而這並不是我撰寫這本書的立場，也許是因為我是在這個相對化的時代中長大，我鮮少感到這樣的「正確」是真實的，更重要的是透過本書的研究和寫作過程，增強了我對「客觀的現實」和「客觀的歷史」這種一般常識的批判性意識。畢竟本書研究顯示，許多人所認為「客觀」的「現實」或「歷史」，實際上是基於社會、歷史上以及地方上的願望所建構出來的。因此我必須重新思考自己作為歷史學家的立場，重新思考在這個相對化的時代中「做歷史」的意義。

在撰寫這本書的過程中，我找到了自己的定位，正如我在本書中所闡述的，我的立場不斷質疑「現實」和「歷史」的想像性和建構性。也就是說，我的立場是力圖消除對冷戰本質的傳統「確認偏差」（視角），以使過去未被窺見的面向，能被世人所看見。當然，這個過程需要其專屬的視角，還有其專屬的取捨選擇，因此前面提到的評論人有關本書存在確認偏差的觀點，雖不中亦不遠矣。不過我並不認為這是個問題，因為我認為書寫歷史的行為本來就需要某種視角。

我其實不覺得這種態度反映了相對主義的可悲，反而看到了其中積極的面向。這種意識幫助我培養對歷史的建構性、想像性的敏銳嗅覺，以及從批判的角度「拋棄所學」（unlearning），也就是拋棄對歷史的通俗理解。換句話說，這是試著一度拋棄我們已經學到的東西的過程，也是去質疑那些我們認為是一般大眾常識的過程。事實上「拋棄所學」這種思考方式，或許在這個相對主義的時代中去思考研究歷史的意義上，是最重要的概念。

我想繞個圈子，先談談學習歷史的危險性，再去思考以上這點。我這樣說可能聽來像是挑釁，但歷史學家或從事歷史教育的人，似乎從未對學習歷史加以批判，或可說是太過樂觀了，他們應該意識學習歷史可能是有害的。我之所以這麼說，是因為學習歷史往往會讓我們相信，現在是一種邏輯正確的過去其必然歸結，使得現在彷彿只是過去的延伸。也就是說，這使得現在往往被視為只是過去與和未來的中間地帶。換句話說，學習歷史這項行為本身，可能會導致我們只在過去的想像範圍內看待現在和未來，甚至可能限制我們從更多元、更有創意的角度去想像現在和未來。我稱這為「歷史的陷阱」。

這樣說的話，那乾脆不要學習歷史？如果可行的話，這也許是個不錯的選項。然而只要我們生活在現代社會，要完全擺脫歷史實際上是很難的，因為無論我們願不願意，都會透過學校、朋友、家人、流行文化、大眾傳媒，以各種方式灌輸社會所擁有的視角所映照出的歷史知識。假設無法避免的話，我們每個人都以自己的方式成為歷史學家，每個人都有自己將過去歷史化的視角，不是更好嗎？[13] 如果要這麼做的話，便需要每一個人的「拋棄所學」和「重新學習」（relearning），也就是拋棄既有的知識和習慣，同時重新學習的過程。在這個過程中，不只是歷史學家，凡是電影導演、小說家、漫畫家、劇作家，當然還有一般人，都會以自己的方式將過去歷史化。如此一來，只有歷史學家可以擁有講述歷史的特權、只有歷史學家才能告訴人們什麼是歷史的時代，便會成為遙遠的過去。

或許有人會對這樣的情況感到遺憾，對這之後將發生的事傷透腦筋。的確，這種通俗史學（popular history）在世界各地排山倒海而來，引發無止盡的意見衝突，使得世界充滿無止盡的對立和摩擦。但這也沒什麼不好的，因為在這個相對化的時代裡，「做歷史」的最終目的即在於此。重要的是表達不同意見、參與對話，並將這些結果作為對過去的看法和敘事。這之所以重要，是因為認識到各種不同版本的過去，便有可能將那些視為再平常不過的大眾常識或主導性的觀點相對化，並得以更加多元的角度理解現在和未來。換句話說，在這個相對化的時代裡，我們「做歷史」的主要目的正在改變。學習歷史的意義不再像以前，只是為了「記取過去的教訓」而已，相反地，我們必須不斷質疑歷史或現實的想像性和建構性，讓自己跳脫「歷史的陷阱」，這才是現在的意義之所在。

回過頭來看，這正是本書的目標。本書試圖質疑過去對於冷戰的「現實」的各種觀點，並藉此提出「拋棄所學」，也就是先捨棄我們長久以來已熟知的冷戰敘事，這並不是單純遺忘或無視冷戰即可的意思。本來「拋棄所學」的過程，已具備了「重新學習」的過程，也就是先拋棄過去主流的冷戰邏輯，並從中重新學習。如此一來，我們不僅可以加深對冷戰現象的理解，還可以學到各種理解過去的不同觀點，也能夠以更多元的方式想像現在和未來。在這層意義上，本書《冷戰到底有多冷？人民眼中的冷戰世界》可說是我在現階段上，對歷史學家在這個相對化時代能夠以及應該做些什麼這個問題的回應。

最後，我想討論本書所謂的重新審視冷戰、對未來的研究方向，以及現在的我們有著什麼意義，以作為結尾。首先，本書提出的方法論有助於重新審視同時代不同地點的歷史。我透過這個研究計畫所嘗試的，是拿掉冷戰世界觀這個鏡片以觀察二戰後的世界。本書設定為研究對象的社會，基本上僅限於美國和中國，以及日本、臺灣、菲律賓和英國等，但也可能延伸至其他區域，重新審視當地的歷史，尤其是過去很少以冷戰史觀述說的地區。這些地區可以是法國、義大利、德國、希臘、土耳其、伊朗；希臘、土耳其、伊朗；埃及、肯亞、南非；瓜地馬拉、智利、阿根廷、墨西哥。還有不可遺漏的亞洲國家，如泰國、越南、柬埔寨、寮國、印尼、菲律賓、韓國、北韓、印度等等，且勢必包括了舊蘇聯。我認為重新審視這些地區的二十世紀歷史是有可能的，當然，進一步深化本書已探討過的地區，如美國等，也深具意義。這可說是本書在同時代上或是共時性上的應用。

延續這些想法，去年我寫的文章〈早期冷戰：二十一世紀冷戰美國研究〉（暫譯。The Early Cold War: Studies of Cold War America in the Twenty-First Century，收錄於 Christopher R. W. Dietrich ed., *A companion to U.S. Foreign Relations: Colonial Era to the Present*），探討了冷戰史研究的現狀、課題及未來的方向。以及同樣是這些想法的延續，二〇一九年我在新加坡國立大學開啟了一個新的大型冷戰史研究計畫「重新思考冷戰：亞洲的當地經歷」（暫譯。Reconceptualizing the Cold War: On-the-ground Experiences in Asia）。這個計畫的目的是專注於重新審視亞洲的冷戰和去殖民化的歷史，並以亞洲各地普通人民的經歷為主，進行口述歷史典藏。迄今為止，該計畫已與來自印度、巴基斯坦、緬甸、泰國、馬來西亞、印尼、柬埔寨、寮國、越南、菲律賓、臺灣、中國、韓國、日本、美國、英國、法國等地的三十多名研究人員進行合作。此外，這個計畫也招募了三名博士後研究員，並提供三名博碩士生學費、研究費和獎學金，也召開了工作坊，邀請來自世界各地的學者。時間分別是二〇一九年（五月、六月舉辦第一、二次）、二〇二〇年（九月舉辦第三次，線上），並預計於二〇二一年七月舉辦第四次。我們還計畫以編著和合著的形式出版兩本書，作為目前研究成果的期中報告。我們希望透過這樣的研究計畫，進一步且更廣泛地推展本書所提出的論點。

第二，上述這種去除冷戰史視角的方法論，可以做一種更具歷時性的應用，以有效於重新探討特定地區的更長跨度的歷史上。例如，描述日本江戶後期到二十世紀的歷史，其主軸通常是「近代」和「國家」，以及日本的「國家戰爭」。這些主題的已有眾多的研究，如近代在江戶時代的萌發，或是近代國家在明治時代的成形等。而二十世紀的日本史的書寫，則是以國家的戰爭為基礎，也就是以「戰前」、「戰時」、「戰後」作為時代區分。也正因為這樣的基準，使得「一八六八年」和「一九四五年」之間的出現了歷史的大斷層。但是，這樣的大敘事（也就是「近代」、「國家」、「國家戰爭」敘事）之中，應該存在著許多地方上的及社會上的對立、分歧和摩擦。換句話說，如果我們試著聚焦在過去不斷發生的「人民的社會戰爭」上，就能從一個與過去不同的新觀點，來審視日本的所謂「近現代史」。如此一來，我們便有可能從有別於國族國家的形成、帝國擴張、軍閥崛起、戰爭、占領、冷戰、逆轉政策、經濟發展等一般的敘事的角度，來重讀這些歷史。延續這樣的想法，我為睽違近三十年改訂的新版《劍橋日本史》（*The Cambridge History of Japan*）撰寫了其中一章〈戰爭與占領的社會經驗〉（The

Social Experience of War and Occupation）。* 我也希望在我的下一本專書《二百五十年的社會戰爭》（暫定）中更進一步發展這個想法。

如果說像這樣的「共時性應用」和「歷時性應用」基本上能給史學界什麼樣的貢獻，那應該會是本書的第三個應用途徑，也就是它在當代社會的意義。正如我在另一篇文章中所論及的，本書很大程度上是時代下的產物。[14]當然，本書首要的主題是冷戰，但從社會性觀點重新思考、重新認識冷戰這項嘗試的意義，並不只在於歷史分析。歸根究底，本書所討論的，是引導我們思考什麼是「現實」、什麼是「歷史」，以及它們在現在的社會中是如何被創造出來、又如何發揮作用的，以及為什麼某些版本的「現實」可以是主導性的。從中我們可以發現，無論好壞，「現實」和「歷史」的作用在於，它們可以將本質上極為複雜的事件，變成淺顯易懂的懶人包。因此說得難聽一點，無論「現實」或「歷史」都只是一種使人停止思考的工具，正是因為有了它們，人們才不用麻煩地思考每一件事。

事實上，即使在我們生活的現代社會中，「現實」和「歷史」也正巧妙地欺騙我們，有時我們甚至沒有意識到自己被欺騙了。在假新聞橫行的現今，人們才終於提高了警覺心。然而正如本書所提出的，假新聞並不是昨天或今天才突然出現的，假新聞已經有了很長的歷史，而且至今已經很大程度地影響了我們的歷史，因此如果本書中有任何對現在的讀者有用的訊息，至少其中之一，就是我們每個人都需要自己去不斷地思考：什麼是現實？我應該如何看歷史？而不是一味地相信「現實」和「歷史」的主流權威版本。如此一來我們就會發現，其實我們早就已經擁有了改變現實或歷史的力量。作為這本書的作者，我希望不只是研究者閱讀這本書，也希望大學生、高中生和普羅大眾能夠閱讀這本書。

在我完成本書（包括英文版）的過程中，受到了許多人極大的幫助。首先是康乃爾大學的弗雷德里克・羅格瓦爾（Fredrik Logevall，現任職於哈佛大學）、陳兼（Chen Jian）、J・維克特・考希曼（J. Victor Koschmann），多虧了他們充滿建設性的批評和鼓勵，我才得以完成我的博士論文，也就是本書的基礎。平野克弥（現任職於加州大學洛杉磯分校）雖然不是我的學位論文評審委員，但他一直提供我寶貴的意見。此外，沃爾特・拉費伯（Walter LaFeber）、彼得・卡贊斯坦、酒井直樹，麥克・舒密特（Mike Schmidli）、荷黑・里維拉・馬丁（Jorge Rivera Marin）、克里斯・安（Chris Ahn）、薩姆森・利姆（Samson Lim）、鄭芳芳、汪俊彥、周陶沫，還有崔德孝、星野統明、石井章子，他們透過課程作業或是研討會，以及寫作小組的討論，幫助我確定論述的方向、深化了我的論述。

此外還有瑪麗蓮・B・楊（Marilyn B. Young，紐約大學）、馬克・菲利普・布拉德利（Mark Philip Bradley，芝加哥大學）、文安立（Odd Arne Westad，耶魯大學）、大衛・恩格曼（David C. Engerman，同前）、勞拉・伊莉莎白・海因（Laura E. Hein，西北大學）、大衛・S・福格森（David S. Foglesong，羅格斯大學）、邁克爾・阿達斯（Michael Adas，同前）、裴斗虎（Gregg Brazinsky，喬治華盛頓大學）、楊大慶（同前）、威廉・史圖克（William Stueck，喬治亞州立大學）、馬里奧・戴爾・佩羅（Mario Del

★ 譯注：“The Social Experience of War and Occupation” in Laura Hein ed., The Cambridge History of Japan, Vol. III (Cambridge University Press; forthcoming in 2023)

Pero，巴黎政治學院）、皮埃爾・約爾諾德（Pierre Journoud，蒙彼利埃保羅－瓦萊里大學）、賽吉・拉德琴科（Sergey Radchenko，卡迪夫大學）、安德魯・羅特（Andrew Rotter，柯蓋德大學）、派翠克・薩拉娣（Franziska Seraphim，波士頓學院）、珍妮弗・M・米勒（Jennifer M. Miller，達特茅斯學院）、馬釗（聖路易斯華盛頓大學）、鳥潟優子（同志社女子大學）、中山洋平（東京大學）、山口二郎（法政大學）和岩崎稔（東京外國語大學），他們之中有些人在我的博士論文尚未成型時，幫我看過幾個早期的章節，或是在會議上給我評論，或是不時熱心地為我加油打氣。

在中國，華東師範大學的沈志華、李丹慧和周娜，以及東北師範大學的于群、張楊，北京大學和華東師範大學的楊奎松等人，也給了我非常大的幫助。特別要感謝沈志華為我寫介紹信，又給我了在中國的檔案館找資料時很有幫助的建議。美國、中國、臺灣、香港、日本、新加坡、澳洲、印度、英國和加拿大的圖書館、檔案館裡，對所藏資料如數家珍的館員及檔管人員們，也在我找資料時給了很多的幫助，在此不便一一列舉。

我在二〇一二年獲得了新加坡國立大學（NUS）的職位，這裡的歷史學系提供了我很舒適的研究寫作環境。楊永昌（Yong Mun Cheong，音譯）、伊恩・戈登（Ian Gordon）、布萊恩・法雷爾（Brian Farrell）、布魯斯・洛克哈特（Bruce Lockhart）、S・R・喬伊・朗（S. R. Joey Long）、李承俊（Lee Seung-Joon，音譯）、約翰・迪莫亞（John P. DiMoia，現任職於首爾大學）、提姆・阿莫斯（Tim Amos）、中野涼子（任職於金澤大學）、茶谷亮（茶谷さやか）、石井章子等人，以及南洋理工大學

（NTU）的周陶沫、凱文・布雷克本（Kevin Blackburn）、西蒙・克雷克（Simon Creak）等，他們之中有些幫我看過書稿，有些人則是邀請我參加工作坊，也有人幫我練習講課。如果沒有在這麼多地方、受到這麼多人的幫助，本書的研究計畫決不可能有辦法持續十多年。

完成這樣一個龐大的研究計畫，還有一個絕對不可或欠的，也就是數不清的獎學金、研究補助款等研究經費。為了獲得這些研究經費，我在就讀康乃爾大學時，每學期（看情況也可能是每月）都一直寫研究計畫、一直申請。剛好，本書這樣的跨領域研究有個優勢，就是可以申請各個領域的補助。在康乃爾大學時，我就得到了二十多次以上來自美國研究計畫、東亞研究計畫、和平研究計畫、馬里奧・伊諾第國際關係研究中心以及院、系給予的獎助金、獎學金、研究旅費補助、會議報名費等許多類型的補助。此外，我還非常幸運地獲得了美國外交關係史學會（SHAFR），提供我一年（二〇一〇至二〇一一年）的獎學金。這筆費用足以支應我一整年的生活費和研究費。多虧了這筆獎學金，我才能夠不用擔任TA，專心寫作，最終完成了我的博士論文。

在新加坡國立大學，我也一直受到非常多的幫助。在此難以全數提及，但我除了獲得了各種研究、差旅和會議報名費之外，還得到了學期寫作獎助、本書的出版補助（R-110-000-094-651），以及本書所發展出的新研究計畫，也得到了新加坡教育部的補助（Tier2: MOE2018-T2-1-138）。二〇一七至二〇一八年，我榮幸地獲得了伍德羅・威爾遜國際學者中心的獎助金。二〇二〇年，我得到劍橋大學的權憲益（Heonik Kwon）所主辦的「超越冷戰，邁向亞洲共同體」（暫譯。Beyond the Cold War, toward a

Community of Asia）研究計畫（AKS-2016-LAB-2250005）的幫助，來到該校的藝術及社會科學、人文科學研究中心，之後因新冠肺炎疫情，我轉移到早稻田大學尖端社會科學研究所，在這兩個地方專心從事研究。在此非常感謝克里斯蒂安・奧斯特曼（Christian Ostermann，威爾遜中心）、權憲益（劍橋大學）和篠田徹（早稻田大學）。沒有這些來自各界的獎助學金和研究補助，我便不可能出版英文版原著以及本書，也更不可能啟動由此延伸出的新研究計畫了。

本書，也就是日文版的寫作，是與上述兩個新的研究計畫同時進行的。宇野田尚哉（大阪大學）、篠田徹（早稻田大學）、足立研幾（立命館大學）、徐載晶（國際基督教大學）、鄭榮桓（明治學院大學）、鄭祐宗（同志社大學）、山里絹子（琉球大學）、清水智樹（京都大學）等人之中，有些人提供了我以日文發表的機會，有些人與我進行了共同研究計畫，有些人則是幫助我找尋本書所需的文獻資料。我要感謝岩波書店的許多人，協助本書的編輯、校對、印刷、裝訂和銷售，特別感謝編輯部的山本賢和校對人員。在翻譯過程中，我也受到了許多人的幫助，特別是石井章子和土屋喜生，他們兩位讀過了所有原稿，仔細檢查了書中的日文是否達意，或是措辭和用語是否準確等。

和英文版同樣地，若沒有這麼多人（包括許多當時實際未碰面的人）的支持和鼓勵，日文版便不可能面世。在此，我要對在本書尚未出版的十多年間支持這個研究計畫的人，以及默默支持我的父母及家人，表達最深的感謝。

國家圖書館出版品預行編目（CIP）資料
冷戰到底有多冷？人民眼中的冷戰世界/益田肇(Masuda Hajimu)著；葉静嘉譯. -- 初版. -- 新北市：臺灣商務印書館股份有限公司, 2025.06， 面； 公分. -- (歷史.世界史)
譯自：Cold War crucible : the Korean Conflict and the postwar world.
ISBN 978-957-05-3620-1(平裝)

1.CST: 冷戰 2.CST: 世界史

712.85 114005403

歷史 · 世界史

# 冷戰到底有多冷？人民眼中的冷戰世界

COLD WAR CRUCIBLE: The Korean Conflict and the Postwar World

作　　者　益田肇
譯　　者　葉静嘉
發 行 人　王春申
選書顧問　陳建守、黃國珍
總 編 輯　林碧琪
責任編輯　丁奕岑
特約編輯　李佳樺
封面設計　兒日設計
內頁設計　瑞比特設計有限公司
內頁排版　吳真儀
業　　務　王建棠
資訊行銷　劉艾琳、孫若屏
出版發行　臺灣商務印書館股份有限公司
23141 新北市新店區民權路 108-3 號 5 樓（同門市地址）
電話：（02）8667-3712　傳真：（02）8667-3709
讀者服務專線：0800056196　郵政劃撥：0000165-1
E-mail：ecptw@cptw.com.tw　官方網站：www.cptw.com.tw
Facebook：facebook.com/ecptw



局版北市業字第 993 號
初版：2025 年6月
印刷廠：鴻霖印刷傳媒股份有限公司
定價：新臺幣 750 元

法律顧問：何一芃律師事務所

# ♦ 注釋

## 序章

1. “Our Weekly Letter,”no. 17, 2 June 1950, Working-Class Movement Library, Salford, UK; and “Peace versus Peace,” The Economist, 27 May 1950, 1153-1154.

2. 冷戰史領域在過去二十年間有飛躍般的進展，不同於過去多是外交史和政治學，現在以社會史和文化史角度切入的研究也快速增加。近年來也有其他領域，如文化人類學、文化研究、文學和電影研究、建築、設計、藝術和傳播研究等加入。惟本書仍從早期的冷戰研究著作中獲益良多，例如沃爾特・拉費伯（Walter LaFeber）、約翰・劉易斯・蓋迪斯（John Lewis Gaddis）和梅爾文・萊弗勒（Melvyn Leffler）等的著作。他們澈底分析了政策制定者所扮演的角色，也就是外交史的傳統強項。本書雖針對他們的觀點本身提出根本性的質疑，但本書仍奠基於這些文獻上。請參閱 Walter LaFeber, America, Russia, and the Cold War, 1945-2006, 10th ed. (Boston: McGraw-Hill, 2008); John Lewis Gaddis, We Now Know: Rethinking Cold War History (New York: Oxford University Press, 1997); and Melvyn Leffler, Preponderance of Power: National Security, the Truman Administration, and the Cold War (Stanford, CA: Stanford University Press, 1992)。此外，我也從近年的研究成果中獲益良多，這些成果擴大了冷戰研究的研究對象，例如文安立（Odd Arne Westad）跳脫美蘇兩國，留意了第三世界去殖民地化過程，從「近代化」和「發展」的角度重新探討了冷戰的本質；弗雷德里克・羅格瓦爾（Fredrik Logevall）與柯慶生（Thomas J. Christensen）則更深入探討政黨政治及選舉等國內政治因素，如何促進了冷戰的形成。本書試圖統合這兩種看似矛盾的研究視角（一種是試圖擴大國際化和跨國化的面向，另一種則是深入分析國內機制的面向），請參閱 Odd Arne Westad, The Global Cold War: Third World Interventions and the Making of Our Times (New York: Cambridge University Press, 2005); Fredrik Logevall, “A Critique of Containment,” Diplomatic History, 28:4 (September 2004): 473-499; Campbell Craig and Fredrik Logevall, America’ s Cold War: The Politics of Insecurity (Cambridge, MA: Belknap Press of Harvard University Press, 2009); and Thomas J. Christensen, Useful Adversaries: Grand Strategy, Domestic Mobilization, and Sino-American Conflict, 1947-1958 (Princeton, NJ: Princeton University Press, 1996)。文化史、社會史、女性史、勞工史、移民等歷史學各領域的出現的研究，以及政治學、文化人類學、文化研究等相鄰學門領域所產出的研究，也促使我不斷重新思考冷戰的意義與功能，加深了我對冷戰的理解。這些相關的大量研究當中，我特別受益於以下文獻。前者包括 Robbie Lieberman and Clarence Lang, eds., Anticommunism and the African American Freedom Movement: Other Side of Story (New York: Palgrave Macmillan, 2009); Colleen Doody, Detroit’ s Cold War: The Origins of Postwar Conservatism (Urbana: University of Illinois Press, 2012); Shelton Stromquist, ed., Labor’ s Cold War: Local Politics in a Global Context (Urbana: University of Illinois Press, 2008); and Christina Klein, Cold War Orientalism: Asia in the Middlebrow Imagination, 1945-1961 (Berkeley: University of California Press, 2003)；後者包括 Heonik Kwon, The Other Cold War (New York: Columbia University Press, 2010); Ted Hopf, Reconstructing the Cold War: The Early Years, 1945-1958 (New York: Oxford University Press, 2012); Mary Kaldor, The Imaginary War: Understanding the East-West Conflict (Cambridge, MA: Blackwell, 1990); Jodi Kim, Ends of Empire: Asian American Critique and the Cold War (Minneapolis: University of Minnesota Press, 2010); and Martin J. Medhurst, Cold War Rhetoric Strategy, Metaphor, and Ideology (East Lansing: Michigan State University Press, 1997)。

最後，在構想本書時，最為不可或缺的是芮納．米德（Rana Mitter）、馬克．菲利普．布拉德利（Mark Philip Bradley）以及傑瑞米．蘇里（Jeremi Suri）等人的研究。他們的研究嘗試將兩個看似相距甚遠的領域，如政治外交史和文化社會史兩者建立一座橋樑，也就是尋求國家與社會、或是政治與文化的交會點。本書也試圖進一步發展這些觀點，請參閱 Patrick Major and Rana Mitter, "East Is East and West Is West? Towards a Comparative Socio-Cultural History of the Cold War," in Major and Mitter, eds., Across the Blocs, 1-18; Odd Arne Westad, ed., Reviewing the Cold War: Approaches, Interpretations, and Theory (London: F. Cass, 2000); Richard H. Immerman and Petra Goedde, eds., The Oxford Handbook of the Cold War (New York: Oxford University Press, 2013); and Joel Isaac and Duncan Bell, eds., Uncertain Empire: American History and the Idea of the Cold War (New York: Oxford University Press, 2012); as well as Melvyn P. Leffler and Odd Arne Westad, eds., The Cambridge History of the Cold War, 3 vols. (Cambridge: Cambridge University Press, 2010)。我也從政治學的建構主義方法論中獲益良多，請參閱 Peter J. Katzenstein, ed., The Culture of National Security: Norms and Identity in World Politics (New York: Columbia University Press, 1996); Peter J. Katzenstein, Cultural Norms and National Security: Police and Military in Postwar Japan (Ithaca, NY: Cornell University Press, 1996); Jutta Weldes et al., Cultures of Insecurity: States, Communities, and the Production of Danger (Minneapolis: University of Minnesota Press, 1999); and Ted Hopf, Social Construction of International Politics: Identities & Foreign Policies, Moscow, 1955 and 1999 (Ithaca, NY: Cornell University Press, 2002)。有關冷戰研究動向的討論，更詳細的請參閱 Masuda Hajimu, "The Early Cold War: Studies of Cold War America in the 21st Century," in Christopher R. W. Dietrich ed., A Companion to U.S. Foreign Relations: Colonial Era to the Present (Hoboken: Wiley-Blackwell, 2020), 632-651; Patrick Major and Rana Mitter, "East Is East and West Is West? Towards a Comparative Socio-Cultural History of the Cold War," in Major and Mitter, eds., Across the Blocs, 1-18; Odd Arne Westad, ed., Reviewing the Cold War: Approaches, Interpretations, and Theory (London: F. Cass, 2000); Richard H. Immerman and Petra Goedde, eds., The Oxford Handbook of the Cold War (New York: Oxford University Press, 2013); and Joel Isaac and Duncan Bell, eds., Uncertain Empire: American History and the Idea of the Cold War (New York: Oxford University Press, 2012); as well as Melvyn P. Leffler and Odd Arne Westad, eds., The Cambridge History of the Cold War, 3 vols. (Cambridge: Cambridge University Press, 2010)。

3. 過去六十多年以來，韓戰的相關研究已有大量的累積。本書特別受益於以下研究：Bruce Cumings, The Origins of the Korean War, vols. 1–2 (Princeton, NJ: Princeton University Press, 1981–1990); William Stueck, The Korean War: An International History (Princeton, NJ: Princeton University Press, 1995); Allan R. Millett, The War for Korea, vols. 1–2 (Lawrence: University Press of Kansas, 2005–2010); and Sheila Miyoshi Jager, Brothers at War: The Unending Conflict in Korea (New York: W. W. Norton, 2013)。此外，近年來韓國的韓戰研究相繼出現日語譯本，對我也非常有幫助。參照以下文獻：金東椿著，金美恵、崔真碩、崔徳孝、趙慶喜、鄭榮桓譯《朝鮮戦争の社会史：避難・占領・虐殺》，東京：平凡社，2008 年；朴明林著，森善宣監譯，《戦争と平和：朝鮮半島 1950》，東京：社会評論社，2009 年；另外，有關韓戰史料的詳細討論，請參照 Allan R. Millett, "The Korean War: A 50-Year Critical Historiography," Journal of Strategic Studies 24: 1 (March 2001): 188–224。

4. George H. Nash, ed., Freedom Betrayed: Herbert Hoover's Secret History of the Second World War and Its Aftermath (Stanford, CA: Hoover Institution Press, 2011); David S. Foglesong, America's Secret War against Bolshevism: U.S. Intervention in the Russian Civil War, 1917–1920 (Chapel Hill: University of North Carolina Press, 1995).

5. Alexis de Tocqueville, Democracy in America, vol. 1 (New York: Library of America, 2004), 476.
6. 如同後面將詳述的，此現象的少數例外為 Jadwiga E. Pieper Mooney and Fabio Lanza, De-Centering Cold War History: Local and Global Change (New York: Routledge, 2012)。
7. Gaddis, We Now Know, 287; and Stuart J. Kaufman, Modern Hatreds: The Symbolic Politics of Ethnic War (Ithaca, NY: Cornell University Press, 2001), 221.
8. 2000-2010 年代這段期間，有關拉丁美洲和非洲的冷戰世界發展的研究快速增加，這類近年來的研究中，有許多論點與本書不謀而合。例如，哈爾・布蘭德斯（Hal Brands）指出，拉丁美洲的冷戰在 1959 年古巴革命後，其強度達到高峰；而之後古巴在 1960 年代到 1980 年代發展的冷戰，是當地不斷上演的各種不同的紛爭，而非以美蘇為主軸的單一紛爭。為了探討這樣的多樣化，吉爾伯特・約瑟（Gilbert Joseph）強調，有關拉丁美洲的冷戰，應更深入探討「草根階層的變革動力與其意義」，而非僅視其為美蘇對立的延伸。延續這些近年發展的研究，格雷・格蘭丁（Greg Grandin）主張，我們應該要在一個 20 世紀史一般的更大框架內，來看待拉丁美洲的冷戰經驗，也就是該地區的「革命（與反革命）的世紀」。同樣地，傑佛瑞・詹姆斯・柏恩（Jeffrey James Byrne）指出，非洲的冷戰經驗是在 1956 年蘇伊士運河危機之後，尤其是在 1960 與 1970 年代之間，以去殖民地化、開發、建立國族國家等地方性需求為背景下發展的。請參照以下文獻：Hal Brands, Latin America's Cold War (Cambridge, MA: Harvard University Press, 2010), 3–7; Gilbert M. Joseph and Daniela Spenser, eds., In from the Cold: Latin America's New Encounter with the Cold War (Durham, NC: Duke University Press, 2008), 16–19; Greg Grandin and Gilbert M. Joseph, A Century of Revolution: Insurgent and Counterinsurgent Violence during Latin America's Long Cold War (Durham, NC: Duke University Press, 2010), 1–32; Jeffrey James Byrne, "Africa's Cold War," in Robert J. McMahon, ed., The Cold War in the Third World (New York: Oxford University Press, 2013), 101–118。
9. Matthew Connelly, "Taking off the Cold War Lens: Visions of North-South Conflict during the Algerian War for Independence," American Historical Review 105: 3 (2000): 767–769; Kwon, The Other Cold War, 8–9.
10. Lizabeth Cohen, A Consumers' Republic: The Politics of Mass Consumption in Postwar America (New York: Knopf, 2003), 8.
11. Immanuel Wallerstein, "What Cold War in Asia? An Interpretative Essay," in Zheng Yangwen, Hong Liu, and Michael Szonyi, eds., The Cold War in Asia: The Battle for Hearts and Minds (Boston: Brill, 2010), 17.
12. Kuan-Hsing Chen, Asia as Method: Toward Deimperialization (Durham, NC: Duke University Press, 2010), ix–xi.
13. Jodi Kim, Ends of Empire: Asian American Critique and the Cold War (Minneapolis: University of Minnesota Press, 2010), 9–27.
14. Mooney and Lanza, De-Centering Cold War History, 3–7.
15. 這個想法來自我閱讀托尼・朱特（Tony Judt）對二次大戰後東西歐的「文化戰爭」的分析之後得來的靈感。參照 Tony Judt, Postwar: A History of Europe Since 1945 (New York: Penguin Press, 2005), 197-225。

# 第 1 部

## 第 1 章

1. “Oral History Transcript for ‘1946: The Great Hawaii Sugar Strike,” Center for Labor Education & Research (CLEAR), University of Hawaii at West Oahu (UHWO), Kapolei, HI, 21-22.
2. Ibid., 2; Robert N. Anderson et al., Filipinos in Rural Hawaii (Honolulu: University of Hawaii Press, 1984), 49; E. J. Eagen, “Reports of E. J. Eagen on Hawaiian Islands” (1940), CLEAR-UHWO, 17.
3. “Draft for ‘1946: The Great Hawaii Sugar Strike,” CLEAR-UHWO, 4.
4. “Oral History Transcript for ‘1946,” 21-22.
5. “Wage Not Issue,” Honolulu Star-Bulletin, 29 October 1950.
6. ILWU Local 142 pamphlet, “1946 Sugar Strike and the ILWU”(May 1996), CLEAR- UHWO, 1; “Oral History Transcript for ‘1946,” 3-6, 11; Gerald Horne, Fighting in Paradise: Labor Unions, Racism, and Communists in the Making of Modern Hawai’i (Honolulu: University of Hawaii Press, 2011), 3; Ruth Akamine, “Class, Ethnicity, and the Transformation of Hawaii’s Sugar Workers, 1920-1946,” in Politics of Immigrant Workers: Labor Activism in the World Economy since 1830 (New York: Holmes & Meier, 1993), 189.
7. “Wage Not Issue,” Honolulu Star-Bulletin, 29 October 1950; “Draft for ‘1946,’” 16; ILWU Local 142, “1946 Sugar Strike and the ILWU,” 1.
8. Akamine, “Class, Ethnicity, and the Transformation of Hawaii’s Sugar Workers,” 186; Moon-Kie Jung, Reworking Race: The Making of Hawaii’s Interracial Labor Movement (New York: Columbia University Press, 2006), 3, 8, 154-155.
9. A large amount of scholarship exists, but I particularly benefited from John Dittmer, Local People: The Struggle for Civil Rights in Mississippi (Urbana: University of Illinois Press, 1995); Pete Daniel, Lost Revolutions: The South in the 1950s (Chapel Hill: University of North Carolina Press, 2000); Patricia Sullivan, Days of Hope: Race and Democracy in the New Deal Era (Chapel Hill: University of North Carolina Press, 1996); and Thomas J. Sugrue, Sweet Land of Liberty: The Forgotten Struggle for Civil Rights in the North (New York: Random House, 2008).
10. “The Strange Case of ‘Coke,” Southern Patriot 11: 1 (January 1953), Box 288-A, Periodical Collection, Southern Labor Archives (SLA), Georgia State University (GSU), Atlanta, GA.
11. “Oral History of William P. Randall & William C. Randall” (P1989-03), SLA-GSU, 26; William B. Twitty, “GI Programs in the South: An Alabama Survey,” New South (April 1946), Box 118, Periodical Collection, SLA-GSU, 2.
12. “Oral History of William P. Randall & William C. Randall,” 6.
13. Editorial, “The Anti-Lynching Movement,” Atlanta Daily World, 26 September 1946.
14. Jennifer E. Brooks, Defining the Peace: World War II Veterans, Race, and the Remaking of Southern Political Tradition (Chapel Hill: University of North Carolina Press, 2011), 13-36; Sullivan, Days of Hope, 197; “Oral History of W. W. Law” (P199015), SLA-GSU, 128-130; “United Veterans in March on City Hall,” Atlanta Daily World, 5 March 1946.
15. “Oral History of W. W. Law,” 132; “Oral History of William P. Randall & William C. Randall,” 7-8.

16. “Antilynching Crusade,” Washington Post, 21 September 1946.

17. “Store Strike Here Threatens General City AFL Walkout,” Oakland Tribune, 2 December 1946; Fred Glass, “We Called It a Work Holiday: The Oakland General Strike of 1946,” Labor’ s Heritage (Fall 1996): 8-9, 20.

18. Philip J. Wolman, “The Oakland General Strike of 1946,” Southern California Quarterly 57: 2 (Summer 1975): 147-178; Robert O. Self, American Babylon: Race and the Struggle for Postwar Oakland (Princeton, NJ: Princeton University Press, 2003), 35-46; Chris Rhomberg, No There There: Race, Class, and Political Community in Oakland (Berkeley: University of California Press, 2004), 96-119; George Lipsitz, Rainbow at Midnight: Labor and Culture in the 1940s (Urbana: University of Illinois Press, 1994), 148-152. Other cities that experienced general or city-wide strikes were: Stamford and Hartford, CT, Lancaster, PA, Rochester, NY, Camden NJ, and Houston, TX; see Fritz Steele, “A Brief History of the Oakland General Strike of 1946” (May 1995), LARC-SFSU, 4-5, 10.

19. “Betty de Losada Oral History,” LARC-SFSU, 15; Dorothy Sue Cobble, The Other Women’ s Movement: Workplace Justice and Social Rights in Modern America (Princeton, NJ: Princeton University Press, 2004), 14-17; Nelson Lichtenstein, State of the Union: A Century of American Labor (Princeton, NJ: Princeton University Press, 2002), 88-97.

20. Cobble, The Other Women’ s Movement, 13-14.

21. Lichtenstein, State of the Union, 92.

22. Carmen Chaves, “Coming of Age during the War: Reminiscences of an Albuquerque Hispana,” New Mexico Historical Review 70: 4 (October 1995): 396-397.

23. Nancy Gabin, Feminism in the Labor Movement: Women and the United Auto Workers, 1935-1975 (Ithaca, NY: Cornell University Press, 1990), 125.

24. Ibid., 126.

25. “Remembering Oakland’s Big Strike,”Labor Pulse, 2: 1 (Winter 1976-77): 24; Kate Rothrock, “Taking It to the Streets: The Oakland General Strike of 1946,” Oakland Museum of California (Fall 1996); and Cobble, The Other Women’ s Movement, 21.

26. 各商品價格來自以下資料：“Dreams of 1946,” Life, 25 November 1946, 60; Scott Derks, ed., Working Americans, vol. 1: The Working Class (Lakeville, CT: Grey House, 2000-2010), 309, 333; vol. 2: The Middle Class, 298; vol. 3: The Upper Class, 287; vol. 7: Social Movements, 310。

27. “Dreams of 1946,” 60.

28. Derks, Working Americans, vol. 2, 298-299; James T. Patterson, Grand Expectations: The United States, 1945-1974 (New York: Oxford University Press, 1996), 44.

29. Derks, Working Americans, vol. 2, 298-299.

30. Steele, “A Brief History of the Oakland General Strike of 1946,” 4-5; and “Remembering Oakland’ s Big Strike,” 24.

31. “Newsgram,” U.S. News and World Report (hereafter, USNWR), 1 November 1946, 7.

32. Jack Metzgar, “The 1945-1946 Strike Wave,” and Nicola Pizzolato, “Strikes in the United States since World War II,” in Aaron Brenner, Benjamin Day, and Immanuel Ness, eds., The Encyclopedia of Strikes in American History (Armonk, NY: M. E. Sharpe, 2009), 222-226; George Lipsitz, Rainbow at Midnight: Labor and Culture in the 1940s (Urbana: University of Illinois Press, 1994); Melvyn Du-

bofsky and Foster Rhea Dulles, Labor in America: A History, 8th ed. (Wheeling, IL: Harlan Davidson, 2010). For the wartime strikes。相關事例見以下文獻：James T. Sparrow, Warfare State: World War II Americans and the Age of Big Government (New York: Oxford University Press, 2011), 194。

33. "Letters to the Editor," Life, 1 January 1947.

34. "The Mayor' s Appeal to the Citizens of Oakland," San Francisco Chronicle, 4 December 1946.

35. Elizabeth A. Fones-Wolf, Selling Free Enterprise: The Business Assault on Labor and Liberalism, 1945-60 (Urbana: University of Illinois Press, 1995), 15.

36. 詳細事例請參照以下文獻："Labor Management Relations in the Southern Textile Industry," Folder 27, Box 108; and Akosua Barthwell, "Trade Unionism in North Carolina: The Strike against Reynolds Tobacco, 1947" (1978), Folder 13, Box 120, both in Papers of Michael H. Ross, SLA-GSU; George Johnston' s recollection in "Operation Dixie: Union Organizing for the CIO in the American South" (1987), in Folder 2, Box 2579, Stetson Kennedy Papers (SKP), SLA-GSU, 4-5, 15。

37. "Jim Crow Bars Young Veteran as a Welder," Atlanta Daily World, 29 March 1946.

38. George Johnston, "Operation Dixie: Union Organizing for the CIO in the American South in 1946," George Johnston Papers (GJP), Columbus State University (CSU), Columbus, GA, 34.

39. Lichtenstein, State of the Union, 88.

40. Gabin, Feminism in the Labor Movement, 119.

41. "Betty de Losada Oral History," 23-24.

42. Jason Morgan Ward, "A War for States' Rights: The White Supremacist Vision of Double Victory," in Kevin Michael Kruse and Stephen G. N. Tuck, eds., Fog of War: The Second World War and the Civil Rights Movement (New York: Oxford University Press, 2012), 126-127; idem, Defending White Democracy: The Making of a Segregationist Movement and the Remaking of Racial Politics, 1936-1965 (Chapel Hill: University of North Carolina Press, 2011), 38-40.

43. Stetson Kennedy, Southern Exposure (Garden City, NY: Doubleday, 1946), 115-116.

44. Michael Newton, The Ku Klux Klan in Mississippi: A History (Jefferson, NC: McFarland, 2010), 103-104; Dittmer, Local People, 2.

45. "Civil Rights; Klan Parades; Negroes Scared Away from Polls," Labor Herald, 16 March 1946; Editorial, "Another Reason for Civil Rights," Atlanta Daily World, 21 March 1946.

46. Doody, Detroit' s Cold War, 48.

47. "Police Escort Negro Children Away from White High School," Atlanta Daily News, 8 February 1949.

48. Brooks, Defining the Peace, 38.

49. C. R. Hemenway, "The Menace of the Union Shop," Honolulu Star-Bulletin, 30 September 1946; Albert W. Palmer, "Hawaii' s Supreme Problem," Honolulu Star-Bulletin, 24 August 1946.

50. Editorial, "It Is Happening Here," Honolulu Advertiser, 19 October 1946.

51. Wendy L. Wall, Inventing the "American Way": The Politics of Consensus from the New Deal to the Civil Rights Movement (New York: Oxford University Press, 2008), 201-240.

52. Ibid., 17.

53. Ibid., 5, 169, 279; Julian E. Zelizer, "Confronting the Roadblock: Congress, Civil Rights and World War II," in Kruse and Tuck, Fog of War, 32.

54. Doody, Detroit' s Cold War, 4, 121.

55. M. J. Heale, McCarthy' s Americans: Red Scare Politics in State and Nation, 1935-1965 (Athens: University of Georgia Press, 1998), 286-287, 296-299; see also Richard Hofstadter, Anti-Intellectualism in American Life (New York: Knopf, 1963), 30-42.

56. Editorial, Honolulu Star-Bulletin, 17 November 1946.

57. "Daily Summary of Opinion Developments" (hereafter, "DSOD"), 31 October 1946, Box 3, Daily Summary of International Topics and Foreign Policy, 1946-1948 (hereafter, Daily Summary), Office of Public Opinion Studies (OPOS), RG59, National Archives and Records Administration (NARA), College Park, MD; "Key Issues in 1946 Election: Price Control at Top of List," USNWR, 25 October 1946.

58. 相關事例見以下文獻："The Infiltration Corps: Communists and Their Friends Hold Some Key Posts," Life, 24 March 1947, 34-45。

59. Newsweek, 18 November 1946, 36-37; "The Republican Era," Life, 18 November 1946.

60. "DSOD," 27 and 29 January 1947, Box 3, Daily Summary, OPOS, RG59, NARA.

61. "DSOD," 17, 27, and 29 January 1947.

62. James T. Selcraig, The Red Scare in the Midwest, 1945-1955: A State and Local Study (Ann Arbor: UMI Research Press, 1982).

63. "Aid to Greece,"Gallup Poll, vol. 1, 4 April 1947, 636; Athan Theoharis, Seeds of Repression: Harry S. Truman and the Origins of McCarthyism (Chicago: Quadrangle, 1971), 197.

64. 「SCAP」（Supreme Commander for the Allied Powers）也就是駐日盟軍總司令，最初是指代麥克阿瑟的頭銜，後來被用來指代盟軍最高司令官總司令部（GHQ, General Headquarters）整體，包括軍事人員和一般人員。本書遵循此慣例，交替使用意義相同的「SCAP」和「GHQ」二詞。

65. Howard B. Schonberger, Aftermath of War: Americans and the Remaking of Japan, 1945-1952 (Kent, OH: Kent State University Press, 1989), 115; Andrew Gordon, The Wages of Affluence: Labor and Management in Postwar Japan (Cambridge, MA: Harvard University Press, 1998), 8; see also Joe Moore, Japanese Workers and the Struggle for Power, 1945-1947 (Madison: University of Wisconsin Press, 1983).

66. 相關事例見以下文獻：Letter, Roy Howard to Douglas MacArthur, January 31, 1946, Folder 2, Box 3, Bonner F. Fellers Paper (BFFP), RG44a, MacArthur Memorial Archives (MMA), Norfolk, VA; letter, Norman Thomas to Bonner F. Fellers, 7 May 1946, Folder 1, Box 5, BFFP, RG44a, MMA; see also Life, 2 December 1946, and Newsweek, 23 January 1947; Schonberger, Aftermath of War, 134-160。

67. 小熊英二《〈民主〉と〈愛国〉：戦後日本のナショナリズムと公共性》，東京：新曜社，2002年，175-186頁。

68. 有關戰後日本「主體性」的論戰，詳細請參照 J. Victor Koschmann, Revolution and Subjectivity in Postwar Japan (Chicago: University of Chicago Press, 1996)。

69. 小熊英二《〈民主〉と〈愛国〉》，25-26, 100, 176, 794-800頁。

70. "Japan and Korea, No. 8," 18 June 1946, Box 39, Public Opinion on Foreign Countries and Regions, Japan and Korea, 1945-54, OPOS, RG 59, NARA.

71. Ibid.; "Japan and Korea, No. 17," 11 March 1947, Box 39, OPOS, RG59, NARA.

72. W. J. Sebald，野末賢三譯《日本占領外交の回想》，東京：朝日新聞社，1966年，40頁。

73. Correspondence, Charles A. Willoughby to G2 Staff, 9 February 1947, Folder 3, Box 18, Charles A. Willoughby Papers (CAWP), RG 23, MML.

74. C.A. Willoughby，延禎監譯《知られざる日本占領：ウィロビー回顧録》，東京：番町書房，1973 年，136-137 頁。

75. 参照以下文獻："Leftist Classification of Civilian Employees," "Leftist Influence in Headquarters," and "Leftist Infiltration into SCAP," Box 18, CAWP, RG23, MML。

76. Correspondence, Willoughby to his staff, 20 February 1947, CAWP, Folder 3, Box 18, CAWP, RG23, MML.

77. Roger Baldwin, "The Reminiscences of Roger Baldwin, Occupation of Japan," 14-16, 27, Center for Oral History (COH), Columbia University (CU), New York; letter, Bonner F. Fellers to Roy Howard, February 20, 1946, BFFP, RG44a, MMA.

78. Sebald《日本占領外交の回想》，94 頁；袖井林二郎《マッカーサーの二千日》，東京：中央公論社，1976 年；Michael Schaller, Douglas MacArthur: The Far Eastern General (New York: Oxford University Press, 1989)。

79. 這類信件可從以下檔案中大量發現："Personal Correspondence, July-December 1946," Box 12, Douglas MacArthur Papers (DMP), RG10, MMA。

80. Letter, Joseph Savage to Douglas MacArthur, December 16, 1946; letter, Nellie Gordon Curtis to MacArthur, 14 December 1946, Box 12, DMP, RG10, MMA.

81. Letter, Woodall Green to Bonner F. Fellers, April 26, 1947, BFFP, Folder 12, Box 2, RG44a, MMA。在這封信中，麥克阿瑟的助理請費勒斯隨時向麥帥報告美國的輿論動態。

82. Theodore Cohen, Remaking Japan (New York: Free Press, 1987), 309–311.

83. T. A. Bisson（畢恩來）日記（1947 年 1 月 20 日），中村政則、三浦陽一譯《ビッソン日本占領回想記》，東京：三省堂，1983 年，170 頁。

84. Michael Schaller, The American Occupation of Japan: The Origins of the Cold War in Asia (New York: Oxford University Press, 1985), 131.

85. "Memorandum for Information," 23 September 1946, Box 18, RG23, CAWP, MMA.

86. Joseph Gordon, "The Reminiscences of Joseph Gordon, Occupation of Japan," 84, COHCU; Beate Gordon, "The Reminiscences of Beate Gordon, Occupation of Japan," 166, COH-CU.

87. Cohen, Remaking Japan, 310.

88. Gordon, "The Reminiscences of Joseph Gordon," 208.

89. 請參閱 SCAP 成員的回憶錄等，如畢恩來《ビッソン日本占領回想記》。

90. Schaller, The American Occupation of Japan; John W. Dower, Embracing Defeat: Japan in the Wake of World War II (New York: W. W. Norton, 1999)；雨宮昭一《占領と改革：シリーズ日本近現代史 7》，東京：岩波書店，2008 年。近年的研究開始關注地方，例如 Hans Martin Kramer, "Just Who Reversed the Course? The Red Purge in Higher Education during the Occupation of Japan," Social Science Japan Journal 8: 1 (November 2004): 1-18。

91. 雨宮昭一《占領と改革》；歴史学研究会編《占領政策の転換と講和：日本同時代史 2》，東京：青木書店，1990 年，4-41 頁。

92. Schaller, The American Occupation of Japan, 104; and George F. Kennan, Memoir 1925-1950 (New

York: Pantheon, 1967), 368-396.

93. Schaller, The American Occupation of Japan; and Schonberger, Aftermath of War, John W. Dower, Empire and Aftermath: Yoshida Shigeru and the Japanese Experience, 1878-1954 (Cambridge, MA: Harvard University Press, 1979).

94. Cohen, Remaking Japan, 125.

95. Schonberger, Aftermath of War, 134-160, 161-197.

96. Dower, Embracing Defeat, 225-273.

97. 古関彰一〈占領政策の転換と中道内閣〉，歴史学研究会編《占領政策の転換と講和》，25-26 頁。

98. 中村政則〈占領とはなんだったのか〉，歴史学研究会編《占領政策の転換と講和》，238 頁。

99. Ai Kume, "The Reminiscences of Ai Kume, Occupation of Japan, 1975," 23, COH-CU.

100. 見畢恩來日記（1946 年 5 月至 8 月），T. A. Bisson《ビッソン日本占領回想記》，86-114 頁。

101. Cyrus Peake, "The Reminiscences of Cyrus Peake, Occupation of Japan," 37, COH-CU.

102. 歴史学研究会編，《占領政策の転換と講和》，8, 128 頁；小熊英二《〈民主〉と〈愛国〉》，485-488 頁。

103. 畢恩來日記（1946 年 6 月 9 日），T. A. Bisson《ビッソン日本占領回想記》，94-95 頁；Dower, Empire and Aftermath, 295；吉田茂《回想十年》，東京：新潮社，1957-58 年；Sebald《日本占領外交の回想》，82 頁。

104. 見〈逆コース〉連載，《読売新聞》（1951 年 11 月 2 日至 12 月 2 日）。

105. 周行健（演說）〈上海市警察局政治處關於上海工運學運情況彙編資料〉，Q131-6-530，上海市檔案館。這場集會座談由三名速記員記錄了完整的逐字稿，包括學生和來賓之間的問答。

106. Hong Zhang, America Perceived: The Making of Chinese Images of the United States, 1945-1953 (Westport, CT: Greenwood Press, 2002), 125-127.

107.《蔣介石日記》（1948 年 5 月 28 日），Box 46, Chiang Kai-shek Diaries (hereafter, CKSD), Hoover Institution Library and Archives (HILA), Stanford University (SU), Stanford, CA.（譯注：翻譯時，皆以國史館出版的《蔣中正先生年譜長編》［1948 年收錄在第九冊］為主）。

108.〈北平市警察局關於……查學生為反扶日聚眾遊行……等訓令〉，J183-002-29849，13 頁，北京市檔案館。

109. Zhang, America Perceived, 127-128.

110. 關於學生運動的概貌，請參照 Jeffrey Wasserstrom, Student Protests in Twentieth-Century China: The View from Shanghai (Stanford, CA: Stanford University Press, 1991)。有關學生的態度，請參照此書的 241 頁。

111.〈日本往何處去〉《大公報（天津版）》（1946年7月8日）;〈莫忘了外交〉《大公報（天津版）》（1946年 7 月 25 日）。

112.〈日本開始再武裝〉《大公報（上海版）》（1948 年 5 月 11 日）。

113.《飛報》（1947 年 3 月 19 日，9 月 9 日、15 日）。

114.〈反美情緒的分析〉《大公報（上海版）》（1948 年 6 月 5 日）;〈如何處理日本〉《大公報（天津版）》（1948 年 6 月 19 日）；〈關於反對扶植日本〉《益世報（天津版）》（1948 年 6 月 11 日）。

115.《中央日報》（1948 年 4 月 11 日）。

116. 陳叔通（演說）（1948 年 5 月 26 日），〈上海市警察局政治處關於上海工運學運情況彙編資料〉，Q131-6-530，上海市檔案館。

117. 〈上海市警察局刑四科資料股編製 1947 年上海市學運資料〉，Q131-6-464，上海市檔案館；左雙文、陳偉〈1948 年「反美扶日」運動及其與國民政府的互動〉《廣東社會科學》2006 年 6 期，101-106 頁。

118. Zhang, America Perceived, 140.

119. Ibid.

120. 有關中國的抗日戰爭經驗，請參照 Rana Mitter, Forgotten Ally: China's World War II, 1937-1945 (Boston: Houghton Mifflin Harcourt, 2013)。

121. 吳振東（演說）（1948 年 6 月 3 日），〈上海市警察局政治處關於上海工運學運情況彙編資料〉，Q131-6-530，上海市檔案館。

122. 有關在 1948 年 5 月 26 日舉辦的這場集會座談內容，請參照〈上海市警察局政治處關於上海工運學運情況彙編資料〉，Q131-6-530，上海市檔案館。

123. 相關言論請見 1948 年 5 月 26 日和 6 月 3 日舉辦的集會座談的會議紀錄〈上海市警察局政治處關於上海工運學運情況彙編資料〉（Q131-6-530，上海市檔案館）。

124. 《大公報（上海版）》（1947 年 6 月 11 日）；另可參照 W. Tillman Durdin, "U.S. Help to Japan Is Alarming China," New York Times, 2 November 1946。

125. 天児慧《中華人民共和国史 新版》，東京：岩波書店，2013 年。有關中國內戰的概論，請參照 Odd Arne Westad, Decisive Encounters: The Chinese Civil War, 1946-1950 (Stanford, CA: Stanford University Press, 2003)。

126. 久保亨《社会主義への挑戦 1945-1971：シリーズ中国近現代史 4》，東京：岩波書店，2011 年，14 頁。

127. Westad, Decisive Encounters, 8.

128. 有關國共內戰，我從文安立（Odd Arne Westad）的著作中得到許多幫助。此外，早期強調草根階級能動性的文獻，也給了我諸多啟發。參見 Maurice Meisner, Mao's China and After: A History of the People's Republic (New York: Free Press, 1999); Mark Selden, The Yenan Way in Revolutionary China (Cambridge, MA: Harvard University Press, 1971); and Chalmers Johnson, Peasant Nationalism and Communist Power: The Emergence of Revolutionary China (Stanford, CA: Stanford University Press, 1962)。有關中國共產黨所扮演的角色，我從以下文獻學到了許多。Steven Levine, Anvil of Victory: The Communist Revolution in Manchuria, 1945-1948 (New York: Columbia University Press, 1987); James Gao, The Communist Takeover of Hangzhou: The Transformation of City and Cadre, 1949-1954 (Honolulu: University of Hawaii Press, 2004); Odoric Wou, Mobilizing the Masses: Building Revolution in Henan (Stanford, CA: Stanford University Press, 1994); and Frederick C. Teiwes, Politics and Purges in China: Rectification and the Decline of Party Norms, 1950-1965 (Armonk, NY: M. E. Sharpe, 1979)。

129. 這個普遍現象的一個明顯的例外，是 1948 年夏季的長春圍困戰。這場戰爭因為解放軍澈底針對糧食進攻，結果導致至少十六萬平民死亡。參見 Frank Dikötter, The Tragedy of Liberation: A History of the Chinese Revolution, 1945-57 (New York: Bloomsbury Press, 2013), 3-8。

130. Westad, Decisive Encounters, 13.

131. 〈上海警察局……關於市警局令各分局出動注意中共地下黨在工人學生等地活動訓令〉，Q144-4-1，上海市檔案館。

132.〈上海高等特種刑事法庭關於判決書及裁定書〉，1948 年 5 月 29 日，Q189-1-60，上海市檔案館。

133.〈上海市警察局關於取締反美戲劇歌曲案〉，1947 年 2-4 月，Q131-4-187，上海市檔案館。

134.〈上海市社會局關於查禁進步書刊（二）文件〉，14-31 頁，Q6-12-167，上海市檔案館。

135.〈蔣偽警備司令部逮捕上海商學院學生有關材料〉，Q246-1-240，上海市檔案館。

136.〈上海警察局……關於市警局令各分局出動注意中共地下黨在工人學生等地活動訓令〉，Q144-4-1，上海市檔案館。

137.〈「壞政府」必須改組〉《文萃》第 40 期（1946 年 7 月 23 日），D2-0-798-2，上海市檔案館；〈論美帝扶日的陰謀〉《群眾》第 2 卷 15 期，D2-0-753-1，上海市檔案館。

138.〈上海市警察局刑四科資料股編制 1947 年上海市學運資料〉，Q131-6-464，上海市檔案館。

139.〈上海市警察局關於取締反美戲劇歌曲案〉，1947 年 2-4 月，Q131-4-187，上海市檔案館。

140. 樓邦彥〈論「公然反對政府」〉《觀察》第 4 卷 22 期（1948 年 7 月 31 日），4-6 頁，新加坡國立大學圖書館。

141. 久保亨《社会主義への挑戦 1945-1971》，9 頁。

142.〈「壞政府」必須改組〉《文萃》第 40 期（1946 年 7 月 23 日），D2-0-798-2，上海市檔案館

143.〈北平學生被捕被釋記〉《觀察》第 3 卷 7 期（1947 年 10 月 3 日），D2-0-2182-19，上海市檔案館；〈記北平學生反扶日圖集大遊行〉《觀察》第 4 卷 17 期（1948 年 6 月 19 日），D2-0-2193-13，上海市檔案館。

144. 儲安平《客觀》第 4 卷（1945 年 12 月 1 日）；儲安平〈中國的政局〉《觀察》第 2 卷 2 期（1947 年 3 月 8 日），3-8 頁。

145.《老百姓日報》（1947 年 1 月 18 日，2 月 7 日，3 月 19 日、23 日）。

146.《飛報》（1947 年 10 月 24 日）。

147.《飛報》（1947 年 10 月 25 日）。

148.《飛報》（1947 年 10 月 2 日，1948 年 11 月 10 日）。

149.《蔣介石日記》（1948 年 6 月 27 日），Box 46, CKSD, HILA-SU；久保亨《社会主義への挑戦 1945-1971》，3-4 頁（譯注：翻譯時，皆以國史館出版的《蔣中正先生年譜長編》[1948 年收錄在第九冊] 為主）。

150. Zhang, America Perceived, 77-111; Ronald Spector, In the Ruins of Empire: The Japanese Surrender and the Battle for Postwar Asia (New York: Random House, 2007), 264-268.

151.〈上海市警察局刑四科資料股編制 1947 年上海市學運資料〉，Q131-6-464，上海市檔案館。

152.〈論「反美」與「中美傳統友誼」〉《新文化》第 3 卷 6 期（1947 年 2 月 5 日），D2-0-427-1，上海市檔案館。

153. 這種聯想會出現在各種被認為「反動」的圖畫塗鴉、謠言中，相關例子見〈上海警察局……關於市警局令各分局出動注意中共地下黨在工人學生等地活動訓令〉（Q144-4-1，上海市檔案館）、〈上海市警察局刑四科資料股編製 1947 年上海市學運資料〉（Q131-6-464，上海市檔案館）。

154. Frederick C. Teiwes, “Establishment and Consolidation of the New Regime,” in John K. Fairbank, Roderick MacFarquhar, and Denis Twitchett, eds., The Cambridge History of China, vol. 14 (New York: Cambridge University Press, 1987), 70-77; Kenneth Lieberthal, Governing China: From Revolution through Reform (New York: W. W. Norton, 1995), 53.

155. Teiwes, "Establishment and Consolidation of the New Regime," 77; Lieberthal, Governing China, 85.

156. 天児慧《中華人民共和国史 新版》，16-18, 30 頁；久保亨《社会主義への挑戦 1945-1971》，44, 68 頁。

157. Kenneth G. Lieberthal, Revolution and Tradition in Tientsin, 1942-1952 (Stanford, CA: Stanford University Press, 1980), 40-52; Ezra F. Vogel, Canton under Communism: Programs and Politics in a Provincial Capital, 1949-1968 (Cambridge, MA: Harvard University Press, 1969), 95-97; and Teiwes, "Establishing and Consolidating of the New Regime," 89.

158. Zhang, America Perceived, 99, 107, and 124.

159. "The Red Shadow Lengthens over China," Life, 29 November 1948, 31.

160. 有關路思義（Henry R. Luce）的一生，參見 Robert E. Herzstein, Henry R. Luce, Time, and the American Crusade in Asia (New York: Cambridge University Press, 2005)。

161. Henry R. Luce, "The American Century," Life, 17 February 1941, 61-65.

162. "China," Life, 15 March 1948, 36.

163. "DSOD," 7 August 1947.

164. "DSOD," 7 August 1947 and 30 December 1948.

165. "DSOD," 16 February 1946. 有關美國國內對中國共產革命的反應，參見 Nancy Bernkopf Tucker, Patterns in the Dust: Chinese-American Relations and the Recognition Controversy, 1949-1950 (New York: Columbia University Press, 1983)。

166. "DSOD," 15 February 1949.

167. Campbell Craig and Fredrik Logevall, America's Cold War: The Politics of Insecurity (Cambridge, MA: Belknap Press of Harvard University Press, 2009), 102-105, 135.

168. 當時的《生活》雜誌經常使用這種吸引目光的標題，如 "Red Shadow Lengthens over China," "Dunkirk in the Pacific," "The Fall of Mukden," "Last Look at Peipin [Beijing]," and "Red Advance Brings Shanghai Panic." 以上皆出自 1948 年到 1949 年間的《生活》。

169. 有關所謂「失去中國」的討論請參見以下文獻。Warren I. Cohen, Chen Jian, John W. Garver, Michael Sheng, and Odd Arne Westad in Diplomatic History, 21: 1 (Winter 1997): 71-115; see also Thomas J. Christensen, "A 'Lost Chance' for What? Rethinking the Origins of the U.S.-PRC Confrontation," Journal of American-East Asian Relations, 4 (Fall 1995): 249-278。

170. "DSOD," 6 September 1949.

171. Harold Isaacs, Scratches on Our Minds: American Images of China and India (New York: John Day, 1958), 193. See also T. Christopher Jespersen, American Images of China, 1931-1949 (Stanford, CA: Stanford University Press, 1996).

172. "DSOD," 17 December 1948.

173. "DSOD," 9 December 1948.

174. "DSOD," 9 and 17 December 1948.

175. "DSOD," 16 December 1948.

176. "DSOD," 30 December 1948.

177. "DSOD," 10 December 1948.

178. "DSOD," 3 February 1949.

179. James T. Patterson, Grand Expectations: The United States, 1945-1974 (New York: Oxford University Press, 1996), 172.

180. Dean Acheson, Press Club Speech and his reply to questions, 12 January 1950, John S. Service Papers (hereafter, JSSP), Folder 2, Carton 2, BANC MSS 87/21, Bancroft Library (BL), University of California, Berkeley (hereafter, BLUC), Berkeley, CA.

181. Henry A. Wallace, The Century of the Common Man (New York: Reynal and Hitchcock, 1943).

182. Henry A. Wallace, "American Fiasco in China," New Republic, 5 July 1948, 11.

183. Craig and Logevall, America's Cold War, 76-77; Robert David Johnson, Congress and the Cold War (New York: Cambridge University Press, 2006), xvi-xvii; Jonathan Bell, The Liberal State on Trial: The Cold War and American Politics in the Truman Years (New York: Columbia University Press, 2004), 121-159; and Zachary Karabell, The Last Campaign: How Harry Truman Won the 1948 Election (New York: Knopf, 2000).

184. Craig and Logevall, America's Cold War, 135.

185. Memorandum, September 3, 1949, Papers of the Progressive Party (PPP), Folder 2, Box 1, Special Collections & University Archives (SCUA), University of Iowa (UI), Iowa City, IA; Letter, C. B. Baldwin to Herman Wright, June 29, 1950, PPP, Folder 2, Box 1, SCUA-UI.

186. Doody, Detroit's Cold War, 37.

187. "Oral History Transcript for '1946: The Great Hawaii Sugar Strike," 33.

188. "DSOD," January 17 and 20, 1947.

189. Philip Jenkins, Cold War at Home: The Red Scare in Pennsylvania, 1945-1960 (Chapel Hill: University of North Carolina Press, 1999), 9.

190. Editorial, "McCarthy and the Past," Life, 10 April 1950, 32.

191. Entry of 29 April 1950, in Eben A. Ayers, Truman in the White House: The Diary of Eben A. Ayers, ed. Robert Ferrell (Columbia: University of Missouri Press, 1991), 348-349.

192. Memorandum, Millard Tydings to Harry S. Truman, 5 June 1950, Student Research File: "McCarthyism," Box 1, Harry S. Truman Library (HSTL), Independence, MO.

193. Federal Civil Defense Administration, Bert the Turtle Says Duck and Cover (Washington, DC: GPO, 1951), Olin & Kroch Library, Cornell University (hereafter, OKL-CU), Ithaca, NY.

194. JoAnne Brown, "A Is for Atom, B is Bomb': Civil Defense in American Public Education, 1948-1963," Journal of American History, 75: 1 (June 1988): 68-90.

195. Mickey Spillane, The Mike Hammer Collection (New York: New American Library, 2001).

196. Fredrik Logevall, "A Critique of Containment," Diplomatic History, 28: 4 (2004), 497.

## 第2章

1. 김성칠 《역사 앞에서：한사학자의 6·25 일기》서울：창작과비평사, 1993 년, 55; 金聖七著，李男德、舘野哲譯《ソウルの人民軍：朝鮮戦争下に生きた歴史学者の日記》，東京：社會評論社，1996, 12. 引自舘野哲譯。

2. 同前，17 頁。
3. 同前，19 頁。
4. 同前，22-25 頁。
5. 同前，24-26 頁。
6. 同前，26 頁。
7. 同前，27 頁。
8. 金東椿著，金美恵、崔真碩、崔徳孝、趙慶喜、鄭榮桓譯《朝鮮戦争の社会史：避難・占領・虐殺》，東京：平凡社，2008 年，109 頁。
9. 同前，110 頁。
10. 同前，42, 65 頁。
11. "War in Asia: The People," Time, 10 July 1950, 9.
12. Memorandum, from William J. Hassett to Charles Ross, 29 June 1950, Harry S. Truman Papers (hereafter, HSTP), OF: 471-B, Korean Emergency, Harry S. Truman Library (here after, HSTL), Independence, MO; Paul G. Pierpaoli, Truman and Korea: The Political Culture of the Early Cold War (Columbia: University of Missouri Press, 1999), 36.
13. Letter, J. L. Showalter to HST, 25 July 1950, HSTP.
14. Letter, Jimmy Balter to HST, 27 June 1950, HSTP.
15. Letter, Jean Cottrell Fleischman to HST, 26 June 1950, HSTP.
16. "Push-Button Warfare," USNWR, 21 July 1950, 12. A similar cartoon appeared in "Where Next?" Ithaca Journal, 8 July 1950.
17. Drew Pearson, "President Needs All Help in Crisis," 24 July 1950, Washington Post. In this period, USNWR forecast the possibility of World War III in the issues of August 11 and 18.
18. Steven Casey, Selling the Korean War: Propaganda, Politics, and Public Opinion in the United States, 1950-1953 (New York: Oxford University Press, 2008), 43.
19. "World War III," 19 August 1950, The Gallup Poll, 2, 929; "Atom Bombs," 2 August 1950, The Gallup Poll, 2, 929, OKL-CU。同樣的傾向也可見於以下的國務院檔案。"Monthly Survey of American Opinion on International Affairs," no. 112 (August 1950), Box 12, Schuyler Foster Papers (hereafter, SFP), OPOS, RG59, NARA。
20. "How Prepared Are We If Russia Should Attack?"Look, 20 June 1950; John Lear, "Hiroshima, U.S.A.: Can Anything Be Done About It?" Collier's, 5 August 1950, 11-15, 68-69; "Week's Mail," Collier's, 23 September 1950.
21. "This Little Pig Went to Market," Newsweek, 7 August 1950, 64.
22. "Hoarders at Work," Newsweek, 7 August 1950, 64.
23. "The March of the News," USNWR, 25 August 1950, 2.
24. "Impact of War: A Rush to Buy-But Most Things Are Plentiful," USNWR, 14 July 1950, 11.
25. "Sugar for All," Newsweek, 21 August 1950, 70.
26. 有關韓戰中的美國方面，已有相當多的研究成果。本書從以下探討當時美國社會與政治間關係的文獻中得到許多啟發，請參見下文。Casey, Selling the Korean War, Thomas J. Christensen,

Useful Adversaries: Grand Strategy, Domestic Mobilization, and Sino-American Conflict, 1947-1958 (Princeton, NJ: Princeton University Press, 1996); Rosemary Foot, The Wrong War: American Policy and the Dimen- sions of the Korean Conflict, 1950-1953 (Ithaca, NY: Cornell University Press, 1985); and Paul G. Pierpaoli, Truman and Korea: The Political Culture of the Early Cold War (Columbia: University of Missouri Press, 1999)。

27. Eben Ayers Diary, 25 June 1950, in Robert Ferrell, ed., Truman in the White House: The Diary of Eben A. Ayers (Columbia: University of Missouri, 1991), 353。關於美國介入韓戰和派遣第七艦隊到臺灣海峽的部分從早期便有研究陸續產出，請參見下文。Stueck, The Korean War, and Glenn Paige, The Korean Decision: June 24-30, 1950 (New York: Free Press, 1968)。

28. Telegram, John Foster Dulles and John Allison to Dean Acheson and Dean Rusk, 25 June 1950, Box 71, Subject File, George M. Elsey Papers (GMEP), HSTL; "Acheson, Dean 1950," Box 47, Seeley Mudd Manuscript Library (SMML), Princeton University (PU), Prince- ton, NJ.

29. "President Truman's Conversation with George M. Elsey," 26 June 1950, Box 71, Subject File, GMEP, HSTL.

30. "Statement by the President," 27 June 1950, Box 71, Subject File, GMEP, HSTL.

31. 〈瀋陽各階層對韓戰的反應〉《內部參考》（1950 年 7 月 13 日），香港中文大學。

32. 〈國內外對韓戰及北韓談判反應〉（1950 年 7 月 14 日），No.116-00085-01，中國外交部檔案館。

33. 〈重慶工商、文化界對時局的反應〉《內部參考》（1950 年 7 月 24 日），香港中文大學。

34. 〈中共上海市郊區工作委員會關於上海市華龍區和平簽名運動的工作簡報〉（1950 年 7 月 16 日），A71-2-56-9，上海市檔案館。

35. 〈杜魯門聲明發表後上海市場狀況〉《內部參考》（1950 年 7 月 1 日），香港中文大學。

36. 〈津市工商界對目前時局的反應〉《內部參考》（1950 年 7 月 5 日），香港中文大學。

37. 〈熱河、錦州等地幹部群眾對朝鮮戰事的反映〉《內部參考》，（1950 年 7 月 22 日），香港中文大學。

38. 〈蔣介石日記〉（1950 年 7 月 1 日），Box 48, Chiang Kai-shek Diaries (hereafter, CKSD), HILA-SU。

39. 蔣介石〈韓戰與世界局勢〉（1950 年 7 月 3 日），何鼎新主編《反共抗俄中的蔣總統》，臺北：新中國文化出版社，1950，國民黨黨史館，臺北，42 頁；〈中央執行委員會通告〉（1950 年 6 月 30 日），6-41-87, Central Reform Committee Archive, Chinese Nationalist Party Records (CNPR), 18, HILA-SU。

40. 〈俄帝又一侵略行動〉《中央日報》（1950 年 6 月 26 日）；〈為何漢奸必亡侵略必敗〉《改造》5 卷（1950 年 11 月 1 日），61, 101-104 頁，國民黨黨史館。

41. Memorandum, Chiang Kai-shek to Douglas MacArthur, 3 July 1950, File 3A, Box 6, RG6: Records of General Headquarters, Far East Command, MMA.

42. 郭嗣〈七月的信號〉《海潮》，葛賢寧編《反共抗俄詩選》（臺北：中華文物，1952）41-42 頁所收。國立臺灣大學圖書館，臺北。

43. 〈蔣介石日記〉（1950 年 7 月 27 日），Box 48, CKSD, HILA-SU。

44. Telegram, Sofia, Bulgaria, to Foreign Office, 4 July 1950, in "Bulgarian Reactions to Situation in Korea," FO371/87567, The National Archives (TNA), Kew, UK.

45. Ibid.

46. Telegram, Bucharest, Rumania, to Foreign Office, 15 July 1950, in "Rumors of Rumanian War Preparation," FO371/88073, TNA.

47. Memorandum, «Conversation between the Minister of State and the Norwegian Ambas- sador," 29 June 1950, in FO371/86538: "Norwegian Attitude towards Events in Korea," TNA.

48. Memorandum, The Hague, Netherlands, to Foreign Office, 17 July 1950, in "Netherlands Reaction to Events in Korea and to World Political Moves Relating to This Crisis," F0371/ 89330, TNA; "Conversation between the Minister of State (UK) and the Norwegian Ambassa- dor," 29 June 1950, in "Norwegian Attitude towards Events in Korea," FO371/86538, TNA.

49. Memorandum, "Greece's Attitude to Korea and Decision to Send a Battalion There," 22 July 1950, in FO371/87710: "Korea Situation: Greek Government," TNA

50. Memorandum, Stockholm, Sweden, to Foreign Office, July 19, 1950, in "Norwegian Attitude towards Events in Korea."

51. "London Press Service: Diplomatic Summary," 22 August 1950, in "China: Political Situa- tion," DO133/22, TNA; memorandum, Allen W. Dulles to John F. Dulles, "Memo from Conrad Adenauer," 8 September 1950, John Foster Dulles Papers, Box 47, SMML-PU。另外，有關比較探討西德的軍備重整參考以下書籍：大嶽秀夫《再軍備とナショナリズム：保守、リベラル、社会民主主義者の防衛観》，東京：中央公論社，1988 年。

52. Memorandum, The Hague, Netherlands, to Foreign Office, 17 July 1950, in "Netherlands Reaction to Events in Korea and to World Political Moves Relating to This Crisis."

53.〈朝鮮の動乱と欧州〉《朝日新聞》(1950 年 7 月 29 日)。

54. 書簡，千葉清寄與芦田均《芦田均関係文書》file No. 266，國會圖書館憲政資料室；《朝日新聞》(1950 年 7 月 5 日)。

55. 小熊英二《「民主」と「愛国」：戦後日本のナショナリズムと公共性》，東京：新曜社，2002 年，342 頁。

56. Masuda Hajimu, "Fear of World War III: Social Politics of Japan's Rearmament and Peace Movements, 1950-53," Journal of Contemporary History, 47: 3 (Summer 2012), 551-571.

57. 横田喜三郎〈第三次世界大戦の危機と日本の安全保障〉《読売新聞》(1950 年 7 月 30 日)。

58. 馬場恒吾〈日曜評論・終戦五年の後〉《読売新聞》(1950 年 8 月 13 日)。

59. 清水幾太郎，〈わが人生の断片〉《清水幾太郎著作集》第 14 巻，東京：講談社，1993 年，337 頁。

60. 同前，338 頁。

61.《毎日新聞》(1950 年 7 月 1 日)，バートランド・ラッセル（伯特蘭・羅素）。

62. 史達林、毛澤東、金日成之間的通信內容目前已有多種形式的介紹，特別是 CWIHP's Bulletins, CWIHP's Working Papers, and CWIHP digital archives. 沈志華也將大量俄羅斯機密外交文件翻譯成中文並在臺灣出版。請參見下文：沈志華《韓戰：俄國檔案館的解密文件全三卷》，臺北：中央研究院近代史研究所，2003 年。

63. 金東椿《朝鮮戦争の社会史》，35 頁。

64. 相關範例可參見下文：Kathryn Weathersby," 'Should We Fear This?' Stalin and the Danger of War with America," CWIHP Working Paper, no. 39 (July 2002), 19; and Vojtech Mastny, The Cold War and Soviet Insecurity: The Stalin Years (New York: Oxford University Press, 1996)。當然也有不少研

究對史達林的描寫較具攻擊性：Vladislav Zubok and Constantine Pleshekov, Inside the Kremlin's Cold War: From Stalin to Khrushchev (Cambridge, MA: Harvard University Press, 1996); and John Lewis Gaddis, We Now Know: Rethinking Cold War History (New York: Oxford University Press, 1997)。

65. 事實上，杜魯門在 1950 年 8 月的一次閉門會議上，對轟炸丹東相當猶豫，他擔心這會挑起與中國的戰爭。
66. "News Quota Survey: Public Attitudes to Korean War, July 1950," SxMOA1/2/9/1/B, The Keep (TK), University of Sussex (US), Brighton, UK.
67. "Swiss Broadcasting Corporation," Weekly Analysis of Foreign Broadcasts, no. 450 (8 July 1950), 7, National Archives of India (NAI), Delhi, India.
68. Political cartoon, Toronto Star, 20 July 1950。當然，加拿大國內也有相當多的爭論，例如與《多倫多星報》相對溫和的立場不同，《環球郵報》則採取了相當積極的鷹派路線。該報甚至對渥太華在韓戰問題上的保守態度表達不滿及失望。請參見下文：Editorials of the Globe and Mail, on 27 June and 1 July 1950。
69. "No Occasion for Hoarding," editorial, Toronto Star, 25 July 1950.
70. "War in Korea," editorial, Times of India, 26 June 1950.
71. Letters to the editor, Times of India, 3 July 1950.
72. Ibid., 10 July 1950.
73. Letters to the editor, A. Datta, "India and Korea," Amrita Bazar Patrika, 15 July 1950, Microfilm 2816, Nehru Memorial Museum and Library (NMML), Delhi, India.
74. "Hands Off Korea," Amrita Bazar Patrika, 4 August 1950, Microfilm 2817, NMML.
75. "Right Policy Adopted on Korea," Amrita Bazar Patrika, 4 August 1950, NMML.
76. «India»s Korean Policy,» 3 August 1950, in Selected Works of Jawaharlal Nehru, vol. 15 (New Delhi, India: Orient Longman, 1972), 345-346, NMML.
77. "Communist Party Chiefs Expected to Discuss Policy on Korea War," 12 July 1950, in "Developments in Political Parties in India; Communist Activities in India," DO133/133, TNA.
78. «Indonesian Government Statement on Korea,» 27 June 1950, in FO371/83725: «Indo nesian Attitude to the War in Korea," TNA; telegram, Jakarta to Foreign Office, UK, 30 June 1950, in "Indonesian Attitude to the War in Korea," FO371/83725, TNA.
79. Telegram, "Public Reactions to Korean Events," George Thompson, Malaya, to Colonial Office, UK, in "Reactions in Federation of Malaya and Singapore to Events in Korea," CO537/ 5965, TNA.
80. "Indonesian Wary about Korea," Observer, 15 July 1950, in "Various Reactions to Events in Korea," FO371/84529, TNA.
81. Telegram, Alexandria, Egypt, to Foreign Office, 1 July 1950, in "Egyptian Attitude towards Korea. Refusal to Support UN Security Council Resolution on Korea," FO371/80396, TNA.
82. Excerpt from the Cairo Radio, 1 July 1950, in "Egyptian Attitude towards Korea."
83. Ibid.
84. Ibid.
85. Telegram, Alexandria, Egypt, to Foreign Office, 4 July 1950, in "Egyptian Attitude towards Korea."

86. Memorandum, Baghdad, Iraq, to Foreign Office, 3 July 1950, in "Arab States' Views on the Situation in Korea,"FO371/81920, TNA; telegram, Damascus, Syria, to Foreign Office, 13 July 1950, in "Syrian Reaction to UN Security Council Resolution on Korea," FO371/82793, TNA.

87. "Korea and Kashmir," letters to the editor, Amrita Bazar Patrika, 2 July 1950, Microfilm 2816, NMML.

88. 有關濟州四三事件（1948 至 1949 年）、麗水－順天事件（1948 年）請參照下文：金東椿《朝鮮戦争の社会史》，35 頁；Bruce Cumings, The Origins of the Korean War, vol. 2 (Princeton, NJ: Princeton University Press, 1990); Allan Millett, The War for Korea, 1945-1950: A House Burning (Lawrence: University Press of Kansas, 2005)；文京洙《済州島四・三事件：「島のくに」の死と再生の物語》，東京：平凡社，2008 年；〈済民日報〉，四・三取材班著，文京洙等譯《済州島四・三事件 全 6 巻》，東京：新幹社，1994 年。有關在北韓的革命運動請參照下文：Charles K. Armstrong, The North Korean Revolution, 1945-1950 (Ithaca, NY: Cornell University Press, 2003); and Suzy Kim, Everyday Life in the North Korean Revolution, 1945-1950 (Ithaca, NY: Cornell University Press, 2013。

89. Memorandum, "Annual Political Report for Korea, 1949," Seoul, South Korea, to Foreign Office, 30 January 1950, FO371/84053, TNA.

90. Ibid.

91. Memorandum, William D. Mathews to John Foster Dulles, 21 June 1950, Box 49, JFDP, SMML-PU.

92. Ibid.

93. 金東椿《朝鮮戦争の社会史》，136 頁。

94. Gregg Brazinsky, Nation Building in South Korea: Koreans, Americans, and the Making of a Democracy (Chapel Hill: University of North Carolina Press, 2007), 25.

95. Memorandum, "Annual Report for Korea, 1949," Seoul, South Korea, to Foreign Office, 30 January 1950, FO371/84053, TNA.

96. Brazinsky, Nation Building in South Korea, 26.

97. Memorandum, Seoul, South Korea, to Foreign Office, 30 January 1950, "Annual Political Report for Korea, 1949," FO371/84053, TNA.

98. 金東椿《朝鮮戦争の社会史》，138 頁。

99. 同前，135-136 頁。

100. 同前，115-117 頁。

101. 朴明林著，森善宣監譯《戦争と平和：朝鮮半島 1950》，東京：社会評論社，2009 年，123 頁。

102. 金東椿《朝鮮戦争の社会史》，41-44 頁。

# 第 2 部

## 第 3 章

1. Letter, Lorraine Henderson to Harry S. Truman (HST), 14 August 1950, Box 1310, OF 471B, HSTP, HSTL.

2. Joel Brinkley, “Bush and Yeltsin Declare Formal End to Cold War; Agree to Exchange Visits; U.S. Looking for New Course As Superpower Conflict Ends,” New York Times, 1 February 1992, quoted in John Kenneth White, Still Seeing Red: How the Cold War Shapes the New American Politics (Boulder, CO: Westview Press, 1997), 4.

3. 相關案例見以下文獻：William Stueck, The Korean War: An International History (Princeton, NJ: Princeton University Press, 1995); Thomas J. Christensen, Useful Adversaries (Princeton, NJ: Princeton University Press, 1996); Allan R. Millett, The War for Korea, Vol. I-II (Lawrence: University Press of Kansas, 2005-2010); and Rosemary Foot, The Wrong War: American Policy and the Dimensions of the Korean Conflict, 1950-1953 (Ithaca, NY: Cornell University Press, 1985)。

4. 有關冷戰對基層普通人民生活的影響，請參見以下文獻：Jeffrey A. Engel, Local Consequences of the Global Cold War (Washington, DC: Woodrow Wilson Center Press, 2007); Philip Jenkins, Cold War at Home: The Red Scare in Pennsylvania, 1945-1960 (Chapel Hill: University of North Carolina Press, 1999); Stephen J. Whitfield, The Culture of the Cold War (Baltimore: Johns Hopkins University Press, 1991); and JoAnne Brown, “A Is for Atom, B Is for Bomb’: Civil Defense in American Public Education, 1948- 1963,” Journal of American History, 75: 1 (June 1988), 68-90。

5. George F. Kennan, 13 February 1954, Reel 2, Track 2: 4, Princeton Seminars, HSTL; Foreign Relations of the United States (FRUS), 1950: Vol. 7(10 July 1950), 46.

6. Averell Harriman, 14 February 1954, Reel 6, Track 1: 7, Princeton Seminars, HSTL.

7. 有幾位學者在 1970 年代後發表有關這個主題的研究，但主要是圍繞在政策制定者或政府高官的個性和盤算上。參見以下文獻：Barton Bernstein, “The Policy of Risk: Crossing the 38th Parallel and Marching to the Yalu,” Foreign Service Journal 54: 3 (March 1977), 16-22 and 29; Walter LaFeber, “Crossing the 38th: The Cold War in Microcosm,” in Lynn H. Miller and Ronald Pruessen, eds., Reflections on the Cold War: A Quarter Century of American Foreign Policy (Philadelphia, PA: Temple University Press, 1974), 71-90; William Stueck, “The March to the Yalu: The Perspective from Washington,” in Bruce Cumings, ed., Child of Conflict: the Korean-American Relationship, 1943-1953 (Seattle: University of Washington Press, 1983), 195-237; James I. Matray, “Truman’s Plan for Victory: National Self-Determination and the Thirty-Eighth Parallel Decision in Korea,” Journal of American History 66: 2 (September 1979), 314-333; Millett, The War for Korea, 1950- 1951, vol. 2, 240; and Arnold Offner, Another Such Victory: President Truman and the Cold War, 1945-1953 (Stanford, CA: Stanford University Press, 2002)。部分提及國內政治對於北上三八線問題中的影響的先行研究，使我受惠良多。Foot, The Wrong War, and Burton Kaufman, The Korean War: Challenges in Crisis, Credibility, and Command, 2nd ed. (New York: McGraw-Hill, 1997)。

8. Federal Civil Defense Administration, Bert the Turtle Says Duck and Cover (Washington, DC: GPO, 1951); Brown, “’A Is for Atom, B Is Bomb.’”

9. “No Red Crabmeat,” Newsweek, 28 August 1950, 66.

10. “Red Propaganda Discovered Hidden in Children’s Card Collections,” Los Angeles Times, 14 December 1950, in Folder 1, Box 1, “McCarthy Era Newspaper Clippings (hereafter, MENC),” M0186, Special Collections & University Archives (SCUA), SU.

11. “Rincon Annex Mural Debate,” San Francisco Examiner, 2 May 1953; “Scudder Opens His Trial of Rincon Murals,” San Francisco Chronicle, May 2, 1953, Folder 6, Box 2, MENC, SCUA-SU.

12. 本書在這裡要指出的，並不是認為這種蘇聯間諜在美國活動的「常識」，是完全幻想出來的錯誤。事實上，從俄羅斯的檔案館在 1990 年代解密的文件中顯示，在 1930 到 1940 年代，多達

三百名美國人可能曾幫助蘇聯情報機構。參見以下文獻：John Earl Haynes and Harvey Klehr, Venona: Decoding Soviet Espionage in America (New Haven, CT: Yale University Press, 1999); Allen Weinstein and Alexander Vassiliev, The Haunted Wood: Soviet Espionage in America-The Stalin Era (New York: Random House, 1999); and Ellen Schrecker, "McCarthyism and the Red Scare," in Jean-Christophe Agnew and Roy Rosenzweig, A Companion to Post-1945 America (Malden, MA: Blackwell, 2006), 371-384。我的重點是，為什麼這種「常識」能抓住多數人心，以及它是如何在社會和政治中發揮作用的。有關對麥卡錫主義的重新探討，請參見第 7 章「社會戰爭」。

13. Glenn Paige, The Korean Decision: June 24-30, 1950 (New York: Free Press, 1968).
14. "Nobody Loves a Hoarder," Life, 21 August 1950, 26-27.
15. "Shakedown for Decency," Saturday Evening Post, 19 August 1950, 10; "The Little Pig Went to Market," Time, 7 August 1950, 64.
16. Letter, Mary Whitman to HST, 17 July 1950, OF 471B, HSTP, HSTL.
17. Letter, A. L. Doenges to HST, 16 August 1950, Miscellaneous, OF 471B, HSTP, HSTL.
18. John Fousek, To Lead the Free World: American Nationalism and the Cultural Roots of the Cold War (Chapel Hill: University of North Carolina Press, 2000), 168; "Defense Cost," 23 August 1950, The Gallup Poll, vol. 2, 934.
19. Congressional Record 82nd, 1st Session, 1950, 96, 11519-20, quoted in Paul G. Pierpaoli, Truman and Korea: The Political Culture of the Early Cold War (Columbia: University of Missouri Press, 1999), 35.
20. Letter, Bonner Fellers to Robert A. Taft, 19 July 1950, "1950, Korea," Box 670, Robert A. Taft Papers (RATP), Library of Congress (LC), Washington DC; "Memo of Conversation," 1 July 1950, JFDP, "Acheson, Dean 1950," Box 47, SMML-PU.
21. Paul Nitze, transcript of the BBC interview, Folder 3: "Korean War," Box 130, Paul H. Nitze Papers (PHNP), LC。艾奇遜在 1950 年 1 月 12 日，於國家新聞俱樂部的演講中，也說明了相同的政策。
22. "Discussions with Mr. Acheson and Officials in Washington, Saturday and Sunday, July 29th and 30th, 1950," MG26 N1 vol. 35, "Korea: Canadian Policy, 1950-51," Lester Pearson Papers (LPP), LAC.
23. Memorandum, "Conversation among Dean Acheson, John Foster Dulles, and Frank Pace," 1 July 1950, Dean Acheson File, JFDP, SMML-PU.
24. "Note of the NSC Meeting," 29 June 1950, GMEP, Subject File, Box 71, HSTL.
25. "Memorandum of Conversation, by the Ambassador at Large (Jessup)," 26 June 1950, FRUS, 1950: Vol. 7, 179.
26. "Editorial Note," FRUS, 1950: Vol. 7, 239.
27. George F. Kennan, 13 February 1954, Reel 2, Track 2: 4, Princeton Seminars, HSTL; "Teleconference with MacArthur," 26 June 1950, GMEP, Subject File, Box 71, HSTL; and FRUS, 1950: Vol. 7, 46.
28. "Memorandum, Allison to Rusk, 13 July 1950, FRUS, 1950: Vol. 7, 373.
29. Letter, Clark Clifford to HST, 29 June 1950, Box 42, "Letters to and from HST," Clark M. Clifford Papers (CMCP), HSTL; memorandum, Allison to Rusk, 1 July 1950, FRUS, 1950: vol. 7, 272.
30. Letter, William Mathews to John Foster Dulles, 22 July 1950, Box 49, "Letter and Memos to Dulles," JFDP; letter, John Foster Dulles to William Mathews, Box 48, "Korea, 1950," JFDP.

31. "Draft Memorandum Prepared in the Department of Defense," 31 July 1950, FRUS, 1950: Vol. 7, 506-507.

32. "Draft Memorandum Prepared by the Policy Planning Staff," 22 July 1950, FRUS, 1950: Vol. 7, 453; George F. Kennan, 14 February 1954, Reel 6, Track 1: 8, Princeton Seminars, HSTL.

33. "Memorandum Prepared in the Central Information Agency," 18 August 1950, FRUS, 1950: Vol. 7, 600-602.

34. "Memorandum from JCS to Secretary of Defense," 7 September 1950, Personal File, Subject File "1940–1953: NSC-Meeting File," Box 180, HSTP, HSTL.

35. "Preliminary Conversation for September Foreign Ministers' Meeting," 30 August 1950, Korean War Files, no. 17, "Tripartite Meeting of Foreign Ministers, September 1950," Box 7, HSTP, HSTL.

36. Ibid.

37. Memo, "The Implications of the Situation in Korea for British Foreign Policy," Summer 1950, CO537/5392, TNA.

38. Memoranda of conversation, "Notes re. NSC Meeting," 7 September 1950, Dean Acheson Papers (DAP), HSTL.

39. "Memorandum, Max Bishop to Jessup, 24 August 1950, FRUS, 1950: Vol. 7, 641.

40. "United States Courses of Action with Respect to Korea (NSC-81/2)," Personal File, Subject File, "1940-1953: NSC-Meeting File," Box 180, HSTP, HSTL.

41. "Daily Opinion Summary" (hereafter, DOS), 25 July 1950, Box 5, SFP, OPOS, RG59, NARA. DOS 是當時政府關係者之間普遍會閱讀的資料，內容包括介紹全美各地新聞評論或民意調查結果。

42. "Special Report American Opinion," 26 July 1950, Box 39, SFP, OPOS, RG59, NARA.

43. "DOS," 25 July 1950.

44. Ibid.

45. Editorial, "United Korea," Ithaca Journal, 8 August 1950.

46. "DOS," 22 August 1950.

47. "DOS," 20-25 August 1950.

48. "Monthly Survey of American Opinion on International Affairs," August 1950, Box 12, SFP, OPOS, RG59, NARA.

49. "Korea to Be Issue in November Vote," 7 August 1950, New York Times.

50. James T. Patterson, Mr. Republican: A Biography of Robert A. Taft (Boston: Houghton Mifflin, 1972).

51. Robert A. Taft, "The Korean Crisis: Caused by Wavering Foreign Policy of Administration," 28 June 1950, Speeches, Box 1446, RATP, LC.

52. "DOS," 24 July 1950; Foot, The Wrong War, 69.

53. Robert A. Taft, "Transcribed Edition of Capitol Report No. 63," 19 July 1950, Legislative File; Korea, 1950, Box 670, RATP, LC.

54. Letter, Robert R. McCormick to Robert A. Taft, 23 May 1950; and Taft to McCormick, 29 May 1950, General Correspondence, "1950, B-W," Box 33, PATP, LC.

55. Letter, Robert A. Taft to Bernard W. LeVander, 11 August 1950, Box 924: "Subject File: War, Kore-

an, 1950," RATP, LC.

56. 參見以下文獻：Correspondence to and from Robert A. Taft in ibid.; Subject File, Box 915: "Communism 1950" and Box 33: "General Correspondence 1950," as well as Political File, Box 251: "1950 Campaign-Ohio Counties," RATP, LC。有關對中共的承認，見 Taft's letter to Carl Ryan, 25 November 1949, in Box 901: "Communism 1949," as well as his letter to Lewis Hoskins, 17 January 1950, Box 917: "Foreign Policy 1950," RATP, LC。

57. "Statement of Principles, Policies and Objectives of Republican Members of Congress," Political File "Campaign Miscellany," Box 307, RATP, LC.

58. "Liberty Against Socialism: The Issue in 1950," Political File "Campaign Miscellany," Box 307, RATP, LC.

59. 冷戰史的權威約翰・劉易斯・蓋迪斯 (John Lewis Gaddis) 在其早期著作 (1972) 中談到了國內政治和黨派政治的重要性，但其 1990 年代以降的著作則採用了傳統聚焦於領導層的研究方法。一般而言，美國外交史學家並不重視外交政策形成過程中的國內政治和黨派政治層面，幸好進入 21 世紀後，對這方面關注的研究有所復甦。請參見以下文獻：John Lewis Gaddis, The United States and the Origins of the Cold War (New York: Columbia University Press, 1972), x; Melvin Small, Democracy and Diplomacy: The Impact of Domestic Politics on U.S. Foreign Policy, 1789-1994 (Baltimore: Johns Hopkins University Press, 1996); Fredrik Logevall, "A Critique of Containment," Diplomatic History, 28: 4 (2004), 473-499; Thomas Alan Schwartz," 'Henry,... Winning an Election Is Terribly Important': Partisan Politics in the History of U.S. Foreign Relations," Diplomatic History, 33: 2 (2009), 173-190; and Andrew L. Johns, Vietnam's Second Front: Domestic Politics, the Republican Party, and the War (Lexington: University Press of Kentucky, 2010)。

60. "Korea to Be Issue in November Vote," 7 August 1950, New York Times.

61. Letter, Oscar Bigler to Richard Nixon, 24 July 1950, William Knowland Papers (WKP), Carton 90: "1950 Campaign," BL-UCB.

62. "Foreign Policy Set as G. O. P. Vote Issue," 8 August 1950, New York Times.

63. Republican National Committee, ed., "Background to Korea," Subject File "Politics, 1950," Box 91, GMEP, HSTL.

64. Memo, "Script for the One Minute Spot on Radio," 28 October 1950, Carton 2, "1950 Campaign," WKP, BL-UCB.

65. Jenkins, Cold War at Home, 9.

66. Letter, Joseph McCarthy to HST, 12 July 1950, Box 872, OF 252K, HSTP, HSTL.

67. Notes, 21 July 1950, in Carton 1, JSSP, BL-UCB.

68. "Communists in Government," 7 July 1950, Gallup Poll, vol. 2, 924.

69. "DOS," 19 July 1950, GMEP, Subject File "Internal Security: Sen. McCarthy's Charges,' Box 70, HSTL。有關此項目，我請杜魯門圖書館寄了一份副本給我。

70. Dean Acheson's Press and Radio Conference, 28 September 1950, President's Secretary's File, "Secretary of State Press Conference," Box 54, HSTP, HSTL.

71. "DOS," 25 September 1950.

72. Letter, Joseph C. O'Mahoney to HST, 27 June 1950, Student File: Korean War, Box 1, HSTL.

73. Letter, Carter Clarke to Robert Fellers, 12 September 1950, BFFP, MMA.

74. 請參見以下文獻："Washington Wire," New Republic (25 September 1950)。

75. Democratic National Committee, ed., "Questions and Answers on Foreign Policy," 3, Subject File "Politics, 1950," Box 91, GMEP, HSTL.

76. "President Address to the American Society of Newspaper Editors," 19 April 1950, Subject File "Truman Administration: Speech File."

77. "President Address at Alexandria, VA, on Foreign Policy," 22 February 1950, and "Daily Summary of Opinion Developments," both in Subject File "Truman Administration: Speech File," Box 39, GMEP, HSTL.

78. "Questions about the Battle in Korea," 2, Subject File "Politics, 1950," Box 91, GMEP, HSTL. (emphasis added)

79. "Record of Actions by the National Security Council at Its Sixty-Fourth Meeting, August 10, 1950," 10 August 1950, Personal File, Subject File, "National Security Council: Actions, 1947-1953," Box 167, HSTP, HSTL.

80. "Conversation with Congressman Clinton D. McKinnon," Subject File, "Politics, 1950: Elections," Box 92, GMEP, HSTL.

81. Memorandum, Ken Hechler to Charles Murphy, "Campaign Materials on Foreign PolicyDefense," 2 September 1950, Subject File "Politics, 1950: Elections," Box 92, GMEP, HSTL. (emphasis added)

82. 朴明林著，森善宣監譯《戦争と平和：朝鮮半島 1950》，東京：社会評論社，2009 年，311-313 頁。

83. 同前，314, 319-330 頁。

84. 和田春樹《朝鮮戦争全史》，東京：岩波書店，2002 年，191 頁。

85. "Special Report American Opinion," 30 October 1950, SFP, Box 39, SFP, OPOS, RG59, NARA.

86. Letter, George W. Constable to HST, 12 October 1950, Official File, 471-B, Korean Emergency, HSTP, HSTL.

87. "DOS," 19 September 1950.

88. "DOS," 26 September 1950.

89. Ibid.

90. Ibid.

91. 以下的雜誌文章都採用了強硬論調。"Keep Going," Newsweek, 2 October 1950; "Victory Looms-So Does 38th Parallel," Newsweek, 2 October 1950; U.S. News and World Report, 25 August and 1 September 1950; and the New Republic, 25 September and 9 October 1950。只有自由派的《國家》(The Nation) 雜誌是少數之一反對這種論調的，見"Deadly Parallel," 14 October 1950; "Unanswered Question," 28 October 1950; and "Threat Out of China," 11 November 1950。

92. Foot, The Wrong War, 69。除了塔夫脫外，德懷特．艾森豪將軍也質疑美軍停在三八線的決定。艾森豪當時是哥倫比亞大學校長，已被視為 1952 年另一位可能的共和黨總統候選人。他表示，美軍「可能需要越過三八線才能打贏這場戰爭」。參照"Eisenhower Backs Invasion If Needed," New York Times, 21 July 1950。

93. "DOS," 22 September 1950.

94. Ibid.

95. Ibid.

96. "Monthly Survey of American Opinion on International Affairs," August 1950, Box 12, SFP, OPOS, RG59, NARA.

97. "DOS," 19 September 1950.

98. "DOS," 20 September 1950.

99. "Korea," 13 October 1950, The Gallup Poll, vol. 2, 929.

100. Elisabeth Noelle-Neumann, The Spiral of Silence; Public Opinion-Our Skin, 2nd ed. (Chicago: University of Chicago Press, 1993).

101. Memorandum, George F. Kennan to Dean Acheson, 21 August 1950, Student File "Korean War," Box 1, HSTL.

102. George F. Kennan, February 14, 1954, Reel 6, Track 1: 8, Princeton Seminars, HSTL.

103. "Interview with Escott Reid, Glendon College, Monday, June 9, 1969," MG31 E46 vol. 29 "Korea," Escott Reid Papers (ERP), LAC.

104. Memorandum, Reid to Pearson, 28 September 1950, MG31 E46 vol. 29, "Korea," ERP, LAC.

105. Dean Acheson, Present at the Creation: My Years in the State Department (New York: W. W. Norton, 1969), 446.

106. George F. Kennan, Memoir 1925-1950 (New York: Pantheon Books, 1967), 495.

107. Telegram, Washington DC to Foreign Office, 26 August 1950, PREM8/1156: "Suggested Visit of Prime Minister to Washington for Meeting with President Truman for Discussions with USA on International Situation, Korea and Defense," TNA.

108. Telegram, Foreign Secretary (Ernest Bevin) to High Commissioner for the UK, Delhi, India, for Pandit Nehru, September 4, 1950, in "China: Political Situation," DO133/22, TNA.

109. Memorandum, Bevin to the Cabinet, "New York Meetings: Developments in Far Eastern Policy," 6 October 1950, CAB21/2102: "The War in Korea: The Implications of, on Our Foreign Policy in Other Parts of the World: Co-operation with USA," TNA；〈英國外交大臣貝文致周恩來總理的電〉（1950年10月10日），No. 110-00024-22，中華人民共和國外交部檔案館。

110. Quoted in Foot, The Wrong War, 79; Allen S. Whiting, China Crosses the Yalu: The Decision to Enter the Korean War (New York: Macmillan, 1960), 93.

111. Telegram, High Commissioner, Delhi, to Foreign Secretary in New York, September 27, 1950, "China: Political Situation, Sept. 4-30, 1950," DO133/23, TNA.

112. Ibid.

113. Several officials continued to oppose the idea of crossing the 38th parallel, including George F. Kennan, O. Edmund Clubb, and James Webb。相關案例見以下文獻：Foot, The Wrong War, 80。

114. Telegram, Foreign Office, UK, to Washington, 29 September 1950, "Various Reactions to Events in Korea," FO371/84529, TNA.

115. Telegram, Peking to Foreign Office, UK, 26 October 1950, "China: Political Situation, Sept. 29-Oct. 24, 1950," DO133/24, TNA.

116. FRUS, 1950: Vol. 7, 868–869；相關案例見以下文獻：Chen Jian, China' s Road to the Korean War: The Making of the Sino-American Confrontation (New York: Columbia University Press, 1994), 169-170; Stueck, The Korean War, 230-231; and Steven Casey, Selling the Korean War: Propaganda, Politics, and Public Opinion in the United States, 1950-1953 (New York: Oxford University Press, 2008), 99-100。

117. "Interview with Escott Reid, Glendon College, Monday, June 9, 1969,"MG31 E46 vol. 29, "Korea," ERP, LAC.

118. President' s Press and Radio Conference, 31 August 1950, 21 and 28 September 1950; as well as Secretary of State' s Press and Radio Conference, 30 August 1950; President' s Secretary' s Files, "Press Conference File," Box 53 and Box 54, HSTP; Eben Ayers Diary, 1 and 28 September 1950, Box 21, Eben Ayers Papers (EAP), HSTL.

119. Letter, James E. Webb to John W. Snyder, Box 450, James E. Webb Papers (JEWP), HSTL.

120. 相關案例見以下文獻：Correspondence in "Korean War File, Department of State," Box 6, HSTP, HSTL。

121. Letter, James E. Webb to John W. Snyder, Box 450, JEWP.

122. Averell Harriman, February 14, 1954, Reel 6, Track 1: 7, Princeton Seminars, HSTL.

123. Dean Acheson, February 14, 1954, Reel 6, Track 1: 8, Princeton Seminars, HSTL.

124. 相反地，認為杜魯門政府「強推」強硬論的研究，則有以下：Casey, Selling the Korean War, Pierpaoli, Truman and Korea; Christensen, Useful Adversaries; and Frank Kofsky, Harry S. Truman and the War Scare of 1948: A Successful Campaign to Deceive the Nation (New York: St. Martin' s Press, 1993)。在 1947-1948 年，這種傾向或許是符合的，但正如本書所示，在 1950 年夏季已不再如此了。

125. Christensen, Useful Adversaries, 123.

126. "Notes on Cabinet Meetings II, 1946-1953," 29 September 1950, Matthew J. Connelly Papers (MJCP), HSTL.

127. "Notes on Cabinet Meetings II, 1946-1953," 29 September 1950, MJCP, HSTL.; Foot, The Wrong War, 70; Offner, Another Such Victory, 389.

128. Dean Acheson, 13 February 1954, Reel 3, Track 2: 1, Princeton Seminars, HSTL; Dean Acheson, Present at the Creation, 452-463。杜魯門大致上已於兩天前，也就是 9 月 27 日批准美軍越過三八線，但仍要求麥克阿瑟事先提交一份越過三八線以北之後的作戰計畫。見以下文獻：FRUS, 1950: Vol. 7 (27 September 1950)。

129. FRUS, 1950: Vol. 7(29 June 1950), 826.

130. Ernest May, ed., American Cold War Strategy: Interpreting NSC 68 (Boston: Bedford, 1993), vii; Walter LaFeber, America, Russia, and the Cold War, 1945-2006, 10th ed. (New York: McGraw-Hill, 2008), 103-105; idem, "Crossing the 38th: The Cold War in Microcosm," 81.

131. "Minutes of the 68th Meeting of the National Security Council held on Friday, September 29, 1950 in the Conference Room of the White House," 29 September 1950, Personal File, Subject File, National Security Council-Meeting File, Box 180, HSTP, HSTL.

132. Offner, Another Such Victory, 391.

133. 〈マッカーサー前線を視察：「金君の出迎えは？」ユーモアたっぷり〉《每日新聞》，(1950 年

10 月 21 日）；Richard H. Rovere and Arthur Schlesinger, Jr., General MacArthur and President Truman: The Struggle for Control of American Foreign Policy (New Brunswick, NJ: Transaction, 1992), 136; William Manchester, American Caesar: Douglas MacArthur, 1880-1964 (Boston: Little, Brown, 1978), 599; William B. Breuer, Shadow Warriors: The Covert War in Korea (New York: John Wiley and Sons, 1996), 106; and David Halberstam, The Coldest Winter: America and the Korean War (New York: Hyperion, 2007), 11。

134. "Toward V-K Day," and "U.N.' s War in Korea Enters Its Last Phase, MacArthur' s Forces Now in Position to Wipe Out Last Communist Units," 15 October 1950, New York Times.

135. Telegram, Peking to Foreign Office, UK, 26 October 1950, "China: Political Situation, Sept. 29-Oct. 24, 1950," DO133/24, TNA.

136. Chen, China' s Road to the Korean War, 205-209, 288; Millet, The War for Korea, vol. 2, 297, 542.

## 第 4 章

1. 〈意見書〉（1950 年 11 月 8 日）〈市清管局等單位的同志關於申請抗美援朝的志願書〉，001-009-00145，34-37 頁，北京市檔案館。

2. 最近開始注意人民聲音的研究有 Jeremy Brown, "From Resisting Communists to Resisting America: Civil War and Korean War in Southwest China, 1950-51," in Jeremy Brown and Paul G. Pickowicz, eds., Dilemmas of Victory: The Early Years of the People' s Republic of China (Cambridge, MA: Harvard University Press, 2008), 105-129。日本文獻方面，近年也開始出現重新探討歷史面貌，關注在「社會基層民眾階層」的研究。奥村哲編《変革期の基層社会：総力戦と中国・日本》，東京：創土社，2013 年；笹川裕史 《中華人民共和国誕生の社会史》，東京：講談社，2011 年；笹川裕史編《戦時秩序に巣喰う「声」：日中戦争国共内戦・朝鮮戦争と中国社会》，東京：創土社，2017 年。

3. 過去半世紀以來已累積了許多關於中國參戰韓戰的研究。本書特別受到了康乃爾大學教授陳兼（Chen Jian）許多著作的莫大幫助。請參照下文：Chen Jian, China' s Road to the Korean War: The Making of the Sino-American Confrontation (New York: Columbia University Press, 1994); Mao' s China and the Cold War (Chapel Hill: University of North Carolina Press, 2001), 49-84; and "China' s Changing Aims during the Korean War, 1950-1951," Journal of American-East Asian Relations, 1 (Spring 1992), 8-41. 5. Shu Guang Zhang, Mao' s Military Romanticism: China and the Korean War, 1950-1953 (Lawrence: University Press of Kansas, 1995); Niu Jun, "The Birth of the People' s Republic of China and the Road to the Korean War," in Melvyn P. Leffler and Odd Arne Westad, eds., The Cambridge History of the Cold War, Vol. 1 (Cambridge: Cambridge University Press, 2010), 221-243; and Simei Qing, From Allies to Enemies: Visions of Modernity, Identity, and U.S.-China Diplomacy, 1945-1960 (Cambridge, MA: Harvard University Press, 2007), 151-168；沈志華《毛澤東史達林與朝鮮戰爭》，廣州：廣東人民出版社，2007 年；楊奎松《毛澤東與莫斯科的恩恩怨怨》南昌：江西人民出版社，1999 年；朱建榮《毛沢東の朝鮮戦争：中国が鴨緑江を渡るまで》，東京：岩波書店，2004 年。有關俄羅斯政府扮演的角色所發揮的功用，參考了以下文獻：Kathryn Weathersby, "Soviet Aims in Korea and the Origins of the Korean War, 1945-50: New Evidence From the Russian Archives," CWIHP Working Paper, no. 8 (November 1993) and "Should We Fear This?' Stalin and the Danger of War with America," CWIHP Working Paper, no. 39 (July 2002); and Alexandre Y. Mansourov, "Stalin, Mao, Kim, and China' s Decision to Enter the Korean War, September 16-October 15, 1950," CWIHP Bulletin, 6/7 (1995), 94-119, as well as V. M. Zubok and Konstantin

Pleshakov, Inside the Kremlin's Cold War: From Stalin to Khrushchev (Cambridge, MA: Harvard University Press, 1996)；Vojtech Mastny, The Cold War and Soviet Insecurity: The Stalin Years (New York: Oxford University Press, 1996); A. V. トルクノフ《朝鮮戦争の謎と真実：金日成、スターリン、毛沢東の機密電報による》，東京：草思社，2001 年。

4. 牛軍《冷戦期中国外交の政策決定》，東京：千倉書房，2007 年；牛軍〈越過三八線：政治軍事考量與抗美援朝戰爭目標的確定〉《中共黨史研究》2002 年第 1 期，17-29 頁；沈志華〈朝鮮戰爭研究綜述：新資料與新觀點〉《中共黨史研究》1996 年第 6 期，86-90 頁。有關北京方面支援北韓與東北邊防軍的設立之準備，請參照下文：Charles Kraus, "Zhou Enlai and China's Response to the Korean War," North Korea International Documentation Project, e-Dossier, no. 9 (June 2012); and Chen Jian, China's Road to the Korean War, 126-154。
5.《人民日報》（1950 年 7 月 19 日）。
6.《人民日報》（1950 年 7 月 23 日、25 日）。
7.《人民日報》（1950 年 7 月 29 日）。
8.《光明日報》（1950 年 8 月 6 日）。
9.《解放日報》（1950 年 8 月 1 日）。
10.《解放日報》（1950 年 8 月 30 日）。
11. 有關中國地方報更詳細的討論，請參照下文：Godwin Chu and Francis Hsu, eds., Moving Mountain: Cultural Change in China (Honolulu: University Press of Hawaii, 1979), 78; Alan Liu, Mass Politics in the People's Republic: State and Society in Contemporary China (Boulder, CO: Westview Press, 1996)。
12.《長江日報》（1950 年 7 月 4 日）。
13.《長江日報》（1950 年 7 月 20 日、23 日）。
14.《長春新報》（1950 年 7 月 28 日）。
15.《長江日報》（1950 年 8 月 4 日、11 日）。
16.〈外交部關於江西南康縣人民法院關於美國僑民縱犬咬人案判決（1950 年 8 月 5 日），No. 118-00346-07，中華人民共和國外交部檔案館。
17.《長江日報》（1950 年 9 月 7 日）。
18.〈關於武昌文華中學美籍教員雞奸學生案件〉（1950 年 7 月 15 日），No.118-00346-08，中華人民共和國外交部檔案館。
19.〈外交部關於江西南康縣人民法院關於美國僑民縱犬咬人案判決〉No.118-00346-07，中華人民共和國外交部檔案館。
20.〈關於武昌文華中學美籍教員雞奸學生案件〉No.118-00346-08，中華人民共和國外交部檔案館。
21.〈關於反美不要牽涉宗教的指示〉（1950 年 7 月 30 日），No.118-00227-04，中華人民共和國外交部檔案館。
22. Chen, China's Road to the Korean War, 158-164.
23. 朴明林著，森善宣監譯《戰爭之平和：朝鮮半島 1950》，東京：社会評論社，2009 年，241 頁。
24.〈蔣介石日記〉（1950 年 9 月 30 日），Box 48, CKSD, HILA-SU。
25. 楊奎松《毛澤東與莫斯科的恩恩怨怨》288 頁。

26.《人民日報》(1950 年 9 月 23 日)。
27.〈中南區青年群眾的思想情況〉《內部參考》(1950 年 10 月 31 日),香港中文大學。
28.〈第五區委、區婦聯籌委會等單位關於抗美援朝工作的彙報、週報、簡報〉(1950 年 10 月 20 日),No. 040-002-00123,北京市檔案館。
29.〈北京市第六區委各支部有關抗美援朝的群從反應及宣傳指揮站工作計畫〉(1950 年 11 月),No. 038-001-00023,北京市檔案館。
30. 同前。
31.〈中南區青年群眾的思想情況〉《內部參考》(1950 年 10 月 31 日),香港中文大學。
32. 同前。
33.〈1951 年半年來進行抗美援朝愛國主義教育的情況報告〉(1951 年 9 月 21 日),C21-1-108,上海市檔案館;〈無錫、蘇州等地流傳的謠言及部分幹部群眾對時局的反應》《內部參考》(1950 年 11 月 11 日),香港中文大學。
34. 同前。〈北京市第六區委各支部有關抗美援朝的群從反應及宣傳指揮站工作計畫〉(1950 年 11 月),No. 038-001-00023,北京市檔案館。
35.〈第五區委、區婦聯籌委會等單位關於抗美援朝工作的彙報、週報、簡報〉(1950 年 10 月 20 日),No.040-002-00123,北京市檔案館;〈抗美援朝運動中中學生的思想狀況〉(1950 年 9 月 21 日),No.100-001-00034,北京市檔案館。
36.〈北京市第六區委各支部有關抗美援朝的群從反應及宣傳指揮站工作計畫〉(1950 年 11 月),No. 038-001-00023,北京市檔案館;〈1951 年半年來進行抗美援朝愛國主義教育的情況報告〉(1951 年 9 月 21 日),C21-1-108,上海市檔案館。
37.〈美軍在仁川登陸後,無錫工商界思想混亂黃金暴漲〉《內部參考》(1950 年 10 月 13 日),香港中文大學。
38.〈湖南、浙江、蘇南、山東等地謠言彙集〉《內部參考》(1950 年 10 月 25 日),香港中文大學。
39. 同前。
40.〈中共上海市郊區工作委員會宣傳部關於郊區抗美援朝宣傳教育工作情況的報告〉(1951 年 1 月 5 日),A71-2-889-10,上海市檔案館;〈抗美援朝運動中中學生的思想狀況〉(1950 年 9 月 21 日),No.100-001-00034,北京市檔案館;〈北京市第六區委各支部有關抗美援朝的群從反應及宣傳指揮站工作計畫〉(1950 年 11 月),No. 038-001-00023,北京市檔案館。
41. 同前。
42. 有關這部分請參照《長江日報》(1950 年 7 月 25 日,10 月 8 日,11 月 5 日、24 日);《吉林日報》(1950 年 10 月 26 日、28 日,11 月 1 日、5 日);《河南日報》(1950 年 11 月 14 日、23 日);《山西日報》(1950 年 8 月 6 日,9 月 8 日,10 月 21 日,12 月 4 日);《廣西日報》(1950 年 12 月 10 日、17 日);《人民日報》(1950 年 10 月 17 日)。
43. 江擁輝《三十八軍在朝鮮》瀋陽:遼寧人民出版社,2009 年,14 頁。江擁輝乃軍人,曾作為人民志願軍第 38 軍軍長參與韓戰。
44.〈浙江六分區匪特活動漸趨猖獗〉《內部參考》(1950 年 10 月 13 日),香港中文大學。
45.〈湖北土匪特務惡霸活動情況〉《內部參考》(1950 年 10 月 14 日),香港中文大學。
46.〈湘西、武岡、城步等縣匪特活動狀況〉《內部參考》(1950 年 10 月 19 日),香港中文大學。
47. 朱建榮《毛沢東の朝鮮戦争》,382-383 頁。

48. Maurice J. Meisner, Mao's China and After: A History of the People's Republic, 3rd ed. (New York: Free Press, 1999),71.

49. 中共中央黨史研究室《中國共產黨的七十年》，北京：中共黨史出版社，1991 年，328 頁。

50.《廣西日報》(1950 年 12 月 10 日)。

51.《廣西日報》(1950 年 12 月 17 日)。

52. 中共中央文獻研究室《周恩來軍事文選》，北京：人民出版社，1997 年，60-61 頁。

53.〈空軍遠飛大陸空投白米〉《民聲報》(1950 年 9 月 27 日)；〈中南總分社訊〉《內部參考》(1950 年 11 月 9 日)，香港中文大學。

54.〈自救救國最好時機〉(1950 年 11 月 13 日)，何鼎新編《反共抗俄中的蔣總統》，臺北：新中國文化出版社，1950 年，66-67, 101-104 頁。

55.〈平壤解放後福州、青島、各界一般思想情況〉《內部參考》(1950 年 12 月 23 日)，香港中文大學。

56.《山西日報》(1950 年 12 月 8 日)。

57.〈美帝侵朝後，察省各地地主進行反攻〉《內部參考》(1950 年 11 月 30 日)，香港中文大學。

58. 天児慧《中華人民共和国史》東京：岩波書店，1999 年，21 頁。

59.〈江蘇鎮江市各界對土地法……的反應〉《內部參考》(1950 年 7 月 18 日)，香港中文大學。

60.〈對「不動富農土地財產」口號的疑問〉《內部參考》(1950 年 6 月 8 日)，香港中文大學。

61.〈河北、平原各階層對不動富農政策的反應〉《內部參考》(1950 年 7 月 10 日)，香港中文大學。

62.〈西南目前工作中心任務：鄧小平政委在西南新聞會議上的報告摘要〉《內部參考》(1950 年 5 月 23 日)，香港中文大學。

63.〈宜昌地主千方百計抵抗破壞〉《內部參考》(1950 年 5 月 16 日)，香港中文大學；〈土地法公布後蘇南地主破壞生產富農諷刺打擊農民〉《內部參考》(1950 年 7 月 19 日)，香港中文大學。

64. Meisner, Mao's China and After, 92-96.

65. Teiwes, "Establishing and Consolidating of the New Regime," 84; see also Ezra Vogel, Canton under Communism: Programs and Politics in a Provincial Capital, 1949-1968(New York: Joanna Cotler Books, 1971), 91-106.

66. Teiwes, "Establishing and Consolidating of the New Regime," 85.

67.〈臨澧對慣匪處理不恰當及時土匪乘機造成群眾恐懼〉《內部參考》(1950 年 5 月 15 日)，香港中文大學。

68.〈湘西武岡、城步等縣匪特活動情況〉《內部參考》(1950 年 10 月 19 日)，香港中文大學。

69.〈湖南永順等地土匪活動情況〉《內部參考》(1950 年 6 月 22 日)，香港中文大學；江擁輝《三十八軍在朝鮮》，14 頁。

70.〈中共上海市郊區工作委員會關於上海市華龍區和平簽名運動的工作簡報〉(1950 年 11 月 4 日)，A71-2-56，7 頁，上海市檔案館。

71. 同前 (1950 年 7 月)，7 頁；〈無錫、松江各階層對時局的反映〉《內部參考》，(1950 年 11 月 25 日)，香港中文大學。

72. 王波《毛澤東的艱難決策：中國人民志願軍出兵朝鮮的決策過程》第二版，北京：中國社會科學出版社，2006 年，129 頁。

73. 〈美機侵犯我東北領空後鎮江群眾反應〉《內部參考》(1950 年 9 月 12 日)，香港中文大學。

74. 〈關於朝鮮戰局的反應：中共北京市委向中央、華北局的報告〉(1950 年 10 月 8 日)，北京市檔案館研究室編〈北京市與抗美援朝〉《冷戰國際史研究》第 2 期 (2006 年)，396 頁；〈北京市第六區委各支部有關抗美援朝的群從反應及宣傳指揮站工作計畫〉(1950 年 11 月)，No.038-001-00023，北京市檔案館；〈中南區青年群眾的思想情況〉《內部參考》(1950 年 10 月 31 日)，香港中文大學；〈京、津、滬、漢部分群眾對目前時局的反應〉《內部參考》(1950 年 11 月 3 日)，香港中文大學。

75. 此類觀察可見於以下文獻。侯松濤〈抗美援朝運動中的社會動員〉中共中央黨校博士論文，2006 年，29 頁。

76. 〈北京市第六區委各支部有關抗美援朝的群從反應及宣傳指揮站工作計畫〉(1950 年 11 月)，No.038-001-00023，北京市檔案館。

77. 〈中共北京市委關於抗美援朝向中央華北局的報告〉(1950 年 11 月 5 日)，北京市檔案館研究室編〈北京市與抗美援朝〉《冷戰國際史研究》第 2 期 (2006 年)，397-398 頁

78. 《吉林日報》(1950 年 11 月 10 日)。

79. 〈北京市第六區委各支部有關抗美援朝的群從反應及宣傳指揮站工作計畫〉(1950 年 11 月)，No. 038-001-00023，北京市檔案館。

80. 同前。

81. 〈南京各階層對時局和土改的反應及工商界的思想動態〉《內部參考》(1950 年 8 月 30 日)，香港中文大學。

82. 〈中共上海市常熟區委宣傳部關於各階層群眾運動思想動態報告〉(1950 年 11 月 9 日)，No. A22-2-20-94，上海市檔案館。

83. 〈上海、天津等地謠言一束〉《內部參考》(1950 年 11 月 7 日)，香港中文大學。

84. 〈北京市第六區委各支部有關抗美援朝的群從反應及宣傳指揮站工作計畫〉(1950 年 11 月)，No.038-001-00023，北京市檔案館。

85. 杜平《在志願軍總部》，北京：解放軍出版社，1989 年，24 頁。

86. Zhang, Mao's Military Romanticism, 77; Telegram, CRO to High Commissioner in Delhi, 3 October 1950, in "China: Political Situation," DO133/24, TNA.

87. 沈志華《毛澤東、史達林與朝鮮戰爭》，184 頁；Chen, China's Road to the Korean War, 173.

88. 《建國以來毛澤東文稿第一冊》，北京：中央文獻出版社，1987 年，538 頁。

89. 同前，539-541 頁；Chen, China's Road to the Korean War, 175。

90. 《建國以來毛澤東文稿第一冊》，540 頁；Chen, China's Road to the Korean War, 176。

91. 在 1990 年代，關於 10 月 2 日這份文件的可信度曾引起相當大的爭論。這是因為俄羅斯的檔案館裡只找得到隔日羅申送出的報告文件，而沒有 10 月 2 日的文件，因此有一段時間曾傳出中國學者認為這是偽造之說。但該份文件乃毛澤東親筆且未蓋送件印，因此現在一般認為是毛所撰但最終未送出。詳細請參閱以下文獻：Chen, Mao's China and the Cold War, 56；楊奎松《毛澤東與莫斯科的恩恩怨怨》，290-297 頁；沈志華《毛澤東史達林與朝鮮戰爭》，179-192 頁。

92. 雷英夫〈抗美援朝戰爭幾個重大決策的回憶〉《黨的文獻》1994 年 1 期，27 頁；楊奎松《毛澤東與莫斯科的恩恩怨怨》，293 頁。

93. "Ciphered Telegram from Roshchin in Beijing to Filippov [Stalin], October 3, 1950, conveying October 2, 1950 Message from Mao to Stalin," in CWIHP Digital Archives: The Korean War; 沈志華《朝

鮮戰爭：俄國檔案館的解密文件第一卷》，臺北：中央研究院近代史研究所，2003 年，576-577 頁；楊奎松《毛澤東與莫斯科的恩恩怨怨》，293-294 頁；徐焰《毛澤東與抗美援朝戰爭：正確而輝煌的運籌帷幄》，北京：解放軍出版社，2003 年，86-87 頁。

94. Niu Jun, "The Birth of the People's Republic of China and the Road to the Korean War," in Leffler and Westad, The Cambridge History of the Cold War, vol. 1, 240-242.

95. 沈志華《朝鮮戰爭：俄國檔案館的解密檔第二卷》，583-584 頁；and "New Evidence on Cold War Crises: Russian Documents on the Korean War,1950-1953,"Cold War International History Project Bulletin, no. 14/15(Winter 2003-Spring 2004), 376。

96. 沈志華《朝鮮戰爭：俄國檔案館的解密檔第二卷》，582 頁；and "New Evidence on Cold War Crises," 376-377。

97. 聶榮臻《聶榮臻元帥回憶錄》，北京：解放軍出版社，2005 年，585-586 頁；Chen, China's Road to the Korean War, 281; Zhang, Mao's Military Romanticism, 80-81。

98. 有關該會議之詳情，可參考與會者的回憶錄或研究者對與會者進行的訪問。請參照以下文獻：Chen, China's Road to the Korean War, 182; Zhang, Mao's Military Romanticism, 80；沈志華《毛澤東史達林與朝鮮戰爭》，185 頁；楊奎松《毛澤 東與莫斯科的恩恩怨怨》，293 頁；張希〈彭德懷受命率師抗美援朝的前前後後〉《中共黨史資料》，1989 年 10 月第 31 期，132 頁；張民、張秀娟《周恩來與抗美援朝戰爭》，上海：上海人民出版社，2000 年，123 頁。有關一手資料可參照以下文獻：師哲《在歷史巨人身邊：師哲回憶錄》，北京：中央文獻出版社，1991 年，494 頁；《聶榮臻元帥回憶錄》，585-587 頁；《彭德懷軍 事文選》，北京：中央文獻出版社，1988 年，320-321 頁。

99. 李德、舒雲編《林彪日記第二卷》Carle Place, New York: Mingjing chubanshe, 2009, 678; Zhang, Mao's Military Romanticism, 80；朱建榮《毛沢東の朝鮮戦争：中国が鴨緑江を渡るまで》，201 頁；張民、張秀娟《周恩來與抗美援朝戰爭》，122-123 頁；楊鳳安、王天成《北緯三十八度線：彭德懷與朝鮮戰爭》，北京：解放軍出版社，2000 年，93-95 頁。

100. 張希〈彭德懷受命率師抗美援朝的前前後後〉，136 頁；《聶榮臻元帥回憶錄》，587 頁；王焰編《彭德懷年譜》，北京：人民出版社，1998 年，402-403 頁；Chen, China's Road to the Korean War, 183-184；朱建榮《毛沢東の朝鮮戦争》，268-269 頁。

101. 《彭德懷軍事文選》，322 頁；張希〈彭德懷受命率師抗美援朝的前前後後〉，53 頁；Chen, China's Road to the Korean War, 183-184。

102. 《聶榮臻元帥回憶錄》，587 頁。

103. Chen, China's Road to the Korean War, 197-200; Zhang, Mao's Military Romanticism, 83. 朱建榮《毛沢東の朝鮮戦争》，327-344 頁。

104. 沈志華《毛澤東史達林與朝鮮戰爭》，196-197 頁；楊奎松《毛澤東與莫斯科的恩恩怨怨》，298-299 頁。

105. Zhang, Mao's Military Romanticism, 83.

106. Chen, China's Road to the Korean War, 201-202.

107. 毛澤東電文（1950 年 10 月 13 日）《建國以來毛澤東文稿第一冊》，556 頁；中共中央文獻研究室編《毛澤東文集第六卷》，北京：人民出版社，1999 年，103-104 頁；Chen, China's Road to the Korean War, 202; and Zhang, Mao's Military Romanticism, 184。

108. Gaddis, We Now Know, 80-81.

109. CWIHP Bulletin, no. 14/15 (Winter 2003-Spring 2004), 370, 375-376；沈志華《朝鮮戰爭：俄國檔

案館的解密檔第二卷》，581-582 頁。

110. CWIHP Bulletin, no. 14/15 (Winter 2003-Spring 2004), 370.

111. Kathryn Weathersby, "Should We Fear This?': Stalin and the Danger of War with America," CWIHP Working Paper Series, no. 39 (July 2002), 19-20.

112. 吳瑞林《抗美援朝中的第 42 軍》，北京：金城出版社，1995 年，80-81 頁。

113. Chen Jian, "China's Changing Aims during the Korean War, 1950-1951," Journal of American-East Asian Relations, 1 (Spring 1992), 26-28; Chen Jian, Mao's China and the Cold War (Chapel Hill, NC: University of North Carolina Press, 2001), 92-93; Zhang, Mao's Military Romanticism, 123；洪學智《抗美援朝戰爭回憶》，北京：解放軍文藝出版社，1990 年，98-99 頁。

114. Letter from Zhou Enlai to Mao Zedong, 9 December 1950 in Charles Kraus, "Zhou Enlai and China's Response to the Korean War," NKIDP e-Dossier no. 9 (June 2012), 23.

115.〈平壤解放後福州、青島、各界一般思想情況〉《內部參考》(1950 年 12 月 23 日)，香港中文大學。

116.《朝日新聞》社論 (1950 年 11 月 20 日)。

117. 沈志華〈朝鮮戰爭研究綜述：新資料與新觀點〉《中共黨史研究》1996 年第 6 期，86-90 頁；牛軍《冷戦期中国外交の政策決定》；牛軍〈越過三八線：政治軍事考量與抗美援朝戰爭目標的確定〉《中共黨史研究》2002 年第 1 期，17-29 頁。

118. 關於北京越過三八線的決定，過去學者提出了幾個因素。一、北京高層擔心，假設在三八線停軍，會給美軍部隊準備反擊的時間；二、北韓領導人金日成在 12 月 3 日訪問北京，懇求中國軍南下三八線；三、北京獲得了一份美方的情資報告，其中暗示美軍將全面撤軍。請參照以下文獻：Zhang, Mao's Military Romanticism, 121-123; and Stueck, The Korean War, 143-144。另外，也有人提出莫斯科施加的壓力也是推力之一，請參照以下文獻等："CC Politburo Decision with Approved Message to Vyshinsky in New York,"7 December 1950, in the CWIHP Virtual Archive "The Korean War"; and "Telegram from Gromyko to Roshchin Transmitting Message from Filippov to Zhou Enlai," 7 December 1950, in the CWIHP Virtual Archive "The Korean War."。

119. Chen, China's Road to the Korean War, 215.

120. 毛澤東電文 (1950 年 12 月 13 日)《建國以來毛澤東文稿第一冊》，722 頁。

121. Zhang, Mao's Military Romanticism, 126.

122. 毛澤東電文 (1950 年 12 月 21 日)《建國以來毛澤東文稿第一冊》，731-732 頁。

123. 杜平《在志願軍總部》，北京：解放軍出版社，1989 年，153 頁。

124. 王焰編《彭德懷年譜》，460 頁；Zhang, Mao's Military Romanticism, 128。

125. Zhang, Mao's Military Romanticism, 129；王焰編《彭德懷年譜》，460 頁；徐焰《毛澤東與抗美援朝戰爭》，171-172 頁。

126. Chen, "China's Changing Aims during the Korean War, 1950-1951," 26-29, 40-41; idem, Mao's China and the Cold War, 61, 92-96.

## 第 5 章

1. Transcript, Minutes of Regular Meeting, 9 October 1950, Folder 2, "School Defense Protest," Box 1813, Los Angeles Unified School District Board of Education Records (LAUSDBER), Library Special Collections (LSC), University of California Los Angeles (UCLA), Los Angeles, CA.

2. Letter, Nan Blair to the Los Angeles City School Board of Education, 6 February 1951, Folder 2, Box 1813, LSC-UCLA.
3. Letter, Jack J. Moore to the President of the Board of Education, 22 February 1951, Folder 2, Box 1813, LSC-UCLA.
4. Ibid.
5. Transcript, Minutes of Regular Meeting, 9 October 1950.
6. 相關例子請參見以下文獻：Steven Casey, Selling the Korean War: Propaganda, Politics, and Public Opinion in the United States, 1950-1953 (New York: Oxford University Press, 2008); Kenneth Osgood, Total Cold War: Eisenhower' s Secret Propaganda Battle at Home and Abroad (Lawrence: University of Kansas, 2006); Walter Hixson, Parting the Curtain: Propaganda, Culture, and the Cold War, 1945-1961 (New York: St. Martin' s Press, 1997); and Tony Shaw, Hollywood' s Cold War (Amherst: University of Massachusetts Press, 2007)。
7. Harry S. Truman, Long Hand Note File, 9 December 1950, Box 281, President' s Secretary File, HSTL.
8. "Minutes of the Meeting of the President with Congressional Leaders, 11 a.m., Friday, in the White House," 1 December 1950, Folder "Attlee Meeting-December 1950," Box 149, Foreign Affairs File, Subject File, President' s Secretary' s Files, HSTP, HSTL.
9. 相關例子請參見以下文獻："World War III, Phase I: Soviet Ahead," USNWR, 24 November 1950。
10. Letter, Carter Clarke to Bonner Fellers, 18 December 1950, Folder 9, Box 1, BFFP, MMA. The underline appears in the original.
11. Correspondence, Douglas MacArthur to the Joint Chiefs of Staff, 30 December 1950, Folder 11, Box 1, DMP, MMA.
12. Press release, President Harry S. Truman' s Speech, 15 December 1950, Folder "Korea," Box 1304, OF471, HSTP, HSTL; Dean Acheson, likewise, expressed a similar logic several times at the NSC meeting and the Cabinet meeting on 28 November, as well as the president' s meeting with congressional leaders on 13 December. See FRUS, 1950: Vol. 7: Korea, 1242-1249; "Minutes of Cabinet Meeting, 4:20 p.m., Tuesday, at the White House," Folder "Attlee Meeting-December 1950," Box 149, Foreign Affairs File, Subject File, President' s Secretary' s Files, HSTP, HSTL; and "Minutes of the Meeting of the President with Congressional Leaders, 10:00 a.m., Wednesday, at the White House," 13 December 1950, Folder "Attlee Meeting-December 1950," Box 149, Foreign Affairs File, Subject File, President' s Secretary' s Files, HSTP, HSTL.
13. Letter, John Brogen to William Knowland, 12 October 1950, Box 272, WKP, BL-UCB.
14. Letter, Walter Judd to McKinley, 17 August 1950, Box 38, Walter Henry Judd Papers (WHJP), HILA-SU; see also Marguerite Higgins, War in Korea: The Report of a Woman Combat Correspondent (Garden City, NY: Doubleday, 1951), 215.
15. "Poll Favors Dog Tags for Bomb Attacks," Los Angeles Times, 25 September 1950.
16. Letter, Harold Bisbee to Harry S. Truman, 16 December 1950, Box 1307, OF471B, HSTL.
17. Letter, L. W. Neustadter to William Knowland, Box 242, WKP, BL-UCB.
18. Eugene Donald Millikin' s comments in "Meeting of the President with Congressional Leaders in the Cabinet Room," 13 December 1950, Folder 3, Student File no. 44, HSTL.

19. "Meeting with the President with Congressional Leaders," 13 December 1950, Folder 3, SF 44, HSTL.
20. Ibid.
21. Letter, F. W. Stover to A. R. Guernsey, Box 1, Series I, Fred Stover Papers (FSP),SCUA-UI.
22. Norman Thomas, "Why No One Can Be Neutral," 4, in Box 11, Raymond Feely Papers (RFP), HI-LA-SU.
23. Memorandum, David Bruce to Acheson, "Review of Political Development During the Months of September, October, and November, 1950," 13 December 1950, FRUS. 1950: Vol. 3: Western Europe, 1440.
24. Stueck, The Korean War, 130-138.
25. 有關杜魯門、艾德禮的會談，詳見以下文獻：FRUS, 1950: Vol. 3, Western Europe, 1706-1787。
26. FRUS, 1950: Vol. 3, Western Europe, 1714-1715, 1725-1726.
27. Ibid., 1762-1763.
28. Ibid., 1711-1712.
29. John Dower, War Without Mercy: Race and Power in the Pacific War (New York: Pantheon, 1986), 142-146, 302-303.
30. Roscoe Drummond, "The State of Europe; Danger from Within," December 1950, File 2, SF no. 44. HSTL.
31. Letter, Charles R. Kennedy to HST, 4 December 1950, Box 1305, OF471-B, HSTP, HSTL.
32. Letter, Esther R. to HST, 6 December 1950, File 2, SF no. 44, HSTL.
33. Letter, A. Cumings to William Knowland, Box 272, WKP, BL-UCB.
34. Editorial, Pittsburgh Press, 10 December 1950.
35. 相關例子請參見以下文獻：David Lawrence, "What Do We Mean by 'Preventive War'?" USN-WR, 8 September 1950; and "War Now? Or When? Or Never?" Time, 18 September 1950。
36. "Why Korea?" Twentieth Century-Fox (1950), Motion Picture Collection, HSTL.
37. Letter, Don P. West to John R. Steelman, n.d., 471-B; letter, Charles Niles to John R. Steelman, 13 January 1951, OF471B. HSTL.
38. Letter, P. J. Wood to John R. Steelman, 22 January 1951, OF471B. HSTL.
39. Walter Hixson, Parting the Curtain: Propaganda, Culture, and the Cold War, 1945-1961 (New York: St. Martin's Press, 1997), 14-15; Kenneth Osgood, Total Cold War: Eisenhower's Secret Propaganda Battle at Home and Abroad (Lawrence: University of Kansas, 2006), 43; Marc J. Selverstone, Constructing the Monolith: The United States, Great Britain, and International Communism, 1945-1950 (Cambridge, MA: Harvard University Press, 2009), 177.
40. Guy Oakes, The Imaginary War: Civil Defense and American Cold War Culture (New York: Oxford University Press, 1994), 34-38.
41. "Invitation to the first public exhibition of the Federal Civil Defense Administration's Rescue Street," Folder "Civil Defense Campaign," Box 6, Spencer R. Quick Files, Staff Member and Office Files, HSTP, HSTL.
42. "Statement by the President on the First Anniversary of Civil Defense," 12 January 1952, Folder "Feb.

1951-1953," Box 1671, OF1591, HSTP, HSTL.

43. "Federal Civil Defense Administration Press Information," no. 120, June 21, 1951, in memorandum from John T. Gibson to Irving Perlmeter, 23 June 1951, Folder "Miscellaneous, 1945-50," Box 1743, OF 2965, HSTP, HSTL.

44. "Civil Defense 1951," Your Government: Bulletin of the Bureau of Government Research, Lawrence, Kansas, vol. 6 (15 February 1951), Folder 4, Box 52, AFSF, UA-UCLA.

45. Letter from Alexander Stoddard to George Marshall (8 March 1951), in Folder 4: "National Security Training Classes," Box 1812, LAUSDBER, LSC-UCLA.

46. Laura McEnaney, Civil Defense Begins at Home: Militarization Meets Everyday Life in the Fifties (Princeton, NJ: Princeton University Press, 2000), 88.

47. Letter, J. D. Riggins to Dr. Stafford Warren, Dean of School of Medicine, UCLA, 7 August 1950, LSC-UCLA; letter, Frank Dale to HST, 17 January 1951, Folder "1945-Jan. 1951," Box 1671, OF1591, HSTP, HSTL.

48. Letter, Richard J. Kennedy to Gen. Harry H. Vaughan, 8 August 1950, Folder "1945-Jan. 1951," Box 1671, OF1591, HSTP, HSTL.

49. Letter, Richard J. Kennedy to Gen. Harry H. Vaughan, 6 September 1950, Folder "1945- Jan. 1951," Box 1671, OF1591, HSTP, HSTL.

50. Guy Oakes, The Imaginary War: Civil Defense and American Cold War Culture (New York: Oxford University Press, 1994), 158, 165-166.

51. "Delays in Civilian Defense," Los Angeles Times, 2 October 1950, Folder 4, Box 52 AFSW, UA-UCLA.

52. Memorandum, MacArthur to Joint Chiefs of Staff, 3 December 1950, File 11 Box 1, RG6, DMP, MMA.

53. Note of the President's Meeting with Congressional Leaders, 13 December 1950, Folder 3, SF 44, HSTL.

54. Ibid.; see also "Research Data of the Chinese Communist Potential for Intervention in the Korean War," in Folder 1, Box 14, RG 23, Charles A. Willoughby Papers (CAWP), MMA.

55. 師哲《在歷史巨人身邊：師哲回憶錄》，北京：中央文獻出版社，1991 年，492-493 頁；William J. Sebald, With MacArthur in Japan: A Personal History of the Occupation (New York: W. W. Norton, 1965), 173; Chen Jian, China's Road to the Korean War: The Making of the Sino-American Confrontation (New York: Columbia University Press, 1994), 169。

56. "Research Data of the Chinese Communist Potential for Intervention in the Korean War," CAWP, MMA; see also Willoughby's Memorandum, "Brief of "Trends of High Level Washington Estimates on Chinese Communist Intervention in Korea," Willoughby to MacArthur, 23 February 1951, Folder 11, Box 1, DMP, MMA.

57. Stueck, The Korean War, 91-96.

58. Sebald, With MacArthur in Japan, 173; Chen, China's Road to the Korean War, 169-171.

59. Willoughby, "Brief of "Trends of High Level Washington Estimates on Chinese Communist Intervention in Korea." "

60. David Halberstam, The Coldest Winter: America and the Korean War (New York: Hyperion, 2007), 370-380。大衛．哈伯斯坦對於威洛比提交了符合麥克阿瑟想法的報告這點，提出了相當嚴厲的批判。

61. Bruce Cumings, The Origins of the Korean War: The Roaring of the Cataract (Princeton, NJ: Princeton University Press, 1990), 97; Averell Harriman, "Trip to Korea," Box 305, William Averell Harriman Papers (WAHP), LC.

62.《蔣介石日記》(1950年10月29日)，Folder 11, Box 48, HILA-SU. DAKLTH. 關於這一點，白宮發言人查爾斯．G．羅斯（Charles G. Ross）曾告訴過總統助理伊本．艾爾斯（Eben Ayers），他的看法與麥克阿瑟相同。即使到了11月7日，也就是中國參戰三週之後，羅斯透露，他仍然無法辨別中國軍隊出現在北韓境內是「全面參戰的跡象，或僅是保衛邊境地區」。請參照以下文獻：Eben Ayers, Truman in the White House: The Diary of Eben A. Ayers (Columbia: University of Missouri Press, 1991), 380。

63. Dower, War Without Mercy, 99-104.

64. Ibid., 102, 105-106.

65. Harold Isaacs, Scratches on Our Minds (New York: J. Day, 1958), 237.

66. Isaacs, Scratches on Our Minds, 97-99.

67. Ibid., 238.

68. Thomas Borstelmann, The Cold War and the Color Line (Cambridge, MA: Harvard University Press, 2001), 48-53; Michael H. Hunt, Ideology and US Foreign Policy (New Haven, CT: Yale University Press, 1987), 162-163.

69. Isaacs, Scratches on Our Minds, 226-227.

70. "Aggressive China Becomes a Menace," Life, 20 November 1950.

71. 入江昭《米中関係のイメージ》，東京：平凡社，2002年，223-224頁。

72. Letter, American China Policy Association to editors of various magazines, Box 11, RFP, HILA-SU.

73. 有關中蘇關係，請參照以下文獻：Odd Arne Westad, Brothers in Arms: The Rise and Fall of the Sino-Soviet Alliance, 1945-1963 (Stanford, CA: Stanford University Press, 1998); Chen Jian, "The Sino-Soviet Alliance and China's Entry into the Korean War," CWIHP Working Paper, no. 1 (1992)。

74. T. Christopher Jespersen, American Images of China, 1931-1949 (Stanford, CA: Stanford University Press, 1996), 188.

75. Letter, Raymond Allen to HST, 29 November 1950, Box 1306, OF 471B, HSTL.

76. "Editorial Note on Conversations between Dean Rusk and John Foster Dulles," 18 May 1951, FRUS, 1950: Vol. 7: Korea and China, Part 2, 1671-1672.

77. Letter, Henry A. Wallace to Jimmy Jemail, 16 December 1950, Box 38, Series III, Henry A. Wallace Papers (HAWP), SCUA-UI; Henry A. Wallace, Speech on 21 January 1951, Box 77, Series X, HAWP, SCUA-UI.

78. "Harvest Time for the 'Agrarian Reformer,'" Saturday Evening Post, 16 December 1950.

79. Letter, LaVere Roelfs to W. Averell Harriman, 21 November 1950, Box 309, WAHP, LC.

80. 〈為何漢奸必亡侵略必敗〉《改造》5卷(1950年11月1日)，101-104頁，國民黨黨史館；〈如大戰爆發即刻重返大陸〉《中央日報》(1950年12月10日)；〈研究建立大陸反共政權方案草案及

大陸反共救國戰鬥綱領會議〉，行政院檔案，No.014-00001-2999A，國史館，臺北。

81. Minutes, Central Reform Meeting on November 1950, No. 6-41-202, CNPR, HILA-SU.

82.《中央日報》(1950 年 11 月 26 日)。

83. 相關例子請參見以下文獻：Jeremy Brown and Paul Pickowicz, Dilemmas of Victory: The Early Years of The People's Republic of China (Cambridge, MA: Harvard University Press, 2007)；白希《開國大鎮反》，北京：中共黨史出版社，2006 年。

84. 相關例子請參見以下文獻：Maurice Meisner, Mao's China and After, 3rd ed. (New York: Free Press, 1999), and Elizabeth Perry, "Reclaiming the Chinese Revolution," Journal of Asian Studies, 67 (2008), 1147-1164。

85. 有關韓戰期間，莫斯科、北京、平壤之間的通信請參見以下文獻：Kathryn Weathersby, "Should We Fear This?' Stalin and the Danger of War with America," CWIHP Working Paper, no. 39, July 2002; Vladislav Zubok and Constantine Pleshekov, Inside the Kremlin's Cold War: From Stalin to Khrushchev (Cambridge, MA: Harvard University Press, 1996); and Sergei Goncharov, John Lewis, and Xue Litai, Uncertain Partners: Stalin, Mao, and the Korean War (Stanford, CA: Stanford University Press, 1993)。

86. 有關中國方面的背景和情況，請參閱本書第 4 章及以下文獻：Brown and Pickowicz, Dilemmas of Victory; Chen, China's Road to the Korean War；朱建榮《毛沢東の朝鮮戦争：中国が鴨緑江を渡るまで》，東京：岩波書店，2004 年；牛軍著，真水康樹譯《冷戦期中国外交の政策決定》，東京：千倉書房，2007 年；楊奎松《毛澤東與莫斯科的恩恩怨怨》，南昌：江西人民出版社，1999 年。

87. Letter, Carter Clarke to Bonner Fellers, 30 April 1951, Folder 9, Box 1, RG 44a, BFFP, MML.

88. "If There Ever Was a Time for the Free World to Rally!" Kansas City Star, 16 December 1950.

89. John King Fairbank, The United States and China (Cambridge, MA: Harvard University Press, 1948), xiii; John King Fairbank et al., Next Step in Asia (Cambridge, MA: Harvard University Press, 1949), 18.

90. Fairbank, The United States and China, 3-4.

91. Akira Iriye, "Culture and International History," in Michael Hogan and Thomas Peterson, eds., Explaining the History of American Foreign Relations, 2nd ed. (New York: Cambridge University Press, 2004), 245.

92. "American Communists," 21 August 1950, The Gallup Poll, vol. 2, 933, OKL-CU.

93. Ibid.

94. Counterattack (August 1950), Tamiment Library, New York University, New York.

95. Letter, M. Keatle to HST, 11 September 1950, Box 1717, OF2750B, HSTP, HSTP, HSTL.

96. Griffin Fariello, ed., "Becky Jenkins," in Red Scare: Memories of the American Inquisition: An Oral History (New York: Avon Books, 1995), 71.

97. Cartoon, "Look Out for Infiltration at Home," Ithaca Journal, 14 August 1950; see also Jenkins, Cold War at Home, 1.

98. "People Fear Being Called 'Liberal," Palo Alto Times, 9 March 1951, Box 1, MENC, SCUA-SU.

99. David E. Lilienthal, Lilienthal's Journal, Vol. II: The Atomic Energy Years 1945-1950 (New York: Harper & Row, 1964), 434; Patterson, Grand Expectations, 139; Alonzo L. Hamby, Beyond the New

Deal: Harry S. Truman and American Liberalism (New York: Columbia University Press, 1973), 83.

100. Letter, Fred Behne to the Headquarter Office, 30 July 1950, Box 5, File 22, PPP, SCUAUI。1950 年夏秋兩季送到進步黨總部的信件中，可以找到許多內容相似的信件。

101. Letter, Joe Riblake to the Headquarters Office, 14 September 1950, Box 5, File 22, PPP, SCUA-UI.

102. Letter, Mike and Marilyn Gorski to the Headquarters Office, 14 September 1950, Box 5, File 22, PPP, SCUA-UI.

103. Ellen Schrecker, "McCarthyism: Political Repression and the Fear of Communism," Social Research, 71: 3 (2004), 1071.

104. Letter, anonymous to Henry A. Wallace, 9 August 1950, HAWP, SCUA-UI.

105. Letter, Felix H. Bistram to HST, 31 August 1950. HSTP, HSTL.

## 第 6 章

1. Telegram, Commonwealth Relations Office (hereafter, CRO), UK, to High Commissioners, "Tightening-Up of Chinese Censorship," 24 November 1950, in "China: Political Situation," DO133/25, TNA.

2. Telegram, CRO to High Commissioners, 15 November 1950, in "China: Political Situation."

3. Telegram, CRO to High Commissioners, "Tightening-Up of Chinese Censorship."《字林西報》於隔年的 1951 年 3 月正式停刊。這個報紙的名稱，是基於英國人的視角，也就是對於在印度擁有殖民地、19 世紀後半將勢力範圍擴張到廣東和香港的英國來說，上海位在「北方」。另外，廣東從 1950 年 12 月上旬開始，所有廣播電臺和無線電發射設備都必須向地方當局登記。參照以下文獻：Letter, Trade Commissioner (Montgomery) to Board of Trade, UK, 16 December 1950, in "Reports, Comments and Information from Many Sources Showing the Extension of Power of the Ruling Chinese Communists over the Political, Social and Economic Life of the Whole of China" (hereafter, "Extension of Power of the Chinese Communists"), FO371/92192, TNA。

4. Ibid.

5. 〈電影業同業公會在抗美援朝運動中的活動情況〉no.022-012-00841，北京市檔案館。

6. 〈上海市文化局關於上海影院自動停映美帝國影片的申請〉（1950 年 11 月 4 日），B172-1-33-12，上海市檔案館；〈上海市文化局美帝國電影的批判報告〉（1950 年 11 月），B172-1-33-30，上海市檔案館；關於這點可見英國外交官的觀察。CRO to High Commissioners, "Tightening-Up of Chinese Censorship."。

7. 《人民日報》（1950 年 11 月 25 日）。

8. 《人民日報》（1950 年 12 月 4 日）。

9. 《人民日報》（1950 年 12 月 8 日）。

10. 關於 1950 年夏季，中國政府的早期準備，詳細請參照以下文獻。Chen Jian, China's Road to the Korean War: The Making of the Sino-American Confrontation (New York: Columbia University Press, 1994), 139–140。

11. 〈中共上海市委宣傳部郊區工作委員會十一月份宣教工作情況〉（1950 年 12 月 18 日），A22-2-6-210，上海市檔案館。

12. 有關中共以自上而下式發揮的作用，請參照以下文獻。Frank Dikötter, The Tragedy of Liberation: A History of the Chinese Revolution, 1945-57 (New York: Bloomsbury Press, 2013); James Gao, The Communist Takeover of Hangzhou: The Transformation of City and Cadre, 1949-1954 (Honolulu: University of Hawaii Press, 2004); Odoric Wou, Mobilizing the Masses: Building Revolution in Henan (Stanford, CA: Stanford University Press, 1994); and Steven Levine, Anvil of Victory: The Communist Revolution in Manchuria, 1945-1948 (New York: Columbia University Press, 1987)。聳動地描寫暴力和強迫層面的著作有 Jung Chang and Jon Halliday, Mao: The Unknown Story (New York: Knopf, 2005)。有關學術界對此書的反應可參照 Gregor Benton and Chun Lin, Was Mao Really a Monster?: The Academic Response to Chang and Halliday' s Mao, the Unknown Story (New York: Routledge, 2010)。
13. James T. Sparrow, Warfare State: World War II Americans and the Age of Big Government (New York: Oxford University Press, 2011), 81-82.
14. 〈北京市第六區委各支部有關抗美援朝的群從反應及宣傳指揮站工作計畫〉(1950 年 11 月 2 日)，No. 038-001-00023，北京市檔案館。
15. 〈抗美援朝保家衛國聲中察省各界思想動態〉《內部參考》(1950 年 12 月 20 日)，香港中文大學；〈北京市第六區委各支部有關抗美援朝的群從反應及宣傳指揮站工作計畫〉(1950 年 11 月 2 日)，No. 038-001-00023，北京市檔案館。
16. 〈天津各界對目前時局的反應〉《內部參考》(1950 年 11 月 18 日)，香港中文大學。
17. 〈津市電業工會等部分職工對目前時局的反應〉《內部參考》(1950 年 11 月 24 日)，香港中文大學。
18. 〈上海、天津等地謠言一束〉《內部參考》(1950 年 11 月 7 日)，香港中文大學。
19. 〈長沙各階層對目前時局的反應及流傳的一些謠言〉《內部參考》(1950 年 11 月 22 日)，香港中文大學。
20. 〈抗美援朝高潮中浙江某些群眾的思想情況和謠言〉《內部參考》(1950 年 11 月 14 日)，香港中文大學。
21. 〈南京各階層對目前時局的反應〉《內部參考》(1950 年 11 月 23 日)，香港中文大學。
22. 〈西安各階層對目前時局的反應和該地有關時局的一些謠言〉《內部參考》(1950 年 11 月 16 日)，香港中文大學。
23. 〈江西流傳的謠言和各階層思想情況〉《內部參考》(1950 年 11 月 9 日)，香港中文大學。
24. 〈長沙各階層對目前時局的反應及流傳的一些謠言〉《內部參考》(1950 年 11 月 22 日)，香港中文大學。
25. 〈無錫、蘇州等地流傳的謠言及部分幹部群眾對時局的反應〉《內部參考》(1950 年 11 月 11 日)，香港中文大學；〈川西地主破壞活動情況〉《內部參考》(1950 年 12 月 7 日)，香港中文大學。
26. 〈無錫、蘇州等地流傳的謠言及部分幹部群眾對時局的反應〉《內部參考》(1950 年 11 月 11 日)，香港中文大學。
27. 〈長沙各階層對目前時局的反應及流傳的一些謠言〉《內部參考》(1950 年 11 月 22 日)，香港中文大學。
28. 關於這點除了本書第 5 章外，可參照以下文獻。Thomas Borstelmann, The Cold War and the Color Line (Cambridge, MA: Harvard University Press, 2001), 48-53; Michael H. Hunt, Ideology and U.S. Foreign Policy (New Haven, CT: Yale University Press, 1987), 162-163; Bruce Cumings, The Origins

of the Korean War: The Roaring of the Cataract, 1947-1950 (Princeton, NJ: Princeton University Press, 1990), 97; Harold Isaacs, Scratches on Our Minds (New York: J. Day, 1958); and T. Christopher Jespersen, American Images of China, 1931-1949(Stanford, CA: Stanford University Press, 1996)。

29. 〈北京市第六區委各支部有關抗美援朝的群從反應及宣傳指揮站工作計畫〉(1950年11月2日),No.038-001-00023,北京市檔案館。

30. 〈瀋陽旅大最近群眾思想動態及敵特活動情況〉《內部參考》(1950年11月30日),香港中文大學。

31. 〈北京市第六區委各支部有關抗美援朝的群從反應及宣傳指揮站工作計畫〉(1950年11月2日),No.038-001-00023,北京市檔案館。

32. 〈遼東、遼西、熱河、黑龍江等省各階層對時局的反應〉《內部參考》(1950年12月18日),香港中文大學;〈松江省目前幹部,群眾思想動態〉《內部參考》(1950年11月30日),香港中文大學;〈熱河、錦州等地幹部群眾對朝鮮戰事的反應〉《內部參考》(1950年7月22日),香港中文大學。

33. 注腳《建國以來劉少奇文稿》,北京:中央文獻出版社,2005年,593頁。

34. 《建國以來劉少奇文稿》(1950年12月7日),593頁。

35. 〈中共北京市委關於抗美援朝向中央華北局的報告〉(1950年11月5日),北京市檔案館研究室編〈北京市與抗美援朝〉《冷戰國際史研究》第2期(2006年),397-398頁;〈中共北京市委關於抗美援朝運動向毛主席,中央華北局的報告的第二次報告〉(1950年11月12日),北京市檔案館研究室編〈北京市與抗美援朝〉《冷戰國際史研究》第2期(2006年),402-403頁;〈中共北京市委關於動員青年學生、青年工人參加軍事幹部學校的情況向華北局中央的報告〉(1950年12月19日),北京市檔案館研究室編〈北京市與抗美援朝〉《冷戰國際史研究》第2期(2006年),404-405頁。

36. 〈中共北京市委關於動員青年學生、青年工人參加軍事幹部學校的情況向華北局中央的報告〉(1950年12月19日),北京市檔案館研究室編〈北京市與抗美援朝〉《冷戰國際史研究》第2期(2006年),405頁。

37. H. Y. Hsu, "Notes by H. Y. Hsu," 4 January 1951, in "Extension of the Power of Ruling Chinese Communists over the Political, Social, and Economic Life of the Whole of China," FO371/92193, TNA.

38. Letter, "Student Life in China Today," anonymous to the UK Foreign Office, 15 December 1950, in "Extension of Power of the Chinese Communists," FO371/92192, TNA.

39. 〈上海大中學校學生仇美觀念尚未完全樹立〉《內部參考》(1950年11月28日),香港中文大學。

40. 〈中國教育工會上海市委員會關於方明同志做的《為保衛祖國和青年兒童幸福的將來而奮鬥》的報告〉(1950年12月9日),No. Cl-2-121-29,上海市檔案館。

41. Letter, "Student Life in China Today," FO371/92192, TNA.

42. Ibid.

43. 楊何偉志願書(1950年11月2日),〈北京大學等校大學生申請抗美援朝的志願書〉,No. 001-009-00146,3頁,北京市檔案館。

44. 〈抗美援朝運動中存在的思想問題〉《周恩來軍事文選》,北京:人民出版社,1997年,111頁。

45. 《人民日報》(1950年11月29日)。

46. 〈市清管局等單位的同志關於申請抗美援朝的志願書〉(1950年11月7日),No.001-009-00145,

25 頁，北京市檔案館。

47.〈團市委等關於動員青年參加軍校工作的報告及小學抗美援朝的活動綜合報告〉，No.001-009-00143，7 頁，北京市檔案館。

48.〈北京大學等校大學生申請抗美援朝的志願書〉（1950 年 11 月 6 日），No.001-009-00146，65-67 頁，北京市檔案館。

49.〈抗美援朝事件〉（1950 年 11 月 22 日），No. 087-042-00064，39-40 頁，北京市檔案館。

50.〈市清管局等單位的同志關於申請抗美援朝的志願書〉（1950 年 11 月 5 日），No.001-009-00145，58-59 頁，北京市檔案館。

51.〈第五區委、區婦聯籌委會等單位關於抗美援朝工作的彙報、週報、簡報〉（1950 年 10 月 20 日），No. 040-002-00123，北京市檔案館。

52.《長江日報》（1950 年 11 月 10 日）。

53.《長江日報》（1950 年 12 月 4 日）；《西安群眾》（1950 年 12 月 3 日）。

54. 以下論文也指出接收者反應的重要性。Patrick Major and Rana Mitter, "East is East and West is West? Towards a Comparative Socio-Cultural History of the Cold War" in Patrick Major and Rana Mitter ed., Across the Blocs: Cold War Cultural and Social History (Portland, WA: Frank Cass, 2004),1-18。

55.〈中共上海大楊區委宣傳部關於平壤解放的情況報告〉（1950 年 12 月 15 日），A71-2-883-25，上海市檔案館。

56. 同前。

57.〈湖南沅江、湘鄉等地農民熱烈要求參軍〉《內部參考》（1950 年 12 月 29 日），香港中文大學。

58.〈抗美援朝運動中中學生的思想狀況〉（1950 年 12 月 26 日），No.100-001-00034，北京市檔案館。

59. Sherman Cochran, "Capitalists Choosing Communist China: The Liu Family of Shanghai, 1948-56," in Brown and Pickowicz, Dilemmas of Victory, 378-379.

60.〈北京市攤販抗美援朝工作計畫總結〉（1950 年 10 月 20 日），No.022-010-00314，23-25 頁。

61.〈第五區委關於五區抗美援朝運動的初步計畫、總結、報告〉，No.040-002-00119，北京市檔案館。

62.〈電影業同業公會在抗美援朝運動中的活動情況〉，No.022-012-00841，北京市檔案館。

63.〈山西抗美援朝運動展開以來各階層思想動態〉《內部參考》（1950 年 12 月 8 日），香港中文大學。

64.〈中共北京市委關於抗美援朝向中央華北局的報告〉（1950 年 11 月 5 日），北京市檔案館研究室編〈北京市與抗美援朝〉《冷戰國際史研究》第 2 期（2006 年），398 頁；〈中共北京市委關於抗美援朝運動向毛主席，中央華北局的報告的第二次報告〉（1950 年 11 月 12 日），北京市檔案館研究室編〈北京市與抗美援朝〉《冷戰國際史研究》第 2 期（2006 年），403 頁。

65.〈中共上海市委宣傳部關於一般思想情況及時事宣教工作報告〉（1950 年 11 月 13 日），No. A22-2-20-25，上海市檔案館。

66. 同前。

67. 同前。有關這些上海市內學校的狀況，詳見以下《內部參考》的文書。〈上海大中學校學生仇美觀念尚未完全樹立〉《內部參考》（1950 年 11 月 28 日），香港中文大學。

68.〈瀋陽旅大最近群眾思想動態及敵特活動情況〉《內部參考》（1950 年 11 月 30 日），香港中文大學。

69. 〈川西地主破壞活動情況〉《內部參考》（1950 年 12 月 7 日），香港中文大學。

70. 同前。

71. 〈國民黨特務在貴陽散播謠言〉《內部參考》（1950 年 11 月 27 日），香港中文大學。

72. 同前。〈川西地主破壞活動情況〉《內部參考》（1950 年 12 月 7 日），香港中文大學。

73. 〈瀋陽旅大最近群眾思想動態及敵特活動情況〉《內部參考》（1950 年 11 月 30 日），香港中文大學。

74. 〈無錫農村幹部無法擊破謠言很苦悶〉《內部參考》（1950 年 12 月 5 日），香港中文大學。

75. 相關案例請參照以下文獻。British diplomat's observation in a memorandum,A. A. E. Franklin to Foreign Office, 24 February 1951, in "Extension of Power of the Ruling Chinese Communists over the Political, Social, and Economic Life of the Whole of China," FO371/ 92194, TNA。

76. Memorandum, A. A. E. Franklin to J. S. H. Shattock, 11 January 1951, "Extension of Power of the Chinese Communists," FO371/92192, TNA.

77. 關於這點是來自沈志華在 2010 年 11 月 5-7 日，於杭州舉辦的國際研討會〈中國、第三世界、冷戰〉上的回應。據沈所言，當時《內部參考》是僅限於共產黨幹部才能閱覽的，且 1950 年代中國全境也只有發行二千四百本。也就是說，發行的目的並非政治宣傳。

78. 〈瀋陽旅大最近群眾思想動態及敵特活動情況〉《內部參考》（1950 年 11 月 30 日），香港中文大學。

79. 〈第五區委、區婦聯籌委會等單位關於抗美援朝工作的彙報、週報、簡報〉（1950 年 10 月 20 日），No.040-002-00123，109 頁，北京市檔案館。

80. 同前。

81. 〈上海大中學校學生仇美觀念尚未完全樹立〉《內部參考》（1950 年 11 月 28 日），香港中文大學。

82. 〈抗美援朝運動中中學生的思想狀況〉（1950年12月26日），No. 100-001-00034，北京市檔案館。

## 第 3 部

### 第 7 章

1. 朴明林著，森善宣監譯《戦争之平和：朝鮮半島 1950》，東京：社会評論社，2009 年，257-262 頁；Bruce Cumings, The Origins of the Korean War: Vol. 2: The Roaring of the Cataract, 1947-1950 (Princeton, NJ: Princeton University Press, 1990), 706. 有關該起事件的不同觀點，可參照以下文獻：Robert L. Bateman, No Gun Ri: A Military History of the Korean War Incident (Mechanicsburg, PA: Stackpole Books, 2002)。

2. 朴明林《戦争と平和》，200 頁。

3. 金東椿著，金美惠、崔真碩、崔德孝、趙慶喜、鄭榮桓譯《朝鮮戦争の社会史：避難・占領・虐殺》，東京：平凡社，2008 年，263-266 頁。

4. 朴明林《戦争と平和》，201 頁。

5. 同前。

6. 關於這點，以下著作也有提及：Bruce Cumings, The Korean War: A History (New York: Modern Library, 2010 165-203。另外，韓國作家黃晳暎曾以 1950 年 10 月發生在黃海道和信川鄰里間的

大屠殺為題撰寫小說。黃晳暎著，鄭敬謨譯《客人（ソンニム）》，東京：岩波書店，2004 年。

7. Letter, Tom Braine to Helen MacMartin, 18 July 1950, Box 3, File 12, PPP, SCUA-UI.

8. Letter, Helen MacMartin to Tom Braine, 20 July 1950, Box 3, File 12, PPP, SCUA-UI.

9. Letter, Helen MacMartin to Jessie, 6 August 1950, Box 2, File 12, PPP, SCUA-UI.

10. 地方報紙、美國退伍軍人協會地方分會、地方各教派教會在此時期，具有在各地推廣「反共」運動的重要作用，且大多是主導者。例如，在北卡羅來納州的溫斯頓．塞勒姆（Winston-Salem，1950 年人口為 87,881 人），當地報紙《溫斯頓．塞勒姆日報》（Winston-Salem Journal）率先發起了「美國版」的反共連署運動，以對抗共產主義國家盛行的連署簽名運動，參見下文：Letter, Winston-Salem Journal to HST, 27 September 1950, Box 1327, OF471B, HSTP, HSTL。有關教會和美國退伍軍人協會的活動和作用，請參閱以下信件和報導：Letter, Chas Beaulieu to Michael Essin, 29 October 1950, and "Legion Lashes Red-Inspired 'Peace' Effort," 27 July 1950, Cumberland Advocate, Wisconsin, File 22, Box 5, PPP, SCUA-UI。

11. Letter, Helen MacMartin to "Dear Friends," 19 July 1950, File 8, Box 2; letter, Chas Beaulieu to Michael Essin, September 13, 1950, File 22, Box 5; and letter, Carl Ramsey to Helen MacMartin, September 20, 1950, File 12, Box 3, all in PPP, SCUA-UI.

12. Letter, Helen MacMartin to Max and Grace Granich, 11 August 1950, File 12, Box 3, PPP, SCUA-UI.

13. Letter, Margaret MacMartin to Helen MacMartin, n.d., Folder 4: "Employment: Personal, circa 1951," Carton 2, Helen MacMartin Papers(HMP), Special Collections, University of Ver- mont, Burlington, VT.

14. Letter, Helen MacMartin to Carl Ramsey, February 7, 1951, File 13, Box 3, PPP, SCUA- UI.

15. 麥卡錫主義在過去半個多世紀累積了大量的研究成果，本書尤其從 1990 年代末到 21 世紀初的一系列著作中獲益良多。參見以下文獻：Ellen Schrecker, Many Are the Crimes: McCarthyism in America (Princeton, NJ: Princeton University Press, 1999); M. J. Heale, McCarthy's Americans: Red Scare Politics in State and Nation, 1935-1965 (Athens: University of Georgia Press, 1998); and Landon R. Y. Storrs, The Second Red Scare and the Unmaking of the New Deal Left (Princeton, NJ: Princeton University Press, 2013)。有關反共活動的大眾文化層面及在地方層級上的開展，尤其從以下著作中獲益良多：Richard Fried, The Russians Are Coming! The Russians Are Coming!: Pageantry and Patriotism in Cold-War America (New York: Oxford University Press, 1998); and Philip Jenkins, Cold War at Home: The Red Scare in Pennsylvania, 1945-1960 (Chapel Hill: University of North Carolina Press, 1999)。有關麥卡錫主義研究近年的走向可參照下文：Ellen Schrecker, "McCarthyism and the Red Scare," in Jean-Christophe Agnew and Roy Rosenzweig, eds., A Companion to Post-1945 America (Malden, MA: Blackwell, 2006), 371-384。

16. 有關「戰時」的概念經過了怎樣的變化，以及其作用為何，參照以下文獻：Mary L. Dudziak, War Time: An Idea, Its History, Its Consequences (Oxford: Oxford University Press, 2012)。

17. Jenkins, Cold War at Home, 9.

18. Letter, Mary Margaret Freese to HST, 9 August 1950, Box 881, OF263, HSTP, HSTL.

19. Letter, Mary Ann Matugeg to HST, 25 August 1950, Box 881, OF263, HSTP, HSTL.

20. Letter, Ralph W. Slone to E. L. Bartlett, 5 December 1950, Box 1307, OF471B, HSTP, HSTL.

21. "Helen MacMartin Biological Sketch," Helen MacMartin Progressive Party Papers (HMPPP), Vermont Historical Society, Barre, VT.

22. “The Reminiscences of Joseph Gordon,” COH-CU.

23. 相關案例見以下文獻：Mary L. Dudziak, Cold War Civil Rights: Race and the Image of American Democracy (Princeton, NJ: Princeton University Press, 2000); Elaine Tyler May, “Postscript to the 1999 Edition,” Homeward Bound: American Families in the Cold War Era, rev. and updated ed. (New York: Basic Books, 1999), 205-208。

24. Manning Marable, “Series Editor' s Foreword,” in Robbie Lieberman and Clarence Lang,

25. Anticommunism and the African American Freedom Movement: Other Side of Story (New York: Palgrave Macmillan, 2009), xi.

26. Martha Biondi, To Stand and Fight: The Struggle for Civil Rights in Postwar New York City (Cambridge, MA: Harvard University Press, 2003), 190.

27. Pete Daniel, Lost Revolutions: The South in the 1950s (Chapel Hill: University of North Carolina Press, 2000), 38.

28. Letter, Herman Wright to Carter Wesley, PPP, SCUA-UI.

29. Jeff Woods, Black Struggle, Red Scare: Segregation and Anti-Communism in the South (Baton Rouge: Louisiana State University, 2004), 5.

30. Harold Fleming, A0363, Southern Oral History Program Online, University of North Carolina at Chapel Hill; also, Brooks, Defining the Peace, 55-56.

31. Thomas J. Sugrue, “Crabgrass-Roots Politics: Race, Rights, and the Reaction against Liberalism in the Urban North, 1940-1964,” Journal of American History, 82: 2 (1995), 555.

32. Sugrue, “Crabgrass-Roots Politics,” 556.

33. Sugrue, “Crabgrass-Roots Politics,” 555.

34. Don Parson, “The Decline of Public Housing and the Politics of the Red Scare: The Sig- nificance of the Los Angeles Public Housing War,” Journal of Urban History, 33: 3 (2007), 407. (34) Parson, “The Decline of Public Housing and the Politics of the Red Scare,” 407.

35. 相關案例見以下文獻：Sugrue, “Crabgrass-Roots Politics,” 551-578; Don Parson, “The Decline of Public Housing and the Politics of the Red Scare: The Significance of the Los Angeles Public Housing War,” Journal of Urban History, 33: 3 (2007), 400-417; and Eric Fure Slocum, “Housing, Race, and the Cold War in a Labor City,” in Shelton Stromquist, ed., Labor' s Cold War: Local Politics in a Global Context (Urbana: University of Illinois Press, 2008), 163-203。

36. Letter, Alabama State Association of Nurse Anesthetists to Pat McCarran, 17 March 1950; letter, Reno Business and Professional Women' s Club to Pat McCarran, 19 June 1950, both in Box 51, Pat McCarran Papers (PMP), Nevada Historical Society (NHS), Reno, NV.

37. “Presidential Inaugural Address by Elmer L. Henderson M. D., President, American Medical Association,” 27 June 1950, Box 51, PMP, NHS.

38. Seth Wigderson, “The Wages of Anticommunism: U.S. Labor and the Korean War,” in Stromquist, Labor's Cold War, 231. 關於美國民眾對於勞工運動的態度上的變化，請參見以下的蓋洛普民調：“Strike in Public Service Industries,” 17 April 1946; “Strikes and Lockouts,” 29 April 1946; “Labor Strike,” 29 May 1946; “Labor Strikes,” 14 June 1946; “Strikes and Lockouts,” 22 November 1946; “Factory Workers' Wage,” 13 January 1947; and “Most Important Problem,” 31 January 1947, in The Gallup Poll: Public Opinion, 1935- 1971: Vol. 1, 1935-1948 (New York: Random House, 1972),

570, 573, 580, 583, 608, 618, and 623。這些蓋洛普民調都顯示，大多數受訪者對勞工普遍持負面看法。

39. T. Michael Holmes, The Specter of Communism in Hawaii (Honolulu: University of Hawaii Press, 1994), 43, 50.

40. Holmes, The Specter of Communism in Hawaii, 172.

41. "We Owe It to Our Fighting Men," Kansas City Star, 13 September 1950.

42. Robert Newman, "The Lingering Poison of McCarranism," address delivered at the Carolinas Speech Communication Association Meeting, Clemson, South Carolina, 28 Septem- ber 1984, in Scrap Clipping File, PMP, NHS.

43. Carl J. Bon Tempo, Americans at the Gate: The United States and Refugees during the Cold War (Princeton, NJ: Princeton University Press, 2008), 26-27.

44. Pat McCarran, "Speech, 1950," Box 50, PMP, NHS.

45. 相關案例見以下文獻：David K. Johnson, The Lavender Scare: The Cold War Persecution of Gays and Lesbians in the Federal Government (Chicago: University of Chicago Press, 2004); John D'Emilio, "The Homosexual Menace: The Politics of Sexuality in Cold War America," in his Militant Truth: Essays on Gay History, Politics, and the University (New York: Routledge, 1992), 234, 256。

46. D' Emilio, Militant Truth, 229.

47. "Sex Perverts in Washington," Militant Truth (July-August 1950), Box 269, Periodical Collection, SLA-GSU.

48. D' Emilio, Militant Truth, 229.

49. "Betty de Losada Oral History," 23, LARC-SFSU.

50. Congress of American Woman, "The Position of the American Woman Today" (1946), in Nancy MacLean, The American Women' s Movement: A Brief History with Documents (Boston: Bedford/ St. Martin' s Press, 2009), 6; Kate Weigand, Red Feminism: American Communism and the Making of Women' s Liberation (Baltimore: Johns Hopkins University Press, 2001), 47-48.

51. D' Emilio, Militant Truth, 236; Molly Ladd-Taylor and Lauri Umansky, "Bad" Mothers: The Politics of Blame in Twentieth-Century America (New York: New York University Press, 1998), 12-14.

52. Stephanie Coontz, The Way We Never Were: American Families and the Nostalgia Trap (New York: Basic Books, 1992), 30-31.

53. United States Congress House Un-American Activities Committee, Report on the Congress of American Women (Washington, DC: GPO, 1950), 1.

54. Storrs, The Second Red Scare, 3, 89.

55. May, Homeward Bound, xviii-xxv, 205-208.

56. Michelle M. Nickerson, Mothers of Conservatism: Women and the Postwar Right (Prince- ton, NJ: Princeton University Press, 2012); Brennan, Wives, Mothers, and the Red Scare.

57. Edith M. Stern, "Women Are Household Slaves," American Mercury (January 1949), 76; MacLean, The American Women' s Movement, 50.

58. Nickerson, Mothers of Conservatism, 32.

59. Brennan, Wives, Mothers, and the Red Scare, 151.

60. Nickerson, Mothers of Conservatism, 72; Richard M. Fried, Nightmare in Red: The McCarthy Era in Perspective (New York: Oxford University Press, 1990), 100-101.

61. Letter, Richard Brown to HST, 10 July 1951, Box 1330, OF471-B, HSTP, HSTL.

62. Robert Justin Goldstein, Political Repression in Modern America from 1870 to the Present (Boston: G. K. Hall, 1978), 325.

63. Letters, John L. Linn to William Knowland, 24 October 1950, and H. A. Jarvis to William Knowland, 1 October 1950, both in Cartoon 90, "Political Files, 1950 Campaigns," WKP, BL- UCB.

64. Walter Judd, "Does China Mean World War III?" speech delivered before the Economic Club of New York, 13 March 1951, Box 40, Folder 1, WHJP, HILA-SU.

65. United States Congress House Un-American Activities Committee, 100 Things You Should Know about Communism, rev. ed. (Washington, DC: GPO, 1950), 70.

66. "Keep Race Separate," Militant Truth (January-February 1947), Box 269, Periodical Collection, SLA-GSU.

67. Sherman A. Patterson, "Red Treachery Exposed," Militant Truth (January-February 1950), Box 269, Periodical Collection, SLA-GSU.

68. "Sex Perverts in Washington."

69. Rev. C. E. Ward, "Fathers, Mothers, and Their Children," Militant Truth (July-August 1950), Box 269, Periodical Collection, SLA-GSU.

70. Ward, "Fathers, Mothers, and Their Children."

71. Ralph S. Brown, Loyalty and Security: Employment Tests in the United States (New Haven, CT: Yale University Press, 1958), 492; Storrs, The Second Red Scare.

72. Eleanor Bontecou, The Federal Loyalty-Security Program (Ithaca, NY: Cornell University Press, 1953), 138-139; Robert Justin Goldstein, Political Repression in Modern America from 1870 to the Present (Boston: G. K. Hall, 1978), 303-304; and Ellen Schrecker, "McCarthyism: Political Repression and the Fear of Communism," Social Research, 71: 3 (2004), 1067.

73. "Loyalty Board Fires Service," Rockford Morning Star, 14 December 1951, in Oversized Box 1, JSSP, BL-UCB.

74. Brown, Loyalty and Security, 261.

75. William S. Hyde, "Personal History: Dr. Esther Caukin Brunauer," 9 February 1948, Federal Bureau of Investigation, Department of Justice, Box 242, Security Investigation File (SIF), RG478, NARA.

76. Stephen Brunauer, "In the Matter of the Suspension of Stephen Brunauer as an Employee of the Department of the Navy," n.d., Box 242, SIF, RG478, NARA.

77. "Statement of Mrs. Elizabeth C. Lindsay," in Patrick M. Rice, "Result of Investigation: Dr. Esther Caukin Brunauer," 19 June 1950, Box 242, SIF, RG478, NARA.

78. Elizabeth A. Collins, "Red-Baiting Public Woman: Gender, Loyalty, and Red Scare Politics," Ph. D. dissertation, University of Illinois at Chicago, 2008, 194.

79. "In the Matter of the Suspension of Stephen Brunauer as an Employee of the Depart- ment of the Navy," n.d., and "Statement of Esther C. Brunauer," 10 May 1951, both in Box 242, SIF, RG478, NARA.

80. "Statement of Esther C. Brunauer," 27 March 1950, Box 242, SIF, RG478, NARA.

81. 雖然該時期（1950年代）的多數指控，理應是「冤案」，但根據1990年代後半期解密的俄國、美國檔案，可能有多達三百名美國人從1930年代到1940年代初期與俄羅斯情報機關合作。參照以下文獻：John Earl Haynes and Harvey Klehr, Venona: Decoding Soviet Espionage in America (New Haven, CT: Yale University Press, 1999); and Allen Weinstein and Alexander Vassiliev, The Haunted Wood: Soviet Espionage in America—The Stalin Era (New York: Random House, 1999)。

## 第8章

1. "1,200 London Buses off Roads Today," Daily Mail, 14 September 1950; "Rush-Hour Chaos," Evening Standard, 15 September 1950; "11,000 Busmen Out in London," Daily Mail, 15 September 1950; "Stalin's Stooges," Sunday Graphic, 17 September 1950; "Last Bus Strikers Vote to Go Back," Daily Herald, 18 September 1950; and "All Bus Service Running Today," Time, 18 September 1950; "Busmen Drew Up Terms: 15,700 on Strike," Manchester Guardian, 16 September 1950.
2. "Now Name the Traitor," Daily Graphic, 16 September 1950.
3. "Opinion," Daily Express, 16 September 1950.
4. 有關艾薩克斯的演講，請參見 Daily Mail, Daily Herald, and Daily Express, on 16 September 1950。
5. "Industrial Unrest," George Isaacs speech, 15 September 1950, in "London Transport Bus Dispute, September 1950" (MSS. 126/TG/1165/28), Records of Transport and General Workers' Union, Modern Records Centre (MRC), University of Warwick (UW), Coventry, UK.
6. Editorial, Daily Express, 16 September 1950.
7. "Now Name the Traitor," Daily Graphic, 16 September 1950.
8. "Moscow's Mission," Daily Mail, 16 September 1950.
9. "Deakin Calls for Ban on Reds," Star, 17 September 1950; "Red Agitators May Be Outlawed," Daily Mail, 17 September 1950.
10. Dave Murphy, "London Gas Strikers Sentenced to Imprisonment," 20 November 1950, and "Gas Workers' Appeal," 22 November 1950, both in "Gas Workers' Strike, 1950" (MSS. 233/3/3/11), MRC-UW；有關這場罷工，詳細請參照以下的報導："Troops for Gasworkers?" Daily Express, 26 September 1950; "Gas Strikers Wavering," Daily Mail, 29 September 1950; "Gas: Navy Is Going," Daily Express, 3 October 1950; "The Navy's Here," Daily Express, 4 October 1950; "Gasman Going Back," Daily Mail, 6 October 1950; and "Re- peal Order 1305' Call," Daily Mail, 9 October 1950。
11. Arthur Marwick, British Society Since 1945, 2nd ed. (New York: Penguin, 1990), 99.
12. "Public Opinion Summary, February 1951," no. 25, Conservative Central Office, Papers of the Conservative Party Papers (CPP), Duke Humfrey's Library (DHL), Oxford University (OU), Oxford, UK.
13. "Communism- And You," Popular Pictorial (February/March 1951), 2, National Library of Australia (NLA), Canberra, Australia.
14. "Dockers Say, 'We're Not Agitators,' " Daily Mail, 16 September 1950.
15. "Official Note of Meeting of London Passenger Officers, Held at Transport House Smith Square, Westminster, Monday, September 11th, 1950," 3, 18, in "London Transport Bus Dispute, September 1950" (MSS. 126/TG/1165/28), MRC-UW.

16. “Why Did Strike Collapse?” Daily Express, 18 September 1950.
17. “Opinion Regarding Strike,” 15 January 1947, SxMOA1/2/75/10/E, TK-US.
18. Ibid.
19. “All Bus Service Running Today,” Time, 18 September 1950; “Reds Call Off Their Strike Plan,” Daily Mail, 18 September 1950.
20. “Public Opinion Summary, February 1951,” no. 25, Conservative Central Office, CPP, DHL-OU; David Childs, Britain since 1945, 5th ed. (New York: Routledge, 2000), 25.
21. See the Conservative Party’ s “Public Opinion Summary,” in particular, issues published in late 1950 and 1951, Conservative Central Office, CPP, DHL-OU.
22. Frances Berner’ s Diary, 14 September 1950, Mass Observation Archives (MOA), TK-US.
23. Ibid.
24. “Opinion Regarding Strike,” 16 January 1947, SxMOA1/2/75/10/E, TK-US.
25. Ibid.
26. “Desire Caught by Tail,” Daily Mail, 11 October 1950.
27. Robert H., “Directive: January/February 1951,” SxMOA1/3/131/1, MOA, TK-US.
28. E. Atkinson, “Directive: January/February 1951.”
29. Esther Home, “Directive: January/February 1951.”
30. “Public Opinion Summary, June 1951,” no. 29, Conservative Central Office, CPP, DHL- OU.
31. “Public Opinion Summary, April 1951,” no. 27, Conservative Central Office.
32. “It’ s Loneliness That Sends Most Women to Work,” Daily Mail, 30 September 1950.
33. “You Can Fight Communism without a Tin Hat,” Popular Pictorial (February/March 1951), 4, NLA.
34. “Public Opinion Summary, February 1951,” no. 25, Conservative Central Office.
35. “Public Opinion Summary, April 1951,” no. 27, Conservative Central Office.
36. “Don’ t Be Afraid to Have Fun,” Daily Mail, 1 January 1951.
37. Ibid., 375; Alfred H. Havighurst, Britain in Transition, 4th ed. (Chicago: University of Chicago Press, 1985), 446.
38. Robert Taylor, “The Rise and Disintegration of the Working Class,” in Paul Addison and Harriet Jones, eds., A Companion to Contemporary Britain, 1939-2000 (Malden, MA: Black- well, 2005), 376.
39. 袖井林二郎編譯《吉田茂＝マッカーサー往復書簡集：1945-1951》，東京：法政大学出版局，2000 年，205-206 頁。
40. 朝日新聞社レッドパージ証言録刊行委員会編《一九五〇年七月二八日：朝日新聞社のレッドパージ証言録》，東京：晩声社，1981 年，28-29 頁。平田哲男，《レッドパージの史的究明》，東京：新日本出版社，2002 年，214 頁。
41. 該時期的確切裁員人數，至今仍難以得知，因為規模較小的中小企業或個人公司並未列入統計。一萬三千人這個概算的數字來自於以下的檔案或文獻。《社会運動通信》（1950 年 11 月 1 日），法政大学大原社会問題研究所；三宅明正《レッドパージとは何か：日本占領の影》，東京：大月書店，1994 年，7-10 頁。

42. Hans Martin Kramer, "Just Who Reversed the Course? The Red Purge in Higher Educa- tion during the Occupation of Japan," Social Science Japan Journal, 8: 1 (November 2004), 1- 18.

43. 〈レッドパージ簡史〉，レッドパージ関係資料，no. 17-4，法政大学大原社会問題研究所。

44. Letter, Burati to Sullivan, 6 September 1950, File 12, Box 1, VBP, WPRL-WSU.

45. 羅伯特・艾米斯訪談，見竹前栄治《証言日本占領史：GHQ 労働課の群像》，東京：岩波書店，1983 年，324-325 頁。

46. 相關案例見竹前栄治《証言日本占領史》；三宅明正《レッドパージとは何か》。

47. Letter, Burati to Sullivan, 22 August 1950, File 12, Box 1, VBP, WPRL-WSU.

48. 佐々木良作訪談，見河西宏祐《聞書 電産の群像：電産十月闘争・レッドパージ・電産五二年争議》，東京：平原社，1992 年，56 頁。

49. 《社会運動通信》(1950 年 10 月 25 日)，法政大学大原社会問題研究所；《毎日新聞》(1950 年 10 月 14 日)；三宅明正《レッドパージとは何か》，87-88 頁。

50. "Mr. Kaite's Comments on the 'Red Expulsion, 23 September 1950, File 11, Box 5, Valery Burati Papers (VBP), Walter P. Reuther Library (WPRL), Wayne State University(WSU), Detroit, MI.

51. "The Announcement of the President," 23 October 1950, File 12, Box 5, VBP, WPRL- WSU.

52. Letter, Valery Burati to Philip B. Sullivan, 10 May 1951, File 13, Box 1, VBP, WPRL- WSU.

53. "Mr. Amis Gives Warning to the Management," 26 October 1950, File 13, Box 5, VBP, WPRL-WSU.

54. "Memo for Mr. Amis," 24 January 1951, File 15, Box 5, VBP, WPRL-WSU。部分漢字無法辨識，以借字代替。

55. Memorandum, "To Mr. Amis," n.d., File 15 Box 5, VBP; and "Memo for Mr. Amis," 8 February 1951, File 15 Box 5, VBP, WPRL-WSU.

56. "Memo for Mr. Amis," 24 January 1951, File 15, Box 5, VBP, WPRL-WSU.

57. "Exclusion of Communistic Destructive Elements in Enterprise," n.d., File 13, Box 5, VBP；《日刊労働通信》(1950 年 10 月 18 日)，File 13, Box 5, VBP, WPRL-WSU；賀来才二郎《ふていのやから》，1953 年，83 頁。

58. 〈新潟鐵工所関係資料〉no. 20-11，レッドパージ関係資料，法政大学大原社会問題研究所。

59. Letter, Val Burati to Greechhalgh International Federation of Textile Workers' Association, UK, 23 May 1951, File 13, Box 1, VBP, WPRL-WSU.

60. 河西宏祐《聞書 電産の群像》，169, 239-240, 263, 303, 373 頁。

61. 在當時的電產或川崎製鐵的聲明中，經常出現這樣的態度。

62. 佐々木良作訪談，河西宏祐《聞書 電産の群像》，77 頁。

63. 類似經歷的文獻可以在起訴書等各種法院紀錄中找到。這些紀錄以〈レッドパージ関連資料〉(赤色清洗相關資料)保存在法政大學大原社會問題研究所。從這些資料可以得知，有一群被讀賣新聞社、每日新聞社、朝日新聞社等解僱的人起訴了他們的公司，其陳述也說明了這些鬥爭。請參照以下檔案或文獻。〈会社資料 裁判記録〉no. 20-5，レッドパージ関連資料，法政大学大原社会問題研究所；朝日新聞社レッドパージ証言録刊行委員会編《一九五〇年七月二八日》。

64. 朝日新聞社レッドパージ証言録刊行委員会編《一九五〇年七月二八日》，66, 132 頁；或參照大原社會問題研究所所藏〈レッドパージ関連資料〉中的法院紀錄等。

65. 三一書房編集部編《資料 戦後学生運動 第 2 巻 (1950-1952)》、《資料 戦後学生運動第 3 巻 (1952-1955)》，東京：三一書房，1969 年。

66.《早稲田大学新聞》（1950 年 10 月 1 日）。

67.《東大学生新聞》（1950 年 10 月 5 日）；《東大闘争ニュース》（1950 年 10 月 11 日、24 日）學生運動關係資料，法政大学大原社会問題研究所。

68.〈早大で空前の学生不祥事〉《毎日新聞》，（1950 年 10 月 18 日）；《朝日新聞》（1950 年 10 月 18 日）。有關戰後日本的學生運動、和平運動推展的詳細討論，請參照以下文獻：Masuda Hajimu, "Fear of World War III: Social Politics of Japan' s Rearmament and Peace Movements, 1950-53," Journal of Contemporary History, 47: 3 (Summer 2012), 551- 571；〈益田肇京都大学同学会 戦後史における原爆展のもう一つの意味〉，Tessa Morris-Suzuki 編《ひとびとの精神史》第 2 巻，東京：岩波書店，2015 年，209-236 頁。

69.〈一つの訴え〉《早稲田大学新聞》（1950 年 12 月 1 日）。

70.〈行過ぎを戒しむ〉《毎日新聞》（1950 年 10 月 7 日）；〈早大で空前の学生不祥事〉《毎日新聞》（1950 年 10 月 18 日）；〈余録〉《毎日新聞》(1950 年 10 月 19 日)。

71.〈学生運動に反省を要望する〉《朝日新聞》（1950 年 10 月 5 日）；〈天声人語〉《朝日新聞》（1950 年 10 月 22 日）。

72.〈猛省を促す〉《早稲田大学新聞》（1950 年 10 月 21 日）。

73.《朝日新聞》（1950 年 12 月 9 日）；《毎日新聞》（1950 年 12 月 19 日）。

74. 戸川行男〈総選挙と数字〉《早稲田大学新聞》（1952 年 10 月 7 日）。

75. 有關吉田茂等保守派的觀點，請參照以下文獻：John W. Dower, Empire and Aftermath: Yoshida Shigeru and the Japanese Experience, 1878-1954 (Cambridge, MA: Harvard University Press, 1979)。

76. 關於這點，請參照 Ronald Philip Dore 早期的田野調查。Land Reform in Japan (New York: Oxford University Press, 1959); City Life in Japan: A Study of a Tokyo Ward (Berkeley: University of California Press, 1958)。

77. 書簡，匿名者寄給芦田均《芦田均関係文書（書簡の部）》，no. 284-3，国会図書館憲政資料室。

78. 同前。

79. 書簡，日高弘寄給芦田均《芦田均関係文書（書簡の部）》，no. 272，国会図書館憲政資料室。

80. 同前。

81. 電産九州不当解雇反対同盟編《切られたばってん：資料レッドパージ》，福岡：電産九州不当解雇反対同盟，1980 年。另可參照以下文獻：東京八・二六会編《1950 年 8 月 26 日：電産レッドパージ 30 周年記念文集》，東京：東京八・二六会，1983 年；尼崎レッドパージ問題懇談会編《回想 尼崎のレッドパージ》，大阪：耕文社，2002 年；福島県民衆史研究会編著《発電所のレッドパージ：電産・猪苗代分会》，東京：光陽出版社，2001 年。

## 第 9 章

1. "Public Confession' and Execution," Manchester Guardian, 14 November 1951; "China: Mass Slaughter," Time, 30 April 1951; "China: Justice on the Radio," Time, 7 May 1951; "China: Kill Mice!" Time, 21 May 1951；軍事管制委員會報告記事《新聞日報》（1951 年 7 月 25 日）。 請參照以下的英國外交官報告。Memorandum, Tientsin [Tianjin] to Foreign Office, UK, 13 July 1951,

in “Reports, Comments, and Information from Many Sources Showing the Extension of Power of the Ruling Chinese Communists over the Political, Social, and Economic Life of the Whole of China (...)” FO371/92204, TNA. TO. 請參照以下論文。Yang Kuisong, “Reconsidering the Campaign to Suppress Counterrevolutionaries,” China Quarterly, no. 193 (March 2008), 111; and Julia Strauss, “Morality, Coercion, and State Building by Campaign in the Early PRC: Regime Consolidation and After, 1949-1956,” in Julia Strauss ed., The History of the PRC, 1949-1976: The China Quarterly Special Issues New Series No. 7 (New York: Cambridge University Press, 2007), 52-53。

2. 〈上海市軍事管制委員會判處反革命案犯的決定書〉(1951 年 5 月 12 日),B1-2-1050-45,上海市檔案館;〈上海市軍事管制委員會判處反革命案犯的決定書〉,B1-2-1063,上海市檔案館。
3. 〈上海市軍事管制委員會判處反革命案犯的決定書〉(1951 年 4 月 18 日),B1-2-1050-62,上海市檔案館;〈上海市軍事管制委員會判處反革命案犯的決定書〉,B1-2-1063,上海市檔案館。
4. 〈上海市軍事管制委員會判處反革命案犯的決定書〉(1951 年 5 月 28 日),B1-2-1063-12,上海市檔案館。
5. 法村香音子《優しい同学　愛しい中国:残留少女のみた朝鮮戦争のころ》,東京:社会思想社,1992 年,96-98 頁。
6. 同前,98-102 頁。
7. 同前,102-105 頁。
8. 羅瑞卿〈偉大的鎮壓反革命運動〉《人民日報》(1951 年 10 月 1 日)。
9. 有關此點可參照 1951 年 3 月至 7 月,北京、上海、天津、武漢、南京等地送到倫敦的電報、報告書、備忘錄等。這些文書在以下的檔案中。”Extension of Power of the Chinese Communists,” from FO371/92192 to FO371/92206, TNA。
10. Telegram, Beijing to Foreign Office, 6 April 1951, in “Extension of Power of the Chinese Communists,” FO371/92196, TNA.
11. 這些數字來自公安部副部長徐子榮在 1954 年的報告,以下的論文曾經引述。Yang, “Reconsidering the Campaign to Suppress Counterrevolutionaries,” 120-121。馮客推估的犧牲人數遠高於此,他認為「近二百萬人」,參照以下文獻:Frank Dikötter, The Tragedy of Liberation: A History of the Chinese Revolution, 1945-57(New York: Bloomsbury Press, 2013), x, 99-100。當時駐上海的英國外交官也有同樣見解,他認為實際死亡人數遠超過官方公開的數字。參照以下文獻:Telegram from Shanghai to Foreign Office, 8 June 1951, in “Extension of Power of the Chinese Communists,” FO371/92198, TNA。
12. Yang, “Reconsidering the Campaign to Suppress Counterrevolutionaries,” 102-121;楊奎松〈新中國鎮反運動始末〉、〈上海鎮反運動的歷史考察〉,楊奎松《中華人民共和國建國史研究第一卷》,南昌:江西人民出版社,2009 年,168-217, 218-259 頁;Strauss, “Morality, Coercion, and State Building by Campaign in the Early PRC,” 37-58; Julia Strauss, “Paternalist Terror: The Campaign to Suppress Counterrevolutionaries and Regime Consolidation in the People’s Republic of China, 1950-1953,” Comparative Studies in Society and History, 44: 1 (January 2002), 80-105; Frederic Wakeman Jr., “Cleanup’: The New Order in Shanghai,” in Jeremy Brown and Paul Pickowicz, eds., Dilemmas of Victory: The Early Years of the People’s Republic of China (Cambridge, MA: Harvard University Press, 2007), 21-58;金野純《中国社会と大衆動員:毛沢東時代の政治権力と民衆》,東京:御茶の水書房,2008 年;泉谷陽子《中国建国初期の政治と経済:大衆運動と社会主義体制》,東京:御茶の水書房,2007 年。

13. Yang, "Reconsidering the Campaign to Suppress Counterrevolutionaries," 104-105, 107-108.

14. Ibid., 106.

15. Ibid., 117-119.

16. 〈公安部關於群眾對處理外籍反革命分子的反應〉(1951 年 6 月 25 日),No.118-00306-15,中華人民共和國外交部檔案館。中國外交部對於這個問題所下達的官方通知見以下文獻:〈中央關於外國反革命分子的處刑問題致各地的指示電〉(1951 年 8 月 2 日),No. 118-00306-01,中華人民共和國外交部檔案館。中國外交部在這封電報中指示各省,認為是反革命分子的外國人應驅逐出境,原則上不應採取處決。

17. 〈中南區關於鎮壓反革命的指示的電報〉(1950 年 11 月 30 日),No.118-00306-16,中華人民共和國外交部檔案館。

18. Yang, "Reconsidering the Campaign to Suppress Counterrevolutionaries," 106.

19. Ibid., 107.

20. 〈北京市攤商抗美援朝競賽運動有關文件〉No.022-012-00497,北京市檔案館。

21. Ibid., 194.

22. Ibid., 196.

23. 〈東安市場抗美援朝愛國運動〉(1951 年 5 月 14 日)。 該文件收於以下檔案,〈北京市攤販抗美援朝工作計畫總結〉,42-43 頁,No.022-010-00314,北京市檔案館。

24. 〈北京市攤販抗美援朝工作計畫總結〉(1951 年 5 月 15 日),96 頁,No. 022-010-00314,北京市檔案館。

25. 〈北京市攤商抗美援朝競賽運動有關文件〉,132-134 頁,No.022-012-00497,北京市檔案館。

26. 泉谷陽子《中国建国初期の政治と経済》,224-225 頁。

27. 同前,225 頁。

28. Arif Dirlik, "The Ideological Foundations of the New Life Movements: A Study of Counterrevolution," Journal of Asian Studies, 34: 4(August 1974), 954-958.

29. "A New Pattern of Life," Manchester Guardian, 20 November 1950.

30. 〈北京群眾對鎮壓反革命的反應〉《內部參考》(1951 年 4 月 9 日),香港中文大學;〈蘭州鎮壓反革命分子後的社會反應》《內部參考》(1951 年 4 月 9 日),香港中文大學;Strauss, "Morality, Coercion, and State Building by Campaign in the Early PRC," 51。

31. 金野純《中国社会と大衆動員》,119-120 頁。

32. 〈1951 年上半年以來進行抗美援朝愛國主義教育的情況報告〉(1951 年 9 月 21 日),C21-1-108-13,上海市檔案館。

33. 〈郊區婦女抗美援朝愛國運動四月總結〉(1951 年 4 月),No.084-003-00008,北京市檔案館;"China: Mass Slaughter," Time, 30 April 1951。

34. 〈青年團上海市委關於在抗美援朝、鎮壓反革命與土地改革運動中對社會青年工作的總結〉(1951 年 10 月 17 日),No. C21-1-143,上海市檔案館。

35. 〈京市反革命分子陸續坦白登記繳出武器但仍有執迷不悟的特務匪徒在進行活動〉《內部參考》(1951 年 4 月 13 日),香港中文大學。

36. 〈上海市郊區委關於鎮壓反革命的情況統計表;反革命分子自殺登記表〉(1951 年 7 月 25 日),

No. 71-2-94，上海市檔案館。

37. 同前。

38. Memorandum, Beijing to Foreign Office "A Final Report on China," October 1951, in "Extension of Power of the Chinese Communists," FO371/92206; telegram, Beijing to Foreign Office, 19 January 1951, ibid., FO371/92192; telegrams, Beijing to Foreign Office, 3 and 6 March 1951, ibid., FO371/92194; as well as telegram, Foreign Office to Embassies, 11 May 1951, "China: Political Situation," DO133/27; and Telegram, Beijing to Foreign Office, 7 April 1952, ibid., DO133/28, all at TNA. Also, see Strauss, "Morality, Coercion, and State Building by Campaign in the Early PRC," 46-48.

39. Telegram, Beijing to Foreign Office, 3 March 1951, "Extension of Power of the Chinese Communists," FO371/92194, TNA.

40. 福本勝清《中国革命を駆け抜けたアウトローたち：土匪と流氓の世界》，東京：中央公論社，1998 年；笹川裕史《中華人民共和国誕生の社会史》，東京：講談社，2011 年，175-176 頁。

41. 金野純《中国社会と大衆動員》，102 頁。

42. 同前，127 頁。《工廠三反運動通報第二號》（1952 年 2 月 12 日），〈《工廠三反運動通報第二號》及工廠三反綜合情況〉等文件之翻譯為引自金野所譯。

43. 羅瑞卿〈偉大的鎮壓反革命運動〉《人民日報》（1951 年 10 月 1 日）；金野純《中国社会大衆動員》，92-93 頁。

44. 楊奎松〈新中國鎮反運動始末〉《中華人民共和國建國史研究第一卷》，203-204 頁。

45. 同前，204 頁。

46. "The Credit in the Balance-Sheet," Manchester Guardian, 17 November 1950.

47. Ibid.

48. 〈北京市攤販抗美援朝工作計畫總結〉，23-25 頁，No.022-010-00314，北京市檔案館。

49. Yang, "Reconsidering the Campaign to Suppress Counterrevolutionaries," 105.

## 第 10 章

1. 邱國禎《近代臺灣慘史檔案》，臺北：前衛出版，2007 年，205 頁。有關相同的處刑場景請參照：陳英泰《回憶：見證白色恐怖》，臺北：唐山出版社，2005 年，109 頁。

2. 林書揚《從二二八到五〇年代白色恐怖》，臺北：時報文化出版，1992 年，132 頁；藍博洲《白色恐怖》，臺北：揚智文化事業，1993 年，43 頁；李宛蓓《白色恐怖受難者家屬柯蔡阿李女士生命故事探究》國立高雄師範大學碩士論文，2008 年，22 頁。

3. 曾薰慧《台灣五〇年代國族想像中「共匪／匪諜」的建構》，東海大學碩士論文，2000 年，74 頁。

4. 李宛蓓《白色恐怖受難者家屬柯蔡阿李女士生命故事探究》，21 頁。

5. 社說〈論肅奸工作〉《民聲報》（1950 年 9 月 29 日）；其他例子見：林書揚《從二・二八到五〇年代白色恐怖》，132 頁；藍博洲《白色恐怖》，43 頁。

6. 陳翠蓮〈台灣戒嚴時期的特務統治與白色恐怖氛圍〉，張炎憲、陳美蓉編《戒嚴時期白色恐怖與轉型正義論文集》，臺北：吳三連台灣史料基金會出版社，2009 年，65-66 頁。

7. 藍博洲《白色恐怖》，21, 48 頁。

8. 蘇慶軒《國家建制與白色恐怖：五〇年代初期臺灣政治案件形成之原因》，臺灣大學政治學研究所碩士論文，2008 年，14-15 頁。
9. 林書揚《從二二八到五〇年代白色恐怖》，133 頁。
10. 同前，133 頁；藍博洲《白色恐怖》，43-44 頁。
11. 林書揚《從二・二八到五〇年代白色恐怖》，133 頁。
12. WatanTanga（林昭明）著，菊池一隆譯〈1950 年代台湾白色テロ受難の回想〉《近代中国研究彙報》21 號（1999 年），49, 81 頁。
13. 相關案例參照藍博洲《白色恐怖》。
14. 藍博洲《白色恐怖》，66 頁；蘇慶軒《國家建制與白色恐怖》，45 頁。
15. 林義旭訪問，呂芳上編《戒嚴時期臺北地區政治案件口述歷史》，臺北：北市文獻會，1999 年，18 頁。
16. 林恩魁訪問，藍博洲編《高雄縣二二八暨五〇年代白色恐怖民眾史》，高雄：高雄縣政府，1997 年，306-312 頁。
17. 邱國禎《近代臺灣慘史檔案》，173 頁。
18. 陳紹英《外来政権圧制下の生と死 —— 一九五〇年代台湾白色テロ、一受難者の手記》東京：秀英書房，2003 年。
19. 邱國禎《近代臺灣慘史檔案》，266-268 頁。
20. 同前，199-200 頁。
21. 藍博洲《白色恐怖》，116 頁；蘇慶軒《國家建制與白色恐怖》，9-11 頁；若林正丈《台湾：変容し躊躇するアイデンティティ》，東京：筑摩書房，2001 年，101 頁。
22. 王歡《烈火的青春：五〇年代白色恐怖證言》，臺北：人間出版，1997 年，124-125 頁；林樹枝《白色恐怖 X 檔案》，臺北：前衛出版社，1997 年，24 頁。
23. 陳明忠訪談，藍博洲編《高雄縣二二八暨五〇年代白色恐怖民眾史》，328-330 頁； 王歡《烈火的青春》，49-54 頁；邱國禎《近代臺灣慘史檔案》，166-167 頁。
24. 末光欣也《台湾激動の戰後史：二二八事件とその前後》，臺北：致良出版社，2006 年，54-56 頁。
25. 同前，56-58 頁。
26. 同前，70-74 頁。有關禁用日語，或是排除日文雜誌、書籍、電影、歌謠、廣播節目，或是掃蕩日式習慣、舉止、遺跡等對日本要素的排除打擊，以及隨之而來的不滿和反彈，請參照以下文獻：松田康博〈台湾における中国国民党の社会調査：外来の独裁政権は現地社会をどう解釈したのか？〉，笹川裕史編《戦時秩序に巣喰う「声」》，186-190 頁。
27. 末光欣也《台湾激動の戰後史》，66 頁。
28. 同前，81-83 頁。
29. 同前，80 頁。
30. 同前，89-138 頁；邱國禎《近代臺灣慘史檔案》，77-78 頁。
31. 同前，138-149 頁；邱國禎《近代臺灣慘史檔案》，79-80 頁。
32. 林書揚《從二・二八到五〇年代白色恐怖》，141 頁。
33. 許進發〈左傾知識青年的肅清：學生工作委員會案〉，張炎憲、陳美蓉編《戒嚴時期白色恐怖與

轉型正義論文集》，98 頁。

34. 王歡《烈火的青春》，5 頁。
35. 盧兆麟訪問，呂芳上編《戒嚴時期臺北地區政治案件口述歷史》，620-622 頁。
36. 黃廣海訪問，呂芳上編《戒嚴時期臺北地區政治案件口述歷史》，652 頁。
37. 許進發〈左傾知識青年的肅清〉，135 頁。
38. 邱國禎《近代臺灣慘史檔案》，180-181, 258-259 頁。
39. 邱國禎《近代臺灣慘史檔案》，266-267 頁。WatanTanga〈1950 年代台湾白色テロ受難の回想〉，57-61 頁。
40. 黃玉坤訪問，呂芳上編《戒嚴時期臺北地區政治案件口述歷史》，237-240 頁；許進發〈左傾知識青年的肅清，〉，128-130 頁。
41. 末光欣也《台湾激動の戰後史》，194-204 頁。
42. 〈口號〉《民聲報》（1950 年 8 月 7 日）。
43. 〈動員反共建設嘉義地方自治必需成功〉《民聲報》（1950 年 8 月 5 日）。
44. 〈規律〉《民聲報》（1950 年 8 月 7 日）。
45. 同前。
46. 曾薰慧《台灣五〇年代國族想像中〈共匪／匪諜〉的建構》，45-46 頁。
47. 同前。
48. 同前。
49. 〈一切為前線 一切為勝利〉《民聲報》（1950 年 8 月 7 日）。
50. 若林正丈《台湾》。
51. 蔣介石日記（1950 年 8 月 23 日），Box 48, CKSD, HILA-SU。
52. 〈總統訓詞：反共抗俄的工作要領和努力方向〉（1951 年 4 月 3 日），No. 132-142，國民黨黨史館。
53. 邱國禎《近代臺灣慘史檔案》，132 頁；曾薰慧《台灣五〇年代國族想像中〈共匪／匪諜〉的建構》，138-139, 171-172 頁。
54. 邱國禎《近代臺灣慘史檔案》，132 頁。
55. 周坤如訪問，呂芳上編《戒嚴時期臺北地區政治案件口述歷史》，593 頁；陳翠蓮〈台灣戒嚴時期的特務統治與白色恐怖氛圍〉，66 頁。
56. 譚益民編《自由中國民眾反共運動》，臺北：改造出版社，1953 年，21-24 頁。
57. 王歡《烈火的青春》，53-54 頁。
58. 王歡《烈火的青春》，68, 80-81 頁。
59. 若林正丈《台湾》，101 頁；田村志津枝《悲情城市の人びと：台湾と日本のうた》東京：晶文社，1992 年，162-163 頁；林書揚《從二・二八五〇年代白色恐怖》137 頁；藍博洲《白色恐怖》，48 頁。
60. 邱國禎《近代臺灣史檔案》，16-37 頁；末光欣也《台湾激動の戰後史》，22-28 頁。
61. Memorandum, Manila to Foreign Office, UK, "Trial of Twenty-Six Members of the Communist Party of the Philippines on May 12th," 28 May 1951, in "Internal Affairs in the Philippines; Outlawing of the Communist Party," FO371/92932, TNA.
62. Ibid.

63. Special Committee on Un-Filipino Activities, Report on I. The Illegality of the Commu- nist Party of the Philippines. II. The Functions of the Special Committee on Un-Filipino Activities [hereafter, The Illegality of the Communist Party] (Manila, 1951), 13, Institute of Southeast Asian Studies (ISE AS), Singapore.

64. Ibid., 14.

65. "Report on the Illegality of the Communist Party of the Philippines," 15 May 1951 by the Special Committee on Un-Filipino Activities, in Internal Affairs in FO371/92933: "Internal Affairs in the Philippines; Outlawing the Communist Party," TNA.

66. Ibid.

67. "Report on the Functions of the Special Committee on Un-Filipino Activities," 15 May 1951, the Special Committee on Un-Filipino Activities, in FO371/92933: "Internal Affairs in the Philippines; Outlawing of the Communist Party," TNA.

68. 有關美國對菲律賓的殖民統治及其殖民地化的過程，以下文獻對我有很大的幫助。Paul A. Kramer, The Blood of Government: Race, Empire, the United States, and the Philippines (Chapel Hill: University of North Carolina Press, 2006); Julian Go and Anne L. Foster, The American Colonial State in the Philippines: Global Perspectives (Durham, NC: Duke University Press, 2003); Alfred W. McCoy, Policing America's Empire: The United States, the Philippines, and the Rise of the Surveillance State (Madison: Universi- ty of Wisconsin Press, 2009); Alfred W. McCoy and Francisco A. Scarano, The Colonial Crucible Empire in the Making of the Modern American State (Madison: University of Wis- consin Press, 2009); and Warwick Anderson, Colonial Pathologies: American Tropical Medicine, Race, and Hygiene in the Philippines (Durham, NC: Duke University Press, 2006)。

69. Albert Lau, Southeast Asia and the Cold War (Oxon, UK: Routledge, 2012), 3.

70. Ibid., 3.

71. Report, L. H. Foulds, "Philippines: The Hukbalahap," 27 May 1950, FO371/84303: "Com- munism in the Philippines, 1950," TNA.

72. Ibid.

73. Benedict J. Kerkvliet, The Huk Rebellion: A Study of Peasant Revolt in the Philippines (Berkeley: University of California Press, 2002); Suzuki Sizuo, Firipin no rekishi [A History of the Philippines] (Tokyo: Chuo koronsha, 2008).

74. Report, L. H. Foulds, "Philippines: The Hukbalahap," 27 May 1950, in "Communism in the Philippines, 1950," FO371/84303, TNA.

75. Report, Russell H. Fifield, associate professor of political science, University of Michigan, to Myron M. Cowen, ambassador at U.S. Embassy, Manila, 10 August 1950, in "Communism in the Philippines, 1950," FO371/84303, TNA.

76. Ibid.

77. Ibid.

78. Kerkvliet, The Huk Rebellion, 210.

79. Telegraph, Foulds to Bevin, "HukBalahap Attack in Central Luzon," 29 August 1950, FO493/4: "Correspondence Respecting the Philippines: Part 4"; and Foulds, "Philippines: Annual Review for 1950," 12 February 1951, 3-4, FO371/92930, TNA.

80. Vina A. Lanzona, Amazons of the Huk Rebellion: Gender, Sex, and Revolution in the Philippines (Madison: University of Wisconsin Press, 2009), 7-14.
81. Ibid., 96, 265.
82. "The Current Situation in the Philippines," 30 March 1949, Central Intelligence Agency, 4, NARA.
83. The Illegality of the Communist Party, 124-125.
84. Ibid.
85. Committee on Un-Filipino Activities, General Report on Communism and the Communist Party [hereafter, Communism and the Communist Party] (Manila: Committee on Un-Filipino Activities, 1949), 50-52, NLA.
86. Ibid. 67.
87. Lanzona, Amazons of the Huk Rebellion, 96.
88. "Report on the Functions of the Special Committee on Un-Filipino Activities," published by the Special Committee on Un-Filipino Activities, 15 May 1951, in "Internal Affairs in the Philippines; Outlawing of the Communist Party," FO371/92933, TNA.
89. Kerkvliet, The Huk Rebellion, 254-256.
90. Special Committee on Un-Filipino Activities, Communism in the Philippines (Manila: Committee on Un-Filipino Activities, 1952), 20, NLA; memorandum, Manila to Foreign Office, "Trial of Twenty-Six Members of the Communist Party of the Philippines on May 12th," 28 May 1951, "Internal Affairs in the Philippines; Outlawing of the Communist Party," F0371/ 92932, TNA.
91. Ibid.
92. William O. Douglas, "The Black Silence of Fear," New York Times, 13 January 1952.

## 終章

1. "My Ideas and Hopes for Post War Conditions," British Legion Essay Competition 1944, "Post War Hopes 1944," SxMOA1/2/40/1/A, MOA, TK-US.
2. Ibid.
3. Barbara W. Tuchman, The Guns of August: The Outbreak of World War I (New York: Presidio Press, 2004), 523-524.
4. 相關例子請參照 Sekhara Bandyopadhyaya, Decolonization in South Asia: Meanings of Freedom in Post-Independence West Bengal, 1947-52 (New York: Routledge, 2009)。
5. 有關針對政治家或政府官員如何使用（或誤用）「歷史教訓」的研究，請參閱 Ernest May, "Lessons" of the Past: The Use and Misuse of History in American Foreign Policy (New York: Oxford University Press, 1973)。

## 後記

1. 益田肇〈人びとのなかの冷戦：想像がグローバルな現実となるとき〉，《立命館国際研究》31:5(2019), 107-124. 原文連結：https://ritsumei.repo.nii.ac.jp/record/2472/files/ir_31_5_Masuda.pdf。

2. 目前針對英文版的書評，大都可在作者個人網站取得。http://masudahajimu.com/reviews-on-cold-war-crucible/。
3. Rana Mitter, "The War that Split the World," Diplomatic History. 39. 5 (2015), 967-969; Bruce Cumings, "Imagining the Korean War," Reviews in American History, 45(2017), 330-336; Mark Philip Bradley. "H-Diplo Roundtable Review Volume XVIII No. 12"(2016), 2.
4. Julia C. Strauss, "H-Diplo Roundtable Review Volume XVIII No. 12"(2016), 14-17.
5. History News Network, "Hajimu Masuda's fresh interpretation of the Cold War from below is drawing wide attention" (2017). 原文連結：https://historynewsnetwork.org/article/165187。
6. 在這裡，我想基於對本書的討論最為集中的"H-Diplo Roundtable Review Volume XVIII No.12"(2016)，來介紹迄今的爭論。原文連結：http://www.tiny.cc/Roundtable-XVIII-12。
7. "H-Diplo Roundtable Review Volume XVIII No. 12" (2016), 20.
8. "H-Diplo Roundtable Review Volume XVIII No. 12" (2016), 21-23.
9. 相關案例可參照 Peter Linebgh ad Marcs Rediker, The Many-Headed Hydra: Sailors, Slaves, Commoners, and the Hidden History of the Revolutionary Atlantic (Beacon Press, 2000)。
10. Gregg Brazinsky, "H-Diplo Roundtable Review Volume XVIII No. 12"(2016), 4-7.
11. Sergey Radchenko, "H-Diplo Roundtable Review Volume XVIII No. 12"(2016), 11-13.
12. Julia C. Strauss, "H-Diplo Roundtable Review Volume XVIII No. 12" (2016), 14-17.
13. 我曾在新加坡國立博物館以此為主題演講，可參照 Masuda Hajimu, "Everyone a Historian: Writing History in the Epoch of Fluidity"(2012)。該活動網址：https://www.nhb.gov.sg/nationalmuseum/our-programmes/programmes-list/everyone-a-historian-writing-history-in-the-epoch-of-fluidity。
14. Masuda Hajimu, "The Social Politics of Imagined Realities" Harvard University Press Blog(2015)，原文連結：https://harvardpress.typepad.com/hup_publicity/2015/02/social-politics-imagined-realities-masuda-hajimu.html。

# ♦ 參考資料

## 日本

大阪市立圖書館（大阪）

大阪府立圖書館（大阪）

外務省外交史料館（東京）

國立國會圖書館（東京）

國立國會圖書館憲政資料室（東京）

國立國會圖書館新聞資料室（東京）

東京大學附屬圖書館（東京）

東京都立圖書館（東京）

法政大學大原社會問題研究所（東京）

早稻田大學圖書館（東京）

## 中國

華東師範大學冷戰戰國際史研究中心（上海）

吉林大學圖書館（長春）

上海市檔案館（上海）

中華人民共和國外交部檔案館（北京）

中國國家圖書館（北京）

天津市檔案館（天津）

東北師範大學圖書館（長春）

北京市檔案館（北京）

北京大學圖書館（北京）

## 香港

香港中文大學圖書館（香港）

## 臺灣

國史館（臺北）

國民黨黨史館（臺北）

國立臺灣大學圖書館（臺北）

國立臺灣圖書館（臺北）

## 新加坡

新加坡國立大學中央圖書館（新加坡）

尤索夫．伊薩東南亞研究所（新加坡）

## 澳洲

澳洲國立圖書館（坎培拉）

## 印度

印度國家檔案館（新德里）

西孟加拉邦檔案館（加爾各答）

尼赫魯紀念博物館和圖書館（新德里）

## 英國

英國國家檔案館（邱園）

威爾斯國家圖書館（亞伯里斯威爾）

華威大學近現代檔案中心（考文垂）

牛津大學漢弗萊公爵圖書館（牛津）

薩塞克斯大學藏品中心（布萊頓）

大英圖書館報紙閱覽室（柯林代爾）

工人階級運動圖書館（索爾福德）

## 加拿大

加拿大國家圖書館暨檔案館（渥太華）

## 美國

愛荷華大學特藏及大學檔案館（愛荷華州愛荷華市）

國會圖書館（華盛頓特區）

韋恩州立大學沃爾特・魯瑟圖書館（密西根州底特律市）

奧克蘭公共圖書館歷史資料室（加州奧克蘭市）

奧本大道非裔美國文化歷史研究圖書館（喬治亞州亞特蘭大市）

加州奧克蘭博物館（加州奧克蘭）

加州大學柏克萊分校班克羅夫特圖書館特藏部（加州柏克萊）

加州大學洛杉磯分校大學檔案館（加州洛杉磯）

加州大學洛杉磯分校圖書館特藏部（加州洛杉磯）

國家檔案和記錄管理局（馬里蘭州大學公園市）

康乃爾大學奧林與克羅克圖書館（紐約州伊薩卡）

哥倫布州立大學圖書館特藏部（喬治亞州哥倫布市）

哥倫比亞大學口述歷史研究中心（紐約州紐約市）

舊金山州立大學勞工檔案與研究中心（加州舊金山）

喬治亞州立大學南方勞工檔案館（喬治亞州亞特蘭大）

史丹佛大學圖書館特藏與大學檔案館（加州史丹佛）

韓戰研究中心（密蘇里州獨立市）

紐約大學塔米門圖書館特藏部（紐約州紐約市）

紐約歷史博物館資料室（紐約州紐約市）

內華達州歷史學會（內華達州里諾市）

佛蒙特大學圖書館特藏部（佛蒙特州伯靈頓）

佛蒙特歷史博物館資料室（佛蒙特州巴里）

哈里・杜魯門總統圖書館（密蘇里州獨立市）

夏威夷大學西瓦胡分校勞動教育研究中心（夏威夷州卡波雷）

夏威夷大學馬諾阿分校漢密爾頓圖書館特藏部（夏威夷州檀香山）

胡佛研究所圖書檔案館（加州史丹佛大學）

普林斯頓大學西利．穆德圖書館（紐澤西州普林斯頓）

麥克阿瑟紀念館（維吉尼亞州諾福克）

南加州大學圖書館特藏部（加州洛杉磯）

## ◆ 圖片來源

1-1 Oakland Museum of California

1-2 MacArthur Memorial Archives

1-3, 1-4, 1-5, 1-6, 1-7 LIFE Picture Collection

1-8 AP Images

2-1 New-York Historical Society

5-1 Boy Scouts of America

5-2 Center for the Study of the Korean War

6-2, 6-3, 6-6 6-7, 6-8 Shanghai Municipal Archives

7-2 Hulton Archive

8-3 每日新聞社

## ◆ 縮寫對照

| | | |
|---|---|---|
| AARL | Auburn Avenue Research Library, Atlanta, GA | 奧本大道非裔美國文化歷史研究圖書館 |
| AAUW | American Association of University Women | 美國大學婦女聯合會 |
| AFSF | Administrative File of Stafford Warren | 史丹佛・瓦倫檔案 |
| BFFP | Bonner F. Fellers Paper | 邦納・費勒斯文件 |
| BLNRR | British Library Newspaper Reading Room, Colindale, UK | 大英圖書館報紙閱覽室 |
| BL-UCB | "Bancroft Library, University of California at Berkeley, Berkeley, CA" | 加州大學柏克萊分校班克羅夫特圖書館 |
| CAWP | Charles A. Willoughby Papers | 查爾斯・威洛比文件 |
| CCP | Chinese Communist Party | 中國共產黨 |
| CIA | Central Intelligence Agency | 中央情報局 |
| CKSD | Chiang Kai-shek Diaries | 蔣介石日記 |
| CLEAR-UH-WO | Center for Labor Education & Research, University of Hawaii at West Oahu, Kapolei, HI | 夏威夷大學西瓦胡分校勞動教育研究中心 |
| CL-NUS | Central Library National University of Singapore, Singapore | 新加坡國立大學中央圖書館 |
| CMCP | Clark M. Clifford Papers | 克拉克・克利福德文件 |
| CNPR | Chinese Nationalist Party Records | 中國國民黨檔案 |
| COH-CU | Center for Oral History, Columbia University, New York City, NY | 哥倫比亞大學口述歷史研究中心 |
| CPP | Conservative Party Papers | 保守黨文件 |
| CPV | Chinese People's Volunteers | 中國人民志願軍 |
| CSU | Columbus State University, Columbus, GA | 哥倫布州立大學圖書館 |
| CUFA | Committee on Un-Filipino Activities | 非菲律賓活動調查委員會 |
| CUHK | Chinese University of Hong Kong, Hong Kong | 香港中文大學 |
| CWIHP | Cold War International History Project | 冷戰國際史項目 |
| DAP | Dean Acheson Papers | 迪安・艾奇遜文件 |

| | | |
|---|---|---|
| DHL-OU | Duke Humfrey's Library, Oxford University, Oxford, UK | 牛津大學漢弗萊公爵圖書館 |
| DMP | Douglas MacArthur Papers | 道格拉斯・麥克阿瑟文件 |
| DSOD | "Daily Summary of Opinion Developments" | 「輿論動態每日摘要」 |
| EAP | Eben Ayers Papers | 伊本・艾爾斯文件 |
| ERP | Escott Reid Papers | 艾斯科特・里德文件 |
| FRUS | Foreign Relations of the United States | 《美國外交文件》 |
| FSP | Fred Stover Papers | 弗雷德・斯托弗文件 |
| GHQ | General Headquarters | 駐日盟軍總司令部 |
| GJP | George Johnston Papers | 喬治・約翰斯頓文件 |
| GMD | Nationalist Party (Guomindang) | 國民黨 |
| GMEP | George M. Elsey Papers | 喬治・埃爾西文件 |
| DAP | Dean Acheson Papers | 迪安・艾奇遜文件 |
| G2 | Genera Staff Section 2 | 參謀第二部 |
| HAWP | Henry A. Wallace Papers | 亨利・阿加德・華萊士文件 |
| HILA-SU | Hoover Institution Library and Archives, Stanford University, Stanford, CA | 胡佛研究所圖書檔案館 |
| HMP | Helen MacMartin Papers | 海倫・麥克馬丁文件 |
| HMPPP | Helen MacMartin Progressive Party Papers | 海倫・麥克馬丁進步黨文件 |
| HSTL | Harry S. Truman Library, Independence, MO | 哈瑞・杜魯門總統圖書館 |
| HSTP | Harry S. Truman Papers | 哈瑞・S・杜魯門文件 |
| HUAC | House Un-American Activities Committee | 眾議院非美活動調查委員會 |
| ISEAS | Institute of Southeast Asian Studies, Singapore | 尤索夫・伊薩東南亞研究所 |
| JCS | Joint Chiefs of Staff | 美國參謀長聯席會議 |
| JEWP | James E. Webb Papers | 詹姆斯・韋伯文件 |
| JSSP | John S. Service Papers | 謝偉思文件 |
| KKK | Ku Klux Klan | 三K黨 |
| LAC | Library Archives Canada, Ottawa, Canada | 加拿大國家圖書館暨檔案館 |
| LARC-SFSU | Labor Archives and Research Center, San Francisco State University, San Francisco, CA | 舊金山州立大學勞工檔案暨研究中心 |

| | | |
|---|---|---|
| LAUSD-BER | Los Angeles Unified School District Board of Education Records | 洛杉磯聯合學區教育委員會檔案 |
| LC | Library of Congress, Washington, DC | 美國國會圖書館 |
| LPP | Lester Pearson Papers | 萊斯特・皮爾遜文件 |
| LSC- UCLA | Library Special Collections, University of California Los Angeles, Los Angeles, CA | 加州大學洛杉磯分校圖書館特藏部 |
| MENC | McCarthy Era Newspaper Clippings | 麥卡錫時代剪報 |
| MJCP | Matthew J. Connelly Papers | 馬修・康奈利文件 |
| MMA | MacArthur Memorial Archives, Norfolk, VA | 麥克阿瑟紀念館檔案 |
| MRC-UW | Modern Records Centre, University of Warwick, Coventry, UK | 華威大學近現代檔案中心 |
| NAI | National Archives of India, Delhi, India | 印度國家檔案館 |
| NARA | National Archives and Records Administration, College Park, MD | 美國國家檔案和記錄管理局 |
| NATO | North Atlantic Treaty Organization | 北大西洋公約組織 |
| NHS | Nevada Historical Society, Reno, NV | 內華達州歷史學會 |
| NLA | National Library of Australia, Canberra, Australia | 澳洲國立圖書館 |
| NMML | Nehru Memorial Museum & Library, Delhi, India | 尼赫魯紀念博物館和圖書館 |
| NORC | National Opinion Research Center | 國民意向研究中心 |
| NSC | National Security Council | 美國國家安全會議 |
| OHR-OPL | Oakland History Room, Oakland Public Library, Oakland, CA | 奧克蘭公共圖書館歷史資料室 |
| OKL-CU | Olin & Kroch Libraries, Cornell University, Ithaca, NY | 康乃爾大學奧林與克羅克圖書館 |
| OPOS | Office of Public Opinion Studies | 美國國務院輿論研究辦公室 |
| PHNP | Paul H. Nitze Papers | 保羅・尼采文件 |
| PMP | Patrick A. McCarran Papers | 帕特・麥卡倫文件 |
| PPP | Progressive Party Papers | 進步黨文件 |
| PPS | Policy Planning Staff | 美國國務院政策規劃局 |
| RATP | Robert A. Taft Papers | 羅伯特・A・塔夫脫文件 |

| | | |
|---|---|---|
| RFP | Raymond Feely Papers | 雷蒙德・費利文件 |
| SCAP | Supreme Commander for the Allied Powers | 駐日盟軍總司令 |
| SCUA- SU | Special Collections & University Archives, Stanford University, Stanford, CA | 史丹佛大學特藏部及大學檔案館 |
| SCUA-UI | Special Collections & University Archives, University of Iowa, Iowa City, IA | 愛荷華大學特藏部及大學檔案館 |
| SC-UV | Special Collections, University of Vermont, Burlington, VT | 佛蒙特大學圖書館特藏部 |
| SIF | Security Investigation File | 安全調查檔案 |
| SKP | Stetson Kennedy Papers | 史泰森・甘迺迪文件 |
| SLA-GSU | Southern Labor Archives, Georgia State University, Atlanta, GA | 喬治亞州立大學南方勞工檔案館 |
| SMML-PU | Seeley Mudd Manuscript Library, Princeton University, Princeton, NJ | 普林斯頓大學西利・穆德圖書館 |
| TK-US | The Keep, University of Sussex, Brighton, UK | 薩塞克斯大學藏品中心 |
| TNA | The National Archives, Kew, UK | 英國國家檔案館 |
| UA-UCLA | University Archives, University of California at Los Angeles, Los Angeles, CA | 加州大學洛杉磯分校大學檔案館 |
| UHM | University of Hawaii at Manoa, Honolulu, HI | 夏威夷大學馬諾阿分校漢密爾頓圖書館特藏部 |
| USNWR | U.S. News & World Report | 《美國新聞與世界報導》 |
| VBP | Valery Burati Papers | 華萊・布拉蒂文件 |
| VHS | Vermont Historical Society, Barre, VT | 佛蒙特歷史學會 |
| WAHP | W. Averell Harriman Papers | 威廉・埃夫里爾・哈里曼文件 |
| WCML | Working-Class Movement Library, Salford, UK | 英國工人階級運動圖書館 |
| WHJP | Walter H. Judd Papers | 周以德文件 |
| WKP | William Knowland Papers | 威廉・諾蘭文件 |
| WPRL-WSU | Walter P. Reuther Library, Wayne State University, Detroit, MI | 韋恩州立大學沃爾特・魯瑟圖書館 |